电子商务与快递物流综合信息技术实训系列教材

电子商务与快递物流
（第2版）

杨萌柯　周晓光　编著

内 容 简 介

本书立足于我国电子商务与快递物流飞速发展下的新理念、新模式、新技术,包括概述篇、理论篇和应用篇,共 12 章。概述篇阐述了电子商务与快递物流的基本概念、快递物流发展概况;理论篇阐述了电子商务物流管理基础、电子商务物流的基本功能、电子商务与快递物流的作业流程;应用篇阐述了电子商务运营与推广、电子商务物流配送与配送中心、快递物流仓储管理与库存控制、快递物流分拣作业、电子商务与快递物流信息技术、智能物流终端快递柜和电子商务与快递物流的发展趋势等内容。

本书以注重案例分析和实践应用为原则,与实际应用密切结合,同时提供电子商务与快递物流综合实训方案,可供高校师生在校园快递物流中心等实训场景开展理论和实训相结合的融合教学,突出实践技能,具有广泛的理论学术和实践应用价值。

本书可作为电子商务、物流管理、物流工程、邮政管理、邮政工程等相关专业的教学用书,也可作为电子商务和快递物流公司从业人员的参考用书。

图书在版编目(CIP)数据

电子商务与快递物流 / 杨萌柯,周晓光编著. —2 版. —北京:北京大学出版社,2024.1

电子商务与快递物流综合信息技术实训系列教材

ISBN 978-7-301-34470-5

Ⅰ. ①电⋯ Ⅱ. ①杨⋯ ②周⋯ Ⅲ. ①电子商务—物流管理—高等学校—教材 Ⅳ. ①F713.365.1

中国国家版本馆 CIP 数据核字(2023)第 180283 号

书 名	电子商务与快递物流(第 2 版)
	DIANZI SHANGWU YU KUAIDI WULIU(DI-ER BAN)
著作责任者	杨萌柯 周晓光 编著
策划编辑	郑 双
责任编辑	杜 鹃
数字编辑	金常伟
标准书号	ISBN 978-7-301-34470-5
出版发行	北京大学出版社
地 址	北京市海淀区成府路 205 号 100871
网 址	http://www.pup.cn 新浪微博:@北京大学出版社
电子邮箱	编辑部 pup6@pup.cn 总编室 zpup@pup.cn
电 话	邮购部 010-62752015 发行部 010-62750672 编辑部 010-62750667
印 刷 者	大厂回族自治县彩虹印刷有限公司
经 销 者	新华书店
	787 毫米×1092 毫米 16 开本 20.25 印张 490 千字
	2015 年 2 月第 1 版
	2024 年 1 月第 2 版 2024 年 1 月第 1 次印刷
定 价	58.00 元

未经许可,不得以任何方式复制或抄袭本书之部分或全部内容。
版权所有,侵权必究
举报电话:010-62752024 电子邮箱:fd@pup.cn
图书如有印装质量问题,请与出版部联系,电话 010-62756370

前言
PREFACE

随着国民经济的飞速发展及移动互联网的迅速普及，电子商务逐渐成为经济增长的新亮点并推动快递业的持续发展。2022年，全年完成快递业务量1105.8亿件，同比增长2.1%；完成快递业务收入1.06万亿元，同比增长2.3%。国家邮政局统计数据显示，"十三五"期间，中国快递业务量和业务收入分别增长3倍和2.1倍，包裹快递市场规模连年稳居世界第一。根据国家邮政局快递大数据平台实时监测数据显示，截至2023年12月4日，我国快递年业务量首次突破1200亿件大关，快递业已成为我国国民经济的重要产业和新增长点。快速变化的电子商务消费需求推动着快递业的高速发展，电子商务与快递物流协同发展的重要性日益突显。

党的二十大报告中提到，要"建设高效顺畅的流通体系，降低物流成本"。"互联网+物流"正从技术、设备、商业模式等方面改变传统物流业的运作方式和效率水平，促进物流业飞速发展，同时对电子商务物流人才提出了新要求。新型电子商务物流人才是指把电子商务应用和快递物流的各个环节相结合，既熟悉电子商务与快递物流的理论知识，又通晓现代电子商务与快递物流信息技术；既掌握电子商务网站构建、维护、管理的相关知识和技能，又具备电子商务与快递物流系统的分析、设计、实现、评价技能的综合应用型人才。

为培养新型电子商务物流人才，亟须改革物流专业的现有课程体系设计，探索校企协同合作的培养机制，强化电子商务物流的实践教学环节，强调教学内容与企业实际相结合，理论与实践相结合，培养学生的实践能力和创新能力，以满足未来电子商务、快递物流公司的人才需求。

本书根据高校、企业、培训机构对电子商务、物流管理、物流工程及新兴的邮政工程、邮政管理等专业的需要，有针对性地设置教学内容，介绍了电子商务与快递物流的基本概念、快递物流发展概况；阐述了电子商务物流管理基础、电子商务物流基本功能、电子商务与快递物流的作业流程、电子商务运营与推广、电子商务物流配送与配送中心、快递物流仓储管理与库存控制、快递物流分拣作业、电子商务与快递物流信息技术、智能物流终端快递柜、电子商务与快递物流的发展趋势等内容，并提供电子商务与快递物流综合实训方案，可供高校师生在校园快递物流中心等实训场景开展理论和实训相结合的融合教学。

本书作为首批立足快递物流业发展的"十三五"普通本科高等教育规划教材，系统论述了电子商务与快递物流相关理论和技术应用，2018年出版的第1版教材受到行业内各界人士的认可和好评，2022 年获得北京高校"优质本科教材"称号。编者针对近两年电子商务与快递物流最新的热点问题和应用，结合《物流术语》（GB/T 18354—2021），对电子商务与快递物流的新模式、新技术和新应用等发展现状和趋势进行了修订，修订内容主要包括四个方面。（1）加强了理论内容的时效性：将党的二十大精神融入教材，围绕近两年我国数字经济与智慧物流新发展，补充电子商务与快递物流的新概念界定，新零售、直播电商、众包、车货匹配等新模式。（2）加强了技术内容的前沿性：引入大量京东、顺丰、菜鸟等知名电商快递企业的最新案例，补充 5G、人工智能、区块链、AGV、无人机、无人车、数字孪生等前沿信息技术。（3）加强了理论方法的可操作性：围绕快递物流的关键作业环节，补充快递物流分拣作业、库存控制方法、配送中心规划设计等理论方法介绍。（4）全面丰富了教材内容和配套资源：各章节设置了学习目标、学习重点和能力目标，书中添加了导入案例、知识卡片、视野拓展、课后习题和案例分析、二维码等拓展资源。通过本次修订，内容更具前瞻性、通用性和可操作性，可以满足不同层次读者学习和工作的需要。

本书以注重案例分析和实践应用为原则，根据课程教学的实际需要，结合大量国内外电子商务与快递物流相关研究成果和知名企业电商物流运作的实际案例，对电子商务与快递物流理论方法进行了详细说明，与实际应用密切结合，突出实践技能，具有较强的实用性。通过对本书的学习，读者既可以了解电子商务与快递物流的基础理论、功能、作业流程，掌握电子商务与快递物流运作管理中的分拣作业、库存管理、配送中心规划等工具方法，也可以熟悉快递物流发展中的前沿信息技术应用。同时，结合提供的电子商务与快递物流综合实训方案，可以培养学生综合应用相关知识和技能，进行电子商务与快递物流系统设计、分析、开发及运营管理的工作能力，以适应当今社会对新型电子商务物流人才的需求。

本书由北京邮电大学杨萌柯、周晓光共同编写。本书属于电子商务与快递物流综合实训系列教材，根据北京邮电大学和中科富创（北京）科技有限公司联合成立的电子商务与物流协同发展研究院的研发成果编写而成，同时得益于李雅婷、李佳欣、田保顺、徐梦媛、叶华丽、闫月、王艺华、袁艺娜、安宁、钟宇等团队成员的努力和贡献，在此对他们的付出表示衷心的感谢。

由于编者水平有限，加之时间仓促，书中可能出现不妥之处，敬请读者批评指正。

编　者
2023 年 12 月

资源索引

目录

概 述 篇

第1章 电子商务与快递物流概述 … 1
  1.1 电子商务与快递物流的基本概念 … 2
    1.1.1 电子商务概述 … 2
    1.1.2 快递物流概述 … 9
    1.1.3 快递服务与物流服务的区别 … 16
  1.2 电子商务与物流的关系 … 17
  1.3 快递物流的发展 … 18
    1.3.1 国际快递巨头概况 … 18
    1.3.2 中国快递市场概况 … 22
  1.4 本章小结 … 26
  习题 … 26

理 论 篇

第2章 电子商务物流管理基础 … 30
  2.1 电子商务物流管理概述 … 31
    2.1.1 电子商务物流管理的含义及特点 … 31
    2.1.2 电子商务物流管理的职能 … 33
  2.2 电子商务的物流模式 … 34
    2.2.1 自营物流 … 34
    2.2.2 第三方物流 … 37

		2.2.3 物流联盟	42
		2.2.4 第四方物流	46
		2.2.5 物流一体化	48
		2.2.6 逆向物流	50
		2.2.7 互联网物流新模式	54
	2.3	本章小结	57
习题			58

第3章 电子商务物流的基本功能 61

- 3.1 包装 63
  - 3.1.1 包装概述 63
  - 3.1.2 包装的类型 66
  - 3.1.3 包装合理化 68
  - 3.1.4 包装现代化的趋势 69
- 3.2 装卸搬运 72
  - 3.2.1 装卸搬运概述 73
  - 3.2.2 装卸搬运合理化 75
- 3.3 流通加工 78
  - 3.3.1 流通加工概述 78
  - 3.3.2 流通加工的类型与合理化 79
- 3.4 运输 81
  - 3.4.1 运输的概念 82
  - 3.4.2 运输的地位 82
  - 3.4.3 运输的分类 83
- 3.5 仓储 85
  - 3.5.1 仓储的概念 85
  - 3.5.2 仓储的基本功能 85
  - 3.5.3 仓储在物流中的作用 87
- 3.6 配送 89
  - 3.6.1 配送的含义 89
  - 3.6.2 配送与运输及送货的关系 90
  - 3.6.3 配送在生产流通中的作用 92
- 3.7 仓配一体化 94
  - 3.7.1 仓配一体化概述 94
  - 3.7.2 仓配一体化的服务内容 94
  - 3.7.3 仓配一体化的基本流程 94
- 3.8 本章小结 96
- 习题 96

第4章 电子商务与快递物流的作业流程 ·········· 98
- 4.1 作业流程概述 ·········· 99
- 4.2 作业流程内容 ·········· 101
  - 4.2.1 订单处理流程分析 ·········· 103
  - 4.2.2 仓储作业流程分析 ·········· 106
  - 4.2.3 配送作业流程分析 ·········· 106
  - 4.2.4 退货处理流程分析 ·········· 107
- 4.3 本章小结 ·········· 109
- 习题 ·········· 110

应 用 篇

第5章 电子商务运营与推广 ·········· 113
- 5.1 电子商务运营概述 ·········· 115
  - 5.1.1 电子商务运营的概念 ·········· 115
  - 5.1.2 电子商务运营的内容 ·········· 115
  - 5.1.3 电子商务运营的模式 ·········· 116
- 5.2 电子商务新业态 ·········· 123
  - 5.2.1 直播电商 ·········· 123
  - 5.2.2 社交电商 ·········· 127
  - 5.2.3 生鲜电商 ·········· 132
  - 5.2.4 医药电商 ·········· 136
  - 5.2.5 跨境电商 ·········· 138
  - 5.2.6 农村电商 ·········· 140
- 5.3 新零售 ·········· 142
  - 5.3.1 新零售的概念 ·········· 142
  - 5.3.2 新零售的特点 ·········· 142
  - 5.3.3 新零售的实施维度 ·········· 144
  - 5.3.4 新零售的现存问题 ·········· 145
  - 5.3.5 新零售的未来趋势 ·········· 146
- 5.4 电子商务网站推广与营销 ·········· 148
- 5.5 本章小结 ·········· 150
- 习题 ·········· 151

第6章 电子商务物流配送与配送中心 ·········· 155
- 6.1 配送的概念及分类 ·········· 157
  - 6.1.1 配送的概念 ·········· 157

		6.1.2 配送的分类	157
		6.1.3 物流配送的特征	164
	6.2	配送中心	165
		6.2.1 配送中心的概念、分类	165
		6.2.2 配送中心的功能	167
		6.2.3 配送中心的规划设计	169
		6.2.4 配送中心的作业流程	174
	6.3	本章小结	176
	习题		176
第 7 章	快递物流仓储管理与库存控制		182
	7.1	物流仓储管理	184
		7.1.1 仓储管理的基本概念	184
		7.1.2 仓储管理的作用	184
		7.1.3 仓储管理的方法	185
	7.2	库存控制	186
		7.2.1 库存的定义和分类	186
		7.2.2 库存的作用	187
		7.2.3 库存控制方法	188
	7.3	本章小结	194
	习题		194
第 8 章	快递物流分拣作业		198
	8.1	分拣作业概述	199
		8.1.1 分拣作业的概念	199
		8.1.2 分拣作业的分类	199
		8.1.3 分拣作业的流程	202
		8.1.4 分拣作业的合理化原则	203
	8.2	分拣作业方式与环节	204
		8.2.1 分拣作业方式	204
		8.2.2 分拣作业环节	207
	8.3	分拣设备的种类及分拣识别系统的工作流程	208
		8.3.1 分拣设备的种类	208
		8.3.2 分拣识别系统的工作流程	212
	8.4	本章小结	212
	习题		213
第 9 章	电子商务与快递物流信息技术		215
	9.1	概述	217
		9.1.1 物流信息技术的概念和分类	217

	9.1.2 物流信息技术的作用	217
9.2	信息融合技术	218
	9.2.1 大数据技术	218
	9.2.2 区块链技术	221
	9.2.3 人工智能技术	224
9.3	信息识别技术	229
	9.3.1 射频识别技术	229
	9.3.2 条形码技术	231
	9.3.3 二维码技术	237
	9.3.4 电子数据交换技术	240
	9.3.5 指纹识别技术	243
	9.3.6 人脸识别技术	244
	9.3.7 红外体积测量技术	246
9.4	信息通信技术	247
	9.4.1 5G 技术	247
	9.4.2 Wi-Fi 技术	250
	9.4.3 蓝牙技术	251
9.5	自动跟踪技术	253
	9.5.1 全球定位系统	253
	9.5.2 北斗卫星导航系统	254
	9.5.3 地理信息系统	256
9.6	智能物流技术	258
	9.6.1 自动导引车	258
	9.6.2 自动化立体仓库	261
	9.6.3 物流机器人	262
	9.6.4 物流无人机	264
	9.6.5 数字孪生	266
9.7	本章小结	269
习题		269

第10章 智能物流终端快递柜 ……273

10.1 "最后一公里"配送 …… 274
　　10.1.1 "最后一公里"配送概述 …… 274
　　10.1.2 "最后一公里"配送的现状 …… 275
10.2 智能快递柜概述 …… 278
10.3 智能快递柜的发展历程 …… 280
　　10.3.1 国外智能快递柜的发展 …… 280
　　10.3.2 国内智能快递柜的发展 …… 282

10.4	智能快递柜系统框架	284
10.5	智能快递柜作业流程	287
	10.5.1 智能快递柜信息系统	287
	10.5.2 智能快递柜操作流程	287
10.6	本章小结	288
习题		289

第 11 章 电子商务与快递物流的发展趋势 … 291

11.1	物流网络化运营	292
11.2	增值服务柔性化	293
11.3	物流过程精益化	294
11.4	物流社会化	295
11.5	物流国际化	297
11.6	物流标准化	298
11.7	物流绿色化	300
11.8	物流智能化	301
11.9	本章小结	302
习题		303

第 12 章 电子商务与快递物流综合实训方案 … 305

12.1	实训目标	306
12.2	实训方案	306
12.3	实训内容	308
12.4	本章小结	312

参考文献 … 313

概述篇

第1章 电子商务与快递物流概述

【学习目标】
1. 理解电子商务的概念、特点、作用和发展趋势。
2. 理解快递物流的概念、分类和特征。
3. 阐述电子商务与物流的关系。

【学习重点】
1. 快递物流的概念、分类和特征。
2. 快递服务与物流服务的区别。

【能力目标】
1. 掌握电子商务物流的基本理论知识。
2. 能够分析国内外快递物流的发展现状及发展趋势。

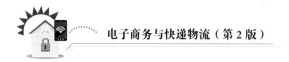

导入案例

多家快递公司提前启动双十一物流备战，共同保障物流运营

历年双十一当日快递量均为当年最高，为全年日均件量的 2～3 倍。其中，2021 年双十一当日峰值快递量同比增长相对有限，但仍为全年日均件量的 2.3 倍。2022 年双十一，面对快件洪峰，各快递公司提前备战。

据菜鸟方面介绍，为了加大双十一送货上门量，已经对多地分拨中心进行了升级，提升了自动化水平，自营物流——菜鸟直送成为菜鸟送货上门的主要力量。除了在全国 300 多座城市为天猫超市提供送货上门，2022 年菜鸟直送也接入了大部分菜鸟保税仓，双十一期间，全国 250 多座城市的天猫国际包裹也会送货上门。

中通快递 2022 年成为抖音平台双十一期间特邀物流合作伙伴。中通快递表示，针对在 10 月 31 日—11 月 15 日发货的订单，为平台商家提供优先揽收、优先中转、优先派送的绿色通道，保障大促期间的物流履约质量。圆通快递也牵手抖音电商，在 10 月 31 日—11 月 15 日推出赔付兜底、履约保障、价格承诺、客服保障、特色权益五大专属权益，为商家提供优质的物流服务。

极兔速递方面针对物流旺季做好了相应准备。具体来看，第一，全国 10 月底前完成 83 个转运中心场地的升级改造，新增数十万平方米的操作场地；基于对旺季需求的分析与预测，对全国 227 个集散点、网点的场地与设备进行了升级，提高旺季件量的应对能力。第二，全国转运中心和集散点、网点在旺季到来前通过多种方式完成员工招录储备，有效扩充了相关的人力资源。第三，全国干线与支线运输完成旺季运力预测的资源储备，新增多班线路，以保障旺季需求。

"三通一达"、极兔、德邦与菜鸟共同保障双十一物流运营，提供比往年双十一更快速的发货和配送。此外，各快递公司派专人驻场天猫双十一项目作战室，实时跟进物流履约进度。

资料来源：https://baijiahao.baidu.com/s?id=1747255310786926741&wfr=spider&for=pc[2023-07-02]

为何快递与电商有着如此紧密的联系，它们之间到底有什么关系？本章将阐述电子商务的概念、类型和快递物流的概念等内容。

1.1 电子商务与快递物流的基本概念

1.1.1 电子商务概述

1. 电子商务的概念

1）电子商务的定义

电子商务是以信息网络技术为手段，以商品交换为中心的商务活动；也可理解为，在互联网、内联网和增值网上，以电子交易方式进行交易活动和相关服务的活动，是传统商业活动各个环节的电子化、网络化、信息化。

通常可以从狭义和广义两个角度理解电子商务。狭义的电子商务也称电子贸易、电子化商务系统，仅将互联网上进行的商业活动归属于电子商务。广义的电子商务也称商务电子化,是指利用互联网、内联网、增值网等形式的网络进行的各种商务活动,这些商务活动不局限于企业之间,还包括企业内部、个人与企业。

 视野拓展

泛电子商务

2022年2月14日,我国"一带一路"TOP10影响力社会智库网经社电子商务研究中心发布《2021年度中国电子商务"百强榜"》。榜单由33家电商上市公司和67家电商"独角兽"公司组成。榜单显示,100家上榜公司总值(市值+估值)达8.12万亿元。

该榜单所指电商为"泛电商"。网经社将"泛电商"定义为以互联网为依托的所有实物、服务和虚拟商品的在线交易行为和业态,主要包括以大宗商品和工业品为主的产业电商,以消费品为主的零售电商,以在线外卖、在线旅游、在线租房、交通出行等为代表的生活服务电商,以及在线教育、跨境电商等业态,榜单不含金融科技公司和物流科技公司。

"独角兽"公司是指具有发展速度高、稀少、是投资者追求的目标等属性的创业公司。"独角兽"公司的目标是公司创业十年左右,估值超过10亿美元。"独角兽"公司在一定程度上代表了创业与投资方向、行业热点乃至未来趋势,其中以电子商务、移动互联网、科技类为主流。

资料来源:https://mp.weixin.qq.com/s/gSdo9VUoRYCjoMXmqDAhWQ[2023-07-02]

2)电子商务的特点

电子商务是互联网爆炸式发展的直接产物,是网络技术应用的全新发展方向。互联网本身具有的开放性、全球性、低成本、高效率特点,成为电子商务的内在特征,使得电子商务的价值大大超越了作为一种新的贸易形式应具有的价值,它不仅会改变企业本身的生产、经营、管理活动,而且将影响整个社会的经济运行与结构。电子商务的主要特点如下。

(1)信息技术的支撑使得电子商务将传统的商务流程电子化、数字化。一方面以电子流代替实物流,可以大量减少人力、物力,从而降低了成本;另一方面突破了时间和空间的限制,可以在任何时间、任何地点进行交易活动,从而提高了效率。

(2)网络的支撑使得电子商务具有开放性和全球性,为企业创造了更多的贸易机会。

(3)电子商务使得所有企业都能以相近的成本进入全球电子化市场,中小企业可能拥有和大企业一样的信息资源,从而提高了中小企业的竞争能力。

(4)电子商务重新定义了传统的流通模式,减少了中间环节,使得生产者和消费者的直接交易成为可能,从而在一定程度上改变了整个社会经济运行的方式。

(5)电子商务一方面突破了时空的壁垒,另一方面提供了丰富的信息资源,为各种社会经济要素的重新组合提供了更多可能,影响社会的经济布局和结构。

3)电子商务的作用

实现完整的电子商务活动涉及很多方面,除了买家、卖家,还需要金融机构、政府机构、认证机构、配送中心等。由于参与电子商务的各方在物理上是可以互不谋面的,整个电子商务过程并不是物理世界商务活动的翻版,网上银行、在线电子支付等条件,数据加密、电子签名等技术在电子商务中发挥着不可或缺的作用。

(1) 电子商务的直接作用如下。

① 降低商务成本，尤其是商务沟通和非实物交易的成本。

② 提高商务效率，尤其是地域广阔且交易规则相同的商务效率。

③ 有利于进行商务（经济）宏观调控、中观调节和微观调整，可以将政府、市场和企业乃至个人连接起来，将"看得见的手"和"看不见的手"连接起来，既可克服"政府失灵"又可克服"市场失灵"，既为政府服务又为企业和个人服务。

(2) 电子商务的间接作用如下。

① 促进整个国民经济和世界经济高效化、节约化和协调化。

② 带动一大批新兴产业的发展，如信息产业、知识产业和教育事业等。

③ 物尽其用、保护环境，有利于人类社会可持续发展。

此外，随着电子商务规模的不断扩大，各地政府大力推进电商发展，电子商务对快递等上下游行业都有很强的带动作用，衍生出的就业市场大幅度增加。随之而来的客服、配送、技术等岗位供不应求。在未来，随着我国大量的中小企业深度应用电子商务、电商服务商规模的扩大及电商创业热潮兴起，电子商务直接从业人员和间接就业人员需求会不断增加。图 1-1 所示为 2001—2021 年中国电商行业直接从业人员的规模及其增长率。

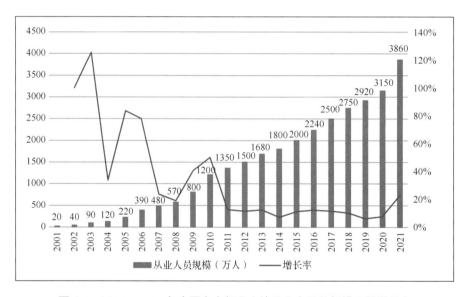

图 1-1 2001—2021 年中国电商行业直接从业人员的规模及其增长率

2. 国内外电子商务的发展趋势

未来电商物流模式

电子商务是 20 世纪 90 年代中期伴随着网络经济的兴起，在世界经济生活中出现的应用技术革命。面对经济全球化的发展趋势，电子商务成为 21 世纪商务和贸易活动的重要形态，以及企业竞争的主要手段。互联网和电子商务的兴起，对整个社会经济生活产生了巨大的影响，电子商务作为商贸经济活动的平台，引发了一场信息技术对传统商务活动的革命。

1) 国外电子商务的发展现状

2000 年，欧洲联盟（欧盟）推出了电子欧洲行动计划；美国提出了改善电子交易措施的指引计划；经济合作与发展组织建议设立观察指标来反映电子商务的发展趋势；亚太经济合作组织（APEC）在文莱会议上提出了类似计划，并成立了 E-APEC 工作组。2001 中国 APEC 峰会在文莱会议的成果基础上进一步提出了《e—APEC 战略》行动方案。

根据观研天下数据中心发布的数据，2017—2025 年全球电商零售额逐年增加，其中 2020 年增速最高，达到 26.5%。2021 年全球电商零售额为 4.94 万亿美元，同比增长 16.2%。预计 2025 年全球电商零售额为 7.39 万亿美元。图 1-2 所示为 2017—2025 年全球电商零售额及增速情况。

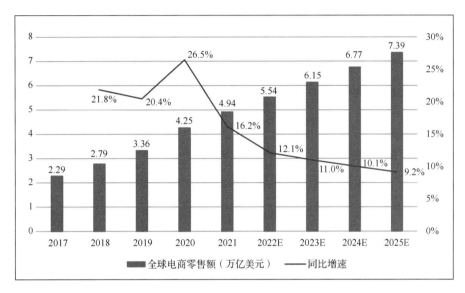

图 1-2　2017—2025 年全球电商零售额及增速情况

纵观全球电子商务市场，各地区发展不平衡，呈现美国、欧盟、亚洲"三足鼎立"的局面。欧美地区电子商务起步早、应用广。1992 年随着互联网的广泛应用，美国的电子商务如火如荼地展开。而欧洲的电子商务于 1995 年真正起步，而且不同于美国电子商务的发展历程，西欧电子商务是在电子行业产业链上以 B2B 为主要模式逐步开展的。亚洲作为电子商务的新秀，市场潜力较大，是全球电子商务的持续发展地区。

2020 年，美国零售电商销售额达到 8611.2 亿美元，同比增长 44%，占零售总额的 21.3%。Ecommerce Europe（欧洲电子商务协会）和 EuroCommerce（欧洲商业协会）发布的《2022 年欧洲电子商务报告》显示，2021 年欧洲电子商务销售额增长至 7180 亿欧元，同比增长 13%，增长率保持稳定。2021 年，欧洲互联网用户比例保持为 89%，网上购买商品或服务的欧洲网民比例为 73%，同比下降 1%，低于预期。尽管互联网用户持续增长，但是线上中小零售企业使用数字工具的水平仍较低。欧洲电子商务发展的水平因地区不同而有所差异。就 B2C 电子商务营业额而言，西欧是发展最强劲的地区。2021 年西欧电商营业额占营业总额的 63%，约为 4500 亿欧元；南欧紧随其后，电商营业额占营业总额的 16%，为 1180 亿欧元；中欧和北欧分列第三和第四，占比分别为 10% 和 9%；东欧占比为 2%。尽管东欧的数字经济继续保持增长趋势，但与西欧和南欧市场相比，竞争力还不强。

亚洲地区电子商务体量大、发展快。电子商务起源欧美，但兴盛于亚洲。中国、印度、马来西亚的网络零售年均增速都超过了20%。中国网络零售交易额自2013年起稳居世界第一。印度电子商务市场过去几年保持约35%的高速增长。智研咨询发布的《2022—2028年中国移动互联网行业竞争现状及投资策略研究报告》数据显示，截至2022年1月，印度互联网用户占总人口的42%，虽然互联网在印度的普及率仍处于较低水平，但印度拥有着庞大的人口数量，为互联网及其相关行业提供了必要的消费基础。

2）国内电子商务的发展现状

20世纪90年代初，电子商务概念开始在我国传播。1998年3月，我国第一笔互联网网上交易成功，此后中国电子商务发展迅速。中国互联网络信息中心发布的《中国互联网络发展状况统计报告》显示，截至2022年6月，我国网民规模为10.51亿人，比2021年12月新增网民1919万人，互联网普及率达74.4%。网民人均每周上网时长为29.5个小时，使用手机上网的比率达99.6%；2021年全国电子商务交易额达42.3万亿元，同比增长19.6%，其中商品类交易额为31.3万亿元，服务类交易额为11万亿元；全国网上零售额为13.09万亿元，同比增长14.1%；电子商务从业人员达到6727.8万人。图1-3所示为2010—2022年中国电子商务行业交易规模及增长率。

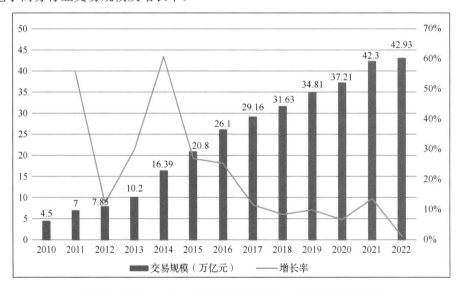

图1-3　2010—2022年中国电子商务行业交易规模及增长率

随着电子商务规模的不断扩大，各地政府大力推进电子商务的发展。电子商务对快递等上、下游行业都有很强的带动作用，由此衍生出来的就业市场大幅度增加，随之而来的客服、配送、技术等岗位供不应求。我国电子商务发展的趋势呈现良好态势，具体表现如下。

1）发展电子商务的环境持续改善

在网络基础建设方面，随着计算机的普及和互联网技术的发展，我国加大了对网络平台及网络带宽的投入，为电子商务的发展提供了基本保障。

在法律援建方面，我国出台和即将出台的有关电子商务的政策、法规为电子商务的发展提供了法律保障。

在信息安全方面，我国政府非常重视有关电子商务应用与发展的安全问题。行业认证中心、中国电信、中国海关、中国人民银行牵头组织的安全认证中心已经成立，上海、广州等城市的认证中心也相继成立。安全标准、电子签名、密码系统等相关核心技术的开发也得到更多重视。

2）电子商务成为经济增长的新引擎

电子商务成为经济增长的新引擎，网络购物成为消费增长的新力量。国家统计局数据显示，截至 2023 年 6 月，全国网上零售额达 7.16 万亿元，同比增长 13.1%，其中，实物商品网上零售额达 6.06 万亿元，同比增长 10.8%，占社会消费品零售总额的 26.6%。在消费升级背景下，居民由实物消费逐渐向非实物服务型消费转变，随着新的消费热点的出现，商品结构进一步优化，以文化娱乐、休闲旅游、大众餐饮为代表的消费升级类商品增长快速。

3）涌现出一批大型电子商务交易平台

近年来，我国涌现出一批优秀且发展迅速的大型电子商务网站，如淘宝网、京东、拼多多、唯品会等。这些网站不仅是我国电子商务行业的杰出代表，还是我国电子商务快速发展的见证。

4）跨境电子商务迎来重要的增长空间

观研报告网《中国跨境电商行业发展现状分析与投资前景研究报告（2022—2029 年）》显示，近年来，我国跨境电商相关企业不断增加，2019 年我国跨境电商相关企业新增 3985 家，同比增长 24.38%；2020 年我国跨境电商相关企业新增 6313 家，同比增长 58.42%；2021 年我国跨境电商相关企业新增 1.09 万家，同比增长 72.20%。另外，我国网购人群的跨境消费规模大幅度增大。截至 2021 年，我国跨境电商进出口 1.98 万亿元，同比增长 15%；其中出口 1.44 万亿元，同比增长 24.5%。图 1-4 所示为 2001—2021 年中国跨境电商行业交易规模及增长率。

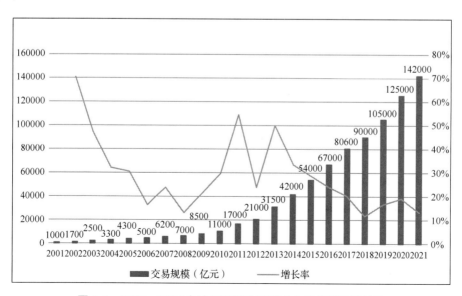

图 1-4　2001—2021 年中国跨境电商行业交易规模及增长率

此外，电商企业纷纷发力，加快布局跨境电商。京东开启"自营+平台"模式，一方面通过海外直采与国外原产地品牌商合作，增强品控能力；另一方面依托平台引进第三方商家入驻，销售进口商品，两者互为补充，效益明显。淘宝网、亚马逊等推出专门的"全球购"频道，开辟海淘商品代拍或直采业务，并通过自建物流或第三方物流将商品配送到消费者手中；唯品会、聚美优品等垂直电商积极拓展跨境电商业务，相继推出全球特卖和网上免税店业务；蜜芽宝贝、蜜淘、洋码头等跨境电商企业获得资本市场的青睐，获得数千万至上亿美元的风险投资，发展势头强劲。表1-1所示为我国主要的跨境电商类型。

表1-1 我国主要的跨境电商类型

经营模式	代表公司	简介	优势	劣势
平台模式	天猫国际	电商将第三方商家引入平台，提供商品服务	轻资产模式	收入来源仅为租金，第三方商家品质难以保障
"自营+平台"模式	京东	一部分采取自营，另一部分允许商家入驻	供应链管理能力强，与品牌建立了稳固关系，打通了产品流通环节	重资产模式
闪购模式	唯品会、聚美优品	凭借积累的闪购经验和用户黏性采取低价抢购策略	产品更新快，新鲜度高，客户重复购买率高	物流成本高，门槛低，竞争激烈
垂直型自营平台	蜜芽宝贝、蜜淘、洋码头	品类的专项化程度高	供应链模式多样	前期需要较大的资金支持

5）农村电子商务呈现巨大的发展潜力

从电子商务发展情况来看，当前三线以上城市的电商渗透率逐渐接近顶峰，农村电子商务成为数字经济赋能、乡村振兴发展的巨大市场空间。电商时代的到来，让农村购买力得到释放，逐渐实现了与城市无差别的消费，深刻地影响农村生产生活的方方面面，显示出强大的生命力。近年来，我国农村网民规模持续扩大。中商情报网数据显示，截至2021年，我国农村网民规模达2.84亿，农村地区互联网普及率为27.6%，比2020年12月提升1.7%。"数商兴农"深入推进，农村电商"新基建"不断完善，农村电商规模稳步提升。2021年，全国农村网络零售额突破2万亿元，达到2.05万亿元，同比增长11.3%。2022年，全国农村网络零售额为2.17万亿元，同比增长3.6%。2023年上半年，全国农村网络零售额达1.12万亿元，同比增长12.5%。其中，农村实物商品网络零售额实现1.02万亿元，同比增长11.3%。农村电商改善了工业品下乡、农产品进城渠道，加速推进了农业数字化，扩大了农村电商规模，但是农村网络零售额与农产品网络零售额差距扩大了。商务部数据显示，农村网络零售额与农产品网络零售额的差距从2017年的10012.2亿元扩大到2021年的13787亿元。电商扶贫对接、"三品一标"认证深入实施，工业品下行、农产品上行的双向渠道进一步畅通，"下沉市场"的消费潜力得到释放。

6）移动电子商务引领电商发展潮流

随着智能终端和移动互联网的普及，移动端成为电子商务的新入口，以碎片化、场景化、社交化等为特征的移动网购新模式，正在挑战基于PC端的传统购物模式。2021年，中国移动电子商务交易额约为27.5万亿元，同比增长13.5%。移动端作为商家直播和消费者观看的重要载体，直播电商市场的高速发展带动了移动电商市场交易规模的扩大。同时，基于微博、微信等自媒体社交平台兴起的"微商"群体快速崛起，正在构筑以"社群"和App为核心的去中心化的电子商务新模式。

1.1.2 快递物流概述

1. 快递

1）快递的概念

快递又称速递或快运，是指物流企业（含货运代理）通过自身的独立网络或以联营合作（联网）的方式，将用户委托的文件或包裹，快捷、安全地从发件人送达收件人的门到门（手递手）的新型运输方式。

快递有广义和狭义之分。广义的快递是指任何货物（包括大宗货件）的快递；狭义的快递专指商务文件和小件的紧急递送服务。从服务的标准看，快递一般是指在48小时之内完成的快件送运服务。

从快递的定义中，可以概括出快递的以下3个特征：从经济类别看，快递是物流产业的一个分支行业，快递研究属于物流学的范畴；从业务运作看，快递是一种新型的运输方式，是供应链的一个重要环节；从经营性质看，快递属于高附加值的新兴服务贸易。

由于快递市场的兴起源于消费者对寄递物品安全、快速到达存在强烈的要求，因此时效性和安全性是快递服务的两个重要因素。时效性取决于物流速度，与收件、派送、通关、国际运输等环节的工作流程和效率关系密切，尤其是运输工具的选择。在正常工作流程下，快递行业的时效性使得货物到达时间与消费者期待的时间差距不大。安全性主要包括两个方面：一是快件本身的安全性，即快件本身是否全部或部分丢失，是否被损坏，信息是否被泄露；二是快件对社会的安全性，即快件是否会对国家、公民、企业及其他单位的安全和权利构成威胁。

2）快递的分类

（1）按照运输方式分类，快递可分为航空快运、公路快运、铁路快运。

航空快运是指航空快递企业通过航空运输收取发件人的包裹和快件并按照承诺的时间将其送交指定地点或者收件人，并将运送过程的全部情况包括即时信息提供给有关人员查询的门对门速递服务；公路快运是指利用机动车包括汽车、货车和摩托车及非机动车（如人力三轮等）公路交通运输工具完成快递运输服务；铁路快运是指中国铁路小件货物特快专递运输，简称中铁快运（China Railway Express，CRE），CRE国内网络遍及120多个大、中城市，形成连锁服务网络。

（2）按照递送区域范围分类，快递可分为国内快递和国际快递。

国内快递是指在一个国家内部，完成对服务对象的运送服务，收发件人包括整个运送过程，都在一个国家边境内完成。国内快递又可分为同城快递、省内异地快递和省际快递。国际快递是指在两个或两个以上国家（或地区）之间进行的快递、物流服务，其主要服务对象为外贸行业的商业信函、文件、票据等。

（3）按照快递服务的主体分类，快递可分为国有快递企业、民营快递企业和外资快递企业。

国有快递企业是指由国家提供资金和管理，服务范围和营运方式通常受到政府监管。以中邮物流、EMS 快递为代表的快递公司属于国有快递企业。民营快递企业是指快递公司的资本由不同的私人投资者持有，在经营、管理、技术等方面有更大的自主权。民营快递企业的数量较多，服务范围和业务类型也比较多样化。以韵达快递、申通快递为代表的快递公司属于民营快递企业。外资快递企业是指快递公司主要的投资者和资金来自海外，其管理和服务模式通常与国外同行相似。外资快递企业通常具有国际化的服务理念和专业化的运营模式，优势在于跨境快递和国际物流。以 DHL 快递、联邦快递为代表的快递公司属于外资快递企业。

（4）按照送达时间分类，快递可分为当日达、次晨达、次日达、隔日达和定日达。

当日达是指要求在投递物品的当天即完成货物的送达交付服务；次晨达是指在投递物品的第二个工作日 12 点前完成送达交付服务；次日达是指在投递物品的第二个工作日 18 点前完成送达交付服务；隔日达是指投递物品的第三个工作日 12 点前完成送达交付服务；定日达是指在投递物品后按照客户的指定时间完成送达交付服务。

（5）按照赔偿责任分类，快递可分为普通快件、保价快件和保险快件。

普通快件是指交纳快件运费而不对快件实际价值进行保价并交纳保价费的快件；保价快件是指客户寄递快件时，除了交纳快件运费，还需按照声明价值的费率交纳保价费的快件；保险快件是指客户寄递快件时，除了交纳快件运费，还需按照快递企业所指定的保险公司承诺的保险费率交纳保险费的快件。

（6）按照业务方式分类，快递可分为基本业务快件和增值业务快件。

基本业务快件是指收寄、分拣、封发和运输单独封装的、有姓名和地址的信件包裹和不需要储存的其他物品，并按照承诺实现送达收件人的门对门服务，是快递企业的核心业务；增值业务快件是指快递企业利用自身优势在提供基本业务的同时为满足客户特殊需求而提供的延伸服务。

（7）按照付费方式分类，快递可分为寄件人付费快件、收费人付费快件和第三方付费快件。

寄件人付费快件是指寄件人在寄递快件的同时自行支付快递资费的快件；收件人付费快件是指寄件人和收件人商定，由收件人在收到快件时支付快递资费的快件；第三方付费快件是指寄件人和收件人及快递企业商定，在收件人收到快件时由第三方支付快递资费的快件。

（8）按照结算方式分类，快递可分为现结快件和记账快件。

现结快件是指快递业务员在快件收寄或派送现场向寄件人或收件人以现金或支票方式收取快件资费的快件；记账快件是指快递企业与客户达成协议，由客户在约定的付款时间或周期内向快递公司拨付资费的快件。

3）快递产业的特征

快递产业具有服务性、安全性、时效性、网络性及规模经济性等特征。

（1）服务性。从本质上说，快递服务只是实现物品的空间位置转移，并不产生新的产品，因此服务性是快递产业的基本特征。快递服务包含服务广度、服务深度及服务舒适度三方面意义。服务广度是指快递服务的业务种类及其满足用户需求的程度。业务种类越多，服务广度就越广；反之，服务广度就越窄。服务深度是指为用户提供快递服务的完全程度和便利程度。提供的服务越完全越便利，需要由用户自己完成的工作量越小，服务深度越大；反之，需要由用户自己完成的工作量越大，为用户提供的服务相应地就越不完全，快递服务深度就越小。服务舒适度是指以员工服务态度、服务质量和工作效率为核心，用户在使用过程中的满意度。

（2）安全性。在传递快件的过程中，如果出现快件丢失、损毁，快件（信息）内容被窃取，造成失密、泄密，传递易燃易爆甚至危害国家安全的物品，不但给消费者带来重大损失，而且会造成通信事故，带来不良的社会影响。因此，安全性是快递产业的重要特征，是社会对快递企业的重要要求：可监控快递全程，可实时查询快件递送信息（收件、转运、报关、投递等）并给予确切的回复。快件在快递企业自身的网络中封闭式运转，并利用信息系统对快递物品进行全程监管控制，以确保门到门的递送，最大限度地保障快件不丢失。在货源集散地，尤其是经营区域的中心地带，快递企业设置专用集配、中转和控制中心，配备大型仓库群、计算机中心、控制和指挥中心、客户服务中心、运输工具、存放中心等，都是为了充分保证快递服务的安全性。

（3）时效性。时效性是信息、物品类快递服务的基本要求。快递的时效性突出表现在用户对物品传递速度的要求上。快递的实物传递性决定了快递服务在保证安全、准确的前提下，传递速度是最重要的服务质量衡量标准之一。

快递服务就是快递企业根据用户的要求完成快件的快速传递，因此迅速或快速是快递产业的显著特征。在邮政业务中，为反映不同邮件迅速程度的差异，规定了不同邮件的全程传递时限，其中快件的全程传递时限要求最高（快件的全程传递时限最短），快递投递时间不能超出承诺或约定的全程传递时限。为了满足用户对不同时限的快递服务的要求，快递企业推出不同时限的快递服务。使用快递服务的用户，往往将时限要求放在首位，而将其他要求放在次要位置，快递企业应正视用户的这一需求特点。

（4）网络性及规模经济性。快递的网络性表现在两个方面：一方面快递服务主要依靠交通运输工具（如飞机、火车、汽车、船舶等）组成的物理网络实现，同时快递网络的建立具有实物网络的明确指向性。在网络局部拥塞或利用不足的情况下，各线路实物物流交叉调度的灵活性及可实现性差，这一点与电信网络不同。因而对邮运网络各线路上的实物流量都有规模经济性的要求。另一方面，快递服务的全过程必须在由不同企业合作的全国（或全球）范围内完成（或同一企业在不同区域间合作完成）。

快递服务一般都有高效的网络组织和完善的网络覆盖，国内外健全的揽货和配送网络是经营快递业务的基础，也是快递企业经营实力的重要体现。知名的快递企业都拥有国际、国内网络或班机（代理），包括运输车队、操作中心、通信和结算系统。一般网络与经济发达区域紧密相连，在区域中心城市，既设有快递物流处理中心，又建有信息服务中心，以便对整个网络的正常运转进行指挥、调度与控制。快递服务网络覆盖范围虽不及公共邮政，但其效率更高，能提供门到门的服务。

快件是快递服务组织按承诺时限快速递送的信件、包裹、印刷品等的总称。快件传递信息中包括收件人姓名和地址，投递时，要按照约定的收件人和收件地址准确投递；有约定投递时间的，还需要按照约定的投递时间进行准确的投递。除了投递环节，在快递企业内部处理快件（包括快件的实物形式和有关快件传递的信息）时，必须做到准确无误，力争消除快递企业内部作业过程中出现的差错，尤其是快件分拣处理时的差错。

2. 物流

1）物流的概念

物流在《物流术语》（GB/T 18354—2021）中的定义：根据实际需要，对运输、储存、装卸、搬运、包装、流通加工、配送、信息处理等基本功能实施有机结合，使物品从供应地向接收地进行实体流动的过程。

2）物流的分类

人们可以从不同角度采用不同的标准对物流进行分类。主要物流分类方法如下。

（1）按在社会再生产中的作用分类，物流分为宏观物流和微观物流。

① 宏观物流。宏观物流是指从社会再生产角度认识和研究的物流活动。这种物流活动的参与者是构成社会总体的大生产者、大集团。宏观物流研究社会再生产总体物流，研究产业或集团的物流活动和物流行为，即从宏观的角度，以长远性和战略性的观点，全面、系统地研究物流、管理物流。

② 微观物流。微观物流是指消费者、生产者从事的实际的、具体的物流活动。在整个物流活动的一个局部、一个环节的具体的物流活动，在一个小区域空间发生的具体的物流活动，针对某种具体产品进行的物流活动都属于微观物流。在物流活动中，企业物流、生产物流、供应物流、销售物流、回收物流、废弃物物流、生活物流等皆属于微观物流。微观物流的特点是具有具体性和局部性，微观物流的运行状况直接影响企业的经济效益。

（2）按物流活动的空间范围分类，物流分为国际物流和区域物流。

① 国际物流。国际物流是指跨越不同国家或地区的物流活动。它是国内物流的延伸和进一步发展，是跨国界的、物流范围扩大的物的流通。国际物流是现代物流系统发展很快、规模很大的一个物流领域，是伴随和支撑国际间经济交往、贸易活动和其他国际交流所发生的物流活动。由于近几年国际贸易的急剧扩大，国际分工日益深化及区域一体化速度的提高，国际物流业成为物流现代化研究的热点问题。随着世界经济一体化的发展，"多国制造"的产品越来越多，由某些国家生产某些零部件、配件，再由另外一些国家组装或装配成整机，这种生产环节之间的衔接也需要依靠国际物流。

② 区域物流。区域物流是指某行政区域或经济区域的内部物流。由于一个经济区域的物流都处于同一法律、规章和制度之下，都受相同文化和社会因素的影响，都处于基本相同的科技水平和装备水平，因而具有独特性、区域性的特点。研究区域物流时，应根据区域的特点，从本区域的利益出发组织好物流活动，还要保障该区域的生产和生活环境，促进区域经济的发展。

（3）按物流系统的性质分类，物流分为社会物流和企业物流。

① 社会物流。社会物流是企业外部物流活动的总称，即国民经济部门与部门之间、地区与地区之间、企业与企业之间为实现商品流动的各种经济活动，包括分销物流、购进物流、回收物流、废弃物物流等。

② 企业物流。企业物流是指货主企业在经营活动中所发生的物流活动。它体现了企业

内部部门之间为实现物质实体流动的各种活动，是以企业经营为核心的物流活动，是具体的、微观物流活动的典型领域。企业物流的基本结构是"投入—转换—产出"，对于生产类型的企业来说，是原材料、燃料、人力、资本等的投入，经过制造或加工转换为产品或服务；对于服务型企业来说，是设备、人力、管理和运营转换为对客户的服务。

（4）按过程分类，物流分为企业供应物流、企业生产物流、销售物流、回收物流和废弃物物流。

① 企业供应物流。企业供应物流是指为下游客户提供原材料、零部件或其他物品时发生的物流活动，即生产企业、流通企业或客户购入原材料、零部件或商品的过程，也就是商品生产者、持有者至使用者之间的物流。对于生产企业而言，供应物流需将原材料配送给工厂，它的主要客户是工厂，它的处理对象是生产商品所需的原材料和零部件。由于原材料与零部件的数量之间有固定的比例关系，因此供应物流的功能是强调原材料的配套储存、分拣、即时配送、加工和预处理等。对于流通领域而言，供应物流是指交易活动从买方角度出发在交易中发生的物流。企业流动资金大部分被购入的物资材料及半成品等所占用的。供应物流的严格管理及合理化对企业的成本有重要影响。

② 企业生产物流。企业生产物流是指在制造企业的生产过程中，原材料、在制品、半成品、产成品等的物流活动，即从工厂的原材料入库到工厂产品库的产品发送全过程的物流活动。生产物流是制造产品的企业所特有的，需要与生产流程同步。原材料及半成品等按照工艺流程在各个加工点之间不停地移动、流转，形成生产物流。因此，生产物流合理化对工厂的生产秩序和生产成本有很大的影响。

③ 销售物流。销售物流是指生产企业、流通企业在出售商品过程中发生的物流活动，即企业为保证自身的经营利益，伴随销售活动将产品所有权转给客户的物流活动。在现代社会中，由于市场环境是一个买方市场，因此销售物流活动具有极强的服务性，以满足买方的需求，最终实现销售。在这种市场前提下，销售往往以送达客户并经过售后服务才算终止。因此，销售物流的空间范围很大。企业销售物流的特点是通过包装、送货和配送等一系列物流实现销售，这需要研究送货方式、包装方式及运输路线，并采用少批量、多批次、定时及定量配送等特殊物流方式达到销售目的。

④ 回收物流。回收物流是指退货、返修物品和周转使用的包装容器等从买方返回卖方发生的物流活动。在生产及流通活动中有一些资料要回收并加以利用，如作为包装容器的纸箱、塑料筐、酒瓶等；还有可用杂物的回收和再加工，如旧报纸、书籍通过回收、分类可以制成纸浆；金属废弃物可以回收并重新冶炼成有用的原材料；等等。

⑤ 废弃物物流。废弃物物流是指将经济活动中失去原有使用价值的物品，根据实际需要进行收集、分类、加工、包装、搬运、储存等，并分送到专门处理场所的物流活动。

（5）其他分类，包括一般物流和特殊物流、虚拟物流、精益物流、逆向物流。

① 一般物流和特殊物流。一般物流是指物流活动的共同点和一般性。物流活动的一个重要特点是涉及全社会、各企业，因此物流系统的建立、物流活动的开展必须具有普遍的适用性。一般物流研究的着眼点是物流的一般规律，建立普遍适用的物流标准化系统，研究物流的共同功能要素，物流与其他系统的结合、衔接，物流信息系统及管理体制等。

特殊物流是指在专门范围、专门领域、特殊行业，在遵循一般物流规律的基础上，具有特殊制约因素、特殊应用领域、特殊管理方式、特殊劳动对象、特殊机械装备特点的物流。特殊物流活动是社会分工深化、物流活动合理化和精细化的产物。在保持通用的、一般物流活动的前提下，能够有特点并形成规模，产生规模经济效益的物流便会形成独特的物流活动和物流方式。

② 虚拟物流。虚拟物流是指为实现企业之间的物流资源共享和优化配置，以减少实体物流方式，基于计算机信息及网络技术进行的物流运作与管理。虚拟物流的原理是利用日益完善的通信网络技术及手段，将分布于全球的企业仓库虚拟整合为一个大型物流支持系统，以快速、精确、稳定地完成物资保障任务，满足物流市场的多频度、小批量订货需求。

③ 精益物流。精益物流是指在物流系统优化的基础上，剔除物流过程中的无效作业和不增值作业，用尽量少的成本满足客户需求，实现客户的最大价值，并获得高效率、高效益的物流。精益物流理论强调的"消除浪费，持续改善"是传统物流企业继续生存和发展必备的根本思想。它使得传统物流企业的经营观念转变为"以客户需求为中心，通过准时化、自动化生产不断谋求成本节约，谋求物流服务价值增值"的现代经营管理理念。

④ 逆向物流。逆向物流，也称反向物流，是指物品从供应链下游向上游运动引发的物流活动，是为了资源回收或正确处理废弃物，在高效及适当成本下，对原材料、在制品、产成品及相关信息从消费点到产出点的流动和储存进行规划、实施和控制的过程。

3）现代物流的特征

现代物流的特征可以理解为物流的现代化特征。随着现代物流的发展，其特征具有不同属性，现代物流的特征具有科学属性、技术属性、经济属性、管理属性和社会属性。

由于科学技术的发展出现了交叉学科和边缘学科，因此在划分现代物流的特征属性过程中，往往难以区别现代物流的特征属性。现代物流的各种属性相互影响、相互促进、相互交叉、相互包含，既有区别又有联系。

现代物流的主要特征有以下几点。

（1）科学化、系统化。现代物流的发展经历了从 Physical Distribution 到 Logistics 再到 3PL 和 4PL 的过程，成为一门学科。物流科学化表现为在发达国家拥有专门的物流科学机构和从事物流科学的专业人员，并建立了完整的、系统的、全面的物流科学研究、教育、培训体系。

在物流科学的发展过程中，物流作为一门年轻的学科，不断从其他学科中汲取"营养"，不断采用和应用其他学科的成果（如分销管理、运输管理、物资管理和其他技术学科），从而形成一个相对独立的学科。同时，物流与其他学科（如市场营销、运作管理、供应链管理、电子商务等）融合，促进了整个管理科学的发展。

物流系统化是系统科学在物流管理中应用的结果。系统科学在物流管理领域中得到了广泛的应用，可以利用系统科学的思想和方法建立物流系统。

（2）自动化。物流自动化是指在物流作业过程（运输、装卸、包装、分拣、识别等作业过程）中设备和设施自动化，如自动识别系统、自动检测系统、自动分拣系统、自动存取系统、自动跟踪系统等。

（3）智能化。从某种意义上讲，智能化是自动化的提升。智能化包含更多电子化成分，如集成电路、计算机硬件和计算机软件等。智能化在更大范围内和更高层次上实现了物流管理的自动化，如库存管理系统、成本核算系统等。

（4）标准化。在物流管理的发展过程中，从企业物流管理到社会物流管理都在不断地制定和采用新的标准。从物流的社会角度分类，物流标准可以分为企业标准和社会标准；从物流的技术角度分类，物流标准可以分为产品标准、技术标准和管理标准等。

（5）精益化。精益生产方式是由日本企业创立的，其涉及准时化生产、全面质量管理、并行工程、团队作业等工作方式，特点是多品种、小批量、低消耗和高质量。精益生产的核心思想是用尽可能少的生产要素创造尽可能多地满足客户需求的价值。精益思想在物流管理中的运用主要体现在降低成本、提高价值上。

（6）网络化。现代电子技术和产品在物流管理中的广泛应用使得物流实现了自动化、智能化、实时化和可视化，电子化实现了从计算机静态管理到点对点信息交换的动态管理，从而形成网络信息的交换。讨论物流网络时，网络有两种含义或理解：一是指物理网络或实体网络；二是指信息网络，即利用电子网络技术进行物流信息交换，根据物理网络的发展需要，企业应用网络技术建立起来的信息网络。

（7）个性化。物流个性化是指个性化需求和个性化服务。物流个性化服务是一种有针对性的服务方式，是指针对每个客户的不同需求及潜在需求的、区别于其他标准服务的、超出客户想象之外的，具有附加价值的物流服务。物流个性化根据客户的设定实现，依据各种渠道收集、整理和分类客户资源，并向客户提供和推荐相关物流信息，以满足或引导客户的需求。从整体上说，物流个性化服务打破了传统的被动服务模式，能够充分利用各种资源优势，主动开展以满足客户个性化需求为目的的全方位服务。

（8）专业化。社会分工促使物流专业化形成。物流专业化主要包括两个方面：一方面是在企业中，物流管理作为企业的一个专业部门独立存在并承担专门的职能；另一方面是在社会经济领域中，出现了专业化的物流企业，物流企业提供不同的物流服务，并进一步演变成为服务专业化的物流企业。

（9）协同化。在传统的供需关系中，更多的是买卖关系，而在现代物流中，供需关系因包括更多协同因素而成为战略合作关系。现在的企业竞争实际上是企业供应链之间的竞争，物流的协同化是指供应链中的企业及企业内部围绕核心企业的物流协调同步运作，这与传统的合作和协作不同，其合作是横向的，协作是纵向的，而协同是协作各方利益的共同目标。

（10）规范法治化。物流规范化是指在全社会范围内建立各种物流规范，包括非物流企业内部的各种物流规范、物流企业内部的各种规范、物流行业的企业行为规范及物流从业人员的行为规范。在法律体系中，要建立针对物流企业和物流产业的各种法律法规，以及在相关法律中对物流作出相应的规定。

（11）社会化。物流社会化是指社会中的任何组织机构对物流的需求不再单纯地由自己内部完成，而是由社会的其他专门的物流组织机构完成（主要是物流企业）。物流从自给自足的生产方式转变为在一定社会分工条件下的专业化和社会化的生产方式，随着社会化的进一步发展和完善，不仅社会物流需求实现社会化，而且物流组织机构需求实现现代化，从而实现真正广泛意义上的物流社会化。

（12）国际化。自然资源的分布和国际分工促进了国际贸易、国际投资、国际经济技术合作,从而产生了货物和商品的转移,促进了国际运输和国际物流的产生和发展。物流国际化一般表现在两个方面:一方面是其他领域的国际化产生了国际物流的需求,即国际化的物流;另一方面是物流领域自身的国际化。

3. 快递物流的含义及流程

1)快递物流的含义

快递物流是指快递企业提供快速收寄、运输、配送有明确地址的信件和包裹等物品,按交易双方规定的时限、地点,将物品完好地送至收件人要求的地点,并最终获得收件人亲笔签收的服务。

2)快递物流的流程

快递企业接到客户通过网上或电话下的订单,通过网点收寄、上门收寄等服务方式,对收到的包裹进行分类、封装,将包裹运输到物流中心进行分拣,交给快递员进行派送,直至客户签收。快递物流的流程如图1-5所示。

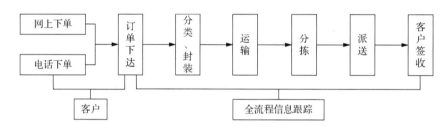

图1-5 快递物流的流程

1.1.3 快递服务与物流服务的区别

从表面上看,快递服务与物流服务都是对物品空间位置进行的一种转移,但又有明显不同。最本质的区别是快递服务属于邮政业,具有实物通信性质;而物流服务是与生产活动相关的物质资料的供应,与商品(货物)运输相关,不具有实物通信性质。

除此之外,快递服务与物流服务在服务形式、封装要求、内件性质、受理方式、质量要求、规格要求、资费标准、作业方式、时限要求、享受政策、业务定位、市场准入、国家定位、标准体系、政府管理、名址要求等方面也有明显区别,见表1-2。

表1-2 快递服务与物流服务的区别

序号	类别	快递服务	物流服务
1	服务形式	门到门、桌到桌、专差	形式不限
2	封装要求	带有本企业专用标识的封装(封装袋、包装箱、邮袋等),每件都必须单独封装	无特殊要求,符合运输要求即可
3	内件性质	严格执行禁限寄物品规定	无特殊要求,符合运输要求即可
4	受理方式	填写、确认快递运单	签订运输合同
5	质量要求	单件质量不宜超过50kg	货运质量不限,不超载即可

续表

序号	类别	快递服务	物流服务
6	规格要求	单件包装规格任何一边的长度不宜超过150cm,长、宽、高三边长度之和不宜超过300cm	规格不限,不超高、不超宽即可
7	资费标准	价格较高	价格适中
8	作业方式	收寄、运输、分拣、投递,且不需要储存等	运输(储存)等
9	时限要求	快速、及时,一般三天以内到达	双方约定,时间较长
10	享受政策	税收、道路通行等方面均享受国家相关优惠政策	执行服务业政策或其他政策
11	业务定位	国际及国内法有规定,如WTO相关协议、《万国邮政公约》《中华人民共和国邮政法》《中华人民共和国邮政法实施细则》等	国内法的规定,如《中华人民共和国道路交通安全法》《中华人民共和国道路运输条例》等
12	市场准入	属于经营邮政通信业务许可	属于经营道路运输业务许可
13	国家定位	邮政业属于国家重要的社会公用事业,邮政网络属于国家重要的通信基础设施	属于服务业中的一项业务
14	标准体系	《快递服务》系列国家标准包括三部分内容,分别是《快递服务 第1部分:基本术语》(GB/T 27917.1—2011),《快递服务 第2部分:组织要求》(GB/T 27917.2—2011)和《快递服务 第3部分:服务环节》(GB/T 27917.3—2011)	执行物流标准规划的相关规定
15	政府管理	邮政管理部门	交通管理、流通管理、综合管理部门
16	名址要求	每件都要填写收件人和寄件人特定名址	不需要每件都填写名址

1.2 电子商务与物流的关系

1. 物流是电子商务实现的基础

完整的物流体系是电子商务特别是网上有形商品交易发展的保障。有形商品的网上交易活动作为电子商务的重要构成方面,在近几年得到了迅速发展。如果没有高效的、合理的、畅通的物流系统,电子商务所具有的优势就难以得到有效发挥;如果没有与电子商务相适应的物流体系,电子商务就难以得到有效发展。

电子商务以快捷、高效地完成信息沟通、资金支付和所有权的交换而著称。对于实体产品的交易,只有商品通过现代化物流体系以最快的速度送达消费者手中,才标志着电子商务活动的最终实现。因此,现代化物流是电子商务实现的基础,它提高了电子商务的效益和效率,扩大了电子商务的市场范围,协调了电子商务的目标。

2. 电子商务是物流发展的拉动力

我国电子商务进入快速发展阶段。电子商务的快速发展使物流企业客户激增,成为拉动物流发展的重要力量。电子商务的发展拓宽了物流服务的范围。电子商务不但对物流的增值服务提出了要求,而且使物流的增值服务成为可能。在电子商务条件下,物流的增值服务表现为服务的便利性,物流反应的快速性、服务成本化和延伸服务。电子商务发展促进了物流技术的发展。物流技术既包括各种操作方法、管理技能等(如物品包装技术、物品标识技术、流通加工技术、实时跟踪技术等),又包括物流规划、物流评价、物流策略等。随着电子商务的飞速发展,物流技术与多种信息技术(如大数据、云计算、人工智能、射频技术、全球定位系统、地理信息系统等)融合。物流信息技术的提高必然促进物流管理效率的提高。

电子商务的发展要求物流专业化。因为实力雄厚的大企业可以建立自己的物流体系,而对于广大中小型企业来说,自建物流体系比较困难。这就要求物流向专业化方向发展,第三方物流的实质就是物流专业化。第三方物流是指由商品的供需双方之外的第三方完成物流服务。第三方物流节约了企业物流的成本,提高了物流的效率。

电商物流驱动西藏自治区消费增长:京东、顺丰加速"进藏"

众所周知,过去西藏自治区物流运输极不方便,成为制约当地经济发展的重要因素。如今,西藏自治区网购实现了"次日达",物流网越来越密集,百姓的农产品也因电商物流的发展出藏不再难,正如党的二十大报告中提到的,要"全面推进乡村振兴"。

西藏自治区供销有限公司总经理崔太福说,西藏自治区的农产品及工艺品凭借地方特色,受到消费者的认可。而西藏自治区供销有限公司依托中国供销集团"供销e家"的电子商务平台和遍布全国的实体展销渠道,帮助西藏自治区的农牧民拓建了全国性的市场销售体系。目前,电子商务平台和实体展销渠道已经服务30多个单位的100多种单品"上线""进店",直接完成了200万余元的交易额。

据了解,截至2020年12月,西藏自治区公共物流仓储配送中心升级扩容,实现了80%的商品本地发货,"当日达"覆盖范围进一步扩大;西藏自治区电子商务发展迅猛,数据显示,2021年,全区网上零售额达到189.7亿元,是2015年的45倍,增速位居全国前列。今年仅"双十一"购物节,西藏自治区网上零售额达到18.8亿元,同比增长29.8%。

资料来源:http://info.hhczy.com/article/20180806/34288.s html[2023-07-26]

1.3 快递物流的发展

1.3.1 国际快递巨头概况

1. 国际快递公司概况

1)美国联合包裹运送服务公司

美国联合包裹运送服务公司(United Parcel Service,UPS)在1907年作为一家信使公司成立于美国华盛顿州西雅图市,是一家全球性的公司,其商标是世界上知名的商标之一。

UPS 是世界上最大的快递承运商与包裹递送公司之一，也是运输、物流、资本与电子商务服务的领导性的提供者。

1919 年，公司第一次将业务由华盛顿州西雅图市扩展至加利福尼亚州奥克兰市，自此，UPS 的名称首次亮相。同年，公司将运送车辆的经典标志颜色定为棕色，代表着出类拔萃、成熟度与专业性。1930 年，UPS 首次将业务扩展到纽约市所在的美国东海岸，将洛杉矶公司办事处迁至纽约市。

1953 年，UPS 开始提供公共递送服务，服务包括芝加哥在内的某些城市的商业地址与私人地址。芝加哥是 UPS 在加利福尼亚州以外提供服务的第一座城市。公司还重新推出空运服务（1929 年时曾经开办一家企业，但仅维持两年），为东部和西部沿海主要城市提供两天送达的服务。

1975 年，UPS 成为第一家在美国本土为所有地址提供服务的包裹递送公司。这个惊人的服务连接范围成为 UPS 具有历史性的昵称——黄金路线。同年，UPS 首次跨出国境，在加拿大多伦多市提供服务。

1985 年，UPS 开始提供美国和欧洲之间首创的洲际空运服务。1988 年，UPS 获得美国联邦航空管理局的核准，运营自营飞机、推出 UPS Airlines。1989 年，UPS 将服务扩展到中东、非洲和环太平洋地区。目前 UPS 的业务覆盖全球 220 多个国家和地区。

2001 年，UPS 通过收购 Mail Boxes Etc., Inc.（全球最大的零售货运、邮政和商业服务中心特许经营商）向零售业进军。在两年里，美国境内约有 3000 个 Mail Boxes Etc. 的业务点挂上"UPS 商店"商标，并提供更优惠的 UPS 直送服务费率。

2015 年，UPS 收购了技术导向型货运代理公司 Coyote Logistics 后，开始提供周六陆运递送和周六取件服务，这是公司历史上首次提供业界领先的周六递送服务选择。

2018 年 7 月 19 日，《财富》世界 500 强排行榜发布，UPS 排名第 138 位。2018 年 12 月 18 日，世界品牌实验室编制的《2018 世界品牌 500 强》揭晓，UPS 排名第 50 位。UPS 积极开拓中国的业务。1988 年，UPS 与中国对外贸易运输集团（中外运）合作，组建了自己的办事处，并于 2001 年 4 月 1 日首次直航中国。UPS 全部采用波音 747 货机，每周都有从安大略和纽瓦克直飞我国北京和上海的 6 个往返航班。2005 年，我国加入 WTO 后快递市场正式对外开放，外资企业纷纷进入我国，全面开展国际快递业务，UPS 在中国区全面运营。2008 年，UPS 成为北京奥运会的物流与快递赞助商。2017 年，UPS 宣布与顺丰成立合资公司，并推出联合品牌的产品"SF-UPS 直运+"，主要服务于中国的跨境电商企业。

此外，UPS 航空公司是世界第九大航空公司，截至 2021 年，其拥有超过 250 架自营飞机和 290 多架租赁飞机，每日 1180 个国际航段在 400 多个国际机场之间提供服务。UPS 在全球约有 12.3 万辆运输车辆（包括货车和摩托车），1800 多个运营设施，3 万多个 UPS Access Points 快递取寄件服务点和 800 多个全场现场库存点，保证货物顺利送达。UPS 还有 500 多个供应链设施，遍及 125 个国家和地区。2019 年，UPS 成立子公司 UPS Flight Forward Inc.，发展商用无人机配送业务，成为第一家通过美国联邦航空管理局完全认证、获准运营的无人机运营商。

2）美国联邦快递公司

美国联邦快递公司（FedEx）成立于 1971 年，提供隔夜快递、地面快递、重型货物运送、文件复印及物流服务，总部设于美国田纳西州，是一家知名的快递运输公司。

2014 财年度，FedEx 营业收入高达 442 亿美元，在 2014 年财富世界 500 强排行榜排名第 236 位，入选《财富》杂志"全球最受尊敬公司"榜单，排名第 8 位，居运输行业首位。2016 年，FedEx 以 44 亿欧元的价格收购了荷兰 TNT 快递，从而扩大了在欧洲的市场份额。2018 年 7 月 19 日，《财富》世界 500 强排行榜发布，FedEx 排名第 155 位。2019 年，FedEx 营业收入为 697 亿美元，净收入为 5.4 亿美元，排名第 152 位。2020 年 5 月 13 日，FedEx 名列 2020 福布斯全球企业 2000 强榜第 513 位。

FedEx 运营世界上最大的货运机队，截至 2021 年 9 月 8 日，其拥有 467 架飞机，以机队数而言，是世界上第四大航空公司，同时是 A300、波音 757、ATR 42、Cessna 208、麦道 MD-11 等的最大营运商。其全球航空转运中心位于美国田纳西州孟菲斯，在 FedEx 总部的全球营运控制中心设有大型显示屏幕。通过显示屏幕，可以观察环球运输网的运作情况，监控货机的航行路线及各地区气候状况。FedEx 于 1984 年进入我国，1999 年 9 月与深圳黄田机场（集团）公司签署合作协议，每周有 5 班飞机，为华南地区提供服务；还有 5 班飞机飞往北京及上海。此外，该公司还与天津大田集团有限公司成立合资企业——大田联邦快递有限公司，在北京及上海设立特快配送中心。2008 年，广州亚太转运中心投入运营。自 2013 年 4 月 1 日起，联邦快递中国有限公司实施全球分销系统中国区全境覆盖计划，在武汉设立中国区公路转运中心，将武汉作为全国公路转运枢纽，承担武汉至西安、郑州、长沙、南昌、上海、重庆、成都、广州 8 条公路干线，16 个往返班次的货物分拨与转运业务。

为了使客户随时掌握货物配送流程与状态，客户可以通过 FedEx 开设的网站同步跟踪自己的货物，还可以免费下载使用软件，进入 FedEx 协助建立的亚太经合组织关税资料库。它的网上交易软件可以协助客户完成网上交易的所有环节，从订货、收款、开发票、库存管理直到将货物交到收货人手中；还可以根据客户的特定需求制订货物配送方案。

2014 年 12 月 16 日，FedEx 同意收购逆向物流公司 Genco，表示 FedEx 正在向电子商务领域迈进。

3）荷兰 TNT 邮政集团公司

荷兰 TNT 快递公司（以下简称 TNT 快递）是荷兰 TNT 邮政集团公司的子公司。TNT 快递成立于 1946 年，是全球领先的商业快递服务商，为客户提供准点的门到门文件、包裹和货运服务。

TNT 快递在 60 多个国家和地区雇有超过 143000 名员工，为超过 200 个国家和地区的客户提供邮运、快递和物流服务。业务网络连接近 1000 个转运中心及站点，拥有超过 20000 部运输车辆及 43 架飞机，每周运送 360 万件货物，为客户提供综合商业物流方案。

2015 年 4 月 7 日（美国当地时间），FedEx 与 TNT 快递联合宣布，前者同意以每股 8 欧元收购后者。2016 年 5 月 25 日，FedEx 宣布完成对 TNT 快递的价值 44 亿美元的收购。此后，全球四大快递巨头变为"三强鼎立"。一方面 TNT 快递在欧洲的地面网络将与 FedEx 在美国的优势结合，另一方面 FedEx 在亚洲等全球其他市场的地位进一步提高。2017 财年，TNT 快递业务营收 74.01 亿美元，占荷兰邮政集团公司总收入的 12.2%。

荷兰 TNT 邮政集团公司在荷兰乌特勒支设有 TNT 客户服务中心，对客户呼入电话的服务形式类似于中国邮政速递的 185 电话。每个呼入的客户电话号码都会被该中心的计算机自动记录下来，并自动转接到相应的客户服务中心。荷兰 TNT 邮政集团公司的大客户都有专门的服务人员,实行派驻制或通过呼叫中心与客户联系。客户服务中心的计算机系统可使工作人员迅速、准确地查找客户的资料。

面对网络经济时代的到来,荷兰 TNT 邮政集团公司推出了供需链管理体系——@TNT,可以为 B2B(企业对企业)电子商务市场提供全球物流服务。

为减少因货物质量、体积测量不准而带来的损失,TNT 快递引进安装了挪威 Cargo Scanner 公司开发的货物扫描仪,该设备可以快速、准确地获取条形码信息,并自动测量货物的质量和体积,为每件货物提供准确的清单。

4)敦豪国际速递公司

敦豪国际速递公司(DHL)是全球领先的国际快递服务提供商,是全球知名的德国邮政集团所控股的全资速递物流公司。DHL 拥有全球一流的快递网络,在全球 220 多个国家和地区提供紧急文件和物品的输送服务。DHL 全球的员工人数超过 380000 人,为 220 多个国家和地区、12 万个目的地、280 万个客户提供近 1.2 亿票快件的可靠的门对门快递服务,并且建立了庞大的全球快递网络,是全球国际化程度较高的公司。

1986 年,DHL 与中国对外贸易运输集团总公司联合建立了中国敦豪中外运速递公司。作为我国第一家国际航空快递合资企业,在当时取得了我国国际速递市场 36%的份额,在全国 27 座大城市设立了分公司。

1997 年,德国邮政集团为了扩大国际速递邮件业务,先后出资 120 多亿马克在全世界进行了一场大规模的并购活动。仅 3 年时间就收购了包括快递、货运和配送等在内的 37 家外国公司,并持有 DHL 51%的股份,为走向世界奠定了坚实的基础。网络时代的快速发展给控股 DHL 的德国邮政集团带来无限商机。德国邮政集团一方面努力成为网上交易的桥梁,代卖方建立网上店铺,向买方提供包括订货、储存、包装、运输乃至收款的全方位服务;另一方面直接面向网络上的个人用户建立名为"网中生活"的销售平台,为网上购物提供更多的便利。此外,还推出一种电子邮局业务,客户只需将信件内容通过网络发至电子邮局中心,打印、封装、贴邮票及递送等工作均由邮局完成,从而大大方便了客户。

2. 四大国际快递公司的经营经验

1)服务第一、客户至上的经营理念

四大国际快递公司始终如一地遵循服务第一、客户至上的经营理念,信守诺言,以赢得客户的信任。例如,UPS 的口号是"最好的服务,最低的价格"。FedEx 的广告用语为"联邦快递、使命必达"。

2)配送网络发达,服务周全

四大国际快递公司在全球都有数千个快件处理中心和数万个客户投送地点,形成覆盖全球的配送网络系统,为快递业务的开展和兑现对客户的承诺提供了保证。同时四大国际快递公司不断引进新的服务项目,例如门到门送取货,对国际快递货物预报关、合并报关,多种付费方式,严格的保险和即时的赔付承诺,等等。

3)配送快,充分体现快递服务的行业特点

四大国际快递公司依靠发达的运输网络和严格的组织管理,使整个快递过程像流水线一样进行设计和操作,从而保证托运货物以最快的速度送到收件人手中。

4）先进完备的信息支持系统

先进完备的信息支持系统是现代快递企业业务开展的先决条件。UPS 和 FedEx 都建立了完备的软硬件信息系统，形成本公司的全球即时信息网络。

1.3.2 中国快递市场概况

1. 快递业在中国的兴起

快递是物流的一个分支，主要从事小件包裹和函件的业务。快递产业的前身——包裹运送服务是由邮政送信业务发展而来的。

邮政特快专递服务（Express Mail Service，EMS）是中国邮政物流速递公司（隶属于中国邮政集团公司）于 1980 年创办的一项国际邮件快递业务，1984 年开办国内特快专递服务。我国第一家民营快递公司成立于 1986 年，由 DHL 与中国对外贸易运输集团总公司合资成立了中国敦豪中外运速递公司。我国目前最大的民营快递企业——顺丰快递成立于 1993 年，同年成立的还有宅急送；申通快递成立于 1994 年；其他的快递公司（如圆通、中通、韵达等）大多成立于 2000 年前后。近年来，随着电子商务的发展，雨后春笋般地涌现出众多快递公司。

2. 快递业发展概况

1979 年，中国对外贸易运输集团总公司与日本海外新闻株式会社签订代理协议，我国快递业开始萌芽。1985 年，中国速递公司成立，成为我国第一家专业快递企业。1992 年以后，民营快递企业和国有快递企业、外资快递企业一起角逐我国的快递市场。

1）快速发展

2010 年以来，受电子商务爆发式增长的影响，我国快递行业快速发展，年均增长率达 57%。2012 年，我国每天配送快递量达到 2500 万票，其中至少 1500 万票来自网购。2013 年，我国成为仅次于美国的世界第二大快递市场。2022 年，全年快递业务收入和业务量分别完成 1.06 万亿元和 1105.8 亿件，同比增长 2.3%和 2.1%。2023 年上半年，全国快递业务量（不包含邮政集团包裹业务）累计完成 595.2 亿件，同比增长 16.2%；快递业务收入累计完成 5542.9 亿元，同比增长 11.3%。

2）多元共存

目前，我国快递市场基本形成多元共存、互相竞争的局面。

第一类是外资快递企业，包括 FedEx、DHL、TNT、UPS 等。外资快递企业具有丰富的经验、雄厚的资金以及发达的全球网络。

第二类是国有快递企业，包括中国邮政（EMS）、民航快递（CAE）、中铁快运（CRE）等。依靠背景优势和完善的国内网络，国有快递企业在国内快递市场处于领先地位。

第三类是民营快递企业，包括大型民营快递企业和中小型民营快递企业两类。大型民营快递企业有顺丰速运、申通快递、圆通快递、极兔快递、韵达快递等。大型民营快递企业在局部市场站稳脚跟后，逐步向全国扩张。中小型民营快递企业主要经营特定区域的同城快递和省内快递业务，这类企业规模小、经营灵活，但管理比较混乱。近年来，民营快递企业市场份额逐步提升。2018 年，按业务量计算，民营快递企业占据快递与包裹市场企业的市场份额为 86.2%，国有快递企业占比 12.3%，外资企业占比 1.5%；2019 年，国有快递企业、民营快递企业、外资快递企业业务量占全部快递与包裹市场比重分别为10.8%、88.8%、0.4%；2020年，国有快递企业、民营快递企业、外资快递企业业务量占全部快递与包裹市场比重分别为10%、89.8%、0.2%，国有快递企业、民营快递企业、外资快递企业业务收入占全部快递与包裹市场比重分别为8.7%、86%、5.3%。从整体来看，民营快递企业业务量保持匀速增长，成为快递市场的主要参与者。

3）我国快递服务市场现状

（1）快递市场规模位居世界第一。

随着我国快递市场发展环境的优化，快递行业保持持续快速发展的态势。2014年，我国快递业务总量达到139.6亿件，跃居世界第一。图1-6所示为2012—2021年我国快递业务量及增长率。据国家邮政局统计，2021年，我国全年快递服务企业业务量累计完成1083亿件；2022年，全年快递业务量累计完成1105.8亿件。

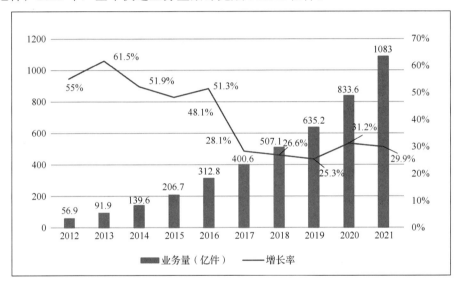

图1-6 2012—2021年我国快递业务量及增长率

2021年，全国快递服务企业业务收入累计完成10332.3亿元，同比增长17.5%。2022年，快递业务收入累计完成10566.7亿元，同比增长2.3%。2012—2022年我国快递业务收入如图1-7所示。

从市场整体来看，异地业务在整个快递业务结构中占有主导地位。从业务方向来看，2022年，同城、异地、国际快递业务量分别占全部快递业务量的11.6%、86.6%和1.8%；业务收入分别占全部快递业务收入的6.5%、49.5%和11%。与2021年同期相比，同城快递业务量的比重下降1.4%，异地快递业务量的比重上升1.6%，国际快递业务量的比重下降0.2%。

（2）快递服务民生能力增强。

快递业务在邮政行业各项主要业务中的地位显著加强。快递服务收入占全行业总收入的比重从2007年的28%升至2012年的78.2%。快递业务量在2013年第一季度首次超过了邮政函件量，说明我国对快递产品的消费量正快速增大，并超越同类的邮政产品，现代多样化的寄递类需求超过传统单一型的通信类需求。

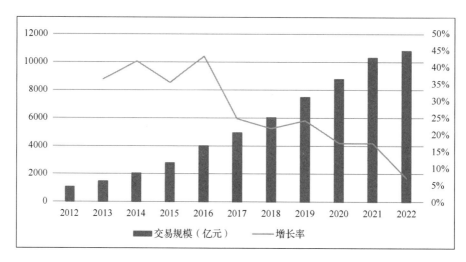

图1-7　2012—2022年我国快递业务收入

快递业务服务大众生活消费的能力不断增强。2021年，全国快递服务企业业务量累计完成1083亿件，全国快递业务收入累计完成10332.3亿元，按照全国人口总数14亿人推算，年人均快递使用量约为77件，年人均快递支出738元；2022年，全国邮政行业寄递业务量累计完成1391亿件，同比增长2.7%。其中，快递业务量累计完成1105.8亿件，同比增长2.1%；邮政寄递服务业务量累计完成285.2亿件，同比增长5%。2021年，全行业平均每个营业网点服务面积为23.3km^2；平均每个营业网点服务人口为0.3万人。邮政城区每日平均投递2次，农村每周平均投递5次。全国年人均函件量为0.8件，每百人订有报刊量为7.7份，年人均快递使用量为76.7件。年人均用邮支出895元，年人均快递支出731.4元，如图1-8所示。

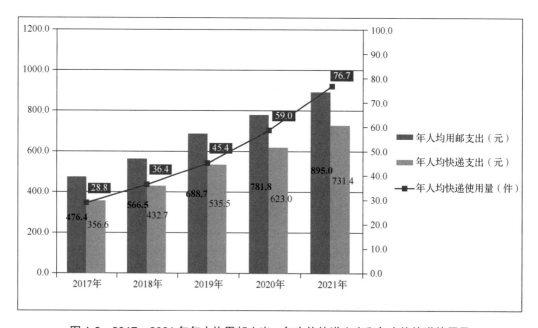

图1-8　2017—2021年年人均用邮支出、年人均快递支出和年人均快递使用量

(3) 区域快递业务规模情况。

长江三角洲和珠江三角洲是我国快递业务的主要增长极，业务量规模占全国的六成以上。2019 年 1—11 月，广东、浙江、江苏三省分别完成快递业务量 45.6 亿件、33.7 亿件和 15.7 亿件，同比分别增长 31.2%、31.4%和 30.2%，比行业整体增速分别高 6.4 个、6.6 个和 5.4 个百分点。广东、浙江、江苏三省快递业务量增速分别比上年提高了 1.7%、4%和 3.5%，对全国快递业务增长的贡献率分别提高 6.4%、5.9%和 2.5%。广东、浙江、江苏三省快递业务量和占全国的 55.8%，增长贡献率达到 66.4%，也就是说全国 2/3 的快递增量来自这三地，增长极的极化效应更加明显，截至 2022 年上半年，长三角地区三省一市进出口同比增长 11.7%，比上年增速加快 2.5%；7 月当月同比增长 25.7%，对全国外贸增长的贡献率超过五成。

(4) 快递行业主要参与者

我国现代快递服务在很长一段时间里都是通过邮政以特快专递的形式提供的，与世界各国现代快递的发展路径基本一致，在经济发展到一定规模后，其他性质的快递经营主体开始涌现。20 世纪 70 年代末快递行业进入我国。快递服务发展水平与整体经济的发展水平高度相关，越是经济发达的地区，快递服务的需求越旺盛，竞争就越充分，服务水平就越高。由于我国区域经济发展不平衡，因此快递服务发展呈现显著的区域性集中特征。与国民经济区域发展水平相对应，资产较多、业务量较大、业务收入较高的快递企业，主要集中在我国东部地区。

调查结果显示，即使在我国东部，快递服务区域布局同样显示出集中化的特点，快递业务量和业务收入主要集中在重点区域。东部的环渤海湾地区、长江三角洲、珠江三角洲是快递服务发展最集中的区域。

20 世纪 80 年代中后期，UPS、FedEx 和 DHL 先后与中国对外贸易运输集团合资在我国成立国际货运代理公司，开始经营国际快递业务。我国正式加入 WTO 后，2005 年起 UPS、FedEx 相继在我国成立独资公司经营业务。2007 年，TNT 通过全资收购我国天地华宇集团开始经营在我国的业务。

20 世纪 90 年代，我国民营快递蓬勃发展，申通和顺丰（1993 年）、宅急送（1994 年）、韵达（1999 年）、圆通（2000 年）等快递企业相继成立。我国民营快递企业从民营经济比较发达的长江三角洲、珠江三角洲崛起，以商务文件、小包裹为传递内容，以较低廉的资费，采取"门到门、桌到桌"的服务方式，承诺在规定的时间内完成寄递服务。通过提供与邮政特快专递差异化的服务，民营快递企业迅速站稳脚跟，国内快递市场也由邮政特快专递"一枝独秀"局面逐步过渡到众多快递企业"百花齐放"的时代。

随着电子商务的发展，快递市场将同步快速增长，电子商务快递市场将成为快递行业的主要服务市场。

快递行业是一个发展前景十分广阔的朝阳产业，尤其在面向生产的快递等商业化服务方面，迎来了发展的历史机遇。也正是如此，我国快递服务总体规模呈迅速增长的趋势，而且在服务支撑能力及服务功能等方面得到了显著提升。

1.4 本章小结

广义的电子商务也称商务电子化，是指利用包括互联网、内联网、增值网等形式的网络进行的各种商务活动。电子商务是互联网爆炸式发展的直接产物，是网络技术应用的新发展方向。

快递物流是指快递服务公司提供快速收寄、运输、配送有明确地址的信件和包裹等物品，按交易双方规定的时限、地点，将物品完好地送至收件人要求的地点并最终获得收件人亲笔签收的服务。

随着电子商务的发展，快递市场同步快速增长，电子商务快递市场将成为快递行业的主要服务市场。快递行业是一个发展前景十分广阔的朝阳产业，尤其在面向生产的快递等商业化服务方面，迎来了发展的历史机遇。

习 题

一、判断题

1. 电子商务是互联网爆炸式发展的间接产物，是网络技术应用的新发展方向。（ ）
2. 物流的各个环节是相互独立的，所以物流活动应当追求局部效益的最大化。（ ）
3. 快递服务属于邮政业，不具有实物通信性质，而物流服务是与生产活动相关的物质资料的供应，与商品（货物）运输相关，具有实物通信性质。（ ）
4. 物流是电子商务实现的基础，电子商务是物流发展的拉动力。（ ）
5. 快递服务是快速收寄、运输、投送单独封装的、有名址的快件或其他不需要储存的物品，按承诺时限递送到收件人指定地点并获得签收的寄递服务。（ ）

二、选择题

1. 以下不是按照物流过程分类的是（   ）。
   A. 供应物流　　　　B. 生产物流　　　　C. 社会物流　　　　D. 废弃物物流
2. 下列属于电子商务直接作用的是（   ）。
   A. 提高商务效率　　　　　　　　　B. 促进整个国民经济和世界经济发展
   C. 促进新兴产业的发展　　　　　　D. 保护环境，可持续发展
3. 以下不属于快递产业特点的是（   ）。
   A. 服务性　　　　B. 规模经济性　　　　C. 时效性　　　　D. 系统性
4. 下列不属于现代物流主要特征的是（   ）。
   A. 分散化　　　　B. 自动化　　　　C. 标准化　　　　D. 网络化
5. 下列没有被《财富》杂志评选为四大跨国快递公司的是（   ）。
   A. UPS　　　　B. TNT　　　　C. EMS　　　　D. DHL

三、思考题

1. 根据电子商务与快递物流的关系，分析我国电子商务与快递物流协同发展的重要性。
2. 阐述快递服务与物流服务的区别。
3. 总结国外电子商务的发展对我国电子商务发展的借鉴之处。
4. 简述我国电子商务快递市场的发展现状和趋势。
5. 简述国际快递巨头的发展概况，总结其成功经验。

顺丰："电商"的将来

在互联网时代，很多新生事物都得到了突飞猛进的发展，新商业形态的发展也不断加快。如今，连快递企业都跨界布局O2O。从"顺丰优选"到名为"嘿客"的便利店，显然顺丰在下一盘棋。

1. "前有狼后有虎"

成立于1993年的顺丰速运以深港地区的商务递送起家。老板王卫低调神秘的形象以及颇具争议的直营化模式让顺丰在2002年之前默默无闻，即使那时顺丰已经占据广东地区大部分市场。2002年后，顺丰不但把业务扩张到全国，而且成为第一家拥有民营包机的快递公司。

随着电商的发展，人们逐渐发现，"快递"业务变得与自己息息相关。2007年前一年不收一次快递的人，现在几天不收一次快递就会觉得少了一些什么。中国电子商务研究中心监测数据显示，截至2013年6月，全国电子商务交易额达4.35万亿元，同比增长24.3%。其中网络零售市场交易规模达7542亿元，同比增长47.3%。

电子商务给顺丰带来了机遇，但也带来了挑战。2013年前后，国内有60%的快递业务量来自淘宝网，其中80%的业务量被"四通一达"（申通、圆通、中通、汇通、韵达）分食，顺丰仅占10%左右。且"四通一达"没有坐以待毙，而是逐步涉及高端市场以逼近顺丰，从它们航空货运的积极备战中可见一斑。

同时，随着电子商务的发展，很多电商开始自建物流。早在2007年，京东就开始建设自有物流体系。2009年，京东斥资成立物流公司，开始全面布局全国的物流体系。截至2013年年底，京东在国内拥有82个仓储中心、1453个物流中心、209个提货点、18005名配送员工、8283名仓储员工、4842个售后中心。2013年，阿里巴巴联合多家企业共同组建菜鸟物流，目标是建立一个社会化物流大平台。此外，苏宁易购、1号店等都有自己的物流体系。

电商企业自建物流在一定程度上分食了传统快递企业的市场蛋糕，并且在发展到一定程度时，电商企业自建物流不仅服务于自己的业务，也将成为其盈利计划的一部分。

在这种"前有狼后有虎"的情况下，顺丰开始向产业链的上游进军电商业。

2. 试水电商

2012年5月31日，"顺丰优选"网购商城正式上线，主营生鲜食品的速配。"顺丰优选"并非顺丰介入电商领域的首次尝试，却是力度最大且成效最为卓著的一次。

2010年8月，"顺丰E商圈"开始投入运营，主打健康生活网上购物，销售食品及少量3C产品。同时在深圳布局便利店业务，试图尝试O2O（Online to Offline）模式，即网上下单后可到门店自提，也可到门店体验产品后再到网上下单，实现双向互通，然而该业务没有达到预期目标。

2012年3月，顺丰上线了高端礼品平台"尊礼会"，销售各类消费卡、保健品、工艺品等，主要面向中高端商务人士。其是"顺丰E商圈"的升级版，仍试图通过O2O模式锁定高端礼品市场，然而"尊礼会"上线不久便终止运营。

"其实这也是顺丰一贯的特点,没做成不要紧,不行就换个方向再去尝试,直到把一件事情最终做成。"这是一位顺丰内部员工的评价。

事实上,在"顺丰优选"推出之前,顺丰内部曾对到底从哪里切入做电商有过深度的探讨,讨论的结果是其他品类(如服装、3C等)都有比较优秀的电商企业,但高端食品以及生鲜类没有表现特别突出的电商企业,而食品在电商中的比重不到3%。这对顺丰来说是一个重要的机会。

如今回头去看,大多会感慨顺丰当初决策的果断。2012年5月底"顺丰优选"正式上线后,6月1日亚马逊中国开始卖生鲜;7月17日"本来生活"横空出世;7月18日京东商城也宣布开通生鲜食品频道;随后1号店推出生鲜品类;天猫预售频道上线"时令最新鲜"板块,预售生鲜产品。

虽然参与者越来越多,但"顺丰优选"CEO李东起认为:"市场还很小,现在谈竞争对手太狭隘了,关键是培养用户习惯,把这张饼摊大。"

有资料显示,截至2013年年底,"顺丰优选"全面覆盖生鲜食品、酒水饮料、粮油副食等几乎所有食品品类,还在26座城市建设了仓储中心,建成了一张初步覆盖全国的仓储配送网络,并在10多座城市建立了冷链物流配送体系。

2019年财报显示,受到国际形势不明朗及国内市场需求增速放缓的影响,2018年上半年顺丰传统产品收入增速放缓。为应对消费结构调整带来的市场需求变化,公司适时调整产品策略,针对特定市场及客户推出新产品,实现传统业务增量增收。财报中提到的产品策略就是顺丰推出的电商特惠件。针对这一点,顺丰在2019年财报中作出了更多说明。财报显示,顺丰控股对经济板块持续优化升级,自2018年5月起,针对电商市场及客户推出特惠专配新产品,以满足客户的多样化需求,迅速获得市场认可,并带动经济产品收入规模及市场占有率的迅速提升。特惠专配新产品上线拉动经济产品板块业务量快速提升,拉动经济产品板块业务2018年下半年实现收入同比增长47.54%。2018年,顺丰公司经济产品业务实现不含税业务收入269.19亿元,全年实现同比增长31.96%。

在2019年的业务基础上,顺丰继续发展以电商特惠件为主的经济产品业务。财报显示,未来顺丰将持续优化经济板块运营模式,在保障产品的质量和时效的前提下,实现更精准的资源协同,以支持传统业务板块量及收入快速、健康增长。随着顺丰经济产品业务的拓展,"顺丰包邮"或许会越来越多。

3. 互联网化带来的新商业雏形

记者从阿里巴巴方面获悉,天猫在上海、深圳等地签约近两万个服务站,主要向各大快递公司提供包裹自提和货物保管服务,消费者购物后可就近选择收货地自提,后续将统一为"菜鸟驿站"品牌运营。2014年下半年,阿里巴巴集团还将在"最后一公里"方面发力。

京东与便利店展开的合作更为深入。2014年3月,京东宣布与全国15座城市的10多家品牌便利店、上万家便利店门店合作。操盘京东O2O项目的京东首席物流规划师侯毅认为,一旦京东线上线下双渠道营销的O2O平台整合好,就可以直接从世界各地的原产地直采龙虾、牛奶等商品,一方面在网上平台卖,另一方面提供给便利店销售。

侯毅介绍,京东将创建全国、同城和点对点物流体系,甚至京东内部正在开发一个"物流众包平台",订单产生后,将投放到相关区域,该区域里的京东配送人员、快递公司配送人员甚至家庭主妇、退休人员,只要愿意就可以参与。

事实上,侯毅描述的物流模式,在国外已有人在做。一家创办于2008年的英国创业公司Shutl就提供这种平台,将快递公司和在线零售商对接,以帮助在线零售商拓宽派送范围、缩短送货时间。这家公司在2013年10月被eBay收购,帮助eBay拓展伦敦的业务。

在阿里巴巴首席运营官张勇看来,不同行业的线上和线下连接不存在统一的解决方案,必须看行业特性,解决实际问题,形成新商业。

"其实今天已经无法分出谁在线上谁在线下了,只要你被互联网化了,其实就是新商业的雏形。"张勇说。

顺丰在 2022 年实现全国范围跨省寄递最快 7 小时达，开通 73 座城市，满足客户中高端产业链及 JIT 流通模式下的批量大件航空运输的快速响应需求。同时基于顺丰散收场景的竞争优势，时效快递赛道扩大至逆向物流与电商退货领域，公司积极拓展与各大主流和新兴电商平台的合作，退货寄递业务量快速增长，散单黏性增强。鄂州花湖机场于 2022 年 7 月 17 日投入运营，货运首期开通鄂州至深圳、上海两条航线，年内开通大阪、法兰克福国际航线。机场转运枢纽将提升公司国内时效覆盖及国际空运网络布局，为企业带来更多的业务增量。

在消费增长放缓、竞争加剧的背景下，各类电商平台越发重视物流体系的稳定运转及优质的用户体验。顺丰通过细分业务场景，利用多层次的电商仓储资源叠加电商快递产品优质的时效履约能力及独立的市场定位，先后与各大电商平台实现仓储、配送合作，稳固扩大电商业务规模；在产品效益方面，通过内部精细化管理，保持电商快递业务健康发展，不断提升电商快递产品利润，盈利能力同比大幅度改善。

资料改编：http://www.86xsp.com/news/show-19249.html[2023-07-02]

思考：
1. 简述电子商务环境为快递企业带来的机遇与挑战。
2. 总结分析顺丰在电子商务领域的优劣势。
3. 以顺丰为例，探讨我国快递企业的未来发展方向。

理论篇

第 2 章
电子商务物流管理基础

【学习目标】
1. 理解电子商务物流管理的含义和特征。
2. 理解电子商务物流管理的职能。
3. 掌握电子商务的物流模式。

【学习重点】
1. 理解电子商务物流管理的含义和特征。
2. 掌握典型物流模式的含义、特征及优缺点。

【能力目标】
1. 能够结合企业实例分析物流模式的特点。
2. 具备运用电商物流模式进行综合分析、设计和评价的能力。

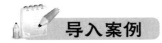

快递启动"春节不打烊"模式

春节临近,很多人担心过年快递停运,想要提前囤货,也有"春节快递停运"的消息在网上流传。对此,国家邮政局1月11日发文显示,根据各快递企业发布的服务公告,今年"春节不打烊"的服务时间为2022年1月30日(腊月二十八)至2022年2月4日(正月初四),将提供"春节无休服务",其他日期提供常态快递服务,服务范围包括全国地区(特殊地区除外)。

近年来,每逢年关,"春节物流停运"的消息时有曝出并引发消费者关注。事实上,国家相关部门早有关于快递行业春节照常服务的要求。2021年12月30日,国家邮政局针对春节期间的快递服务发出通知,要求节日期间各寄递企业统筹安排运营资源,提前做好运力和人力调配,维护基层网点运营稳定,切实保障节日期间人民群众用邮需求和行业安全稳定运行。同时深入开展"暖蜂行动",让快递员有更强的获得感、幸福感和安全感。督促寄递企业特别是加盟制网点及时结算员工工资,保障员工合法权益。除了国家邮政局提到的EMS、顺丰、京东物流等,韵达、中通、申通、极兔、德邦等快递企业都宣布,2022年"春节不打烊",为满足节日期间的寄递需求,春节期间会根据各地业务量的预测情况,合理安排员工轮岗值班,确保春节期间快递服务安全、畅通。

综合来看,各大电商春节期间的物流举措都是根据自身特点出发的。天猫、淘宝网由于没有自营物流,侧重规范商家发货时间,尽量减少物流停运带来的损失,作用可以说是聊胜于无。京东在百货小件上的保障更全面,配送及时、范围广,并且通过京东帮将触角伸向大量县级区域。国美在线发挥线上线下联合的优势,"春节不打烊"的城市达181座,并通过约时服务、门店自提等方式满足消费者的差异化需求。

资料来源:https://m.thepaper.cn/baijiahao_1626424l[2023-07-26]

不可否认,在春节物流大战中,拥有自建物流的京东与国美在线将取得绝对性优势。但是自建物流存在的壁垒也在每时每刻地撕扯着企业主:庞大的维护费用、不可避免的社会资源浪费以及缓慢的变现能力都使"自建物流"成为一把双刃剑,虽然在某些重要节点里自建物流可以成为电商之争的关键性因素,但是自建物流究竟是累赘还是奇兵?本章将阐述电子商务物流管理的含义、职能,相关理论学说,以及电子商务的物流模式等。

2.1 电子商务物流管理概述

2.1.1 电子商务物流管理的含义及特点

1. 电子商务物流管理的含义

简单来说,电子商务物流管理就是对电子商务物流活动所进行的计划、组织、指挥、协调、控制和决策等。

知识卡片

电子商务物流管理是指在社会再生产过程中，根据物质资料实体流动的规律，应用管理的基本原理和科学方法，对电子商务物流活动进行计划、组织、指挥、协调、控制和决策，使各项物流活动实现最佳协调与配合，以降低物流成本，提高物流效率和经济效益。简言之，电子商务物流管理就是研究并应用电子商务物流活动规律对物流全过程的各个环节进行全方面的管理。

2. 电子商务物流管理的特点

1）信息化

在电子商务时代，物流信息化是电子商务的必然要求。物流信息化表现为物流信息的商品化、物流信息收集的数据库化和代码化、物流信息处理的电子化和计算机化、物流信息传递的标准化和实时化、物流信息储存的数字化等。因此，条形码技术、数据库技术、电子订货系统、电子数据交换技术、射频技术、管理信息系统、企业资源计划等先进的管理策略在我国的物流行业中逐渐得到应用。

2）自动化

自动化的基础是信息化，核心是机电一体化，外在表现是无人化，效果是省力化。物流自动化的设施非常多，如条形码、语音、射频自动识别系统，自动分拣系统，自动存取系统，自动导引车，货物自动跟踪系统，等等。

3）网络化

物流领域的网络化有两层含义：一是物流配送系统的计算机通信网络，包括物流配送中心与供应商或制造商的联系要通过计算机网络，与下游客户之间的联系也要通过计算机网络，例如物流配送中心向供应商下订单，可以使用计算机网络通信方式，借助增值网上的电子订货系统和电子数据交换技术来自动实现，物流配送中心通过计算机网络自动完成收集下游客户订货的信息；二是组织的网络化，即所谓的组织内部网。

4）智能化

智能化是物流自动化、信息化的一种高层次应用，物流作业过程中的运筹和决策，如库存水平的确定、运输（搬运）路径的选择、自动导引车的运行轨迹和作业控制、自动分拣机的运行、物流配送中心经营管理的决策支持等问题都需要借助大量的知识解决。在物流自动化过程中，物流智能化是不可回避的技术难题，目前专家系统、机器人等相关技术在国际上有比较成熟的研究成果。为了提高物流现代化的水平，物流的智能化成为电子商务物流发展的新趋势。

5）柔性化

柔性化是在生产领域为实现以客户为中心的理念而提出的，但真正做到柔性化，即真正地根据客户需求的变化灵活调节生产工艺，没有配套的柔性化的物流系统是不能达到目的的。20世纪90年代，国际生产领域纷纷推出弹性制造系统、计算机集成制造系统、制造资源系统、企业资源计划以及供应链管理的概念和技术，这些概念和技术的实质是集成生产和流通，根据需求端的需求组织生产，安排物流活动。因此，柔性化的物流正是适应生产、流通与消费的需求而发展起来的一种新型物流模式。这就要求物流配送中心必须根据消费需求多品种、小批量、多批次、短周期的特色，灵活组织和实施物流作业。

另外，物流设施、商品包装的标准化以及物流的社会化、共同化也是电子商务物流模式的新特点。

2.1.2 电子商务物流管理的职能

电子商务物流管理与其他管理活动一样，其职能也包括组织职能、计划职能、协调职能、指挥职能、控制职能、激励职能和决策职能。

1. 组织职能

确定物流系统的机构设置、劳动分工、定额定员；配合有关部门设计物流的空间组织和时间组织；对电子商务中的各项职能进行合理分工，对各个环节的职能进行专业化协调。

2. 计划职能

编制和执行年度物流的供给和需求计划、月度供应作业计划、物流各个环节的具体作业计划（如运输、仓储等）、物流运营相关的经济财务计划等。

3. 协调职能

除了物流业务运作本身的协调功能，还需要物流与商流、资金流、信息流相互之间的协调，以保证电子商务客户的服务要求。

4. 指挥职能

物流过程是指物资从原材料供应者到最终消费者手中的一体化过程，指挥职能是物流供应管理的基本保证，它涉及物流管理部门直接指挥的下属机构和直接控制的物流对象，如产成品、在制品、代售和售后产品、待运和在运货物等。

5. 控制职能

由于电子商务涉及面广，其物流活动参与人员众多、波动大，因此物流管理的标准化、标准的执行和督查，偏差的发现与纠正等控制职能都具有广泛性和随机性。

6. 激励职能

激励职能包括物流系统内职员的挑选与培训、绩效的考核与评估、工作报酬与福利、激励与约束机制的设计等。

7. 决策职能

物流管理的决策大多与物流技术挂钩，如库存合理定额的决策、采购数量和采购时间的决策等。

2.2 电子商务的物流模式

电子商务企业采取的物流模式一般有自营物流、第三方物流及物流联盟等。此外,第四方物流模式作为一个新生模式,正在被电子商务企业接受和实践。

2.2.1 自营物流

1. 自营物流的含义

自营物流又称自理物流,是指企业自身投资建设物流的运输工具、储存仓库等基础硬件,经营管理企业的整个物流运作过程的模式。它是由企业自己经营的物流,其主要的利润源不在物流本身。相比之下,现代企业自营物流不是传统企业的物流作业功能的自我服务,而是基于供应链物流管理,以制造企业为核心的经营管理概念。电子商务企业的自营物流是在传统的自营物流基础上,加入了电子商务的新型概念,旨在提高物流的整体运作效率。电子商务企业自建物流体系如图 2-1 所示。

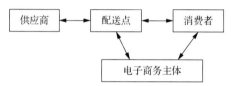

图 2-1 电子商务企业自建物流体系

目前采取自营物流模式的电子商务企业主要有如下两类。第一类是资金实力雄厚且业务规模较大的电子商务公司,如京东。在电子商务发展初期,国内第三方物流的服务水平尚不能满足电子商务公司的要求,为了抢占市场的制高点,京东等电商企业不惜动用大量资金,在一定区域甚至全国范围内建立自己的物流配送系统。第二类是传统的大型制造企业或批发企业经营的电子商务网站,由于其自身在长期的传统商务中建立了初具规模的营销网络和物流配送体系,开展电子商务活动时,只需加以改进、完善,即可满足电子商务条件下对物流配送的要求。

2. 自营物流的优缺点

自营物流作为企业物流的一种模式,由于利润源不在物流本身,物流的成本往往大于物流的利润,因此采用自营物流的企业往往需要有能力承担物流业务并从中获利。与第三方物流相比,自营物流具有以下优缺点。

1)自营物流的优点

(1)能够灵活、快速地对企业物流需求作出反应。自营物流以服务于本企业的生产经营为主要目标,与企业经营关系密切,其整个物流体系是企业内部的一个组成部分。与第三方物流相比,它能够更好地满足企业在物流业务上的时间、空间需求。对于物流配送较为频繁的企业,自营物流能更快速、更灵活地满足企业的需求。

（2）企业拥有对物流系统运作过程的有效控制权。在自营物流模式下，企业可以通过内部的行政权力控制物流运作的各个环节，对供应链有较强的控制能力，能够迅速取得供应商、销售商以及最终顾客的第一手信息，解决管理物流活动的过程中出现的问题，以便随时调整经营策略。通过自营物流，企业可以有效控制物流系统全过程的运作。

（3）避免商业秘密泄露。一般来说，企业为了维持正常的运营，需要对某些特殊运营环节采取保密措施，比如原材料的构成、生产工艺等。当企业将物流业务外包，特别是引入第三方物流经营生产环节中的内部物流时，其基本运营情况不可避免地向第三方物流公开；企业经营中的商业秘密可能会通过第三方物流泄露给竞争对手，动摇企业的市场竞争力。

（4）降低交易成本。企业依靠自己完成物流业务，就不必对相关的运输、仓储、配送和售后服务的费用问题和物流企业进行谈判，避免了交易结果的不确定性，降低了交易风险，减少了交易费用。

（5）盘活企业原有资产。企业选择自营物流模式，在改造企业经营管理结构和机制的基础上，使原有物流资源得到充分利用，盘活原有的企业资产，为企业创造利润空间。

（6）提高企业品牌价值。企业自营物流能够更好地控制市场营销活动，一方面，企业可以为客户提供优质的服务，方便客户更好地熟悉企业、了解产品，让客户感受到企业的亲和力，切身体会到企业的人文关怀，提高企业在客户心目中的形象；另一方面，企业可以最快地掌握客户的信息和市场的发展动向，从而根据客户需求和市场信息制定和调整战略，提高企业的市场竞争力。

2）自营物流的缺点

（1）一次性投资大、成本高。自营物流涉及运输、仓储、包装等环节，建立物流系统的一次性投资较大，占用资金较多。对于资金有限的企业，物流系统建设投资是一个很大的负担。另外，企业自营物流一般只服务于自身，依据企业自身物流量建立，但是单一企业物流的物流量一般较小，企业物流系统的规模也较小，导致物流成本较高。这必然减少企业其他重要环节的投入，削弱企业的市场竞争能力。

（2）需要较强的物流管理能力。自营物流的运营，除了需要强有力的硬件支持，还需要企业工作人员具有专业化的物流管理能力；否则，仅有好的硬件无法高效运营。我国的物流人才培养相对滞后，直接导致我国复合型物流人才短缺，加快高层次复合型物流专业人才的培养成为我国企业开展自营物流亟待解决的问题之一。

（3）企业配送效率低，管理难以控制。对于绝大部分企业而言，物流不是企业擅长的领域。在这种情况下，企业自营物流就等于迫使自己从事不擅长的业务活动，企业的管理人员往往需要花费大量的时间、精力和资源从事物流工作，导致辅助性的工作没有做好，没有发挥关键业务的作用。

（4）规模有限，物流配送的专业化程度较低，成本较高。对规模较小的企业来说，企业产品数量有限，采用自营物流，不足以形成规模效应，一方面，会导致物流成本过高，产品成本升高，降低了市场竞争力；另一方面，受规模的限制，物流配送的专业化程度较低，企业的需求无法得到满足。

（5）无法进行准确的效益评估。许多自营物流的企业内部各职能部门独立完成各自的物流活动，没有将物流费用从整个企业分离出来进行独立核算，因此，企业无法准确计算出产品的物流成本，从而无法进行准确的效益评估。

案例 2-1

京东的自营物流

京东于 2007 年开始自建物流，2017 年 4 月正式成立京东物流集团，2021 年 5 月在香港联交所主板上市。京东物流是我国领先的技术驱动的供应链解决方案及物流服务商，以"技术驱动，引领全球高效流通和可持续发展"为使命，致力于成为全球最值得信赖的供应链基础设施服务商。

一体化供应链物流服务是京东物流的核心赛道。京东物流主要聚焦于快消、服装、家电家具、3C、汽车、生鲜等六大行业，为客户提供一体化供应链解决方案和物流服务，帮助客户优化存货管理、减少运营成本、高效分配内部资源，实现新的增长。同时，京东物流将长期积累的解决方案、产品和能力模块化，以更加灵活、可调用与组合方式，满足不同行业的中小客户需求。

京东物流建立包含仓储网络、综合运输网络、"最后一公里"配送网络、大件网络、冷链物流网络和跨境物流网络在内的高度协同六大网络，具备数字化、广泛和灵活的特点，服务范围覆盖了中国几乎所有地区，不仅建立了中国电商与客户之间的信赖关系，还通过 211 限时达等时效产品和上门服务，重新定义了物流服务标准，客户体验持续领先行业。在国家邮政局已公布的 2023 年第二季度快递服务公众满意度调查中，京东快递持续以高分位列公众满意度快递企业第一阵营。

截至 2023 年 6 月 30 日，京东物流运营超 1600 个仓库，含云仓生态平台的管理面积在内，仓储总面积超 3200 万平方米。同时，京东物流还在全球拥有近 90 个保税仓库、直邮仓库和海外仓库，总管理面积近 90 万平方米。

资料来源：百度百科

案例 2-2

海尔集团自营物流体系的构建

从 1999 年开始，伴随流程再造，海尔集团在我国企业中率先成立了独立的物流推进本部，下设三个事业部：采购事业部、配送事业部、储运事业部。采购事业部负责全球化采购业务，将原来分散于各个事业部的分散采购行为全部集中在一个事业部，形成规模化经营；配送事业部负责保管采购事业部采购的物资，并将源于全球的物资统一配送到全球各生产厂的生产线；储运事业部负责把从生产线生产的成品统一仓储，统一配送到全国各地，甚至配送到用户手中。这样海尔集团实现了从采购直到成品配送到用户手中，甚至不良品的返回、废品回收物流整个物流过程的高度统一协调。物流重组后的海尔集团每年能节约资金上亿元，使海尔物流的规模化优势得到极大的发挥。因此，海尔集团总裁张瑞敏被称为"中国物流管理觉醒第一人"。海尔的物流改革符合高质量创新发展的要求，正如党的二十大报告中所提到的，要"推动经济实现质的有效提升和量的合理增长"。

海尔集团的物流改革选择了仓储这个突破口，又找到传统仓储模式存在的问题，并按照国际先进企业的物流管理方式进行改革。青岛海尔信息园中建立了一座机械化的立体库，在黄岛开发区建立了一座全自动立体库，立体库的库位有 9168 个标准托盘位，每个托盘的尺寸都是 1.2m×1m，立体库的建筑高度是 16m，放货的高度可达 12.8m。全自动立体库取代了 65000m² 的外租库。因为使用了计算机系统，管理人员从原来的 300 多人降为 48 人，不仅降低了物料的库存，而且优化了整个物流系统。另外，海尔集团仓储改革还促进了物流的标准化。因为物流过程实施的标准化操作不仅能够保证产品质量，而且大大减少了入库、出库等程序作业的工作量和人工成本。

海尔物流管理的"一流三网"充分体现了现代物流的特征："一流"是以订单信息流为中心；"三网"

分别是全球供应链资源网络、全球用户资源网络和计算机信息网络。"三网"同步运作为订单信息流的增值提供支持。海尔集团与SAP公司合作，在进行业务流程再造后搭建了BBP采购平台。2001年，SAP公司为海尔集团搭建的国际物流中心正式启用，成为国内首家达到世界领先水平的物流中心。

资料来源：界面网 http://www.gzhd56.com/wuliuzhishi/940.html[2023-07-26]

2.2.2 第三方物流

1. 第三方物流的概念

第三方物流（Third-Party Logistics，3PL/TPL），在国外又称契约物流（Contract Logistics），是20世纪80年代中期以来在欧美发达国家和地区出现的概念。《物流术语》（GB/T 18354—2021）对第三方物流的定义，是指由独立于物流服务供需双方之外且以物流服务为主营业务的组织提供物流服务的模式。

第三方物流主要由以下两个要件构成：一是主体要件，在主体上是指"第三方"，表明第三方物流是独立的第三方企业，而不是依附于供方或需方等任何一方的非独立性经济组织；二是行为要件，即在行为上是指"物流"，表明第三方物流从事的是现代物流活动，而不是传统意义上的运输、仓储等。

也有人认为第三方物流的概念源于管理学中的Out-souring。Out-souring是指企业动态地配置自身和其他企业的功能和服务，利用外部的资源为企业内部的生产经营服务。将Out-souring引入物流管理领域，就产生了第三方物流的概念。所谓第三方物流是指生产经营企业为集中精力做好主业，把原来属于自己处理的物流活动，以合同方式委托给专业物流服务企业，同时通过信息系统与物流服务企业保持密切联系，以达到对物流全程的管理和控制的一种物流运作与管理方式。因此，第三方物流又称合同制物流。提供第三方物流服务企业的前身一般是运输业、仓储业等从事物流活动及相关的行业。从事第三方物流的企业在委托方物流需求的推动下，从简单的储存、运输等单项活动转变为提供全面的物流服务，其中包括物流活动的组织、协调和管理，设计和建议最优物流方案，物流全程的信息搜集、管理等。第三方物流管理模式如图2-2所示。

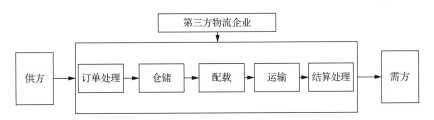

图2-2 第三方物流管理模式

2. 第三方物流的特征

第三方物流具有以下特征：整合超过一个物流功能的活动，通常为客户提供两项以上物流功能的服务；第三方物流企业通常不会代替客户做存货管理，仓储不等于存货管理；即使这些资产不隶属于第三方物流企业本身，为客户提供服务所使用的物流设备也通常由第三方物流企业控制；具备全面的物流服务能力；提供附加价值的服务；等等。

3. 第三方物流运作模式

1）传统外包型物流运作模式

简单普通的物流运作模式是第三方物流企业独立承包一家或多家生产商或经销商的部分或全部物流业务。

企业外包物流业务降低了库存甚至达到"零库存"，节约了物流成本，同时可精简部门，集中资金、设备于核心业务，提高企业竞争力。第三方物流企业以契约形式与客户形成长期合作关系，保证了企业稳定的业务量，避免了企业设备的闲置。这种模式以生产商或经销商为中心，第三方物流企业几乎不需要专门添置设备和业务训练，管理过程简单。订单由供需双方完成，第三方物流只完成承包服务，不介入企业的生产和销售计划。我国大多数物流业务都采用这种模式，这种模式的缺点是生产企业与销售企业和第三方物流之间缺少沟通的信息平台，会造成盲目生产、运力浪费或不足、库存结构不合理，不能实现资源更大范围的优化。据统计，目前物流市场以分包为主，总代理较少，难以形成规模效应。

2）战略联盟型物流运作模式

第三方物流包括运输、仓储、信息经营者等，以契约形式结成战略联盟，实现内部信息共享和信息交流，相互间协作，形成第三方物流网络系统。联盟包括多家同地和异地的运输企业、场站、仓储经营者。理论上，联盟规模越大，可获得的总体效益就越大。在信息处理方面，可以共同租用某信息经营商的信息平台，由信息经营商负责收集处理信息，也可连接联盟内部各成员的共享数据库，实现信息共享和信息沟通。目前我国一些电子商务网站普遍采用这种模式。

与第三方物流模式相比，战略联盟型物流运作模式有两方面改善。首先，系统中加入了信息平台，实现了信息共享和信息交流，各单项实体以信息为指导制订运营计划，在联盟内部优化资源；同时信息平台可作为交易系统，完成产销双方的订单和对第三方物流服务的预定购买。其次，联盟内部各实体实行协作，某些票据可以在联盟内部通用，减少了中间手续，提高了物流效率，使得供应链衔接更顺畅。例如，联盟内部实施多式联运，一票到底，可以大大节约运输成本。在这种模式下，联盟成员是合作伙伴关系，实行独立核算，彼此之间实行服务租用，但有时很难协调彼此的利益。在彼此利益不一致的情况下，实现资源更大范围的优化存在一定的局限。例如，A地某运输企业运送一批货物到B地，而B地恰有一批货物运往A地，为降低空驶率，B地承包这项业务的某运输企业应转包这次运输，但A、B两地的企业在利益协调上也许很难达成共识。

3）综合物流运作模式

综合物流运作模式就是组建综合物流公司或集团。综合物流公司集成物流的仓储功能、运输功能、配送功能、信息处理功能和其他一些物流的辅助功能，例如包装、装卸、流通加工等，组建各相应功能的部门。与第三方物流相结合，大大扩展了物流的服务范围，为上游生产商提供产品代理、管理服务和原材料供应业务，为下游经销商提供配货和送货业务，同时完成商流、信息流、资金流、物流的传递。

4. 选择第三方物流的优越性及风险

1）选择第三方物流的优越性

（1）有利于集中主业。由于企业拥有的资源都是有限的，很难将涉及自身产品的业务都做得非常理想。因此，企业必须充分利用现有的资源，集中精力于核心业务和核心能力构筑，应将不擅长或条件不足的功能弱化或外包。

（2）有利于减少库存。企业不能承担多种原材料和产品库存的无限增长，尤其是高价值的配件要及时送往装配点，实现"零库存"，以保证库存的最小量。利用第三方物流，可以在保证生产经营和营销正常进行的前提下实现"零库存"，从而降低库存成本。

（3）有利于减少投资和加快资本周转。企业自营物流往往要进行物流设施设备的投资，如建设仓库、购买车辆、构建信息网络、组织管理等，投入成本较大，对于资金运作缺乏的企业来说是沉重的负担。采用第三方物流模式，企业可以减少在此方面的投资，可以将固定投资转变为可变资本。

（4）有利于灵活运用新技术。随着物流业务的发展和科技的进步，物流领域的新技术、新设备层出不穷，表现为物流功能的专业化、自动化、智能化等。非物流企业通常缺乏时间、精力、资金等来适应快速发展的物流活动。采用第三方物流模式，可以在不增加投入的情况下，不断获取物流功能带来的新技术，并获取一定的增值利益。

（5）有利于提高客户服务水平。提高客户服务水平可提高客户的满意度和企业信誉，促进销售，提高市场占有率，进而提高利润率。采用第三方物流先进的信息网络和通信技术，有助于提高市场响应速度和对客户订货的反应能力，尤其是对销售物流、回收物流的作用，以保证企业为客户提供稳定、可靠的高水平服务。

（6）有利于降低物流成本。物流成本通常被认为是企业经营中占比较高的成本。控制了物流成本，就等于控制了总成本。采用第三方物流模式，可以使得物流成本下降一定的比例。企业应建立一套完整的物流成本核算体系，以便真实地反映企业采用第三方物流模式后带来的效益，促使企业物流活动日趋合理化。

（7）有利于建立信息网络而开发新的市场。通过专业化的发展，第三方物流企业通常开发了信息网络并积累了针对不同物流市场的专业知识，包括运输、仓储和其他增值服务，在国内外有良好的运输和分销网络。采用第三方物流模式，可以开展自身无法开展的物流业务。

（8）有利于提升企业的形象。企业可以通过第三方物流"量体裁衣"式的设计，制订以客户为导向、低成本、高效率的物流方案，为企业在竞争中取胜创造条件。

2）选择第三方物流的风险

（1）有降低甚至丧失物流控制能力的风险。企业采用第三方物流模式后，第三方物流企业介入客户企业的采购、生产、销售及客户服务的各个环节，成为客户企业的物流管理者，必然会降低客户企业对物流的控制能力，从而要求客户企业具有与第三方物流企业讨价还价的能力。

另外，采用第三方物流模式使原来由企业内部沟通解决的问题，转变成还要与外部的第三方物流企业进行沟通的问题。在沟通不充分的情况下，双方容易相互推诿，从而影响物流的效率。

(2)客户关系管理上的风险。采用第三方物流模式，在客户关系管理上存在两种风险：一是企业与客户关系被削弱的风险，即订单集成、产品的递送甚至售后服务基本上由第三方物流企业完成，势必减少企业与客户的沟通，从而导致企业的快速反应体系失灵；二是客户资料被泄密的风险。

(3)企业经营战略被泄密的危险。在市场竞争日益激烈的情况下，企业的核心竞争力是生存与发展的重要保障。当采用第三方物流模式后，为了保证双方合作的紧密性以及提高物流效率的需要，通常要求双方的信息平台对接，势必增加企业经营战略被泄密的风险。

(4)连带经营风险。企业采用第三方物流模式后，双方会形成战略伙伴关系。一旦需要解除合作关系，就需要付出一定的成本。如果第三方物流企业由自身经营不善导致暂停或终止提供服务，就可能直接影响客户企业的经营，甚至带来相当大的损失。特别是在合约解除过程中，企业要面临新的第三方物流企业的选择成本和磨合成本。

(5)机会主义风险。采用第三方物流模式后，由于双方对合作关系依赖性的不同，因此第三方物流企业出现一些纠纷时往往处于有利地位，有时为了欺诈客户而变相提高价格或提出其他苛刻的条件，并转向其他能满足他们利益的客户，产生一定的机会主义行为。

5. 我国第三方物流概述

我国国民经济连续多年的高速增长，为第三方物流创造了良好的发展环境。虽然我国第三方物流的发展时间不长，与发达国家还存在着一定的差距，但也存在着巨大的市场机会。我国第三方物流的发展状况大致如下。

1）物流总体水平基础较单薄，但发展迅速

我国第三方物流企业的基本业务仍然以运输、仓储等为主，其他增值服务功能（如加工、配送、定制服务等）尚处于发展完善阶段。国家重点发展的战略性产业中，现代物流被重点提出，备受瞩目。相应的第三方物流在经营模式、功能建设、服务内涵等方面，呈现良好的发展状态。

2）第三方物流的市场需求日趋增长

近年来，企业自我约束机制伴随着市场经济体制的完善而逐渐加强，对外购物流服务的需求与日俱增。企业对现代物流重要性的认识也随着市场竞争的加剧而逐渐深化，并将其视为企业经营发展的"第三利润源"，且对第三方物流的市场需求日趋增长。

个性化服务可以帮助第三方物流企业准确地找到市场缺口，明确定位，进而迅速发展壮大。以个性化的服务突显企业强大的竞争力将成为第三方物流企业生存下去的一个必要因素，这些企业拥有较好的规模经济效益，能够提供价格低廉的运输服务和内部专业的信息技术。强大的核心能力可以为物流企业提供一个获利平台，并在此基础上开发或收购相关的物流服务能力，而没有核心能力的物流企业将被挤垮或兼并。

6. 我国第三方物流发展中存在的问题

随着我国电子商务的迅速崛起，第三方物流呈现出蓬勃发展的态势。然而物流成本高、人才匮乏、物流效率低等问题，成为困扰我国第三方物流持续发展的障碍。

1）物流成本居高不下，成为我国第三方物流发展的主要障碍

我国第三方物流年均增速约为20%。中国物流与采购联合会统计数据显示，我国2021年社会物流总额为335.2万亿元，是"十三五"初期的1.5倍，社会物流总费用与GDP的比率为14.6%，如图2-3所示。2022年，社会物流总额为347.6万亿元，按可比价格计算，同

比增长 3.4%，其中社会物流总费用 17.8 万亿元，同比增长 4.4%。社会物流总费用与 GDP 的比率为 14.7%，比 2021 年提高 0.1%。从结构看，运输费用 9.55 万亿元，同比增长 4.0%；保管费用 5.95 万亿元，同比增长 5.3%；管理费用 2.26 万亿元，同比增长 3.7%；物流业总收入 12.7 万亿元，同比增长 4.7%。"物流成本居高不下"难题成为困扰我国第三方物流乃至整个物流业发展的主要障碍。进一步分析，由于第三方物流是规模化产业，而我国第三方物流以中小企业为主，约占第三方物流企业的 90%，其中不乏家庭手工作坊，而且第三方物流企业大多专业化程度低，信息化普及程度低，因此物流效率低、成本高，阻碍了我国第三方物流的发展。

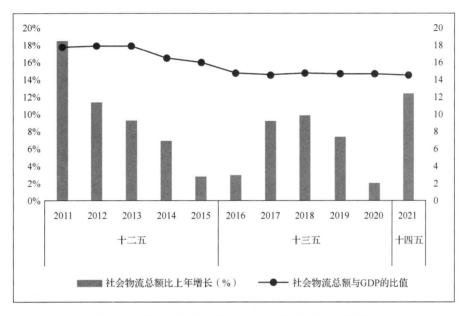

图 2-3　社会物流总额增速与 GDP 增速同步性对比图

2）阻碍物流发展的体制约束依旧存在，导致第三方物流效率低

受计划经济的影响，我国第三方物流发展的体制约束依旧存在，最突出的问题是地域冲突。各地方政策差异导致第三方物流运输成本上升、程序烦琐、效率低。如第三方物流企业接到货物从四川省宜宾市运送至云南省昭通市的业务，两地距离约为 225 公里，可以采用公路和铁路运输，但由于这两个地区分属不同的省份，因此第三方物流企业不得不选择距离较长的运输路线，即"宜宾—成都—昆明—昭通"，运输距离长达 1500 公里，导致物流运输成本上升、效率降低。

3）装备标准化、信息化程度低，制约了第三方物流的健康发展

我国大部分第三方物流企业是在传统体制下的物资流通企业基础上发展起来的，服务内容主要停留在仓储、运输上，缺乏系统性管理，物流效率低，第三方物流的功能得不到有效发挥。另外，我国物流环节中运输方式与装备标准不统一，物流设施标准不配套，增加了第三方物流的无效作业，降低了物流速度，提高了物流成本。第三方物流配送平台包括实体网络和信息网络，实体网络是指物流设施、交通工具、交通枢纽等在地理位置上合理布局而形成的有形网络；信息网络是指第三方物流企业与客户利用信息技术，把各自的

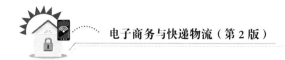

信息资源链整合成共享的信息资源网络。我国实体网络的现状是第三方物流装备水平较低，而且信息网络需要公共物流交流平台。

4) 复合型物流人才匮乏，限制了第三方物流的持续发展

我国的物流产业与其他国家相比，起步较晚，目前还处于探索阶段，第三方物流产业正在向信息化、智能化、技术化方向转型，从而对相关的工作人员提出了更高的要求，由于我国高层次复合型物流专业人才匮乏，因此无法满足快速增长的物流行业发展的需求。

案例 2-3

我国部分第三方物流公司

1. 京东物流：京东物流是我国领先的技术驱动的供应链解决方案及物流服务商。京东物流布局全国的自建仓系统和物流网络，使物流和产品订单可以集成化处理，真正实现仓储、配送、快递、冷链、物流等的一体系多种服务。

2. 苏宁物流：苏宁物流前期主要为苏宁公司提供物流服务，2012年成立第三方物流公司，2015年成立苏宁物流集团，进行物流业务独立化运营和发展，目前正向第四方物流迈进。

3. 顺丰速运：目前是我国速递行业中投递速度快、服务好，号称行业最安全的快递公司。

4. 安得物流：后改名为安得智联科技公司，顾名思义主打智慧型物流服务，是一家现代化的科技创新公司。安得物流提供的业务从国内的仓配一体到冷链快运，再到国际货代，拥有的智能化设备能很好地实现物流自动化。

5. 日日顺物流：1999年成立，于2010年上市，共转型三次，最后成为一家标准智能化的物流平台企业。日日顺物流服务的行业基本是家电家具、卫浴器材类。

6. 招商局物流：是国务院国有资产监督管理委员会直接管理的招商局全资下属子公司，是我国近代民族工商业的先驱。

7. 中远海运：主要业务包括物流方案个性化定制、仓储装卸、配送、城际快递、融资监管服务。

8. 山东盖世国际物流：是一家综合性的集团，业务包括第三方物流、房地产和商贸，拥有常温仓库200万平方米，冷库30万吨，入驻客户3000余家，是全国建成的规模最大的物流园区之一。

资料来源：https://www.cifnews.com/article/72798?origin=baidu_wenda [2023-07-26]

2.2.3 物流联盟

1. 物流联盟概述

物流联盟是指为了获得比单独从事物流活动更好的效果，在物流方面通过契约形成优势互补、要素双向或多向流动的中间组织。物流联盟是一种介于自营物流和外包物流之间的物流模式，可以降低前两种模式的风险。联盟是动态的，只要合同结束，双方就会变成追求自身利益最大化的单独个体。

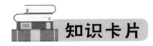

知识卡片

物流联盟是介于独立的企业与市场交易关系之间的一种组织形态,是物流需求方(各种生产制造企业、商贸流通企业和物流企业)之间,因自身某些方面发展的需要而形成的相对稳定的、长期的契约关系。

物流联盟是以物流为合作基础的企业战略联盟,它是指多个企业之间,为了实现自己的生产目标、物流战略相关的目标,通过各种协议、契约而结成的优势互补、风险共担、信息共享、利益共享的组织。

电子商务企业与物流企业进行联盟,一方面有助于电子商务企业降低经营风险,提高竞争力,从物流伙伴处获得物流技术和管理技巧;另一方面使物流企业有了稳定的货源。然而物流联盟具有长期性、稳定性,会使电子商务企业改变物流服务供应商的行为变得困难,因此电子商务企业必须对过度依赖物流伙伴的局面做周全的考虑。

在现代物流中,组建物流联盟信息系统可以作为企业物流战略的决策。物流联盟信息系统架构如图 2-4 所示。

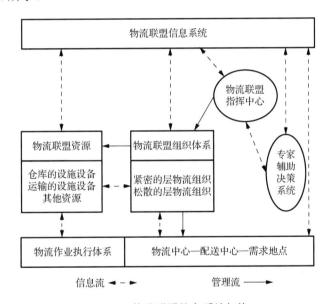

图 2-4 物流联盟信息系统架构

2. 物流联盟产生的原因

1)有助于减少物流合作伙伴在交易过程中的相关费用

物流企业的交易频率越高,双方的交易量就越大,交易过程中产生的费用就越多。为寻求一种有效的组织形式,消除交易频率较高带来的负面影响,物流联盟不失为一种可供考虑的方法。因为物流联盟作为一种长期契约,可减少单位交易所承担的费用。

2)有利于减少因交易主体的有限理性而产生的交易费用

交易的不确定性和市场的多变性与交易主体的有限理性和机会主义行为密切相关。交易双方都不能预见未来,并在契约中为将要发生的变故预先设置条款加以处理。用联盟组织代替市场交易,可以提高双方对不确定性环境的认知能力,减少此类情况的发生。

3）资产的专用性

由于资产的专用性高，意味着投资所带来的固定成本和可变成本包含一定的不可收回的成本或沉没成本，因此交易双方的契约关系保持连续性具有特别重要的意义。联盟的建立以及对专用性资产的共同占有成为解决这一矛盾的有效选择。

通过以上分析可以看出，物流联盟能减少在交易的全过程、交易主体行为和交易特性等领域及环节中产生的各种费用，是一种节约交易费用的物流模式。因此，寻找合适的物流伙伴建立物流联盟是电子商务企业进行物流运作的一个重要环节。

3. 电子物流联盟的建立

1）总体框架

电子物流联盟以电子商务集成服务平台为支撑，主要包括物流电子交易中心、联盟管理中心、联盟伙伴库三个组成部分。物流电子交易中心是为物流服务的供应方和需求方提供交易机会及交易过程的场所。生产商、销售商等物流需求方可以借助物流电子交易中心发布物流服务需求信息以及获取供给信息，寻找合适的服务提供商，进而进行商务洽谈、合同签订、资金支付等电子商务链的活动。由于现代物流具有服务一体化的特征，因此物流需求方往往只与服务集成商，即针对任务的物流价值链核心企业，确定商务关系。物流电子交易中心具备一般电子商务平台的特征，但商务交易主要是物流服务。为了完成物流服务的电子交易过程，物流电子交易中心通常具备电子认证、信息发布与获取、在线洽谈、电子合同、电子支付、责任认定等功能，同时提供与交易相关的增值服务。

联盟管理中心主要为物流任务层核心企业提供寻求合作伙伴、进行成员管理的场所，负责提供物流任务层生命周期的全程环境支持。在核心企业获取物流任务后，根据核心能力原则确定是否选择一定的合作伙伴共同完成此项任务，当确定需要建立面向任务的虚拟企业后，借助联盟管理中心完成物流任务分解，物流分任务招标信息、伙伴选择等过程。为了支持物流任务层的运作过程，通常联盟管理中心应能满足几方面的功能需求。需求响应：及时获取客户需求，并依据自身核心能力确定分任务招投标方案；伙伴管理：参与某次任务的伙伴成员之间的信息管理和共享；任务管理：监督任务进展情况，协调子任务之间的关系，保证任务完成的质量和时间；协调管理：主要通过信息交互保证任务顺利实施，为满足成员之间不同类型的交互需求，平台可提供多种交互工具；绩效评估：对运行过程进行分析，衡量伙伴成员及整个核心任务层的整体运作绩效。

联盟伙伴库是包含了所有联盟成员详细信息的数据库，将盟员的商业资源数据组织起来，为物流服务需求方及各物流企业提供数据存储、维护、检索、转换、交易、决策、数据挖掘等功能。要实现电子物流联盟的正常运作，必须由盟员伙伴库提供强大的信息支撑，其中成员的数量、质量以及信息的完备性关系到电子物流联盟的运作成本与效率。

2）电子物流联盟的参与者

电子物流联盟的参与者包括客户、电子物流联盟整合方、电子物流联盟成员及政府管理机构。

（1）客户。客户是物流服务的需求方，包括工商企业、政府机构等一切具有物流服务需求的主体。

（2）电子物流联盟整合方。电子物流联盟整合方通常是指电子商务集成服务平台的所有者。由其发起组建电子物流联盟，设计联盟成员企业的业务规范、合作协议等，指导联盟成员企业进行内部改造及电子商务集成平台的运营与维护。电子物流联盟整合方可以具备某种或相对完善的物流功能，也可以完全不具备物流作业设施，因为其具备的关键能力是信息整合能力、物流功能整合能力和电子商务平台的运营能力。

（3）电子物流联盟成员。电子物流联盟成员属于物流联盟伙伴库，伙伴之间具有在整合三边规制下的长期伙伴关系。在针对某项物流任务构建的虚拟企业中，电子物流联盟成员可以划分为物流价值链参与者与物流价值链非参与者，物流价值链参与者又可分为核心节点企业与非核心节点企业。物流价值链参与者具备自组织特性，它们之间一般核心能力互补，任务产生前关系平等。识别与获取物流需求的企业自动成为物流价值链的核心企业，由其根据相应的评价标准选择节点企业，共同组建针对任务的物流价值链。

（4）政府管理机构。政府管理机构主要为电子物流联盟的运作提供政策环境支持、法律法规保障。同时，通过与电子政务系统对接，实现物流运作过程中的电子报关、纳税、行政审批等功能。

表2-1所示为自营物流模式、第三方物流模式和物流联盟模式的比较。

表2-1 自营物流模式、第三方物流模式和物流联盟模式的比较

比较因素	自营物流模式	第三方物流模式	物流联盟模式
控制能力	较强，可跟踪物流变化	失去对物流的控制权	一般
物流成本	前期投入成本高	成本低	成本较低
服务水平	可以不断改进提高，提供个性化的服务	视第三方物流规模而定	协商讨论
响应速度	比较高	稍低	一般
信息水平	及时、有效	及时、有效	及时、有效
服务对象	电子商务企业自身	没有限制	联盟组建企业
覆盖范围	有区位优势但是覆盖范围较小	覆盖范围较大	覆盖范围较大
选择风险性	高	较低	较高
资金周转	前期基本投入高，提高了固定资金的占有率；但销售资金回笼快，资金的流动性好	销售资金回笼慢，影响资金的流动性	销售资金回笼较快，有利于提高资金的流动性
优势	零售电子商务企业对物流配送有较强的控制能力；物流部门与其他职能部门易协调；企业容易保持供应链的稳定性	电子商务企业可以将力量与资源集中于自己的核心业务；经营成本降低；改进了客户服务	可以降低经营风险和不确定性；投资较少；获得物流技术和管理技巧
劣势	物流基础设施投放非常大；需要较强的物流管理能力	容易受制于人	更换物流伙伴比较困难
适用范围	大型集团零售企业或零售连锁企业	处理物流配送能力较低的B2C企业或C2C网上零售商家	销售网络完善的传统零售企业开展电子商务

2.2.4 第四方物流

1. 第四方物流概述

第四方物流的概念是1998年美国埃森哲咨询公司率先提出的。它是指一个供应链集成商,通过调集、管理和组织自己的以及具有互补性的服务提供商的资源、能力和技术,为用户提供一个综合的供应链解决方案。这种方式利用了整个供应链的影响力,可以为用户带来更大的价值。

第四方物流不仅能够控制和管理特定的物流服务,而且能够提供整个物流过程的策划方案,并通过电子商务将这个过程集成起来。因此,第四方物流成功的关键是为用户提供最佳的增值服务,即迅速、高效、低成本和人性化服务等。发展第四方物流需要平衡第三方物流的能力、技术及业务流程管理等,为用户提供功能性一体化服务并扩大营运自主性。

第四方物流的最大优势是能保证产品更快、更好、更廉价地送到用户手中。在当今经济形势下,货主(或托运人)越来越追求供应链的全球一体化以适应跨国经营的需要,跨国公司也因为要集中精力于核心业务而必须更多地依赖物流外包。因此,货主(或托运人)不仅要在操作层面上进行外部协作,在战略层面上也需要借助外界的力量,得到更快、更好、更廉价的物流服务。

第四方物流有三项基本功能:一是供应链管理功能,即管理从货主(或托运人)到用户的供应全过程;二是运输一体化功能,即管理运输公司、物流公司之间在业务操作上的衔接与协调问题;三是供应链再造功能,即根据货主(或托运人)在供应链战略上的要求,及时改变或调整战略战术,使其高效率地运作。第四方物流以行业的最佳物流方案为用户提供服务与技术;而第三方物流要么独自提供服务,要么通过与自己有密切关系的转包商为用户提供服务,它很少能够提供技术、仓储和运输服务的最佳整合方案,缺乏跨越整个供应链运作以及整合供应链流程所需的战略性技术,因此,第四方物流成为第三方物流的协助提高者,也是货主(或托运人)的物流方案集成商。第四方物流框架如图2-5所示。

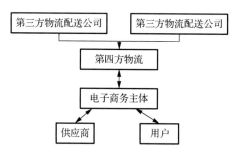

图 2-5 第四方物流框架

第四方物流主要有以下两个特点。

1)提供一个综合性供应链的解决方法

第四方物流提供了一个综合性供应链的解决方法,能有效地满足用户多样和复杂的需求,集中所有资源为用户完美地解决问题。

(1)供应链再建。供应链再建是指供应链的参与者将供应链规划与实施同步进行,或者利用独立供应链参与者之间的合作提高物流的规模和总量。这种供应链再建改变了供应链管理的传统模式，将商贸战略与供应链战略连成一线，创造性地重新设计了参与者之间的供应链，使之达到一体化标准。

（2）功能转化。功能转化包括销售和操作规划、配送管理、物资采购、用户响应以及供应链技术等方面，是指通过战略调整、流程再造、整体性改变管理和技术，使用户之间的供应链运作一体化。

（3）业务流程再造。业务流程再造是指将用户与供应商信息和技术系统一体化，把人的因素和业务规范有机结合起来，使整个供应链规划和业务流程有效地贯彻实施。

（4）实施第四方物流。开展范围远远超出传统外包运输管理和仓储运作的多功能、多流程的供应链业务，企业可以把整条供应链全权交给第四方物流运作。第四方物流可为所有的供应链功能或流程提供完整的服务。

2）通过影响整个供应链来获得价值

第四方物流通过影响整个供应链来获得价值，与外包供应链的区别之一是其能够为整条供应链的用户带来利益。

（1）利润增长。由于关注的是整条供应链，而非仓储或运输单方面的效益，因此，第四方物流的利润增长将取决于服务质量的提高、实用性的增强和物流成本的降低。第四方物流可为用户及自身带来良好的综合效益。

（2）运营成本降低。用户可以通过将整条供应链外包来达到节约物流成本的目的。流程一体化、供应链规划的完善与实施可降低运营成本和产品销售成本。

（3）工作成本降低。用户采用现代信息技术、科学的管理流程和标准化管理，能减少存货和现金流转次数，从而降低工作成本。

（4）资产利用率提高。用户采用第四方物流模式减少了固定资产的占用，提高了资产的利用率。用户可以通过投资研究设计、产品开发、销售与市场拓展等提高经济效益。

2. 第四方物流企业模式

1）知识密集型模式

知识密集型模式是指以低资产和供应链管理为主体的第四方物流企业作为核心加入高资产的第三方物流企业，提供技术、供应链战略、专项管理等补充功能，为多个用户提供全方位物流服务的模式。

2）方案定制模式

在方案定制模式中，第四方物流企业只为一个用户进行物流运作和管理。因为大多数物流企业不希望自己只为一个用户服务，所以通常是第四方物流企业与用户成立合资公司或合伙公司，用户在合资（合伙）公司中占主要份额。

3）整合模式

在整合模式中，低资产的第四方物流企业作为主导，联合其他第三方物流企业提供运输、仓储、配送等服务，为多个行业用户设计供应链解决方案。

3. 基于电子商务的第四方物流

电子商务将传统的商务流程电子化、数字化，一方面以电子流代替实物流，可以大量减少人力、物力，降低成本；另一方面突破了时间和空间的限制，使交易活动可以在任何时间、任何地点进行，从而大大提高了工作效率。整个电子商务过程就是一个网上协商、网上签约、网下送货的过程。运用电子商务的根本原因是在这种商务模式下，物流服务交易具有便捷性和快速性，因此必须建立起稳定可靠、反应敏捷的业务信息系统。

第四方物流即物流公共信息平台这个全新的物流发展理念正逐渐应用于实践。第三方物流模式受到规模、技术、资金等因素的制约，不能得到充分的发展；而具有领导力量的第四方物流企业作为电子商务物流发展的新动力和新方向，建立了全国范围内的物流公共信息平台，提供了综合的供应链解决方案，能够有效地整合和共享全社会的物流信息资源，形成了物流产业的发展合力。基于互联网的物流公共信息平台，不仅可以解决物流信息资源共享的问题，更重要的是作为用户之间的连接点，通过合作或联盟还能提供优质高效的服务，大大缩短了物流时间，为企业带来盈利和利润新的增长点。

案例 2-4

菜鸟网络实为"第四方物流"的载体

网购消费者的关注点逐渐从价格转移至电商综合服务质量上，以京东为代表的 B2C 电商重资产自建物流改善了用户体验，平台交易规模增速超越了阿里巴巴。从国家邮政局统计的数据来看，京东、1 号店、世纪卓越等电商自建物流的投诉率远低于"三通一达"，自营物流的电商在末端服务上对阿里巴巴构成了巨大压力。

2013 年 5 月，马云在深圳宣布组建菜鸟网络科技有限公司（以下简称"菜鸟网络"）。在这个计划中，阿里巴巴携手银泰、复星、富春、顺丰、"三通一达"启动中国智能物流骨干网项目，让全国任何一个地区 24 小时内收到包裹。菜鸟网络作为一家以大数据技术为核心的科技公司，实际上是定位于国内最大的第四方物流公司（4PL）。目前，菜鸟网络聚合了物流全产业链（涵盖仓储、干线、快递、跨境物流等）上的优势资源，试图打造数据驱动的第三方物流企业的协作平台，最终实现"国内次日达，国际三日达"的高效物流网络。菜鸟网络在物流产业链上资本动作频频，初步打通了产业链。相信未来在数据和资本的推动下，必定在快递行业的格局演变中扮演重要角色。

菜鸟网络的模式属于"新瓶装老酒"，国外称为"第四方物流"，早在 1998 年，美国埃森哲咨询公司就提出了该概念，第四方物流为已有物流企业提供规划、咨询、物流信息系统、供应链管理等服务，而且第四方物流不实际承担具体的物流运作活动。

资料来源：界面网 https://www.sohu.com/a/65385007_343156[2023-07-02]

2.2.5 物流一体化

随着市场竞争的不断加剧，企业竞争的关键由节约原材料的"第一利润源"、提高劳动生产率的"第二利润源"，转向建立高效的物流系统的"第三利润源"。20 世纪 80 年代，有些发达国家（如美国、法国和德国等）提出了物流一体化的现代理论，在发展第三方物流、实现物流一体化方面积累了较丰富的经验，应用和指导其物流取得了明显的效果，使物流生产商、供应商和销售商均获得了显著的经济效益。物流一体化的理论为我国国有大中型企业带来了一次难得的发展机遇和契机,即探索适合我国国情的物流运作模式,降低生产成本,提高效益,增强竞争力。

1. 物流一体化的含义

所谓物流一体化是指以物流系统为核心,由生产企业、物流企业、销售企业直至消费者的供应链的整体化和系统化。它是物流业发展的高级和成熟阶段。物流业高度发达和物流系统完善,使物流业成为社会生产链条的领导者和协调者,能够为社会提供全方位的物流服务。物流专家指出,物流一体化就是利用物流管理,使产品在有效的供应链内迅速移动,使参与的企业都能获益,使整个社会获得明显的经济效益。

物流一体化是物流产业化的发展形势,它必须以第三方物流充分发育和完善为基础。物流一体化的实质是一个物流管理的问题,即专业化物流管理人员和技术人员,充分利用专业化物流设备设施,发挥专业化物流运作的管理经验,取得整体最优的效果。同时,物流一体化的发展趋势为第三方物流的发展提供了良好的发展环境和巨大的市场需求。

2. 物流一体化发展的三个层次

物流一体化的发展可分为物流自身一体化、微观物流一体化和宏观物流一体化三个层次。

(1)物流自身一体化的发展是指物流系统的观念逐渐确立,运输、仓储和其他物流要素趋向完备,子系统协调运作及系统化发展。

(2)微观物流一体化是指市场主体企业将物流提高到企业战略的地位,并且出现以物流战略作为纽带的企业联盟。

(3)宏观物流一体化是指物流业发展到如下水平:物流业占国家国内生产总值的一定比重,处于社会经济生活的主导地位。它使跨国公司从内部职能专业化和国际分工程度的提高中获得规模经济效益。

从物流的发展来看,第三方物流是在物流一体化的第一个层次时出现萌芽的,但是这时只有数量有限的功能性物流企业和物流代理企业;第三方物流在物流一体化的第二个层次得到迅速发展,专业化的功能性物流企业和综合性物流企业以及相应的物流代理企业出现,且发展很快;这些企业发展到一定水平,物流一体化就进入第三个层次。

案例 2-5

京津冀区域物流一体化

随着"十三五"规划战略的逐步实施,京津冀经济区域一体化处于初步发展阶段。京津冀地区要想达到区域经济一体化,必须以物流业先行,因为物流业是国家的经济发展支柱。

北京作为首都,在各个领域的优势均十分突出,物流行业资源丰富,科技发达,交通便利。天津在整个京津冀物流发展中具有重要的战略位置,地处环渤海地区,具有北方第一大港,是我国从北方地区进入东北亚地区、太平洋的重要通道。河北是华北地区的腹地,处于环渤海中心地带,港址资源丰富,物流量大，在工业、港口运输等方面具有优势。但是三个地区表现出物流企业规模不同、物流能力参差不齐、人才要素不均衡，整体区域结构的规划不完善等情况。

目前京津冀地区按照"2+8+4"模式发展，分别形成京冀"6+1"、津冀"4+1"等协同发展模式，多个地区签署合作共同发展协议，共同推进京津冀一体化的进程，正如党的二十大报告中提到的，要"促进区域协调发展"。

资料来源：界面网 https://wenku.baidu.com/view/a7ff818027284b73f34250d1.html[2023-07-02]

2.2.6 逆向物流

1. 逆向物流概述

1）逆向物流的含义

逆向物流也称反向物流，是物品从供应链下游向上游运动所引发的物流活动。

2）逆向物流的内容

（1）回收物流。回收物流是指退换货、返修物品和周转使用的包装容器等从需方返回供方所引发的物流活动。

（2）再生资源物流。再生资源物流是指对有价值的物品和资源的回收加工活动。

（3）废弃物流。废弃物流是指将经济活动中失去原有使用价值的物品，根据实际需要进行收集、分类、加工、包装、搬运、储存等，并分送到专门处理场所的物流活动。

逆向物流的流程如图 2-6 所示。

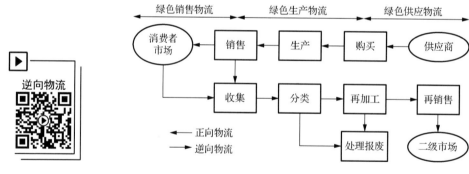

图 2-6　逆向物流的流程

3）逆向物流形成的原因与特点

经济全球化、网络经济和电子商务的迅速发展，使得企业生产能力不断提高，营销速度提高，单位时间产品输出量增大，但与此同时也带来了一系列问题。

（1）退货问题。退货问题包括商业服务期间的无理由退货；产品过期造成的退货；产品不合格导致的退货（生产系统还不能保证100%的产品合格率，大规模生产也会使次品数量增大）；产品运输不合理形成的退货（运输系统不完善，在运输过程中可能造成产品被盗、缺件、功能受损或包装受损导致客户不满意而形成退货）；订单处理疏忽造成产品的重复运输、错误运输所形成的退货；产品有危害导致客户不满意的退货；等等。

（2）产品被召回问题。产品创新是许多企业追求的目标，但创新产品生产体系和生产工艺的不成熟，增加了产品缺陷的风险。许多大型企业（如 IDN、英特尔、福特等）都有产品被召回的历史。随着产品召回制度的形成，产品召回的次数和数量呈增长趋势。产品召回的过程也是逆向物流形成的过程。

（3）报废产品回收问题。在市场空间争夺日益困难，显性生产成本下降到很难再下降的情况下，通过报废产品的回收来降低生产原料的成本，成为许多企业提高竞争力的下一步战略。国外许多发达国家，如日本、美国从20世纪末就开始重视报废产品的回收。在我国，制造业对报废产品的回收已经开始实施。可以肯定地说，报废产品的回收将会成为我国企业逆向物流的主流业务。

（4）生产过程中的报废零部件、边角余料回收问题。逆向物流有很多形成原因，而这些原因决定了它有以下特点：一是逆返性，即产品或报废产品通过逆向物流渠道从客户流向经销商或生产商；二是退货和被召回产品具有价值递减性，即产品从客户流向经销商或生产商，其中产生的一系列运输、仓储、处理等费用都会冲减回流产品的价值；三是报废产品具有价值递增性，即报废产品对于客户而言没有什么价值，随着逆向物流，报废产品在生产商终端可以实现价值再造；四是信息传递失真性递增，即产品从客户流回企业的过程中，退货原因的多级传递会造成信息扭曲失真，产生长鞭效应。

4）逆向物流的作用

逆向物流作为非常规业务，会对企业常规业务带来不利影响。但是，逆向物流也具有正向作用。

（1）能降低原材料的成本，稳定原材料的供应。企业在原有供应链的基础上，通过实施逆向物流形成一定范围的原材料循环供应，减少原材料的浪费，降低企业对原供应商的依赖，同时保证原材料供应及时、稳定，促进供应链整合。

（2）能改善企业形象，获取社会效益。产品可以丰富人们的生活，但大量残留物对环境造成严重危害与威胁，社会对绿色产品、绿色服务的呼声越来越高。企业实施逆向物流可以减少产品及其副产品对环境的污染，向社会展现企业负责的形象，从而获取一定的社会效益。

（3）能改善服务，提高客户的满意度。企业采用逆向物流，可以改善产品的销售或售后服务。企业保证客户顺利退货，能消除客户购买产品的后顾之忧，提高客户的满意度，赢得客户的信任，提高企业的竞争优势。

2. 退货物流管理及处置方法

退货是指由于产品出厂后，因在储存、运输过程中损坏，以及消费需求发生变化等退回企业的产品。与正向合格品物流相比，退货物流有着明显的不同。

（1）退货物流产生的地点、时间和数量是不确定的。

（2）发生退货物流的地点较分散、无序，不可能集中一次向接收点转移。

（3）退货物流发生的原因通常与产品的质量或数量的异常有关。

（4）退货物流的处理系统与方式复杂多样，不同的处理手段对恢复资源价值的贡献差异显著。

在很大程度上，退货没有丧失使用价值，可以采取综合开发的方式解决。例如，为退货开辟新的市场；对退货进行简单的流通加工、更新包装等，挖掘退货新的使用价值再销售；将退货捐赠到有关机构等，发挥其应有的作用。

退货既可以纳入本企业生产经营计划统筹管理，又可以多个相关企业联合起来建立一个退货品处理基地，或者责成社会第三方物流外包解决。退货物流的类别与特点见表2-2。

表2-2 退货物流的类别与特点

类别	周期	驱动因素	处理方式	例证
商业退回（未使用商品退回）	短到中期	市场营销（如7/15天无理由退换）	再销售、再生产、再循环、处理	零售商积压库存，如时装、化妆品等
投诉退货（运输货物短少、偷盗、质量问题、重复运输等）	短期	市场营销，客户满意服务	确认检查，退、换、补货	电子消费品，如手机、录音笔等
终端退回（经完全使用后需处理的产品）	长期	经济市场营销	再生产、再循环	电子设备的再生产、地毯循环、轮胎修复
		法规条例	再循环	白色和黑色家用电器
		资产恢复	再生产、再循环、处理	计算机元件及打印机硒鼓
维修退回（缺陷或损坏产品）	中期	市场营销，法规条例	维修处理	有缺陷的家用电器、零部件、手机
生产报废和副品（生产过程中的废品和副品）	较短期	经济法规条例	再循环、再生产	药品行业、钢铁行业
包装回收（包装材料和产品载体）	短期	经济	再循环	托盘、板条箱、器皿
		法规条例	再使用	包装袋

京东物流正逆一体供应链打造服饰行业专属"利器"

逆向物流让商品有了第二次生命。逆向物流对构建现代物流体系、促进资源回收利用、发展循环经济起到不可忽视的作用。在国家"十四五"规划及多项重要政策中，明确提出"建立逆向物流回收体系""支持具备有条件的制造和商贸型企业开展逆向物流试点，探索符合我国国情的逆向物流发展模式"等对应性政策举措，为全面促进企业实现正逆向闭环的健康发展之路奠定基础。在未来激烈的市场竞争环境下，拥有一个高效的逆向供应链对企业的稳健发展至关重要，它将是企业在未来很长一段时间内实现盈利的关键工具。

服饰是日常生活中的必需品，人们对服饰的需求已经不再满足于简单的基础功能，而是更加个性化、碎片化、多元化。相应服饰的种类、数量以及销售渠道不断增加。与此同时，大量退换货需求成为摆在很多服饰生产企业和销售企业面前的难题。

京东物流在逆向产能问题上，针对实际的业务需求，规划、部署了京东物流研发的智能分播墙设备，通过自动扫码识别海量 SKU（存货单位），大大提升了拣货准确率和作业效率。设备投入使用后，可分拣 98%以上的常规商品，扫码准确率高达 99.99%；单小时可分拣 1500 件退货商品，从分货—上架—拣选流程全面节约人力成本，有效提升服装同款同储比率及作业时效。

京东有关负责人指出，服装业中的逆向物流要先从零售端"降库存"做起。京东物流凭借强大的仓网体系与数智化能力，可以帮助企业合理地进行库存分配，优化库存布局，减少门店无效铺货，降低呆滞库存的发生率。在日常供应链管理过程中，借助数智化工具还可以建立高频次、小批量的门店补调策略，帮助企业提高门店响应时效、降低门店运营成本，最终驱动整体供应链优化，助力企业供应链逐步向全渠道数字化管理转型。

3. 逆向物流的发展趋势

1）从回收水平预测向主动回收管理方向发展

就像预测需求水平一样，预测产品回收水平可以降低逆向供应链系统的随机性，改善其性能。比回收水平预测更有意义的工作是进行主动回收管理，即不是当客户丢弃产品时被动地回收，而是销售时就制订相应的回收计划和要求，企业可以更主动地掌握回收物流的情况，为客户提供更全面的服务。

2）闭环供应链多级库存优化技术

实践表明，企业内部也存在着逆向物流，包括产品的重加工、产品边角料的回收利用等。外部和内部产品回收可用作一般补充或者制造项目的替代品，使得供应链网络中的物流合并复杂化。回收重用活动产生的额外库存取决于供应链在加工时间、服务水平和存储成本方面所具有的属性。在不同的参数环境下，可以使外部和内部的回收产品进入供应链库存，从而降低安全库存水平，这涉及闭环供应链多级库存优化技术。

3）逆向供应链管理平台

逆向供应链管理平台的核心如下：一定是不同产权的企业，在一个共有的基础设施上运行，对于使用者来说，没有一家拥有唯一产权，这个平台是在共同的软件系统上进行商业行为。产品回收水平预测系统、产品跟踪系统、再制造执行系统、逆向物流库存管理系统、再制造产品的销售系统、逆向供应链的评价系统等构成逆向供应链管理平台，该平台的开发和利用无疑将为管理者和企业带来效益。逆向供应链的实现必然是不同企业在同一平台上进行运作，这里不是指逆向供应链管理的软件产品，而是指逆向供应链管理的实现。基于 Intranet/Extranet/Internet 和数据库环境构成逆向供应链管理平台，不仅可以实现逆向供应链企业内部的信息集成和功能集成，而且可以实现产品回收和再制造等过程集成、资源集成和企业间集成。

4）发展工业生态群落

工业生态群落中的企业具有共生关系。某企业的废弃物可以作为其他某一家企业或某几家企业的生产原料。利用不同类型企业之间的共生关系消化废弃物是降低废弃物产出的一条途径。废弃物可以作为其他企业的生产原料表明废弃物的资源用途，企业之间耦合形成工业生态群落是在企业之外延长和拓宽了产业链，共生关系引导企业借助相互之间的设备、资金、技术等资源扩大自身的生产规模，在原有资源、能源投资不变的情况下，工业生态群落的总收益超出企业各自经营的收益之和，规模经济效应显著，而且减少了进入逆向物流系统的物流量。

5）强化绿色技术支撑

逆向物流通过对经济系统进行物流和能流分析，运用生命周期理论进行评估，旨在大幅度降低生产和消费过程的资源、能源消耗及污染物产生和排放。在这一意义下，绿色技术体系包括用于消除污染物的环境工程技术，用来进行废弃物再利用的资源化技术，在生产过程中无废少废、生产绿色产品的清洁生产技术。建立绿色技术体系的关键是积极采用无害或低害的新工艺、新技术，大力降低原材料和能源的消耗，实现少投入、高产出、低污染，尽可能把污染物消除在生产过程中。

沃尔玛的物流管理

沃尔玛物流管理有以下几个特点。

（1）逆向物流的退货。沃尔玛十分重视物流运输和配送中心，在物流方面投入了大量的资金。在物流运营过程中，沃尔玛逐步建立起一个无缝点对点的物流系统。所谓无缝是指整个供应链接非常顺畅，沃尔玛的供应链是指产品从工厂到商店货架的整个物流系统。从1990年开始，美国的一些大型连锁零售商为了提高退货的处理效率，按照专门化和集约化的原则，仿照正向物流管理中的商品调配中心的形式，采用逆向思维，累计在全国分区域设立了近百个规模不等的集中退货中心，以集中处理退货业务。这成为逆向物流管理的开始。

（2）沃尔玛物流的配送。沃尔玛遵循统一的物流业务指导原则，无论物流的项目规模是大还是小，都把所有物流过程集中到一个伞形结构之下，并保证供应链上每个环节都顺畅。这样，沃尔玛的运输、配送以及对订单与购买的处理等所有流程都是一个完整的网络中的一部分。完善、合理的供应链大大降低了物流成本，提高了物流速度。

（3）沃尔玛物流的循环。沃尔玛物流的循环与配送中心是联系在一起的，配送中心是供应商和市场的桥梁，供应商直接将货物送到配送中心，从而降低了供方的成本。沃尔玛的物流过程始终注重确保需方收到的产品与发货单上完全一致，精确的物流过程使每家连锁店在接受配送中心的送货时都只需卸货，不用再检查商品，有效降低了物流的成本。

（4）海格物流试水沃尔玛逆向物流。在零售退货上，逆向物流与零售采购有着惊人的相似，同样是不按规律变化的货物和提/退货地点，同样是零散货物的拼车与集装，并且利用Milkrun信息系统，能迅速、精确地测算出最优化的装车方案和运输路线，能以除法的方式最大限度地节约物流成本，这也是逆向物流成本的重中之重。海格物流惊喜地发现，可以将原本用于零售采购中的Milkrun技术运用到逆向物流的方案中，称为逆Milkrun。在充分测试其可行性后，海格物流向所面临的1700余家沃尔玛供应商推荐该方案。

（5）沃尔玛物流的零售链接。供应商与沃尔玛的计算机系统连接，供方可以了解商品的销售情况，并对未来的生产进行预测，决定生产策略，从而丰富了供方的市场信息，减少了不必要的博弈成本。

2.2.7　互联网物流新模式

互联网的广泛应用为传统物流业的发展和重构带来了变化。原因是应用互联网不仅可以有效降低供需双方信息的不对称性，带来更多的商业机遇，还可以最大限度地挖掘市场的潜力。同时物流高速发展加速了企业产品和服务到达用户手中的效率和便捷性。在互联网的时代背景下，物流行业出现了新的模式转变。

1. 众包物流模式

众包物流是通过互联网平台，利用闲散的运输资源做专线零担物流服务，通过互联网匹配供给与需求，从而优化资源配置，是共享经济的产物。众包物流模式的意义如下：第一，最大化利用社会的闲置资源，提高了配送效率，众包物流模式在很大程度上能够提高工作效率，未来可以将配送时间压缩到更短；第二，不占用库存，众包物流模式让整个货运的仓储转移到货运车上，可以基于整个城市交通路线以及货源需求进行动态配送，一方面降低了物流的成本，另一方面提高了物流服务的效率。

众包配送是一种服务于O2O（Online to Offline）即时配送需求的同城配送模式，是指将原来由企业内部的快递员承担的配送任务分派给大众群体完成，实现物流配送力量的社会化、碎片化。在众包配送中，大众群体可以作为自由快递人，通过众包配送平台获取任务信息，根据自己的时间与行程安排选择合适的任务。

众包物流主要服务于餐饮、外卖、水果、生鲜、私厨、超市便利店、花店等典型的O2O场景配送。消费者在O2O平台购买商品，有配送需求的商户发单，附近的兼职配送员抢单，然后众包物流计件，配送员按劳取酬。典型的众包物流配送包括京东到家、达达物流、人人快递的"餐送"等众包平台。

2. 车货匹配模式

我国车货匹配市场存在两大运营模式，即传统的车货匹配实体平台和新型虚拟车货匹配平台。传统的车货匹配实体平台主要是线下实体，包括配货站、公路港、物流园区等。引入互联网方式后，信息不对称催生了车货匹配需求，形成了虚拟车货匹配平台，利用互联网，通过物流App、Web或开发的其他系统，将线下车源、货源等整合，并在线上通过App、Web或者其他系统发布信息并精确匹配，从而解决物流信息的不对称性。

公路物流行业长期存在配货站、公路干线、物流园区等线下撮合平台，并且它们在分散的行业中有着最强的汇聚车流、人流的能力，即整合创新的资源和能力。其发展的终极模式是消灭中间商。公路物流承担着我国综合运输体系绝大多数的货运量，而线下货运市场信息复杂、散乱，长期的信息不对称导致我国物流运输成本居高不下，阻碍了公路物流的发展。近年来，在"互联网+"背景和移动互联网技术等信息技术的推动下，互联网物流车货匹配平台涌现，这些平台将货运信息从线下搬到线上，车、货双方可直接通过信息平台进行匹配，不再通过信息中间商来获取货运信息，解决了传统货运市场信息不透明、不对称等问题，也改变了我国公路物流的运输状况。

互联网物流车货匹配模式是指移动互联网货运信息平台对线下散乱的信息进行整合，构成集合式的物流运力池和物流资源网，通过运筹优化、计算机视觉、自然语言处理等技术提升人、车、货、路的数字化，最终实现人、货、车的最优匹配。该模式可以有效减少由信息不对称造成的种种问题，达到去中介化的目的，提高车辆的满载率。近年来，我国涌现出的基于互联网技术和共享经济理念的物流车货匹配平台企业有满帮、货拉拉、58速运等。

3. 出租车配送模式

出租车配送模式是指快递企业联合当地的出租车运营公司，通过智能 App，组建由出租车驾驶人顺路实现快递的"最后一公里"的城市配送网络。

2014 年，Uber 总部一直努力打造城市物流网络，用户通过智能 App 下单，载着乘客的驾驶人能顺路取外卖、百货和包裹。2014 年 12 月，Uber 平台有 162037 位活跃驾驶人，2022 年，有近 500 万人与 Uber 平台签约，同比增加 31%。但是 Uber 开拓快递市场进展缓慢，新模式不适应快递行业的节奏。随着信息技术的高速发展，移动终端功能日益完善，加之互联网思维的渗透，物联网技术在物流行业中的应用为出租车配送模式提供了技术支撑，能够做到数据及时传输、快速定位市场供需、实时监管服务、充分利用社会资源。在新兴的按需快递服务行业，智能移动终端孕育了新一代用户，这些用户希望商品能尽快送到自己的手中，而且是在自己最方便的时候收取快递。

4. 拼车模式

拼车模式是以整车为单位（并不是指整车出租，拼车模式和海运船舶的分仓理念相似），将车辆的空间按照货物的体积进行划分安排，通过系统统一调配，配送车辆可以多点取送、多装多卸，将社会闲散运力整合起来，同时达到成本和效率的最优化。

"互联网+"可以解决车辆利用率不足的"痛点"，利用物流信息平台解决货车返程空跑问题。企业的运送需求、同城配货需求发到物流信息平台上后，按照车辆的匹配进行投标。这种模式可以简单地理解为货运版的拼车，对于用户来说，可以"共享"一辆整车，降低各自的运输成本。例如，从河北香河运送一车家具到兰州，找一辆 13m 的整车大概需要 10000 元，如果从附近的唐山调一辆装有部分钢铁底货的拼车，只需 6000 元，同样的货物，一趟节约成本约 3000 元。

市场上"拼货"的主流观点是"高频打低频，强需求带动弱需求"，但是在市场尚未完全打开之前，拼车的空间利用率想必会打折扣。另外，在技术、货源等因素的综合影响下，很难确定时间、空间和距离三者之间的最佳平衡点。

5. 末端 O2O 模式

随着我国经济的飞速发展，基于电子商务的 O2O 商业模式快速发展起来了，同时带来了 O2O 的新物流模式发展。O2O 商业模式是把线上消费者带到现实的店铺中消费，即消费者利用网络平台进行支付或者预订线下的商品和服务，最后到实体商店进行消费，享受服务。总而言之，O2O 商业模式是通过线上和线下多种渠道对站点进行广泛的推广和营销引流，从营销、交易和消费者体验入手，以碎片化的方式形成精准、互动的新型社会化营销模式。

为提高消费者体验，快速满足消费者的需求，出现了一种新的配送模式——即时配送，其含义为依托社会化库存，以点对点的去中心化配送为主，满足半径 3 公里之内的轻、急需求，以及 45min 内送达要求的配送方式，是应 O2O 而生的物流形态。在新零售背景和 O2O 业态下，"懒人经济"盛行，"便捷性"成为产品的重要附加值，而即时配送因满足了这种心理和不断升级的消费需求趋势而起。即时配送在一定程度上丰富了物流形态的想象空间，赋予了整个行业全新的增量与动能。

O2O 商业模式一方面降低了商家对实体店铺地理位置、商品周围人流量的严重依赖，既避免了黄金地段的房屋租金费用的支出，又消除了店面周围人流量不足的顾虑；另一方面，线上提供及时、全面的本地商家的产品或者各种服务的价格比线下低。

6. 公共平台模式

"互联网+物流"意味着网络信息化、平台化、低成本、高效率，在这种背景下，国内逐渐涌现出各种物流公共信息平台，例如传化物流的"公路港物流服务平台"，通过线上互联网物流平台与线下公路港实体网络，系统地解决了我国公路物流的短板问题，提升了公路物流效率，降低了公路物流成本，打造以"物流+互联网+金融服务"为特征的我国公路物流新生态。该物流模式的明显优势是打破了传统物流信息不对称的劣势。通过整合线下运力与线上发货需求，运营方能够将全国货源信息与车源信息实现互联互通，解决了我国物流行业互联互通的关键问题与痛点，提高了物流运行效率，通过信息匹配，极大地节约了发货方的时间成本，提高了企业的运转效率，同时使驾驶人更容易找到返程货源，降低了驾驶人返程的成本，提高了驾驶人的收入。

7. 立体生态模式

"互联网+"是指利用互联网平台和信息技术，把互联网和包括传统行业在内的各行各业结合起来，在新领域创造新生态。"互联网+高效物流"是利用移动互联、大数据、物联网、云计算等先进的互联网新技术，在企业战略、资产证券化、商业模式创新等企业运营模式方面，推动物流业向上游制造业、下游商贸业等领域拓展，共建开放协同的智慧物流生态链，为物流业从现代物流阶段跨越到智慧物流发展阶段的变革赋予全新的理念和发展模式。

商业模式中的最大赢家是链主企业，供应链从单独一条链向多条链整合后延伸出平台模式，如果有多个平台建设和整合，就成为立体的经济模式。互联网物流企业将基层的末端配送运营、干线整合、全国仓储圈、信息平台建设、大数据战略、金融服务延伸到制造代工等组合成物流的立体生态经济模式，最终掌控整个商业生态，成为最大的供应链链主平台。

物流行业涵盖运输、仓储、货代、信息、金融、保险等业务内容。解决了信用、信息、支付等问题后，互联网物流企业可以向融资租赁、保险进军，最终建立完善的物流生态圈。

2.3 本章小结

简单来说，电子商务物流管理就是对电子商务物流活动进行的计划、组织、指挥、协调、控制和决策等。电子商务物流管理与其他管理活动一样，其职能包括组织、计划、协调、控制、激励和决策。

随着信息网络化进程的推进，电子商务成为未来企业生存和发展的重要手段，企业由单纯的电子商务演变为电子商务企业。物流演变为电子商务物流，标志着现代物流发展进入一个新的阶段。

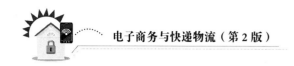

电子商务企业采取的物流模式有自营物流、第三方物流、物流联盟、第四方物流、物流一体化及逆向物流等。

习　题

一、判断题

1. 电子商务物流管理的综合性主要是指降低物流成本，提高物流效率，有效地提高客户服务水平。（　）

2. 电子商务物流管理与其他管理活动一样，其职能包括组织、计划、协调、控制、激励和决策。（　）

3. 众包配送是一种服务于O2O即时配送需求的同城配送模式。（　）

4. 自营物流又称自理物流，是指企业自身投资建设物流的运输工具、储存仓库等基础硬件，经营管理企业的整个物流运作过程的模式。（　）

5. 物流联盟是指为了取得比单独从事物流活动更好的效果，在物流方面通过契约形成优势互补、要素双向或多向流动的中间组织。（　）

二、选择题

1. 下列不属于电子商务物流管理特点的是（　）。
   A. 柔性化　　　B. 创新性　　　C. 新颖性　　　D. 绿色性

2. 下列不属于电子商务物流管理职能的是（　）。
   A. 组织　　　　B. 监控　　　　C. 计划　　　　D. 激励

3. 下列不属于采用自营物流电子商务企业的是（　）。
   A. 大型电商企业　　　　　　　B. 制造业
   C. 批发企业　　　　　　　　　D. 零售商

4. 下列不属于第三方物流运作模式的是（　）。
   A. 传统外包物流　　　　　　　B. 传统自建物流
   C. 战略联盟物流　　　　　　　D. 综合物流

5. 企业建立竞争的"第三利润源"是（　）。
   A. 节约原材料　　　　　　　　B. 提高劳动生产率
   C. 建立高效的物流系统　　　　D. 开发创新

三、思考题

1. 简述电子商务物流管理的概念与特点。
2. 简述电子商务物流管理的职能。
3. 简述电子商务物流的主要模式，并对比说明自营物流、第三方物流和物流联盟的优缺点。
4. 请结合企业实例，简述第三方物流与第四方物流的区别，并分析它们的运作模式。
5. 请简述互联网物流新模式的类型，并举例说明。

物流配送模式典型企业

1. 菜鸟物流：3万亿元背后的物流生态

2016年3月21日14时58分37秒，阿里巴巴对外宣布，阿里巴巴2016财年商品交易即时总额超过3万亿元。阿里巴巴表示："从2003年淘宝网诞生至今，我们用了13年时间成为全世界最大的零售平台。这是新的技术、新的理念，完全调动了整个社会的资源，让社会共同参与、共同富裕。"

早在2014年，我国快递业务量达140亿件跃居世界第一，与电商平台发展相辅相成。菜鸟网络发布的大数据显示，阿里巴巴3万亿元背后是覆盖了224个国家和地区的全球物流网络；在国内也实现7个城市当日达、90个城市次日达。菜鸟网络致力于建设一个数据驱动、社会化协同的物流及供应链平台，3万亿元背后是五大体系的物流网络。

快递网络：为全国70%的快递包裹提供数据服务，协同15家主流快递公司，超过170万名快递员。

跨境网络：全球74个跨境仓，16条跨境专线，400万单跨境处理能力。

仓配网络：全国11个城市分仓，配送线路1万条，6大行业仓配一体化。

末端网络：遍布全国的菜鸟驿站40000个，校园站点1500个，覆盖全国50%的高校。

农村网络：联合合作伙伴，覆盖国内2800个区县，50万个村子送货入村。

2. 京东物流配送：自建物流+第三方物流

2022年，京东物流在全国30个城市投入营运超过700辆无人车、600辆智能快递车及超过100部室内配送机器人，为消费者提供"最后一公里"及"最后100米"的末端配送服务，京东物流旗下的无人配送业务也实现对城市社区、商业园区、办公楼宇、公寓住宅、酒店、校园、商超、门店等八大场景的覆盖，满足消费者的多元需求。京东物流表示，未来将持续与供应链上、下游伙伴紧密合作，打造开放共赢物流新生态，推动行业协同发展，同时将继续深耕物流科技的迭代升级和落地应用。

1）自建物流体系

京东自建物流始于2007年，2017年物流板块开始对外服务，2021年对外服务收入占比超过50%。京东物流提供仓配、快递快运、大件等服务，其中仓配是核心。2021年，京东、KA、SME客户的一体化供应链收入和其他收入占比分别为44%、12%、12%、32%。量价齐升的KA供应链一体化收入是增长的主要驱动力，主要得益于较强的仓配一体综合服务能力。预计京东集团的一体化供应链收入将维持与商城同步的稳健增长，并提供较好的盈利水平。

2）自建物流+第三方物流

虽说京东商城2010年获得了100亿元的销售额，但其主要业务阵营仍局限于北京、上海、广州等经济发达的城市。随着互联网应用的深入，京东业务阵营扩展到二线城市和三线城市。可是，若在全国每个二线城市都建立物流或运输公司，则成本至少为数百亿元。更何况，现在二线城市的利润还不足以维持物流中心的运营。因此，大多数B2C网站都与第三方物流合作完成配送。

在北京、上海、广州之外的其他城市，京东商城和当地的快递公司合作，完成产品的配送。当配送大件商品时，京东选择与厂商合作。因为厂商在各城市均建有自己的售后服务网点，并且有自己的物流配送合作伙伴。比如，海尔在太原有自己的仓库和合作的物流公司。京东与海尔合作，不仅能利用海尔在本地的知名度为自己扩大宣传，还能较好地解决资金流和信息流的问题。其主要的第三方物流公司有宅急送、中国邮政等。

3. 当当网物流配送模式：自营配送+第三方配送

当当网是北京当当网信息技术有限公司营运的一家中文购物网站，是全球最大的综合性中文网上购物商城,由国内著名出版机构科文公司、美国老虎基金、美国 IDG 集团、卢森堡剑桥集团、亚洲创业投资基金(原名软银中国创业基金)共同投资成立,总部设在北京,目前是全球最大的中文网上图书音像商城,面向全世界中文读者提供 30 多万种中文图书和音像商品。当当网于美国时间 2010 年 12 月 8 日在纽约证券交易所正式挂牌上市,成为我国第一家完全基于线上业务、在美国上市的 B2C 网上商城。

1)自营配送模式

当当网选择自营模式,可以提供更高的客户的专业价值,使自己拥有对物流系统运作过程的有效控制权,借此提升该系统对企业服务客户的专用性,因此配送速度及服务都是令人满意的。另外,该系统有利于企业内部各个部门之间的协调,帮助企业获得第一手市场信息,同时,可以有效地防止企业商业秘密泄露。但是对于 B2C 电子商务企业来讲,企业自建物流配送体系会分散企业内部的财力、人力、物力,影响主营业务的发展,不利于培养企业的核心业务。所以,当当网以自营物流配送模式为辅。

2)第三方物流配送模式

进入 21 世纪,随着作为新兴产业之一的现代物流业的迅猛发展,国内物流公司如雨后春笋般涌现,进而形成了第三方物流产业。与传统的物流公司相比,第三方物流更专业,综合成本更低,配送效率更高,成为国际物流业发展的趋势、社会化分工和现代物流发展的方向,因此当当网主要选择第三方物流。对于 B2C 的当当网而言的电子商务模式下的物流配送模式来说,由于客户比较分散、订货量也比较小,因此现阶段的配送成本仍然较高,送货上门的特色服务受到很多限制。而第三方物流更加专业化的服务大大减轻了当当网在物流配送方面的顾虑,使其能够专心经营网络商品,同时降低了当当网的物流配送成本。

当当网将实现整合第三方物流网络的资源到自身平台,以开放的方式提供物流服务给其他企业。这与传统的物流公司或自建电子商务企业组建自己的配送车队的做法不同。通过开放平台,当当网能够更具扩展性和可持续性地整合物流配送队伍。首先,自建配送车队面临与第三方物流公司的竞争。由于电子商务业务规模有限,当当网只能在中心城市建立自己的业务团队,而周边和县级城市仍然需要依赖第三方物流公司等来提供配送服务。这种开放平台的形式使得当当网物流能够与第三方物流公司建立合作关系,并制定组织和服务标准,实施严格的服务考核制度。通过开放平台,当当网物流能够吸引更多的企业使用其服务平台,形成良好的合作关系。同时,这种开放平台可以为第三方物流公司提供更稳定、更优质的资源,从而形成良性竞争的局面。

资料来源:百度文库,经编者改编而成

思考:

1. 总结电子商务物流的模式。
2. 简述各种电子商务物流模式的优缺点。
3. 思考淘宝网、京东和当当网等电商企业是如何选择适合自己的物流模式的。

第3章 电子商务物流的基本功能

【学习目标】
1. 理解包装的概念和作用。
2. 理解包装的操作技法。
3. 理解装卸运输的概念、作用和装卸搬运合理化的原则。
4. 理解流通加工的概念、作用及方式。
5. 理解运输的概念、分类和方式。
6. 掌握仓储、配送的概念、性质和作用。

【学习重点】
1. 包装、装卸搬运和流通加工等的概念和作用。
2. 流通加工、运输和仓储的概念和作用。
3. 电子商务物流六大基本功能的合理化原则。

【能力目标】
1. 掌握电子商务物流基本功能的理论知识。
2. 能够结合企业实例分析各功能的作用和发展趋势。

导入案例

京东"黑科技"为物流高峰效力

作为社会共同参与的一场购物狂欢,"618"成为一次零售基础设施建设成果的"大阅兵"。面对"618",京东物流将进一步加大开放的力度,整合更多的社会化物流资源,搭建协作能力更强的共生体系,一同支撑大幅度增长的业务量,推动服务品质再升级。

1. "无人军团"驱动物流升级

2022年"618"期间,15座大型智能化物流中心"亚洲一号"继续发挥强大的运营能力。其中,Shuttle系统、地狼系统、超级分拣系统等智能设备构成的体系全面应用于北京"亚洲一号",将大幅度提升订单的处理能力,实现对京津冀经济圈的有效支撑。

京东自主研发的无人机、无人车、无人仓等构成的科技矩阵成为智慧物流的代表。京东无人机从2017年开始常态化配送服务,截至2018年6月共出动2万架次,飞行总里程达10万公里;无人车已经在部分高校、园区正常运营,并且即将在社会化道路实现落地。

效率为传统仓库10倍的无人仓,一直是京东物流的科技创新主攻方向之一。"618"前夕,京东物流首次公开了无人仓的世界级标准,不仅要实现从入库、存储到打包、分拣、出库的全过程"作业无人化",还需具备运营数字化和决策智能化的能力。围绕无人仓及一系列智慧物流中心的建设和应用,京东物流推出人才转型和培养计划,让一线人员逐步从繁重的工作中解放出来,成长为技术人才。无人军团等科技成果的不断投用,从源头上提升了京东物流的运营能力,有效化解了"618"的潮汐性订单。

2. 开放业务为物流高峰护航

在确保服务质量的前提下,如何应对业务的高速增长?京东建成的"亚洲一号"智慧物流中心陆续对社会化商家开放。为了让商家更好地实现"一地入仓,全国布货"的体验,京东物流建立了覆盖北京、上海、广州、深圳等26座城市的转运仓,可以为商家提供上门自提、入仓保障、干线运输、零担及整车转运、超时预警等服务。

通过输出物流技术、运营标准,向商家和合作伙伴赋能的京东云仓已完整覆盖全国七大区域,显著增加了"618"期间的仓储基础设施资源。福佑卡车、G7物联等企业作为京东物流的合作伙伴,将在"618"期间提供运力支持及智能化车队管理服务等。

京东物流还将协同中铁快运、中国国际航空股份有限公司、中国东方航空集团有限公司、中国南方航空集团有限公司等合作伙伴,构建绿色铁路运输网络,储备航线运力超200条,发运航班近300个,全力保障促销货物发运,提升运输效率。

3. 精细化运营确保用户体验

2022年京东"618"巧遇我国传统佳节——端午节。为了应对暴增的订单量和节假日特殊的配送需求,京东物流提前谋划,以精细化运营实现灵活高效生产,提升用户的收货时效体验。

结合大数据预测,京东物流从2018年4月起开启备货策略,重点商品提前入库。2022年5月25日,满载着京东"618"备货商品的中欧班列跨境电商物流专列从德国汉堡到达西安。借助中欧班列,京东可以将更多进口商品更快速地送达到用户手中。

"618"期间,京东物流实施零点行动、四色标签、迅雷计划等特色计划,确保商品极速送达。

资料来源:http://kfqgw.beijing.gov.cn/zwgkkfq/yzttkfq/202103/t20210330_2332495.html [2023-07-26]

为了实现仓配一体化，电子商务对物流有哪些功能需求？本章将介绍电子商务物流的基本功能。

3.1 包　　装

3.1.1 包装概述

1. 包装的概念

包装是指为在流通过程中保护产品、方便储运、促进销售，按一定技术方法采用的容器、材料及辅助物等的总体名称，也指为了达到上述目的，采用容器、材料和辅助物的过程中施加一定技术方法等的操作活动。

根据物流过程的需要进行合理的包装，成为生产和物流部门必须考虑的问题。例如，运输方式将影响包装要求，包括产品的运输与原材料的运输。一般来说，铁路与水运因货损的可能性大，故需支出额外的包装费用。在权衡选择运输方式时，物流管理人员要考虑因运输方式的不同而引起的包装费用的变化。将产品进行包装，可以方便对其运送和储存。根据产品的特征及包装材料，如液体、固体、包装材料成本、外观等，决定包装容器是玻璃容器、金属容器，还是塑料容器、纸或纸箱等。

2. 包装的分类

包装按以下几种方式分类。

（1）按产品销售范围分类，包装可分为内销产品包装、出口产品包装。

（2）按包装在流通过程中的作用分类，包装可分为单件包装、中包装和外包装等。

（3）按包装制品材料分类，包装可分为纸制品包装、塑料制品包装、金属包装、竹木器包装、玻璃容器包装和复合材料包装等。

（4）按包装使用次数分类，包装可分为一次用包装、多次用包装和周转包装等。

（5）按包装容器的软硬程度分类，包装可分为硬包装、半硬包装和软包装等。

（6）按产品种类分类，包装可分为食品包装、药品包装、机电产品设备包装、危险品包装等。

（7）按功能分类，包装可分为运输包装、储藏包装和销售包装等。

（8）按包装技术方法分类，包装可分为防震包装、防湿包装、防锈包装、防霉包装等。

（9）按包装结构形式分类，包装可分为贴体包装、泡罩包装、热收缩包装、可携带包装、托盘包装、组合包装等。

3. 包装在物流中的地位

在现代物流观念形成以前，包装一直被认为是生产领域的活动，被看作生产过程的终点，包装的设计往往要从生产终结的要求出发，因而常常不能满足流通的要求。在现代物流观念形成之后，人们认识到，包装是物流系统中的重要组成部分，需要综合考虑，全面协调运输、仓储、装卸、销售、配送等环节的相关因素。只有多种相关因素协调一致，才能发挥物流的整体效果。当产品进行包装时，要考虑物流系统的其他因素，同时物流系统受产品包装的制约。

（1）就包装与运输的关系而言，为降低成本，充分发挥包装的功能，包装要考虑运输的方式。例如，过去杂货载运采用货船混载，必须严格地用木箱包装；改用集装箱后，货物包装只用纸箱就可以了。不同类型的包装，也决定了运输方式的选择。

（2）就包装与搬运的关系而言，如果用手工搬运，应按人工可以胜任的质量单位进行包装；如果在运输过程中全部使用叉车，就无须采用小包装，只要交易上允许，就可尽量采用大包装，如柔性集装箱容器。

（3）就包装与储存保管的关系而言，货物在仓库保管时，如果需要码高，那么最下面货物的包装应能承受压在上面货物的总质量。以质量为20千克的货箱为例，如果货物码放8层，则最下边的箱子最低承重应为140千克。

（4）物流系统受到包装的制约。例如，如果产品用纸箱包装，则必须采用集装箱运输；如果底层货物的包装设计只能承受码放8层的货物，即使仓库再高也只能码放8层货物，不能有效地利用仓库空间。

4. 包装的作用

包装具有以下几个方面的作用。

1）保护产品

保护产品是包装的主要作用。产品从生产厂家生产出来到最终用户或消费者手中，要经过一定的时间和历程。包装对产品的保护作用如下。

（1）包装可以保护产品，从根本上保质保量。为了防止产品破损变形，产品包装必须能够承受在装卸、运输、保管等过程中的冲击、振动、颠簸、压缩、摩擦等外力的作用。

（2）包装可以防止产品发生化学变化。为了防止产品受潮、发霉、变质、生锈等，产品包装必须在一定程度上起到阻隔水分、潮气、光线及空气中有害气体的作用，避免受外界不良因素的影响。

（3）包装可以防止有害生物侵害产品。鼠、虫及其他有害生物对产品存在很大的破坏性，包装封闭不严会给细菌、虫类制造侵入之机，导致包装变质腐败，特别是对食品的危害性更大，鼠、白蚁等会直接啃食纸张、木材等。

（4）包装可以防止异物流入，减少污染，避免丢失、散失。

2）方便流通

包装对物品流通的作用如下。

（1）提高效率。在物流的全过程中，包装可大大提高物流作业的效率和效果。货物包装单位适度能降低物流成本、提升仓储效率。

（2）便于运输。包装的规格、形状、质量与产品运输关系密切。包装尺寸与运输车辆、船、飞机等运输工具箱、仓容积是否吻合，直接影响运输效率。

（3）便于装卸搬运。产品经过适当的包装，便于装卸搬运设备的使用，有利于提高装卸搬运设备的工作效率。包装的规格尺寸标准化为集合包装提供了条件，从而极大地提高装载效率。

（4）便于储存。从搬运、装卸角度看，产品出入库时，如果包装规格尺寸、质量、形态适合仓库内的作业,则可以为仓库提供搬运、装卸的方便。从产品保管角度看,产品的包装为保管工作提供了方便,便于维护产品的原有使用价值。包装物的标志使仓库的管理者易识别、存取和盘点,有特殊要求的产品易引起注意。从产品的验收角度看,易开包、便于重新打包的包装方式为验收提供了便利。

3)利于营销

包装具有一定的利于营销的作用。销售包装是指将包装连同产品一起销售给消费者的包装。销售包装主要用于美化产品、宣传产品,以提高销售量。商场上经常讲"货卖一张皮",说明包装对营销的重要作用。有些产品经包装后,首先吸引消费者的往往不是产品本身,而是产品的包装。所以,能否引起消费者的购买欲望,进而产生购买行为,在一定程度上取决于包装的档次。很多产品正是由于包装的档次与产品的档次不匹配而失去销售机会。特别是在自选市场里,包装起着无声的推销员的作用。一般来说,产品的内在质量是竞争能力的基础。但是,一种优质产品,如果没有良好的包装相匹配,就会降低"身价",并削弱市场竞争力。当然,必须反对通过包装销售伪劣产品的行为。

4)便于使用

包装具有提供识别的功能,不易被仿冒的包装具有保护知识产权的功能,如防伪标签。根据正常使用时的用量对产品进行适当的包装,可以起到便于使用和指导消费的作用。例如,改变酒瓶的尺寸,可以便于计量;食品包装的尺寸不同,可以供餐厅和家庭进行选择;药品的包装不同,可以供不同药量需求者进行选择等。包装的尺寸,包装上的用法、用量、功能、要素组成等说明都极大地方便了消费者。

案例 3-1

京东物流:用技术助推绿色物流发展

2016 年,京东与东港股份联合打造了"京东包装实验室",致力于绿色物流包装产品的研发和使用。该实验室是国内首家基于电商物流包装领域的实验研发机构。2018 年 4 月,京东包装实验室升级为"电商物流联合包装创新中心",京东物流与灰度环保等行业上下游伙伴共同研发绿色包装应用技术,从消费需求及供应链革新的角度切入,探索绿色包装生态。

在黑科技的发力上,京东物流一直处于国内第一梯队,绿色包装方面的黑科技近些年也多有突破。2019 年年初,京东物流启用全链路智能包装系统——精卫,主要包括磁悬浮打包机、气泡膜打包机、枕式打包机、对折膜打包机等 18 种智能设备,实现了针对气泡膜、对折膜、纸箱等各种包装材料的统筹规划和合理使用,形成了软硬件一体化的智能打包系统的解决方案。据介绍,通过精卫推荐进行的耗材准确率在 96.5%以上,显著实现了包装材料的降本增效。

"未来,京东物流将继续以'青流计划'为依托,秉承绿色可持续发展理念,主动担起社会责任。"段艳健承诺,京东物流将携手更多伙伴一起为早日实现碳达峰、碳中和目标贡献力量。

资料来源:https://new.qq.com/rain/a/20210830A09RFC00 [2023-07-26]

3.1.2 包装的类型

1. 电商包装的类型

根据国家邮政局发布的《中国快递领域绿色包装发展现状及趋势报告》，国内快递领域的包装主要集中在七大类：快递运单、编织袋、塑料袋、封套、包装箱（瓦楞纸箱）、胶带及内部缓冲物（填充物）。

针对快递封装用品（封套、包装箱和包装袋）的国家系列标准《快递封装用品》已经出台，其中，《快递封装用品 第1部分：封套》（GB/T 16606.1—2018）定义快递封套：以纸板为主要原料，经模切、印刷和黏合等加工后，制成的可在寄递过程中装载快件的信封式封装用品。《快递封装用品 第2部分：包装箱》定义（GB/T 16606.2—2018）快递包装箱：以瓦楞纸板为主要原料，经模切、压痕、印刷等加工后，制成的可在寄递过程中装载快件的箱式封装用品。《快递封装用品 第3部分：包装袋》（GB/T 16606.3—2018）定义塑料薄膜类包装袋：以树脂为主要原料，经吹膜、模切、印刷和封合等加工后，制成的可在寄递过程中装载快件的袋式封装用品；气垫膜类包装袋：以树脂为主要原料，经挤出双层膜真空复合成型的气垫薄膜，并经复合、模切、印刷和黏合等加工后，制成的可装载快件的袋式封装用品；塑料编织布类包装袋：以树脂为主要原料，经挤出、拉伸成扁丝，并经织造、印刷和缝纫等加工后，制成的可装载快件的袋式封装用品。

视野拓展

全流程减碳　2022年双十一快递物流实现绿色发展

2020年，我国提出双碳（碳达峰与碳中和的简称）目标，二氧化碳排放力争2030年前达到峰值，2060年前实现碳中和。为完成双碳目标，物流行业责无旁贷，绿色物流成为推动物流行业高质量发展的重要因素。

所谓绿色物流是指以降低对环境的污染、减少资源消耗为目标，利用先进的物流技术规划和实施运输、储存、包装、装卸、流通加工等物流活动。党的二十大报告提出，发展绿色低碳产业，健全资源环境要素市场化配置体系，加快节能降碳先进技术研发和推广应用，倡导绿色消费，推动形成绿色低碳的生产方式和生活方式。2022年1月，国家发展和改革委员会、工业和信息化部、住房和城乡建设部、商务部、市场监督管理总局、国家机关事务管理局、中共中央直属机关事务管理局会同有关部门研究制定《促进绿色消费实施方案》（以下简称《方案》）。《方案》提出要强化绿色消费科技和服务支撑，加快发展绿色物流配送。积极推广绿色快递包装，引导电商企业、快递企业优先选购使用获得绿色认证的快递包装产品，促进快递包装绿色转型。

国家邮政局数据显示，在2022年"双十一"期间（11月1日至11日），全国邮政快递企业共处理快递包裹42.72亿件，日均处理量是日常业务量的1.3倍。11月11日当天共处理快递包裹5.52亿件，是日常业务量的1.8倍。

为推进物流行业可持续、高质量发展，有效降低经营成本，2022年，全国13万家菜鸟驿站开启了绿色回收，全面展开快递包装回收换蛋活动，让消费者方便回收、开心回收。事实上，本次"双十一"是绿色参与量最高的一次，提前5天完成回箱600万的目标，截至11月20日，回箱744万个，同比增长超过

80%。回箱还被用于在菜鸟驿站的循环寄件。菜鸟数据显示，仅绿色回箱和绿色寄件减碳已超400吨。"双十一"全周期，通过算法为包裹"瘦身"、绿色回箱和绿色寄件等，产生绿色物流行为超20亿次。

2022年，国家邮政局实施绿色发展"9917"工程，推动快递包装减量化、标准化和循环化，明确到2022年年底实现采购使用符合标准的包装材料比重达到90%，规范包装操作比重达到90%，投放可循环快递箱（盒）达到1000万个，回收复用瓦楞纸箱达到7亿个。《2021—2030中国快递业绿色包装碳减排潜力研究报告》指出，2020年我国各类快递包装产生总量合计为1576.8万吨（这一数值在2018年仅为930万吨），碳排放总量为2395.84万吨二氧化碳当量。

"绿色包装"只是绿色物流的一个缩影。越来越多的物流企业相继启动碳减排路径规划，从加强绿色包装应用、加大新能源物流车推广力度、加强科技手段在物流环节中的赋能等角度出发，积极推进重点环节的绿色发展。

据了解，今年"双十一"期间，菜鸟联合十余家品牌企业共同发起"50克减碳联盟"，共同探索涵盖供应链上下游的减碳路径。根据测算，进入菜鸟仓的商家通过装箱算法、原箱发货、智能分仓等减碳流程，单个包裹至少减碳50克。"双十一"期间，圆通速递与东风柳州汽车有限公司合作，交付并运营200台新能源轻型卡车，为圆通在北京地区的包裹绿色、高效配送提供有力的保障。申通以快递包装绿色转型为牵引，以"绿色化、减量化、可循环"为目标，坚持"全网共治、科技支撑、社会协同"的绿色发展思路，加大对新能源、清洁能源车辆的推广使用，持续开展绿色网点、绿色分拨中心建设，多举措并举推动快递绿色、健康发展。快递胶带也是包装垃圾的组成部分，中通通过采购符合国家标准、行业标准及国家有关规定的45毫米以下的"瘦身胶带"，并逐步在全网范围内推广使用。快递面单的电子化"瘦身"，一张一联电子单比五联单节约4张纸，不仅更加绿色环保，还给快递员带来了极大的便利。

有业内人士认为，"双十一"绿色数据的攀升，意味着全社会环保减碳意识的增强，也意味着企业从追求发展规模到追求发展质量的思路转变。京东物流相关负责人也表示，希望通过绿色包装、新能源仓储、绿色运输、循环回收等绿色物流服务，让更多消费者参与到减碳、降碳中，让消费者从可持续发展的被动受众转变为绿色低碳发展的主导者和参与者。

资料来源：https://economy.gmw.cn/2022-11/24/content_36188053.htm[2023-07-26]

2. 传统快递包装的回收与处理

1）传统纸包装材料的回收与处理

造纸工业水污染较为严重，用水量和排水量大，一般每吨浆和纸约用水300吨以上。在造纸过程中，纤维素和部分半纤维素之外的大量有机物进入废水。如瓦楞纸箱黏合剂中含有的化学物质会进入造纸废水，造纸工业废水已经成为水环境的重要污染源。在包装纸箱的生产过程中，不良厂商会使用过量填充物（碳酸钙、泥土）以提高纸张克重，使用劣质油墨印刷，而相关检测程序简陋，导致商品上残留的有害物超标，而快递行业的快速发展助长了这些违规生产过程。

2）塑料包装的回收与处理

根据调研分析，快递塑料袋的循环使用量极小，一般都是一次性使用甚至有的一个包裹箱中有几个塑料袋，增大了回收利用的难度，因此塑料袋的环保问题极为严重。目前，塑料包装材料在电商快递中仍存在以下主要问题。

（1）污染严重。传统塑料包装采用难降解的材料，给环境带来危害，如缠绕毒害海洋生物，成为陆地白色污染等。

(2) 回收率低。塑料包装材料（如用作缓冲材料的聚苯乙烯泡沫、用作快递塑料袋的聚苯乙烯）几乎全部不可回收。

3.1.3 包装合理化

1. 不合理的包装现象

由于整个包装链中存在 7 种浪费现象，因此出现了精益包装管理。精益包装管理的目的是尽力消除包装链中的 7 种浪费。7 种浪费分别如下。

（1）过度包装浪费。

（2）对内装产品保护不足带来的残次品浪费。

（3）不必要的包装库存量浪费。

（4）不适当的包装作业过程浪费。

（5）在运输过程中因包装材料选择、包装设计、包装组合不合理造成的非优化浪费。

（6）在仓储过程中因包装设计不合理带来的浪费。

（7）在销售过程中因包装不合理带来的浪费。

2. 包装合理化

随着经济的发展和销售竞争的激烈化，包装所消耗的材料、资金越来越多，浪费、过剩包装、过度包装现象十分严重。尽管包装在物流系统中发挥着重要作用，但在一定程度上增加了最终用户的成本。合理包装就是要尽可能地利用包装的优点，避免包装的缺点，使包装达到综合效用最大化。包装合理化是一个综合过程，要从包装的整体效果上考虑，尤其是从包装材料、包装技术、包装方式、包装成本等方面合理运用，并符合包装合理化的一般要求。包装合理化要求如下。

（1）保护产品，造型美观。设计产品包装，首先是能保护产品的质量和形状。因此，包装设计要科学，能够保证产品在运输和储存中不被损坏；同时，包装的造型要美观大方、生动形象，图案设计要新颖，要对顾客有一定的吸引力。

（2）包装样式和尺寸要考虑与货柜、货台、货架相匹配。包装样式和尺寸尽量形成倍数关系，与货柜、货台、货架的尺寸匹配，以利于提高载货的效率、降低运输成本、减少仓储费用。

（3）货箱标准化。货箱必须使每箱的装货量达到标准数量，既保证提高载货的效率，又简化验收手续，给货物流通和管理带来一定的便利。

（4）包装样式要与物流功能相适应。对于物流量大的产品，包装样式要利于运输的装载量和库房保存。包装样式设计要考虑搬运工作是否容易、迅捷，工业包装特别要求产品易入库和易开包。从保护产品品质角度考虑，应采用坚固的包装，能够承受外部的压力与冲击；同时，包装材料应便于处理和回收。

（5）注意包装材料的价值。包装材料及包装手续的费用在商品价格中占一定的比例，要采用价值分析法降低包装成本，从而使物流总成本降低。由于产品包装是产品的一部分，因此产品包装必须与产品价值相符合，应考虑产品的内容、用途和销售对象，而不能单纯地为吸引顾客而追求包装的精美华丽。

（6）包装设计经济实用。包装设计要做到既能节约包装费用又能节约物流费用。这就要求在包装设计中选用的包装材料尽量便宜；要设计多用途和多次使用的包装；要合理利用包装空间；要避免过分、过度包装。

（7）包装要突显产品的特点、功能等。从包装的图案、形状和色彩等方面显示产品的独特风格，如化妆品的包装要色彩艳丽、造型优美；贵重工艺品的包装要材质华贵、造型独特；儿童用品的包装要色彩鲜艳、活泼可爱。有些产品的性能、使用方法、使用效果有时不能直接显示，需要用文字说明。包装设计要抓住顾客对产品消费的需求，指导其消费，如药品类产品的包装要说明药品成分、功效、用量、禁忌等；服装类产品的包装应说明用料、规格、尺寸、洗涤和烫熨方法等。

（8）不断探索先进的包装作业方法。不断改进包装作业方法可以提高工作效率，降低包装成本。

视野拓展

中久物流在汽车物流领域的循环包装

企业采用循环包装模式，促成包装器具制造环节的碳减排，可推动实现整个社会的碳减排目标，这是企业绿色价值观和社会责任的具体体现。中久物流科技有限公司（以下简称"中久物流"）作为循环包装的实践者，为实现双碳目标一直在做着自己的贡献。

中久物流专业从事与汽车制造相关的物流包装设计和制造，其在为汽车零部件进口国际循环包装项目设计的解决方案中创新应用铁箱装载零部件。从安全性、稳定性方面考虑，使用铁箱装载能很好地保护零部件，并设计了标准包装产品如标准铁箱、卡板箱、塑料箱等，也为客户提供定制化的工位器具、周转料架等产品；从环保的角度出发，标准铁箱能减少一次性包装纸箱及木质托盘的使用，避免资源浪费。

此外，包装回收困难，丢失现象无法杜绝，每年仅在包装增补一项上就要花费大笔成本，这个问题困扰了很多汽车企业和汽车零部件供应商。中久物流提供专业的包装周转管理，采用射频识别、条码、全球定位等技术全程采集包装周转数据，保障包装安全、产品准时送达客户手中，并被完整地回收。中久物流的资产管理团队也会随时对包装资产进行盘点，确保资产的安全性。在保障了物流配送安全性的同时保护了生态环境，实现了可持续发展的道路。

资料来源：http://www.cdccfl.com/about/show.php?lang=cn&id=117[2023-07-26]

3.1.4 包装现代化的趋势

所谓包装现代化是指在产品的包装设计、制造、印刷、信息传递等环节上，采用先进、适用的技术和管理方法，以最低的包装费用，使物资产品经过包装顺利地进入消费领域。要实现包装现代化，需要大力发展现代化的包装产品，加快开发现代化的包装机械设备和推广普及先进的包装技术，加快新型包装材料的研制和生产。

现代物流是将商品的包装、装卸、保管、库存管理、流通加工、运输、配送等活动有机结合，形成完整的供应链，为用户提供多种功能一体化的综合性服务。包装是现代物流中重要的组成部分，面对物流工程的迅速发展，包装现代化趋势表现为以下几方面。

1) 物流包装智能化

物流信息化发展和管理的基础条件是包装智能化，因为在物流活动过程中，信息的传递大部分是依靠包装来完成的。也就是说，如果包装上信息量不足或信息有错误，就会直接影响物流管理中的各种活动。随着物流信息化程度的提高，包装上除了应标明内装物的数量、质量、品名、生产厂家、保质期及搬运储存所需条件等信息，还应粘贴商品条形码、流通条码等，以便实现电子数据交换。智能化的信息包装是形成物流信息管理的有力媒介。

2) 物流包装绿色化

从整个物流过程看，包装环节依赖于资源并影响着人类的生态环境。包装环节要消耗大量的资源，且需要增加产品的投入，但包装废弃物会导致环境污染。由于包装对于产品和物流活动来说是必需的，因此包装绿色化的研究成为一个重大课题。包装绿色化可从两个方面考虑：一方面，应尽量降低短缺和贵重资源的消耗；另一方面，减少包装的废弃物对环境的污染，回收废弃物且使之再生成有用材料。基于这种要求，提出了管道运输的无垃圾包装、集装运输的活包装及可降解材料的无污染包装等。

视野拓展

2021年2月8日，交通运输部发布《邮政快件包装管理办法》，自2021年3月12日起施行，是国内首部关于快递包装治理的专项规章，围绕邮件快件用什么包、怎么包、怎么管三个关键问题，明确了制度设计和条款内容，必将对加快推进快递包装绿色转型和邮政快递业绿色高质量发展起到有力的推动作用。

《邮政快件包装管理办法》明确了寄递企业总部的统一管理责任，规定寄递企业应当建立健全包装管理制度，使用统一的商标、字号或者寄递详情单经营寄递业务的，商标、字号或者寄递详情单所属企业应当对邮件快件包装实行统一管理。强化了邮件快件包装源头治理，针对"包装选用"单设一章，明确了包装选用要求和原则，规定寄递企业应当严格执行包装物管理制度，采购使用符合国家规定的包装物，优先采用可重复使用、易回收利用的包装物，优化邮件快件包装，减少包装物的使用，同时，加强对协议用户的引导和管理，推动共同落实绿色包装要求。突出了包装操作标准化和规范化建设，明确要求寄递企业规范操作和文明作业，避免抛扔、踩踏、着地摆放邮件快件等行为，防止包装物破损；同时，按照环保、节约的原则，合理进行包装操作，不得过多缠绕胶带，尽量减少包装层数、空隙率和填充物；鼓励寄递企业建立健全工作机制和回收流程，对包装物进行回收再利用。

资料来源：解读（全）快递包装治理政策频出_行业研究报告——前瞻网[2023-07-26]

3) 物流包装系统化

包装作为物流的组成部分，必须置于物流系统中研究。如果片面强调节约包装材料和包装费用，而不综合考虑其他方面，虽然降低了包装费用，但在运输、装卸和搬运等物流过程中会由于包装造成产品破损。由于物流系统及其他子系统是相互联系、相互制约的，因此只有把作为物流基础的包装子系统与它们紧密衔接、密切配合，才能为物流系统的经济效益创造最佳条件。

4）物流包装标准化

包装标准化是对包装类型、规格、材料、结构、造型、标志及包装实验等所做的统一规定及相关的技术政策和技术措施，其中主要包括统一材料、统一规格、统一容量、统一标记和统一封装方法。推行包装标准化具有以下意义。

（1）适应输送、保管、装卸的要求。

（2）适应包装机械化的要求。

（3）有利于国际贸易的发展和物资流通范围的扩大。

（4）推行包装标准化。

（5）采用无包装的物流形态。

决定包装规格尺寸的基础是产品本身的形状、质量及体积等因素。但是，若把物流作为一个整体研究，则包装的规格尺寸还必须适应运输、装卸等要求，尽量采用与集装箱、托盘等集合包装适应的规格。这说明了包装生产（规格尺寸）决定流通，也体现了流通对包装生产的反作用。对于这种情况，先确定物流模数（物流集装单元基础尺寸），再分割物流模数，得到包装的规格尺寸系列，包装货物的尺寸在装运时没有空间浪费，另外利用托盘装卸会有较高的堆码效率。

5）物流包装方便化

方便功能是包装本身应具有的，但在物流活动中的配送、流通加工等环节对包装的方便性提出了更高的要求，即分装、包装的开启和再封合包装要简便。

6）物流包装合理化

包装合理化是指在包装过程中使用适当的材料和技术，制成与产品适应的容器，从而节约包装费用，降低包装成本，既能适应和克服流通过程中的各种障碍，适应市场经济发展而不断优化，取得最优化的社会经济效益，又能充分发挥包装实体的功能。在物流活动中，必须谋求包装材料、成本、质量、容器结构等的合理化。缓冲包装的合理化也很重要，因为它可以保证产品的安全运输，且缓冲包装的简化可以减少相应的包装费用，从而有效地利用包装资源。

水果、蔬菜等的运输包装可利用损伤度来衡量包装产品的运输安全性。但作为一个完整的物理活动过程，还应考虑货架寿命。包装合理化与标准化是"一胞双胎"，两者相互依存、相互促进。要实现包装合理化，需要从以下几方面加强管理。

（1）广泛采用先进的包装技术。

（2）由一次性包装向反复使用的周转包装发展。

（3）采用组合单元装载。

 视野拓展

国内绿色包装

1. 灰度环保科技绿色循环箱 ZerOBox

为了响应"创新、协调、绿色、开放、共享"的新发展理念，灰度环保科技于 2017 年自主研发了绿

色循环箱 ZeroBox，可循环使用 50 次以上，可折叠，在生产过程中无须使用胶水、胶带；并添加了循环箱唯一条形码和射频识别电子标签，配合电子面单，能有效进行运输包装耗材的数据化管理和生命周期管理，促进运输包装单元化和物流标准化。同时，灰度环保科技持续研发，陆续推出了冷链循环箱、环保循环袋等包装容器，适用于不同场景。

2. 苏宁共享快递盒

2018 年 4 月 25 日，苏宁物流联合灰度环保科技在绿色·智慧物流峰会上发布国内第一款冷链循环箱产品，该产品功能设计符合苏宁一直提倡的快递盒共享理念，将在苏宁冷链网络中首发，并进行场景测试应用。本次苏宁物流发布的冷链循环箱打破了传统冷链箱的厚重设计，采用可折叠设计方式，满足装载运输和循环回收上的轻简需求，保证了快递服务的简洁、高效。自 2017 年 4 月 18 日推出第一代共享快递盒产品以来，苏宁物流在绿色包装生态上的探索和应用开始加速，先后推出了共享快递盒 2.0、牛皮纸胶带、零胶纸箱、自动气泡包装等产品，包装累计循环近千万次，累计节约包装成本达到 1200 万元。

3. 中国邮政循环邮箱

中国邮政循环邮箱的箱体采用 PP 无公害材料，可百分之百回收再利用，箱身承重也比现用快递纸箱有了很大提升。箱锁采用独立锁扣设计，使用时整箱无须胶带缠绕封装，并且每个箱身上均印有专属编码，可保证运输过程安全稳定。经初步测试，该循环邮箱在空载情况下可承载一个正常成年人的重量，并拥有平均 15 次以上的循环使用寿命。

4. 顺丰丰-box 循环快递箱

与普通的一次性包装相比，丰-box 循环快递箱采用拉链代替封箱胶纸，容易拆封、可折叠、方便携带、可再次使用，内部有物品绑定带，减少了泡沫填充物的使用，真正做到了"只有包裹，没有垃圾"。据介绍，丰-box 循环快递箱可以循环使用数十次乃至上百次，不但结实，而且增加了防静电、防水、阻燃、隔热保温等特殊性能。

5. 京东物流"绿盒子"青流箱

"绿盒子"青流箱由最新的热塑性树脂材料制作，采用中空板结构，可 5 秒成型打包，此种材料抗打击性能、耐高低温性能和耐湿度性能强，可以保证消费者购买商品的完好性。根据严格的实验测试，"绿盒子"青流箱单次使用成本比纸箱节省 30% 以上，正常情况下可以循环使用 20 次以上，破损后还可以无限次"回炉重造"，对环境零压力。

6. 一撕得拉链式箱子

一撕得研发的拉链式箱子通体没有胶带，顶部有一条类似于拉链的封口的纸条，一撕即开。一撕得的专利波浪双面胶用量少、黏性大、无毒、易分解，在保证包装强度的同时不会污染环境。

3.2 装卸搬运

在整个物流过程中，装卸搬运是不断出现和反复进行的活动。它的出现频率高于其他物流活动，同时每次装卸搬运都占用很多时间、消耗很多劳动。装卸搬运不仅成为决定物流速度的关键，而且是影响物流费用的重要因素。

装卸搬运是指在同一地域范围内进行的、改变物品的存放状态和空间位置为主要内容和目的活动，要完成这样的移动，就要有移动物品和实现这种移动所需的人员、工作程序、设备、工具、容器、设施及设施布置等构成的作业体系等。

3.2.1 装卸搬运概述

1. 装卸搬运的概念

《物流术语》（GB/T 18354—2021）中装卸的定义："在运输工具间或运输工具与存放场地（仓库）间，以人力或机械方式对物品进行载上载入或卸下卸出的作业过程。"搬运的定义："在同一场所内，以人力或机械方式对物品进行空间移动的作业过程。"

所谓装卸搬运是指随物品运输和保管而附带发生的作业。具体来说，是指在物流过程中对物品进行装运卸货、移运移送、堆垛拆垛、移转取出、分拣配货等作业活动。2018年，在第五届中国国际物流发展大会上，美国产业界人士曾明确指出，当时美国全部生产过程中只有5%的时间用于加工制造，95%的时间用于装卸搬运、储存等物流过程。据运输部门考察，在运输的全过程中，装卸搬运所占的时间为全部运输时间的50%。装卸搬运活动把物流的各个阶段连接起来，成为连续的流动过程。在生产企业物流中，装卸搬运成为各个工序间连接的纽带。

传统的装卸搬运是人和物的结合，而完全的人工装卸搬运在物流发展到今天，逐渐被现代装卸搬运替代。现代装卸搬运表现为必须具备劳动者、装卸搬运设施设备、货物及信息、管理等因素的作业系统。只有按照装卸搬运作业本身要求，在进行装卸作业的场合，合理配备各种机械设备和合理安排劳动力，才能使装卸搬运的各个环节相互协调、精密配合。

2. 装卸搬运的原则

装卸作业本身不产生价值。但是，不恰当的作业可能会造成商品破损，或使商品受到污染，因此，需要尽量减少装卸次数，尽可能地缩短搬运距离。装卸搬运作业不仅要花费人力和物力，增加费用，还会使流通速度降低。每多增加一次装卸，延长一点搬运距离，费用就相应地增加一次，同时增加了商品污损、破坏、丢失、消耗的风险。减少装卸次数、缩短搬运距离是目前要解决的问题。

1）装卸的连续性

装卸的连续性是指两处以上的装卸作业要配合好。在进行装卸作业时，为了不使连续的各种作业中途停顿，能协调地进行，整理作业流程是很必要的。因此，进行流程分析、商品的流动分析，使经常相关的作业配合在一起也很必要。例如，把商品装到汽车或铁路的货车上，或把商品送往仓库进行保管时，应当考虑合理装卸和出库方便。要使一系列的作业顺利进行，作业动作的顺序、作业动作的组合或装卸机械的选择及运用很重要。

2）减轻人力操作

减轻人力操作是指将人的体力劳动转换为机械化劳动。主要体现在减轻体力劳动、缩短劳动时间、防止成本增加、维护劳动安全卫生等方面推进省力化、自动化。在不得已的情况下必须依靠人力时，尽可能不要让装卸次数过多、搬运距离太长。

3）提高灵活性

在物流的全过程中，常需再次搬运暂时存放的物品，从便于经常发生的搬运作业考虑，商品的堆放方法很重要，这种便于移动的程度称为搬运灵活性。衡量商品堆存形态的搬运灵活性，一般用灵活性指数表示。灵活性指数分为五个等级：商品散堆于地面上为0级；商品装入箱内为1级；商品装在货盘或垫板上为2级；商品装在车台上为3级；商品装在输送带上为4级。

4）商品整理

把商品汇集成一定单位的数量并进行装卸搬运，既可避免商品的损坏、消耗、丢失，又容易查点数量，而且最大的优势是装卸搬运的单位增大，使机械装卸成为可能，并使装卸搬运的灵活性提高等。商品整理的原理是把商品装在托盘、集装箱和搬运器具中原封不动地装卸搬运，进行输送、保管。

5）物流整体

要从运输、储存、保管、包装与装卸搬运的关系考虑整个物流过程。装卸搬运要适应运输、储存保管的规模，即装卸要起支持并提高运输、储存保管能力和效率的作用，而不是起阻碍的作用。对于商品的包装来说也是一样的，过去是以装卸搬运为前提进行的包装，要浪费许多不必要的包装材料。采用集合包装，不仅可以减少包装材料，还省去了许多徒劳的运输过程。

3. 装卸搬运的作用

装卸搬运的基本功能是改变物品的存放状态和空间位置。无论是在生产领域还是在流通领域，装卸搬运都是影响物流速度和物流费用的重要因素，也影响物流过程的正常进行，决定物流系统的整体功能和效益。装卸搬运在物流过程中的作用表现在以下几个方面。

1）物流活动的附属作用

装卸搬运是伴随着生产过程和流通过程各个环节发生的活动，是物流不可缺少的组成部分，是整个物流过程的关键。据有关学者统计，装卸搬运费用占工业品生产过程中成本的20%以上，企业物料搬运费用占企业营业额的30%左右，而且在国内生产总值中占一定比重。实际上，流通过程中的汽车运输包含了附属的装卸搬运；仓储中的保管活动也包含了装卸搬运活动。所以，如果没有附属作用的装卸搬运活动，物流活动就几乎无法完成。

2）物流活动的支持作用

装卸搬运也是保障生产过程和流通过程各个环节顺利进行的条件。装卸搬运的质量、效率都会对生产和流通其他环节产生很大的影响，装卸搬运支持作用下降必将导致生产过程不能正常进行，流通过程不畅通。有关学者统计，在中等批量的生产车间里，大部分时间消耗在原材料、工具、零部件的搬运或等待上。又如，车、船等的装货不当，会导致运输途中货损增加，甚至造成翻车、翻船等重大事故；卸货不当，会造成下一步物流活动运行的困难，迫使劳动强度、作业工作量大幅度增大。物流活动需要在有效的装卸搬运支持作用下实现物流运作水平的提高。

3）物流活动的衔接作用

装卸搬运也是衔接生产过程和物流过程各个环节之间的桥梁，制约各个生产环节和各个物流环节之间的活动，是物流活动各功能之间形成有机联系和紧密衔接的关键，是提高物流活动效率的瓶颈。无论是在生产领域还是在流通领域，忽视装卸搬运，轻则造成生产、流通秩序混乱，重则造成生产、流通作业终止。

4. 装卸搬运的组成

物流过程中的装卸搬运在运输、仓储及流通加工之间起到桥梁作用。装卸搬运包括装货、卸货、堆场（仓库）货物的入库和出库等作业。

从作业点角度，装卸搬运可分为库场装卸搬运和港站装卸搬运；从货物状态的角度，装卸搬运可分为件杂货装卸搬运、散货装卸搬运、集装箱装卸搬运、液体货装卸搬运等。为了提高装卸搬运的效率，实现托盘化和集装箱化这种单元扩大化是发展趋势，而单元扩大化需要装卸搬运机械化。因此，研究物流的装卸搬运问题应主要关注物流装卸搬运的机械化问题。装卸搬运的基本作业主要分为以下几个方面。

（1）装卸，即将货物装上或卸下运输工具。

（2）搬运，即在短距离内移动货物。

（3）堆码，即对物品或包装货物进行码放、堆垛等。

（4）取出，即从保管场所取出物品。

（5）分类，即将物品按品种、发出方向、顾客要求等进行分类。

（6）集货，即将货物备齐，以便随时装货。

3.2.2 装卸搬运合理化

为了提高装卸搬运的效率，使装卸搬运过程更加合理化，需注意以下几方面。

自动化装卸机器人

1. 无效作业

无效作业是指在装卸搬运作业活动中超出必要的装卸搬运量的作业。为了有效提高装卸作业的经济效益，防止和消除无效作业是非常有必要的，主要可从以下几个方面进行改善。

（1）尽量减少装卸次数，避免无效益的装卸作业。

（2）提高物料的纯度。物料的纯度是指物料中含有水分、杂质和与物料本身使用无关的物质的量，物料的纯度越高，装卸搬运作业的有效程度越高。

（3）包装要适宜。包装的轻型化、简单化、实用化会不同程度地减少作用于包装上的无效劳动。

（4）缩短搬运作业的距离。物料在装卸搬运作业活动中实现水平和垂直两个方向的位移，且选择最短的路线完成这一活动，即可避免超越最短路线以上的无效劳动。

2. 提高灵活性

根据物料所处的状态（物料装卸搬运的难易程度），装卸搬运的灵活性可以分为以下几个等级。

（1）0 级——物料杂乱地堆在地面上的状态。

（2）1 级——物料装箱或经捆扎后的状态。

（3）2 级——箱子或被捆扎后的物料，下面放有枕木或其他衬垫后，便于叉车或其他机械作业的状态。

（4）3级——物料置于台车上或用起重机吊钩钩住，即刻移动的状态。

（5）4级——被装卸搬运的物料，已经被起动、直接作业的状态。

从理论上讲，灵活性指数越高越好，但必须考虑到实施的可能性。例如，物料在储存阶段中，灵活性指数为4级的输送带和灵活性指数为3级的车辆，在一般的仓库中很少被采用，因为大批量的物料不可能存放在输送带和车辆上。

视野拓展

装卸搬运灵活性分析方法

1. 平均活性指数方法

平均活性指数方法是对某一物流过程物料所具备的活性情况，累加后计算平均值，用"δ"表示。δ值是确定改变搬运方式的信号。

当$\delta \leq 0.5$时，是指所分析的搬运系统半数以上处于灵活性指数为0级的状态，即大部分处于散装情况，其改进方式是采用料箱、推车等存放物料。

当$0.5 < \delta \leq 1.3$时，大部分物料处于集装状态，其改进方式是采用叉车和动力搬动车等存放物料。

当$1.3 < \delta \leq 2.3$时，装卸搬运系统大多处于灵活性指数为2级的状态，可采用单元化物料的连续装卸和运输。

当$\delta > 2.3$时，说明大部分物料处于灵活性指数为3级的状态，其改进方法是选用拖车、机车车头拖挂的装卸搬运方式。

2. 活性分析图法

活性分析图法是通过图示表示某一物流过程的装卸搬运活性程度，并具有明确的直观性能，使人一看就清楚，薄弱环节容易被发现和改进。活性分析图法通常分为3个步骤。

（1）绘制装卸搬运图。

（2）按搬运作业顺序作出物资灵活性指数变化图，并计算灵活性指数。

（3）对装卸搬运作业的缺点进行分析改进，作出改进设计图，计算改进后的灵活性指数。

资料来源：360百科 http://baike.so.com/doc/5799815-6012612.html [2022-03-26]

3. 实现省力化

装卸搬运使物料发生垂直和水平位移，只有通过做功才能实现。在作业过程中应尽可能地消除重力的不利影响，在有条件的情况下利用重力装卸，以减轻劳动强度和能量的消耗。在搬运作业中，把物料放在运输车上，由器具承担物体的重量，以减轻劳动强度。如将没有动力的小型输送带（板）斜放在货车、卡车或站台上进行装卸，使物料在倾斜的输送带（板）上移动，这种装卸就是依靠重力的水平分力完成的。

重力式移动货架也是一种利用重力进行省力化的装卸方式。重力式货架的每层货格均有一定的倾斜度，利用重力的水平分力，货箱或托盘可沿着倾斜的货架层板自己滑到输送机械上。为了减小物料阻力，通常对货架表面进行光滑处理，或者在货架层或承重物资的货箱、托盘下安装滚轮，将滑动摩擦转变为滚动摩擦，使物料移动时所受到的阻力更小。

4. 提高机械化

物资装卸搬运设备以完成装卸任务为目标，并提高装卸搬运活动的工作效率，降低装卸搬运作业成本。提高装卸活动机械化，可以大大提高物流效率。提高装卸活动机械化主要包括下面几方面内容。

（1）确定任务量。根据物流计划、经济合同、装卸作业不均衡程度、装卸次数、卸车时限等，确定作业现场年度、季度、月、旬、日平均装卸搬运任务量。再根据具体任务量，合理安排设备。把计划任务量与实际装卸搬运作业量两者之间的差距缩小到最低水平，使设备的运用达到最大化。在进行装卸搬运作业组织工作时，还要对作业的物资对象的品种、数量、规格、质量指标及搬运距离尽可能地作出详细的规划。

（2）根据装卸任务和装卸设备的生产率，确定装卸搬运设备数量和技术特征。

（3）根据装卸任务、装卸设备生产率和数量，编制装卸搬运作业进度计划，即装卸搬运设备的作业时间表、作业顺序、负荷情况等详细内容。

（4）下达装卸搬运作业进度计划，安排劳动力和作业班次。

（5）统计和分析装卸搬运作业成果，评价装卸搬运作业的经济效益。

随着生产力的发展，装卸搬运的机械化程度也将不断提高。此外，由于装卸搬运的机械化能把工人从繁重的体力劳动中解放出来，在危险品的装卸作业过程中，更能保证人和货物的安全，因此，对降低人工成本、避免货物损坏的需求也是推动装卸搬运机械化程度提高的动力之一。

5. 推广组合化

在装卸搬运作业过程中，根据不同物料的种类、性质、形状、质量确定不同的装卸作业方式。处理物料装卸搬运的方法有分块处理、散装处理和集装处理3种形式。其中，分块处理是普通包装的物料逐个进行装卸搬运；散装处理是将颗粒状物资不加小包装而原样装卸搬运；集装处理是将物料以托盘、集装箱、集装袋为单位进行组合后再装卸搬运。由于集装处理可实现单元化装卸搬运，可以充分利用机械进行操作，因此它的使用最为广泛。组合化装卸搬运具有以下优点。

（1）作业单位大、作业效率高，可大量节约作业时间。

（2）能提高物料装卸搬运的灵活性。

（3）操作单元大小一致，易实现标准化。

（4）不用手触及各种物料，可达到保护物料的效果。

6. 合理规划

装卸搬运作业过程是指对整个装卸作业的连续性进行合理安排，以缩短运送距离、减少装卸次数。装卸搬运作业现场的平面布置直接关系到装卸搬运的距离，装卸搬运机械要与货场长度、货位面积等协调。只有集货场地足够大才能满足装卸搬运机械工作面的要求，场内道路布置要为装卸搬运创造良好的条件，保证货位周转。同时注意使装卸搬运距离达到最小平面布置要求，以缩短装卸搬运距离。

提高装卸搬运作业的连续性应做到：作业现场装卸搬运机械合理衔接；不同的装卸搬运作业在相互连接使用时，使它们的装卸搬运速率相等或接近；充分发挥装卸搬运调度人员的作用，一旦装卸搬运作业发生障碍或处于停滞状态，就采取有力的措施补救。

3.3 流通加工

3.3.1 流通加工概述

1. 流通加工的概念

流通加工是现代物流系统构架中的重要结构。流通加工在物流系统中担负的主要任务是提高物流系统对用户的服务水平。《物流术语》(GB/T 18354—2021)对流通加工的定义,是根据顾客的需要,在流通过程中对产品实施的简单加工作业活动(包括包装、分割、计量、分拣、刷标志、拴标签、组装、组配等)的总称。

2. 流通加工的作用

1) 增加物流功能,促进销售,提高收益

生产商品的目的是创造价值,流通加工是在此基础上完善、提高商品的价值。在生产和用户之间,由于存在生产的集中、大批量与用户的分散、小批量之间的矛盾,形成规模化大生产与众多用户之间的场所价值和时间价值的空白,因此商品的价值和使用价值需要通过流通加工实现。流通加工在生产和用户之间起着承上启下的作用。它把分散的用户需求集中起来,使零星的作业集约化,作为广大终端用户的汇集点而发挥作用。生产者几乎无法直接满足用户的要求,也达不到服务标准,只能通过流通加工的形式弥补。

2) 流通加工可节约材料,降低物流成本

节约材料是流通加工的重要特点。流通加工具有一定的深加工性质,它直接面对终端用户,综合多方需求,集中下料,合理套裁,充分利用边角材料,减少浪费,做到最大限度地物尽其用,节约大量的原材料;另外,一般在干线运输和支线运输的节点进行流通加工,能够使大量的运输合理分散,有效地缓解了长距离、大批量、少品种物流与短距离、少批量、多品种物流的矛盾,实现物流的合理流向和物流网络的最佳配置,从而避免了不合理的重复、交叉及迂回运输,大幅度节约了运输、装卸搬运和保管等费用,从而降低了物流总成本。

3) 流通加工可提高原材料的利用率

流通加工中的集中下料能做到良材优用、小材大用,合理套裁,提高原材料的利用率,降低原材料的消耗量。用集中进行的流通加工代替分散在各使用部门的分别加工,例如对食品进行清洗、切割、冷冻等,可以大大降低原材料的消耗量,提高原材料和加工设备的利用率,提高加工质量和加工效率,从而降低加工费用及原材料成本,获取更多利润。

4) 提高加工效率及设备利用率

在分散加工的情况下,加工设备受生产周期的限制,设备利用率较低,这种加工过程的不均衡性导致加工设备的加工能力无法充分发挥。而在流通领域,流通加工面向全社会,增大了加工数量,扩大了加工对象的范围,通过建立集中加工点,可采用效率高、加工量大且技术先进的专门机构和设备,提高加工效率及设备利用率。

5）提高物流效率，降低物流成本

具体表现在以下三个方面。

（1）方便运输。例如计算机、自行车等，若在制造厂装配好完整的产品，则将在运输过程中支付大量的运费。若把它们的零部件分别捆扎或装箱，到达销售地点后组装成品，则既方便运输又经济，有效降低了物流成本。

（2）减少附加质量。如果在运输前通过流通加工完成必要的切割，去除本来就应废弃的部分，就可以减少附加质量，提高运输与装卸搬运的效率，有效降低物流成本。

（3）协调运输（外）包装与商业（内）包装。运输包装与商业包装存在一定的冲突，例如，运输包装要求简约、轻薄，商业包装要求美观。所以，商品可以先以运输包装进入物流过程，到达目的地后，通过流通加工形成商业包装，进入商店的货架，有效降低了物流成本。

（4）促进物流合理化。物流企业自行安排流通加工与配送。流通加工是配送的前提，根据流通加工形成的特点布置配送，使必要的辅助加工与配送很好地衔接，保证物流全过程顺利进行。

一般将流通加工设置在消费地。在流通过程中，生产地的大批量、高效率、长距离输送和消费地的多品种、少批量、多用户、短距离输送之间存在很大的供需矛盾。流通加工可以有效地解决这个矛盾。以流通加工为分界点，从生产地到流通加工点可以利用火车、船舶形成大量的、高效率的定点输送；从流通加工点到用户可以利用汽车形成多品种、多用户的灵活运输，以充分发挥各种输送方式的效率，提高运输速度，节省运力、运费，使物流过程更加合理。

3.3.2 流通加工的类型与合理化

1. 流通加工的类型

流通加工有以下十种类型。

1）为弥补生产领域加工不足进行的深加工

许多产品在生产领域只能加工到一定程度，因为受许多因素的限制，所以生产领域不能完全实现终极加工。这种流通加工实际上是生产的延续，是生产加工的深化，对弥补生产领域加工不足有重要意义。

2）为满足需求多样化进行的服务性加工

从需求角度看，需求存在多样化和变化两个特点，为满足这种需求，用户通常自己设置加工环节，如为T恤衫印上个性化的图案、标志等。

3）为保护产品进行的流通加工

在物流过程中，为了保护产品的使用价值，延长产品在生产和使用期间的寿命，防止产品在运输、储存、装卸搬运、包装等过程中遭受损失，可以采取稳固、改装、保鲜、冷冻、涂油等方式，如水产品、肉类、蛋类的保鲜、保质的冷冻加工、防腐加工等；丝、麻、棉织品的防虫、防霉加工等；金属材料的防锈蚀喷漆、涂防锈油；等等。

4）为提高物流效率，方便物流的流通加工

有些产品受本身形态的限制，难以进行物流操作，如生鲜的装卸、储存操作困难；设备搬运、装卸困难；气体物运输、装卸困难；等等。流通加工可以使物流各个环节易操作，如生鲜冷冻、设备解体、气体液化等。这种加工往往改变"物"的物理状态，但不改变其化学性质，并最终能恢复原物流状态。

5）为促进销售的流通加工

流通加工可以从若干方面起到促进销售的作用。例如，将过大包装或散装物分装成适合一次销售的小包装的分装加工，将原来以保护产品为主的运输包装改变成以促进销售为主的装潢性包装，将零配件组装成用具，以便直接销售；将蔬菜、肉类洗净切块，以满足用户直接使用的要求等。

6）为提高加工效率的流通加工

许多生产企业的初级加工受数量限制，加工效率不高，且难以采用先进的科学技术。流通加工以集中加工的形式，解决了单个企业加工效率不高的问题。以一家流通加工企业代替若干生产企业的初级加工工序，促使生产水平提高。

7）为提高原材料利用率的流通加工

流通加工具有综合性强、用户多的特点，可以实现合理规划、合理套裁、集中下料，从而有效提高原材料的利用率，减少原材料的浪费。

8）衔接不同的运输方式，使物流合理化的流通加工

在干线运输及支线运输的节点设置流通加工环节，可以有效地解决大批量、低成本、长距离干线运输与多品种、少批量、多批次末端运输和集货运输之间的衔接问题，在流通加工点与生产企业之间形成大批量、定点运输的渠道，且以流通加工中心为核心，组织针对多用户的配送。也可以在流通加工点将运输包装转换为销售包装，从而有效地衔接不同目的的运输方式。

9）为提高经济效益、追求企业利润进行的流通加工

流通加工的一系列优点可以形成一种"利润中心"的经营形态，这种流通加工是经营的一个环节，在满足生产和消费要求的基础上取得利润，同时在市场和利润引导下使流通加工在各个领域有效地发展。

10）生产—流通一体化的流通加工

依靠生产企业与流通企业的联合，或者生产企业涉足流通，或者流通企业涉足生产，形成对生产与流通加工进行合理分工、合理规划、合理组织，统筹生产与流通加工的形式，即生产—流通加工一体化的流通加工形式。

2. 流通加工的合理化

流通加工合理化是指实现流通加工的最优配置，不仅要避免各种不合理加工，使流通加工有存在的价值，而且要综合考虑流通加工与配送、合理运输、合理商流等的有机结合，做出最优选择。为避免流通加工过程中出现不合理现象，对是否设置流通加工环节、在什么地方设置、选择什么类型的流通加工、采用什么样的技术装备设施等，都需要做出正确的抉择。实现流通加工合理化主要考虑以下几个方面。

1）流通加工与商流结合

流通加工可以有效地促进销售，使商流合理化，是流通加工合理化的主要目的之一。流通加工和物流的部分功能有机结合，可以促进销售，提高物流效益，充分体现流通加工在物流过程中的作用。离开商流和物流功能的有机结合，流通加工也失去意义。

2）流通加工与运输结合

流通加工可以有效地衔接干线运输与支线运输，促进运输合理化。流通加工可以减少干线运输与支线运输之间停顿的环节和时间，使两者之间的转换更加合理，从而大大提高运输水平和运输效益。

3）流通加工与配送结合

在配送功能中的流通加工，一方面按配送的需要进行加工；另一方面，流通加工是配送业务流程中分货、拣货、配货的一环，加工后的产品直接投入配货作业，不需要单独设置一个加工中间环节，使流通加工有别于独立的生产，从而使流通加工与中转流通巧妙地结合。同时，由于流通加工在配送之前，因此配送服务水平大大提高。这是当前对流通加工做合理化选择的重要形式，在煤炭、水泥等产品的流通中表现出较大的优势。但是，如果流通加工点选择不当，则会大大增加物流的费用。

4）流通加工与配套结合

配套是指对使用上有联系的用品集合成套地供应给用户使用。在对配套要求较高的流通中，配套的主体来自各个生产单位，完成配套有时无法全部依靠现有的生产单位。适当的流通加工可以有效地促成配套，大大提高了流通作为连接生产与消费的桥梁与纽带的能力。例如，方便食品的配套生产、礼品的拼装包装等。

5）流通加工与节约结合

节约能源、设备、人力、能耗是流通加工合理化的重要因素，也是我国设置流通加工时考虑其是否合理的普遍形式。

最终判断流通加工是否合理的依据是能否实现社会和企业本身的双重效益，并且取得最优效益。对流通加工企业而言，应把社会效益放在首位。如果片面地追求企业的微观效益，不适当地进行加工，甚至与生产企业争利，不仅违背了流通加工的初衷，而且脱离了流通加工的范畴。

6）流通加工绿色化

绿色流通加工属于绿色物流。绿色流通加工的途径主要有两方面：一方面变消费者分散加工为专业集中加工，以规模作业方式提高资源利用效率，减少环境污染（如餐饮服务业对食品的集中加工，可以减少家庭分散烹调造成的能源和空气污染）；另一方面集中处理消费品在加工过程中产生的边角废料，以减少消费者分散加工造成的废弃物污染，如流通部门通过对蔬菜进行集中加工减少居民分散垃圾丢放及相应的环境治理问题。

3.4 运　　输

运输的主要功能是实现物品长距离的位置移动，创造物品的空间效用。所谓空间效用是指物品在不同的位置，其使用价值实现的程度是不同的，即效用价值是不同的。运输活动将物品从效用价值低的地方转移到效用价值高的地方，使物品的使用价值更好地实现，即创造物品的最佳效用价值。运输除创造空间效用外，还创造时间效用，具有一定的储存功能。

3.4.1 运输的概念

《物流术语》(GB/T 18354—2021)对运输的定义,是指利用载运工具、设施设备及人力等运力资源,使货物在较大空间上产生位置移动的活动。运输和搬运的区别:运输是在较大范围内进行的活动,而搬运是在同一场所内进行的活动。

3.4.2 运输的地位

1. 运输是物流的主要功能要素

按物流的概念,物流是"物"的物理性运动,这种运动不但改变了物品的时间状态,而且改变了物品的空间状态。运输在物流过程中承担了改变空间状态的主要任务,它是改变物品空间状态的主要手段。运输配以搬运、配送等活动,能圆满完成改变空间状态的全部任务。

2. 运输是社会物质生产的必要条件

运输是国民经济的基础,被马克思称为"第四个物质生产部门",他将运输看作生产过程的继续。与一般生产活动不同,运输不创造新的物质产品,也无法增大社会产品的数量,而是通过改变物品的空间状态推进社会再生产。运输作为社会物质生产的必要条件,表现在以下两个方面。

(1)在生产过程中,运输是生产的直接组成部分。没有运输,生产内部的各个环节无法连接。

(2)在社会上,运输连接生产与再生产、生产与消费的环节,连接国民经济各部门、各企业,连接着城乡,连接着不同国家和地区。

3. 运输可以创造场所效用

同种物的空间场所不同,其使用价值的实现程度也不同,实现的效益也不同。因改变场所而最大化发挥使用价值,最大限度地提高了投入产出比,称为场所效用。运输将物运到场所效用最高的地方,能发挥物的潜力,实现资源的优化配置。从这个意义来讲,运输也可以提高物的使用价值。

4. 运输是"第三利润源"的主要源泉

(1)运输是运动中的活动,要靠大量的动力消耗实现,而运输又承担大跨度空间转移的任务,所以活动的时间长、距离长、消耗大。消耗的绝对数量大,其节约的潜力也大。

(2)从运费来看,运费在全部物流费用中占比较高,一般综合分析计算社会物流费用,运费约占50%,有些产品的运费甚至高于产品的生产费用,所以,节约运费的潜力也大。

(3)由于运输总里程大,运输总量大,运输合理化可大大缩短运输距离,从运输里程和运输总量方面获得较大的节约。

视野拓展

高铁 + 快递，跑出"中国速度"

2021年3月5日，由中铁快运与京东物流共同组建的中铁京东物流有限公司正式揭牌成立。根据发展规划，中铁京东物流有限公司将聚焦铁路快运、电商物流、物流装备设施、信息服务等领域，不断推进技术创新，以市场化的经营机制，增加物流产品有效供给，在建设现代流通体系、构建新发展格局中发挥更大作用。这也是继邮政、顺丰之后，第三家与中铁快运成立合资公司的寄递企业。

"快递搭上高速货运动车，会更准时快速，1500公里的距离5小时内即可到达，利于快递均衡作业和全程时限管控；会更安全稳定，货运动车组受昼夜时间、自然环境因素影响较小；能耗和成本会更低，货物单位质量能耗仅为飞机的8%左右。此外，创新后的高速货运动车有望弥补目前高铁快递在中转接驳等环节存在的短板，利于客运货运分流运行、货物集装卸。"邵钟林认为，随着我国多式联运标准化体系逐步建立，高速货运动车常态化、高频次运营将大幅提升国内物流体系综合效率，促进经济内循环发展。

在多方红利加持下，快递迅速搭上了高铁快车。从2016年推出高铁快运"当日达""次晨达"，2017年在京沪高铁复兴号列车上推出"高铁极速达"，到2018年利用北京至长沙的复兴号列车一节车厢专门运输电商产品，再到2019年推出高铁快运当日达（即送）新服务，2020年首次试点在北京西至汉口间往返2列复兴号动车组整列装运高铁快件……从最初放置在大件行李处，到复兴号设立快运专用柜，从应用高铁确认列车和高铁载客动车组预留车厢，到现在试验复兴号动车组整列装运快件、首创350公里高速货运动车组，快递搭乘高铁的举措年年都有新变化、新升级。

资料改编自：https://mp.weixin.qq.com/s?__biz=Mzg5Mzk3NDM3NA==&mid=2247523725&idx=1&sn=f6f62429a7f3af0b3252edb440623dc3&source=41#wechat_redirect[2023-07-26]

3.4.3 运输的分类

无人驾驶卡车

1. 按运输的范畴分类

按运输的范畴分类，运输分为干线运输、支线运输、二次运输和场内运输。

1）干线运输

干线运输是利用公路、铁路的干线或大型船舶的固定航线进行的长距离、大批量的运输，是进行长距离空间位置转移的重要运输形式。干线运输一般比同种形式的其他运输快，成本也较低，是运输的主体。

2）支线运输

支线运输是与干线相接的分支线路上的运输，是干线运输与收发货地点之间的补充性运输形式。路程较短、运输量较小，支线的建设水平和运输工具水平往往低于干线运输，因而运输速度较低。

3）二次运输

二次运输是一种补充性的运输形式，是指干线和支线运输到站后，站与用户仓库或指定接货地点之间的运输形式。由于二次运输是单个单位的需要，路程较短，因此用量较小。

4）场内运输

场内运输是指在工业企业范围内，直接为生产过程服务的运输形式，一般在车间与车

间之间、车间与仓库之间进行。小企业内部以及大企业车间内部、仓库内部的场内运输一般不称为"运输",而称为"搬运"。

2. 按运输的作用分类

按运输的作用分类,运输分为集装运输和配送运输。

1)集装运输

集装运输是指将分散的货物汇集集中的运输形式,一般是短距离、小批量的运输,货物集中后,利用干线运输形式进行长距离、大批量运输。因此,集装运输是干线运输的一种补充形式。

2)配送运输

配送运输是指将按用户要求配好的货物送至用户手中的运输形式,一般是短距离、小批量运输。配送运输从运输的角度讲也是干线运输的一种补充和完善形式。

3. 按运输的协作程度分类

按运输的协作程度分类,运输分为一般运输和联合运输(多式联运)。

1)一般运输

一般运输是指孤立地采用不同运输工具或同类运输工具而没有形成有机协作关系的运输形式。

2)联合运输(多式联运)

联合运输(简称联运)是指使用同一运送凭证,由不同运输方式或不同运输企业有机衔接地运输货物,利用各种运输手段的优势,充分发挥不同运输工具功能的运输形式。联合运输可以简化托运手续、方便用户,同时可以提高运输速度,也有利于节省运费。

《物流术语》(GB/T 18354—2021)对多式联运的定义,是指货物由一种运载单元装载,通过两种或两种以上运输方式连续运输,并进行相关运输物流辅助作业的运输活动。

4. 按运输中途是否换载分类

按运输中途是否换载分类,运输分为直达运输和中转运输。

1)直达运输

《物流术语》(GB/T 18354—2021)对直达运输的定义,是指货物由发运地到接收地,采用一种运输方式、中途不需要中转的运输组织方式。

直达运输的优点:避免中途换载所出现的运输速度降低、货物增加、费用增加等问题,从而缩短运输时间、加快车船周转、降低运输费用。

2)中转运输

《物流术语》(GB/T 18354—2021)对中转运输的定义,是指货物由发运地到接收地,中途经过至少一次落地、换装、铁路解编或公路甩挂的运输组织方式。

中转运输的优点:通过中转可以将干线运输、支线运输有效衔接,可以化整为零,从而方便用户、提高运输效率;可以充分发挥不同运输工具在不同路段上的最优水平,从而节约成本,也有助于提高运输速度。中转运输方式的缺点是换载时会出现速度低、货损多、费用支出增加等问题。

直达运输及中转运输的优势不能笼统言之,两者在一定条件下各有优势。因此,需要具体问题具体分析,并以总体效益为最终判断标准。

3.5 仓 储

3.5.1 仓储的概念

《物流术语》（GB/18354—2021）对仓储的定义，是利用仓库及相关设施设备进行物品的入库、储存、出库的活动。其中，"仓"也称仓库，是存放物品的建筑物或场所，它可以是房屋建筑物、大型容器、洞穴或其他特定的场所，具有存放和保护物品的功能；"储"表示收存以备使用，具有积蓄、保管和交付使用的意思。

3.5.2 仓储的基本功能

从物流系统角度看，仓储的基本功能可以按照实现的经济利益和服务利益分类。

1. 经济利益

1) 堆存

仓储设施的显著功能是保护货物及整齐地堆放产品。其经济利益源于通过堆存克服商品产销在时间上的隔离（如季节生产，但需全年消费的粮食），克服商品生产在地点上的隔离（如甲地生产、乙地销售），克服商品产销的不平衡（如供过于求）等，以保证商品流通过程的连续性。

2) 拼装

拼装是仓储的一项经济功能，拼装仓库接受来自一系列制造工厂指定送往某些特定顾客的材料，然后把它们拼装成单一的一票装运。拼装的优势是可以实现最低的运输费率，并减少在某收货站台处发生拥塞现象。仓库的拼装流程如图 3-1 所示。

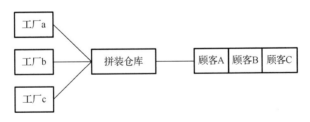

图 3-1 仓库的拼装流程

拼装仓库可以由单独一家厂商使用，也可以由几家厂商共同使用。拼装使每个单独的制造商或托运人都能够享受物流总成本低于各自分别直接装运成本的优惠。

3) 分类和交叉

分类作业与拼装作业相反。分类作业接收来自某工厂制造的货物，并把它们装运到个别顾客那里。仓库的分类流程如图 3-2 所示，分类仓库或分类站把组合订货分类或分割成个别的订货，并安排当地的运输部门负责递送。由于长距离运输转移的是大批量货物，因此运输成本较低，进行跟踪也较容易。

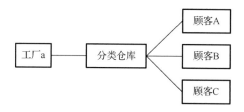

图 3-2　仓库的分类流程

当涉及多个制造商和多个顾客时，就需要采用交叉作业。仓库的交叉流程如图 3-3 所示，首先，交叉站台从多个制造商处运来整车的货物组合产品，如果有标签，则按顾客进行分类，如果没有标签，则按地点进行分配；然后，产品交叉穿过站台被装到指定的顾客处的拖车，一旦拖车装满了来自多个制造商的组合产品，就被放行运往零售店。由于所有车辆都进行了充分装载，因此有效地利用了站台设施，使站台装载利用率达到最大。

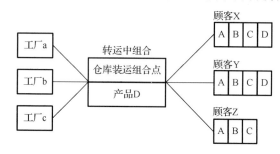

图 3-3　仓库的交叉流程

4）加工/延期

仓库可以通过承担加工或参与少量的制造活动而用来延期或延迟生产。具有包装能力或加标签能力的仓库可以把产品的最后一道生产工序一直推迟到知道该产品的需求。例如，蔬菜可以在制造商处加工，制成罐头"上光"。上光是指还没有贴上标签的产品。一旦接到具体的顾客订单，仓库就为产品贴上标签，完成最后一道加工，并确定最后的包装。

加工/延期提供两项基本经济利益：第一，风险最小化，因为最后的包装要等到确定具体的订购标签和收到包装材料时完成；第二，对基本产品（如上光罐头）使用各种标签和包装配置，可以降低存货水平。降低风险与降低存货水平相结合，可以降低物流系统的成本，即使在仓库包装的成本比在制造商的工厂包装成本高。

2. 服务利益

在物流系统中，通过仓储获得的服务利益应该从整个物流系统来分析。例如，在特许安排一个仓库服务于某个特定的市场时可能会增加成本，但也有可能会增加市场份额、收入和毛利。通过仓库实现的 5 个基本服务利益分别是现场储备、配送分类、组合、生产支持和市场形象。

1）现场储备

在实物配送中经常会使用现场储备服务，尤其是具有很强季节性的产品品种。例如，农产品供应商经常向农民提供现场储备服务，以便在销售旺季时把产品堆放到接近关键顾客的市场，销售季节过后剩余的存货被退回中央仓库。

2）配送分类

提供配送分类服务的仓库为制造商、批发商或零售商所利用，按照对顾客订货的预期对产品进行组合储备。配送分类仓库可以减少与顾客打交道的供应商数目，并改善了仓储服务。此外，配送分类仓库还可以对产品进行拼装以形成更大的装运批量，降低了运输成本。

3）组合

除了涉及不同制造商的装运，仓库组合类似于仓库分类过程。当制造工厂在地理位置上被分割时，可以通过长途运输组合，降低运输费用和仓库需要量。在典型的组合运输条件下，从制造工厂装运整卡车的产品到批发商处，每次大批量的装运都可以享受尽可能低的运输费率。一旦产品到达组合仓库，卸下从制造工厂装运来的货物后，就可以按照每位顾客的要求或市场需求，为每种产品选择运输组合。

通过运输组合进行转运，在经济上通常可以得到特别运输费率的支持，即给予转运优惠。组合之所以被分类为服务利益，是因为存货可以按照顾客的精确分类进行储备。

4）生产支持

仓库可以向装备工厂提供稳定的零部件和材料。由于前置时间较长，或在使用过程中发生重大变化，因此对外界采购项目进行安全储备是完全必要的。对此，大多数总成本解决方案都建议经营一个生产性支持仓库，应以经济、适时的方式向装备工厂供应加工材料、零部件和装配件。

5）市场形象

尽管市场形象的利益不像其他服务利益一样明显，但也常被营销经理看作地方仓库的一个主要优点。地方仓库比起距离远的仓库，对顾客的需求反应更敏感，提供的递送服务速度也更快。因此，地方仓库可提高市场份额，并可能增加利润。

3.5.3　仓储在物流中的作用

仓储在物流中的作用如下。

（1）仓储是保证社会再生产过程顺利进行的必要条件。

货物的仓储过程不仅是商品流通的必要保证，也是社会再生产过程顺利进行的必要条件，缺少了仓储，流通过程便会终止，再生产过程也会停止。

（2）仓储是物流系统中不可缺少的重要环节。

新一代仓储自动化全能解决方案

从供应链角度看，物流过程由一系列供给和需求组成，在供需之间存在物的流动，也存在物的静止，这种静止是为了更好地使前后两个流动过程衔接，缺少必要的静止，会影响物的有效流动。仓储环节正是起到了物流中的有效静止作用。

（3）仓储能对商品进入下一环节前的质量起保护作用。

在物流过程中，通过仓储环节对进入下一环节前的商品进行检验，可以防止伪劣商品混入市场。因此，进行仓储管理，保证商品不变质、不受损、不短缺和有效的使用价值是非常重要的。

（4）仓储是加快商品流通、节约流通费用的重要手段。

商品在仓库内滞留，表面上是流通的停止，而实际上恰恰促进了商品流通的畅通。一方面，仓储的发展，在调配余缺、减少生产和销售部门的库存积压，在总量上减小地区内商品存储量等方面起到非常积极的作用；另一方面，提高仓储环节的收发速度和出库前为流通做充分准备，将直接影响商品的流通时间。

（5）仓储为商品进入市场做好准备。

仓储可以使商品在进入市场前完成整理、包装、质检、分拣、剪标签等加工，以便缩短后续环节的工作和时间，提高商品的流通速度。

案例 3-2

顺丰分拣系统上线问题呼叫管理系统

随着电商的强势崛起和线上购物对人们购物方式的重塑，物流行业正成为互联网的下一个主战场。据统计，2021 年全国社会物流总额为 335.2 万亿元，按可比价格计算，同比增长 9.2%，2020 年和 2021 年年均增长 6.2%，增速恢复至正常年份的平均水平。

相对于其他互联网领域，物流行业较量的背后不只是简单的资本、营销竞争。物流要想真正做到"快"，除了在全国布点仓储中心、扩充快递配送队伍，仓储管理及人员配置作为基础性的配置，开始发挥越来越重要的作用。这也是顺丰委托北京宏灿信息科技有限公司（以下简称宏灿）创建国内首个问题呼叫管理系统的原因。分拣过程中的暴力执行，导致货品被损坏、"危险品"照发不误、货品丢失等乱象，而顺丰在分拣系统中首次上线的问题呼叫管理系统被誉为仓库的"智慧大脑"，位于深圳总部的高层管理人员可以实时了解全国 300 多家分拣中心货品和人员状态，并作出相应的调整，实时掌控整个仓库的运行，保证仓库分拣的人、货、设备的正常运作。

顺丰仓库中的问题呼叫管理系统上线的初衷是对 300 多家分拣中心的信息进行实时监控并及时进行人员和物资的调整，保证分拣中心正常运作。

另外，问题呼叫管理系统对于全国布点的顺丰来说很重要，这套系统与顺丰的企业资源计划系统对接，使顺丰的管理层可以实时远程监控分拣中心状况，并对员工进行考核，保证货物的安全性和定时更新设备。

在顺丰的分拣仓库中，每个货物检查的装卸口都安装了声光报警器和数字化看板（LED 显示屏），问题呼叫管理系统有 3 个报警按钮，分别对应 3 类问题。

①货品的问题，如发现易燃易爆的货品。

②设备问题，后台管理人员根据指示及时维修。

③现场工作人员的问题与状况。

若工人按相应的问题按钮，后台的负责人必须在 5 分钟内对按钮反馈的问题进行响应，快速处理现场问题，保证分拣系统正常运行。问题呼叫管理系统作为仓库的"智慧大脑"，其背后的难点是实现数据无缝对接。研华股份有限公司（以下简称研华）与宏灿作为软硬件提供商，提出了整体解决方案。

在硬件层面：研华 ADAM 数据采集模块收集数据，通过交换机将数据传递到主控机，实现数据采集、通信、处理和储存的一套完整的解决方案。

在软件层面：宏灿进行问题的归类、统计，以管理报表的形式上报，从而使安全检查问题细分为产品质量问题、员工操作问题以及其他问题，便于远在深圳的高层管理人员做出针对性的改善和提升建议。

同时，针对问题货品信息集中进行分析，追溯来源商家，并对合作商的信誉度分级，这种智能化的数据分类体系以数据为支撑，避免人为操作的疏忽。问题呼叫管理系统不仅极大地提高了货物检查和问题处理的效率，而且让问题数据得以集中备存和分析，服务于顺丰对人员和货物管理的宏观需要。通过该系统，顺丰的分拣中心可以极大地提高货物分拣和过机检查的效率，从而将顺丰带出一直困扰物流行业的最大减速地带。

无锡和杭州的试点仅仅是一个开始，顺丰开始向北京、深圳、上海等重要的分拣中心进行应用尝试。未来，顺丰要将问题呼叫管理系统普及至全国超过300家分拣中心，使整个顺丰速递再次提速。问题呼叫管理系统在推广上的一个优势是不需要对原有的物流安检设备进行过度改造，可以直接实施系统安装和检验升级。

除了问题呼叫管理系统，顺丰还在分拣中心内部应用了视频分析系统、装卸货管理系统等，将智能化应用到物流的更深层领域。

在这些系统背后，研华的工控机成为数据分析的大脑，为顺丰进行有效的数据存储和分析。未来，这些数据将呈现极大的能量，在顺丰的物流管理、能效管理、绩效考核中发挥作用！

资料来源：http://www.wtoutiao.com/p/1bfEu8Z.html [2022-03-26]

3.6 配　　送

工业生产企业的产品出厂后一般要经过物流中心、配送中心送到店铺进行销售或由配送中心直接送达消费者手中。从配送中心到零售店铺或到消费者手中，使用汽车进行短途运输或配送。可见，配送是生产过程的重要组成部分，是正常生产的必要条件。随着电子商务的兴起，人们网上购物也离不开运输和配送。配送贯穿人们日常生活，而且是形式复杂多样的物流活动。

3.6.1 配送的含义

《物流术语》（GB/18354—2021）对配送的定义，是指根据客户要求，对物品进行分类、拣选、集货、包装、组配等作业，并按时送达指定地点的物流活动。

1. 配送强调时效性

配送不是简单的"配货"加上"送货"。配送更加强调在特定的时间、地点完成交付活动，充分体现时效性。

2. 配送强调满足用户需求

配送从用户的利益出发、按用户的要求为用户服务。因此，在观念上明确"用户至上""质量为本"。配送企业处于服务地位而不是主导地位。因此，配送在满足用户利益的基础上取得本企业的利益。

3. 配送强调合理化

对于配送而言，应当在时间、速度、服务水平、成本、数量等方面寻求合理的最优化。过分地强调按用户要求是不妥的，因为用户的要求有时不合理，会损害单方或双方的利益。

4. 处于末端的线路活动

在一个物流系统中，线路活动是不可缺少的，有时可能有多个线路活动相互衔接，配送是处于末端的线路活动。

3.6.2 配送与运输及送货的关系

1. 配送与运输的关系

1）配送和运输都是线路活动

物流活动根据物品位置移动可分为两大类：线路活动和节点活动，产生位置移动的物流活动称为线路活动，否则为节点活动。节点活动是在一个组织内部的场所中进行的，不以创造空间效用为目的，主要创造时间效用或场所效用，如在工厂内、仓库内、物流中心或配送中心内进行的装卸搬运、包装、储存、流通加工等。

2）配送与运输的差别

虽然配送与运输都是线路活动，但它们也有区别。配送与运输的区别主要体现在以下几个方面。

（1）活动范围不同。运输是在大范围内进行的，如国家、地区、城市之间等；配送一般局限在一个地区或一个城市内。

（2）功能存在差异。运输以实现大批量、长距离的物品位置转移为主，运输途中客观上存在一定的储存功能；配送以实现小批量、多品种物品的短距离位置转移为主，但同时要满足用户的多种要求，如多品种、准时到货、多个到货地点、小分量包装、直接到生产线、包装物回收等。为了满足用户的上述要求，有时需要增加加工、分割、包装、储存等功能，因此，配送具有多功能性。

（3）运输方式和运输工具不同。运输可以采用多种运输工具，只需根据货物特点、时间要求、到货地点及经济合理性选择即可。配送具有多种功能，运输批量小、频率高，只适合采用装载量不大的短途运输工具，主要是汽车。

3）配送与运输的互补关系

虽然配送与运输都属于线路活动，但功能上的差异使它们不能相互替代，且形成了相互依存、互为补充的关系。物流系统创造物品空间效用的功能是使生产企业制造出来的产品送达用户手中或进入消费环节，否则产品生产者的目的无法达到。从运输、配送的概念以及它们的区别可以看出，仅有运输或仅有配送不可能满足上述要求，因为根据运输的规模原理和距离原理，只有大批量、长距离的运输才是合理的，但它不能满足分散消费的要求；虽然配送具有小批量、多批次的特点，但不适合长距离运输。因此，只有配送与运输相互配合、取长补短，才能实现目标。一般来说，在同时存在配送与运输的物流系统中，运输在配送的前面，先通过运输实现物品长距离的位置转移，再交由配送完成短距离的输送。

为了更直观地了解配送与运输的关系，下面以中转供货系统为例进行说明。

生产企业生产的产品可通过两种途径到达用户手中：一种是直达供货，即产品不经过中转环节直接送到用户手中，如图3-4所示。图3-4（a）所示为直接运输方式，图3-4（b）

所示为直接配送方式。直接运输方式适用于大批量、长距离或大型产品的运输，如大型机电设备，大批量消耗的钢材、水泥等均采取直接运输方式。如果用户需求量不大或在时间上很分散，且不是大型产品，则采取直接配送方式，图 3-4（b）中的箭头表示巡回送货。另一种是中转供货，即产品经过物流中心或配送中心后运送到用户手中，如图 3-5 所示。

（a）直接运输方式　　（b）直接配送方式

图 3-4　直达供货　　　　　　　　　　图 3-5　中转供货

在中转供货方式中，产品的转移由两次线路活动（实际中还可能为多次线路活动）完成，从生产企业到配送中心（如果是多次线路活动，则在生产企业与配送中心之间经过物流中心）运送的批量大，采用运输方式较合理；从配送中心到用户，一般运量小、批次多，采用配送方式较合理。

未来的快递物流配送模式

2. 配送与一般送货业务的区别

配送与一般送货业务的区别见表 3-1。

表 3-1　配送与一般送货业务的区别

项目	配送活动	送货活动
目的	将各种商品、货物在不同的时间、不同的空间、不同的质量方面的需求整合，形成整体的物流系统	只是企业的一种推销手段，通过送货上门服务达到提高销售量的目的
内容	根据用户需求对物品进行分类、配组、分装、货物整理等	用户仅需要送货，不需要进行分类、配送等理货工作
组织管理	是流通企业的专职，要求有现代化的装备作保证，有完善的信息系统，有分货、配货、送货等活动有机结合的配送中心	由生产企业承担，中转仓库的送货只是一项附带业务
基础设施	必须以完善的现代交通运输网络和管理水平为基础，还要与订货系统紧密联系，依赖现代信息的作用创建配送系统	没有具体要求
时间要求	送货时间准确，计划性强	时间不准确，计划性较差
工作效率	充分利用运力，考虑车辆的货物配载。重视运输路线优化，强调距离最短，并且一辆货车可以向多处配送	不考虑车辆配载，未制订运输规划，货车一次只向一地运送货物
技术装备	全程有现代化物流技术和装备作保证，在规模、水平、效率、速度、质量等方面占据优势	技术装备简单
行为性质	是面向特定用户的增值服务	是企业销售活动中的短期促销行为，是偶然行为

3.6.3 配送在生产流通中的作用

配送在生产流通中的作用如下。

1. 配送是影响商品成本的重要因素

首先,配送是物流活动的主要环节,其费用占物流费用的比重较大,而物流费用又是商品成本的重要组成部分,因此配送费用是直接影响商品价值的重要因素;其次,配送会影响其他物流环节和生产过程,间接地影响商品成本。为了避免配送或到货不及时,保证生产,需要增大库存量,否则会造成缺货而停产,但增大库存量和因缺货而停产都会导致商品成本上升。

就单个具体厂商而言,根据业务的类型、作业的地理区域,以及产品和质量/价值比率,物流开支一般在销售额的 5%~35%之间,物流成本通常被认为是企业业务工作中的最高总成本之一,仅次于制造过程中的材料费用或批发零售商品的成本。很明显,物流对物品的生产和营销获得成功至关重要,但费用也是昂贵的。

2. 准时制配送促进了生产方式的改革

1)配送与准时制生产

传统生产方式建立在对市场需求预测的基础上,即通过需求预测制订生产计划和采购计划。在传统生产方式下,一个重要的观念就是用库存保证需求和生产。因为市场需求是随机的、变化莫测的,若生产系统不能适应需求的变化,则只能单纯地依靠增大库存量来保证需求。因此,生产系统要适应需求的变化,原材料、零部件的及时供应就显得至关重要。

准时制是以订单为基础的一种生产方式。这种生产方式生产的产品品种多、批量小,其目的是减少浪费,特别是因库存量大而造成的浪费。实现准时制生产的重要条件是高效率、低成本的运输和配送。由于品种多、批量小、变化频繁,因此要求原材料、零部件的供应及时,而且必须是小批量、多批次的。由于小批量、多批次运输的成本高,因此要做到合理组配和寻找集运机会。为了提高反应速度,适应需求的变化,还会将某些生产准备活动外包,即由第三方物流企业承担,如原材料的初加工、零部件检测、包装物的拆除和回收等。这就要求配送提供多功能的增值服务,使供应物流与生产物流无缝衔接。

海尔的准时配送

准时生产(Just in Time,JIT),又称实时生产系统。其实质是保证物流和信息流在生产中的同步性,实现以恰当数量的物料,在恰当的时间进入恰当的地方,生产出恰当质量的产品。这种方法可以减少库存,缩短工时,降低成本,提高生产效率。

受到物流技术和计算机信息管理的支持,海尔物流通过准时采购,准时配送和准时分拨物流来实现同步流程。通过海尔的 BBP 采购平台，所有供应商都可在网上接收订单，并通过网络查询计划和库存，及时补货，实现准时采购；货物入库后，物流部门可根据次日的生产计划并利用 EPR 信息系统配料，同样根据看板管理 4 小时送料到位，实现准时配送；生产部门按照 B2B、B2C 订单的需求完成订单后，满足用户个性化需求的定制产品通过海尔全球配送网络送达用户手中。

2002 年，海尔在国内建立了 42 个配送中心，每天可将 50 万多台定制产品配送到 1550 个海尔专卖店和 9000 多个营销点，实现分拨物流的准时配送。海尔在中心城市实现 8 小时配送到位，区域内 24 小时配送到位，全国 4 天配送到位。

在企业外部，海尔 CRM 和 BBP 电子商务平台的应用架起了与全球用户资源网、全球供应链资源网沟通的桥梁，实现了与用户的"距离"沟通。在企业内部，计算机自动控制各种先进的物流设备不但降低了人工成本、提高了劳动效率，而且直接提升了物流过程的精细化水平，达到了质量零缺陷的目的。

2）配送与敏捷制造

敏捷制造是指为了适应市场的变化和用户的不同需求作出快速、灵敏和有效反应的一种生产方式。敏捷制造以全球通信网络为基础，采用虚拟企业的组织形式，将生产企业生产所需的零部件代理商、用户紧密地联系在一起，及时了解市场需求的变化，进行新产品的开发、设计和制造。产品种类变化越快，对零部件的配送要求越高，没有高效率的配送，敏捷制造也是一句空话。

3）配送与精细生产

精细生产是从企业的整体出发，合理配置资源，科学安排生产过程，保证产品质量，消除一切不能提高效用价值的活动。精细生产追求完美、零缺陷和零库存，即质量要尽可能高，库存要尽可能少。在精细生产方式下，企业与用户的关系是"用户至上""用户第一"，与供应商的关系是合作伙伴，工厂按订单排出生产日程表，并将生产日程表交给零部件生产企业组织生产和供应。精细生产方式要求原材料、零部件实行准时采购，使原材料、在制品和产成品的库存趋于零。显然，为了满足精细生产的要求，与准时生产方式一样，必须实行小批量、多批次、具有多功能服务的准时配送。

3. 现代配送促进了零售业态的发展

现代商品零售业态主要有百货商店、超级市场、大型综合超市、专业店、专卖店、便利店、仓储超市、连锁店等。这些零售业态的形成与发展是生产制造业的发展和消费的不断变化共同作用的结果，作为中间环节的物流业发挥了重要的促进作用，包括产品的运输、仓储、分拣、包装等活动，确保产品在供应链中的流通和分发。这些中间环节对于确保产品能够高效地达到市场和满足用户需求至关重要。个性化消费是消费变化的主流，可以推动商品生产朝着多品种、小批量生产方向发展，同时促使商品流通不断更新服务方式，增加服务功能，从而形成多种零售业态，满足不同用户个性化消费的需要。零售业态发展最具代表性的是连锁店，包括连锁超市、连锁专卖店、连锁便利店等。连锁店实际上是某种零售业态的联合体，目的是追求规模效益。实现连锁的重要条件是商品的合理配送，做到商品的合理配送，不仅能按时、按质、按量地把商品送到零售点上，而且通过在配送中心的流通加工、分割、包装、贴标等作业，更方便用户购买，还为用户提供购买所需的信息，更好地满足用户的个性化需求，从而促进商品的销售。

3.7 仓配一体化

3.7.1 仓配一体化概述

现代物流的仓配一体化是指在互联网下的仓储网络与配送网络的无缝结合，旨在为消费者提供一站式仓储配送服务，通过订单后阶段的一体化解决方案，为更多的消费者提供优质的仓配体验。

仓配一体化的基本模式是集成收货、仓储、拣选、包装、分拣、配送等功能，由一家企业完成，服务贯穿整个供应链。仓配一体化简化了商品流通过程中的物流环节，改变了传统的配送模式，降低了干路的运输费、物流作业的差错率、货物的破损率，促进了整个业务流程无缝对接，实现了货物的实时跟踪与定位。

传统的进销存管理已经无法满足现代物流服务的要求，需要仓配一体化的服务，以节省仓储成本和运输成本，提高存货周转率，降本增效，实现电商经济的快速、稳步发展。

3.7.2 仓配一体化的服务内容

仓配一体化的服务内容如下。

（1）前端设计：包括运营流程设计、运营指标设定、系统对接、订单运行、节点设定、包材定制、异常流程设计等内容。

（2）收货清点：包括调拨管理、货位匹配、盘点管理、实时上架、异常处理、库存管理、信息反馈、补货管理、效率管理、订单管理、时效控制、批次管理、项目整改、拣货管理、越库作业、出库复核、承运商管理等内容。

（3）配送服务：包括快件揽收、代收货款服务、信息录入、干线运输、快件派送、异常处理、电子面单、逆向物流、签收录入管理等内容。

（4）管理平台：包括智能查件服务、问题快件分析、订单签收进度、配送时效监控、电子对账服务、配送短信提醒、打印面单服务、超区件自动筛选等内容。

（5）后续服务：包括投诉处理、加急订单、异常换货、错漏发核实等内容。

（6）报表与数据：包括畅销品排行、7天销售预计、销售趋势统计、未销售商品统计、发货包裹数分析、库存销售天数分析、商品销售排行分析、商品出入库明细分析、售罄率采购销售比分析等内容。

3.7.3 仓配一体化的基本流程

仓配一体化的基本流程如下。

（1）工厂的商品通过干线运输直接进入物流全国备仓，减少了物流环节。

（2）销售部门预测拉动工厂生产，未来取代备货生产模式，即终端消费者对工厂（Customer to Factory，C2F）模式。

（3）电商销售平台上的订单直接从电商全国区域仓库发货，省去快递上门揽件环节。

（4）库存前置，发运中心进行集配，优化物流发运，采用物流班车循环轮班模式发运，降低了物流成本。

（5）商品运输至网点，"最后一公里"（常温、冷链）配送至消费者手中，提高物流时效。

仓配一体化的基本流程如图3-6所示。

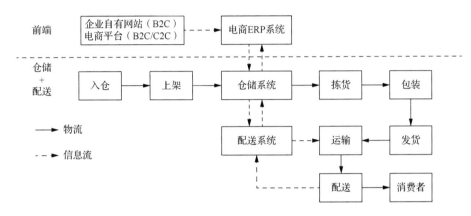

图3-6 仓配一体化的基本流程

中通云仓打造F2C模式时效至少提升24小时

在传统三方仓储企业中，仓库和配送分离，库内快件打包后需要运输到快递网点再到分拨中心，然后由末端网点进行配送。中通云仓模式可通过销售预测，提前将商品布局到离消费者最近的仓库，利用"楼上仓储，楼下配送"中心仓，减少短驳环节，缩短配送时效，快速完成订单配送。

中通云仓自2018年6月成立以来，在全国建有200多座现代化智慧仓储，依托中通完善的配送网络和生态圈资源，不断打通仓储、配送、商流、资金流、售后服务等供应链节点，为商家提供供应链解决方案。

中通云仓根据消费者需求，在"双十一"大促期间，为彼悦、维达等多个品牌商家设立全国分仓，向客户推出前置下沉、预包装、绿色揽收等多重服务，提升消费者物流时效。该服务基于中通云仓物流管理系统对订单流、信息流等快速预测与响应，建立在中通云仓完善的仓配网络基础之上。

例如，针对维达纸业"双十一"销售结构，中通云仓在全国华东、华北、华中、西南等地区就近设仓，将几百万订单量全部下沉到消费者集中地的仓中。此外，中通还在维达纸业工厂内打造F2C（从厂商到消费者）模式，进一步优化产销布局。大促期间，维达纸业的物流时效同比提高24~36小时。

资料来源：https://finance.sina.com.cn/jjxw/2021-11-15/doc-iktzqtyu7344251.shtml [2023-07-26]

3.8 本章小结

电子商务物流具有包装、装卸搬运、流通加工、运输、仓储和配送六大基本功能。本章介绍了各个功能的概念、分类、作用及合理化的原则。其中,六大基本功能的概念、分类及合理化原则尤为重要。

习 题

一、判断题

1. 包装是生产的终点。( )
2. 装卸搬运是指随物品运输和保管而附带发生的作业。( )
3. 加工改变物品的空间状态与时间状态,而不改变物品的形态或性质。( )
4. 配送是指在经济合理区域范围内,根据客户要求对物品进行拣选、加工、包装、分割、组配等作业,并按时送达指定地点的物流活动。( )

二、选择题

1. ( )是包装的主要作用。
   A. 方便流通　　　　B. 保护产品　　　　C. 利于营销　　　　D. 便于使用
2. ( )的基本功能是改变物品的存放状态和空间位置。
   A. 运输　　　　　　B. 仓储　　　　　　C. 装卸搬运　　　　D. 配送
3. ( )是"第三利润源"的主要源泉。
   A. 配送　　　　　　B. 仓储　　　　　　C. 流通加工　　　　D. 运输
4. 利用公路、铁路的干线或大型船舶的固定航线进行的长距离、大批量的运输属于( )。
   A. 干线运输　　　　B. 支线运输　　　　C. 集装运输　　　　D. 配送运输
5. 孤立地采用不同运输工具或同类运输工具而没有形成有机协作关系的运输属于( )。
   A. 一般运输　　　　B. 独立运输　　　　C. 联合运输　　　　D. 直达运输

三、思考题

1. 请举例说明包装在电子商务快递物流中的作用。
2. 请简述流通加工与生产加工的区别。
3. 请简述仓储在物流中的作用。
4. 请简述配送、运输和送货的关系。
5. 请查阅案例,描述仓配一体化的流程和作用。

中通云仓，仓配一体化融通供应链全链路

中通云仓科技有限公司（以下简称中通云仓）通过打造全场景化的"边播边发•即时发货"特色仓播，拓宽合作商家的销售渠道。同时，在供应链金融、云配同城时效件、厂商到消费者（Factory to Customer，F2C）创新服务等方面有诸多突破。系列化产品的创新迭代，有效打通了供应链全环节，更好地满足了电商企业发展物流的新需求。

随着电商、直播电商的快速发展，电商物流的需求越来越旺盛，而随着平台增加、消费者对物流体验的需求增加，更加多样化、柔性的物流供应链搭建成为当下电商行业的大势所趋。针对物流时效低、消费者体验差、物流不灵活等行业痛点，中通云仓以中通快递集团的转运中心仓为优势，打造中心仓，减少短驳环节，提升发货效率。在全国形成规模化的仓网，可进一步降低电商企业的整体物流成本，优化物流配送路由，建立更加完善的全国性物流流通体系。

在具体实践内容上，中通云仓主要采取了以下措施。

（1）中通云仓通过大数据算法，对合作伙伴的销售情况进行分析，综合后续销售预测、各地物流成本等因素，为商品打造全国分仓。该服务模式将原有的一个全国总仓改为多个消费者中心仓，将原有的 2C 改为 2B 和 2C 结合。全国分仓模式通过干线运输的方式，将商品配送到全国各地离消费者最近的云仓内，有效降低了原来 2C 配送的成本。

（2）中通云仓推出的 F2C 配送服务，使厂家直接将商品配送到消费者手中成为可能。中通云仓依托自主研发的仓储管理系统（WMS）、运输管理系统（TMS）和全国仓网与快递站点资源帮助厂家一键代发。F2C 配送服务可有效弥补经销商无法覆盖的消费者，为厂家销售网络的密集编织落地提供支持。

（3）中通云仓推出云配服务，专注于为生鲜行业提供仓储、配送"一站式"解决方案。通过产地仓、中心仓、前置仓三级仓模式保证生鲜高效送达。同时，推出即刻专送、即刻直送、闪送等专属服务。

（4）中通云仓为合作商家提供供应链金融、直播金融服务。该服务可对商家在仓商品价值进行评估后给予低利息的金融支持。同时，对于直播货款到账周期长，可进行提前付款，从而缩短付款周期，提高直播平台资金周转速度。

中通云仓的方案推广可一次性满足行业大多消费者的供应链解决方案需求，更好地满足行业需求。同时，该方案对整个物流行业的效率提升、管理水平提升、消费体验提升都有重要意义。

资料来源：https://wenku.baidu.com/view/da3af4c4132de2bd960590c69ec3d5bbfd0ada69.html [2023-03-26]

思考：

1. 结合案例分析仓配一体化的流程和运作方法。
2. 分析我国仓配一体化的发展现状和趋势。

第 4 章
电子商务与快递物流的作业流程

【学习目标】
1. 理解电子商务与快递物流作业流程的概念、特征。
2. 理解电子商务与快递物流作业流程的运作方式。

【学习重点】
1. 电子商务与快递物流作业流程运作方式。
2. 订单处理、配送作业和退货处理的作业流程。

【能力目标】
1. 掌握订单处理、配送作业和退货处理的作业流程。
2. 了解如何运用物联网技术和大数据等方法辅助物流作业。

第4章 电子商务与快递物流的作业流程

导入案例

快递为何总"被爽约",标示签收实际为何未收到

随着快递服务的细化,很多快递公司开始提供快件进度查询的服务,有的甚至会在手机的微信、支付宝等软件上推送送件、取件信息。但从用户反映的情况来看,这些推送的快递动态经常和实际进度不符,让用户陷入尴尬境地。

"快件到达天津北辰集散中心""快件正在转运至南丰路服务点""快件正在派送",经常在网上购物的办公室白领高女士向记者展示着自己手机收到的快递推送信息。她告诉记者,自己基本上每周都会有快递要签收,为此,她在手机的微信、支付宝等软件上开通了顺丰、EMS、圆通等多家快递公司的服务窗口,方便接收快递的动态信息推送。

高女士坦言,虽然手机收到了"快递正在派送"的消息,但实际上快递小哥"爽约",没有当天送货的情况经常发生。家住南开区的刘先生也表示有过多次类似的遭遇,有时快件还没送来,手机就收到了快件已被签收的信息。若推送的信息总是与实际不符,则会给用户和快递员双方带来麻烦,也使快递动态查询功能沦为"鸡肋"。

据从事多年快递工作的陈师傅透露,快件在入库、转运、派送等每个环节都会进行扫码,扫码后的信息会被上传到快递公司的网站上供用户查询,也会直接被推送到用户手机。而与实际进度不符的信息都是由扫码环节的错误造成的。比如,快递员从仓库取货时对当天不派送的快件进行"派送"扫码,个别快递员甚至会对还未成功签收的快件私自进行"签收"扫码。

资料来源:http://www.syf77.com/Article/gzkdwhzbsy_1.html [2022-03-26]

为何会出现快递"被签收"?电子商务的快递物流作业是怎样进行的?本章将介绍电子商务中的快递流程。

4.1 作业流程概述

电子商务的本质特征是用户与用户联网交流消费信息,用户与生产者联网互动信息交流,进行并完成商品的销售及售后服务。电子商务利用互联网技术,将供应商、企业、用户及其他商业伙伴连接到现有的信息技术上,实现信息共享,改变现有的业务作业方式及手续,实现充分利用资源,缩短商业环节及周期,降本增效,提高服务水平。

电子商务的整个供应链是由供应商、制造商、物流中心和用户组成的,它们通过Internet共享需求信息。供应商根据用户的需求,生产所需要的原材料;原材料经过制造商的加工、包装等一系列作业后,将产品集中到物流中心,物流中心根据用户的订单情况,将产品送到用户手中。电子商务的供应链如图4-1所示。

与传统商务相比,电子商务供应链中的环节减少,由于实体的零售店消失,因此物流中心的作用变得越来越显著,物流中心既是制造商的仓库,又是用户的实物供应仓库。若细化电子商务供应链,就成为在电子商务环境下,生产企业与用户之间的物流运行流程,如图 4-2 所示。

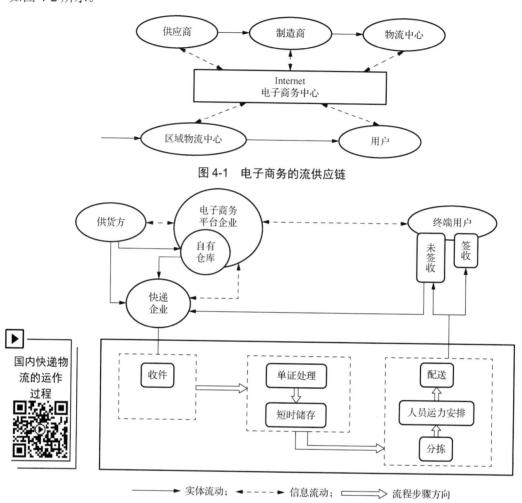

图 4-1 电子商务的流供应链

图 4-2 生产企业与用户之间的物流运行流程

用户购买网上商店的产品,并完成支付,此过程也是信息流和资金流的运作过程,然后是产品的物流处理过程,物流中心成为企业和供应商对用户的实物供应者。因此在电子商务环境下,物流企业业务流程呈现很多新的特点,具体归纳如下。

1. **基于信息技术的业务流程**

信息技术的发展促进了电子商务的产生,信息技术在电子商务发展中占据重要的位置,信息技术的发展能够促进电子商务的进步,促使企业将业务流程、信息系统和数据进行高层次的集成。其突出表现在以下两个方面:一是在信息技术与企业业务流程实现集成的同时,对企业传统的业务流程提出了挑战,高度专业化的功能部门等成为企业创新和先进生产方式的制约因素,需要进行改革和重新整合,使企业组织内部的业务流程变得精简、高效和灵活。二是信息技术使企业跨越了各自的组织边界,跨越了地域、空间的隔阂。企业组织以电子商务为纽带联系在一起,促使业务流程进行跨组织的整合。

2. 企业间的流程从松散到集成

在电子商务活动中，企业之间通过信息网络建立联系，并在此基础上进行互动，开展商务活动。集成是企业间业务流程互动的高级阶段，也是充分发挥电子商务优势的前提。它改变了组织的管理模式及运行方式。

集成按照对象的范围可以分为三种：第一种是企业部分的集成，即企业内部一个或多个部门之间进行集成；第二种是企业整体的集成，即把企业各个部门的业务流程集成起来，以整体的形象与外部组织进行业务活动，以及共同应对来自某个组织的挑战；第三种是企业之间的集成，在电子商务活动中，许多业务流程突破了企业的边界，集成企业及其合作者。

3. 流程结构从串行到并行

传统的业务流程以串行的方式细分为很多子流程，不同部门负责不同的子流程，一个部门完成自己的工作之后把结果交给下个部门，业务流程的每个环节都独立进行，这种以职能和任务分工的方式使得企业流程不存在整体的概念，常常导致整个流程不通畅。在电子商务活动中，业务流程更多地体现并行的特点，这是企业应对快速变化的市场需求的必然要求，信息技术为业务流程的并行化提供了技术上的可能性。业务流程的并行化体现在两个方面：企业内部业务流程并行化和企业之间业务流程并行化。企业内部业务流程并行化是指以服务任务为对象，打破职能部门之间的界限；企业之间业务流程并行化是指两个或两个以上企业并行运行同一个任务。

4. 流程控制方式从制度制约到信任

在传统的企业运行过程中，通过一系列的规章制度保证流程正常运转。在电子商务活动中，对于发生在不同企业间的业务流程，需要大量的信息交流和共享，相互信任成为流程顺利进行的根本保证。

4.2 作业流程内容

快件处理从收寄环节开始，通过业务揽收人员揽收或营业柜台收寄（对于签约客户，采用批量录入的方法，可以有效地减少工作量），及时录入收寄信息，并保存到数据库中。

收寄快件后，通过运输部门运输，快件集中到快递公司的快件处理中心，快件的交接通过扫描条形码进行入机处理，数据库可以储存快件当前位置，根据位置的不同可以确定快件的流动情况。在快件处理中心接收快件后，快递公司的工作人员可根据快件的寄达地等情况对快件进行分拣处理，并将分拣后的快件信息通过扫描条形码录入数据库进行封发处理，生成封发总包。此时，数据库中可生成快件的封发路由资料。快件的信息流将先于实物流到达投递公司，用户也可以通过查询得到快递位置。

实物快件到达投递公司，工作人员接收快件，通过扫描条形码，对快件进行确认及分区投递处理，将快件的分区信息录入数据库后，交投递员外出投递。投递员投递后，根据条形码编号录入快件的投递信息，用户可通过查询第一时间了解快件的投递情况。

根据业务的具体流程，参与业务的人员主要有以下几种。

用户：包括收件客户和寄件客户，客户可通过电话、网站或客户端下订单，查询订单和快件的状态。

收配员：分为收件员和配送员。收件员收到订单后到客户处收件，扫描和上传收件运单的条形码。配送员配送时扫描和上传配送运单的条形码。

录单员：将收件运单和配送运单的详细资料录入系统，并扫描运单的图像。

仓库管理员、中转操作员：仓库管理员在营业部负责与收配员进行货物交接、与中转车辆进行货物交接。中转操作员负责中转货物的分拣，与上一级中转场或营业部中转车辆进行货物交接。

在电子商务物流作业流程中，核心业务有订单处理、运输、配送及可能发生的退货流程。电子商务物流作业流程如图 4-3 所示。

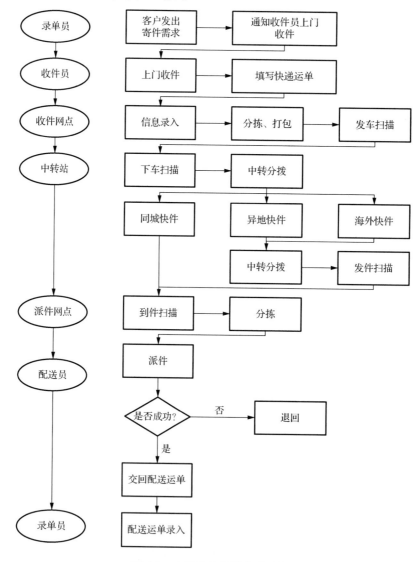

图 4-3 电子商务物流作业流程

4.2.1 订单处理流程分析

订单处理在配送中心的业务运作中占有十分重要的地位,它既是配送业务的核心,又是保障配送服务质量的根本条件。

随着科学技术的进步和信息传输手段的提高,订单传输方式更加先进和多样化,如采用条形码技术、射频技术、电子数据交换系统及时将订货信息传输给配送中心等。

配送中心接到客户的订单后,对订单进行处理,按作业计划分配策略,分组投放。订单处理流程如图 4-4 所示。

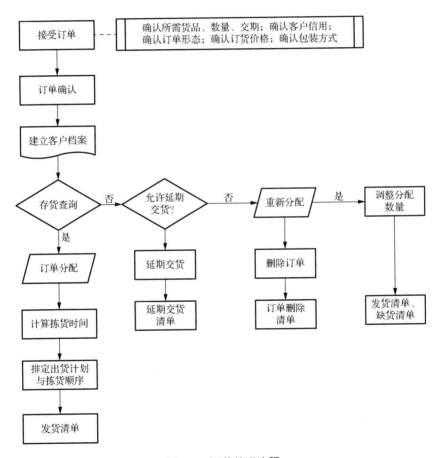

图 4-4 订单处理流程

1.接受订单

接受订货的第一步是接受订单。接受订单的方式主要有传统订货方式和电子订货方式两大类。

(1)传统订货方式是指利用人工方法书写、输入和传送订单,主要有电话订货、传真订货、直接与客户面对面接受订货等方式。

(2)电子订货方式是指配送中心借助计算机信息处理系统,将订货信息转换为电子信息,并通过通信网络传送订单的一种订货方式。电子订货方式主要有通过手持终端机及扫描器扫描商品信息进行订货、POS 机订货和订货系统进行订货。

2. 订单确认

订单确认主要包括以下内容。

(1) 接受订单后,需要确认商品数量及日期。

(2) 确认客户的信用。查核客户的财务状况,以确定其是否有能力支付该订单的账款,通常检查客户的应收账款是否超过借用额度。

(3) 确认订单形态。订单形态主要有一般交易、现金交易、间接交易、合约式交易、寄库式交易等。物流中心应对不同的订单形态采取不同的交易及处理方式。

(4) 确认订货价格。不同的客户、不同的订购量,可能有不同的货物价格,输入价格时,系统应进行审核,若输入价格不符(输入错误或者业务员降价强接单),应予以锁定,以便主管审核。

(5) 确认包装方式。要详细确认并记录客户对订购的商品是否有特殊的包装、分装或贴标、有关赠品的包装等要求。

(6) 设定订单号码。每个订单都要有单独的订单号码,订单号码由控制单位或成本单位指定,除了便于计算成本,还可用于制造、配送等相关工作,物流过程中以此订单号码为识别标志。

3. 建立客户档案

客户档案包括客户名称、编号、等级;客户的信用额度;客户付款及折扣率条件;开发或负责此客户的业务员资料;客户的配送区域;客户的收货地址;客户配送路径的顺序;客户所在地区适合的运输方式、车辆形态;客户点的卸货特性;客户配送要求;延迟订单处理方式。

4. 存货查询与订单分配

输入客户所订商品的名称、代码后,系统可以查询存货档案的资料,查看此商品是否缺货,如缺货,查询商品有无替代品或采购的入库信息。

订单输入系统后,将订单进行汇总、分类、调拨库存,存货的分配调拨可以单一订单分配或批次分配。

5. 计算拣货时间

(1) 订单处理人员要事先计算每个订单或每批订单的可能拣取时间,以便有计划地安排出货顺序。

(2) 计算拣取每个单元(托盘、纸箱、件)货物的标准时间,且将其设定为计算机记录拣取标准时间,根据此标准时间,可以推算整个货物的拣取时间。

(3) 根据每个品种的订购数量(所耗时间)设置品项的寻找时间,计算出每个品项的拣取时间。

(4) 根据每个订单或每批订单的品项,增加纸上作业的时间,可计算整张或整批订单的拣取标准时间。

(5) 根据订单安排出货时间与拣货顺序。

6. 订单分配后存货不足处理

当公司存货不能满足客户需求且客户不接受替代品时，综合客户需求与公司规定有如下几种处理方法。

（1）重新调拨。若客户不允许延期交货，公司不愿失去订单，则有必要重新调拨分配订单。

（2）补送。若客户允许不足订单额的部分可以等有货时再延期交货，且公司政策允许，则采用补送处理；若客户允许不足订单额的部分或整张订单留待下一次订货时配送，则采用补送处理。

（3）删除不足额订单。

若客户不接受订单额的部分出货，或公司政策不允许分批出货，则删除订单；若客户不接受过期出货，且公司无法重新调拨，则删除订单。

（4）延迟交货。延迟交货分为有时限延迟交货和无时限延迟交货两种。

①有时限延迟交货：客户允许在一段时间内过期交货，且希望所有订单一起送达。

②无时限延迟交货：客户允许无论延迟多久交货，希望所有订单一起送达，则所有订货都到达后一起配送；需要对延迟订单进行记录存档或单独列项。

（5）取消订单。若客户希望所有订单一起到达，且不允许延期交货，公司无法重新调拨，则取消订单。

（6）订单资料输出。需要打印的资料包括拣货单（或拣货单条码）和缺货资料。

物流在订单执行过程中扮演及时、安全、足额配送的关键角色，并直面门店和终端客户，是了解客户需求与服务反馈的一个重要信息源。

菜鸟储运订单处理流程

菜鸟储运订单处理流程如下。
（1）接单：菜鸟系统自动抓取在线交易订单。
（2）审单：客户在线审核订单。
（3）快递选择：菜鸟系统根据客户选择快递公司。
（4）查超区：根据快递公司运营网点的派送范围检查是否有超出快递公司派送范围的订单，简称查超区。
（5）打单：打印快递面单（可根据客户要求打印内容）；印批量分拣单（主要用于播种式分拣策略）；打印分拣单（也称销售单等）。
（6）分拣：分拣员根据订单分拣产品。
（7）装箱：装箱员将分拣后的产品放入系统匹配的包装箱。
（8）复核与称重：复核人员检验装箱产品是否正确并称重，简称复合扫描。
（9）封箱：包装员对复核后的订单进行二次包装，按订单要求添加填充物，并封箱、贴快递面单。
（10）出库：将包装好的快件交接给送件员。
（11）拦截订单：根据客户需求设置不同情况的策略，拦截未出仓订单和已经出仓的订单（快递件）。

资料来源：http://www.cainiaocc.com/ddcl/[2023-07-26]

4.2.2 仓储作业流程分析

现代电商仓储中心的功能重在"通过"而非"储藏",从理论上说,货物的周转率越高越好,入库量与出库量应基本持平,能实现"快进快出"。在仓储操作上实现快进快出则需要使用强大的数据管理系统。现代电商企业仓储流程如图4-5所示。

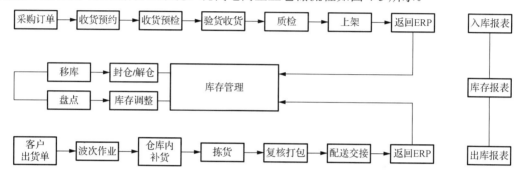

图4-5 现代电商企业仓储流程

（1）电商把货品运输到电商仓库,仓库的负责人需要仔细核对,检查货品的数量和质量,把信息录入仓储管理系统,快速、准确地将货品进行上架处理。

（2）电商仓储管理。良好的仓储管理能够带来更高的工作效率和发货准确率,对仓储公司来说无疑是非常重要的。若电商仓库内库存不足或者即将到来的电商大促等节日活动,则需要提前做好补货操作。仓储管理系统可以对仓库内货品的库存进行实时监控,避免缺货,更加准确地发布补货任务。

拣货作业

（3）订单处理业务。通过订单管理系统,可以获取客户的订单信息。

（4）拣货作业。订单管理系统接到客户的订单后,进行拣货,通过仓储系统的帮助,大幅度提高拣货的准确率。

（5）二次包装。电商仓储公司大多提供增值服务,如二次包装,然后进行称重处理,并放置到发货区。

（6）负责发货处理的工作人员与快递公司对接,根据货品属性的不同分批配送,保证作业的高效率。

总体来说,电商仓储的内部管理比传统仓储的精细,上架、拣货、出库、配送、退换货的数据和各个环节运作流程的精准高效都是电商决胜的关键。每个环节都需要考虑的综合因素很多,选择专业的第三方仓储物流团队对电商企业来说尤为重要。

4.2.3 配送作业流程分析

配送作业是物流配送的核心环节。配送部门由业务管理部门进行统一配送调度,根据客户的具体要求,打印相应的送货单,在运输途中通过地理信息系统、全球定位系统实时监控,及时沟通和反馈配送信息,货物到达目的地并经客户确认签字无误后,凭回单向业务管理部门确认。配送作业流程如图4-6所示。

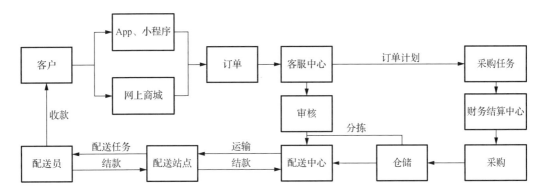

图 4-6　配送作业流程

考虑自营物流和第三方物流模式，区域性电商企业的自营物流在主营业务范围内采用自营物流模式，配送区域外不具备配送条件，通常委托第三方物流企业配送。

智能配送中心运营方式

配送方案应该考虑以下内容：库存的可供性、反应速度、送货频率、送货的可靠性等。电子商务企业运作成功，不仅要有完善的配送网络，还要在完成配送服务的同时，保证配送系统高效、低成本地运作。国外一些配送中心按照配送合理化的要求，在全面计划的基础上制订科学的、距离较短的货运路线，选择经济、迅速、安全的运输方式和适当的运输工具。物流配送中心调配车辆时，按照物流线性规划和相关的运筹模型，尽量满足配载的要求。

高效配送需要在配送调度、配送运输、交货等具体操作方面进行整合优化。为此，可借鉴国外的先进经验，并根据现阶段我国的物流配送条件，对单纯配送流程进行改进。其优化方案的具体内容包括：制定运输工具的统一标准，加强物流基础设施配套建设，提高现代物流的专业化水平；设计合理的统筹规划路线模型系统。制单员制单时，运用配送路线模型确定路线，不必考虑运输工具的差异性，只需在配送路线模型中输入需要配送的地点、货物的数量，模型就会自动选出可供选择的路线。调度人员根据所在区域的交通确定合理的配送路线，从而做到尽可能不安排配送跨度很大的车次。到达目的地后，配送员根据送货单上客户的电话联系客户，根据送货单上的地址完成配送作业。路线的合理安排，可以大大缩短配送员的配送时间，提高配送的工作效率。

4.2.4　退货处理流程分析

退货处理是售后服务的一项任务，应尽可能地避免，因为退货或换货会大幅度地增加成本，减少利润。电子商务与快递物流的快速发展，加快了商品的流通，产生的退货行为越来越普遍。

除了对瑕疵品、损坏品实行七天无理由退换，不同电商企业的退货流程也有很大的区别。退货原因的不同，无理由退换的期限也有不同。由于产品本身存在问题，签收 15 天以上（保质期内）仍可无条件退换；由于错买、多买或搬运中损坏的产品，则应在 15 天内退换；特殊性质商品（如贴身衣物等），则不能退换。

退货流程

在退货过程中，首先客户与客服联系，说明退货理由，协商退换货事宜；

然后提交退货申请,备注自己退货原因;等待店家(或电商平台)处理申请,店家(或电商平台)一般于10天内处理;最后完成退换货及退款赔偿。

根据客户与卖家协调退换货处理方式,主要有以下几种情况。

(1)无条件重新发货。因为发货人发货发生错误,则应由发货人重新调整发货方案,将错发货物调回,重新按原正确订单发货,中间发生的所有费用应由发货人承担。

(2)运输单位赔偿。因为运输途中商品受到损坏而发生退货的,根据退货情况,确定所需的修理费用和赔偿金额由运输单位负责赔偿。

(3)收取费用,重新发货。因为客户订货有误而发生退货的,退货所有费用由客户承担,退货后,根据客户新的订单重新发货。

(4)重新发货或替代品。因为商品有缺陷,客户要求退货的,配送中心接到退货指令后,应安排车辆收回退货商品,将商品集中到仓库退货处理区进行处理。生产厂家及其销售部门应立即采取措施,重新发没有缺陷的同一种商品或替代品。

案例 4-2

德国 HERMÈS(爱马仕)全自动化物流退货系统

爱马仕配送公司是德国多渠道零售商欧图集团的成员,总部位于德国汉堡,其核心业务是面向集团内外的客户开展物流服务。爱马仕配送公司共有 5000 名员工,在德国境内有 4 个物流中心,还与欧洲其他地方的物流配送网络建立了直接联系。其位于哈尔登斯莱本的物流中心是现代化配送中心,每天高峰时段处理 25 万个订单。

退货管理对其他物流公司来说是最麻烦的作业,却是爱马仕配送公司的核心竞争业务。哈尔登斯莱本物流中心以 Knapp OSR 穿梭技术为核心建设了高效率的退货处理系统,大大提高了退货处理能力。

1. 爱马仕配送公司退货管理项目

爱马仕配送公司负责全权处理客户的退货,包括退货收货、退货整理和重新包装并发货。

原有的退货系统:全部退货经过检验合格后由人工存储在分拣库房里,收到新订单后再采用拣货小车进行拣选。

升级后的退货系统:采用 Knapp OSR 穿梭技术对哈尔登斯莱本物流中心的退货操作进行自动化管理。同时,由于分拣库房内既有新货又有退货,因此用于重新销售的退货必须与新货进行同步处理,两个系统之间必须实现自动链接。

2. 爱马仕配送公司自动化退货系统

爱马仕配送公司退货自动处理系统的核心是 Knapp OSR 穿梭系统。该系统有 17.6 万个存储货位,分布在 30 个货架阵列内,存储 100 万件商品,每小时可以将混装多个品规商品的 2000 个退货周转箱从收货处直接送入存储货位。Knapp OSR 穿梭系统设计了两层共 30 个分拣工位,在分拣的高峰时段,每小时可以处理 15000 个订单行。退货自动处理系统设计理念的创新,主要体现在高度灵活的 Knapp OSR 穿梭系统和基于 Kidesign 原则的分拣工位设计。

1)高度灵活的 Knapp OSR 穿梭系统

Knapp OSR 穿梭系统是一个半自动化订单分拣系统,采用货到人的设计原则,利用货架存储周转箱,每层货架之间都有穿梭小车进行货物的存取,并通过垂直升降系统将货物送到操作工位,进行人工拣选。

Knapp OSR 穿梭系统的优点:

(1)单一技术,系统稳定性、可维护性高;

（2）模块化设计，省略了传统设计方案的大量输送线，节省了空间；
（3）货位数量、工位数量、存储空间等可以根据业务需要进行灵活调整。
Knapp OSR 穿梭系统的应用范围：适合商品种类繁多、存储密度大、订单数量大、单个订单批量小的业务。

2）基于 Kidesign 原则的分拣工位设计

Kidesign 是 Knapp 基于人体工程学原理打造的多功能智能货到人的解决方案，所有的货到人工位和拣货平台都是根据货物拣货特点进行定制的，因此大大提高了退货处理效率。

Kidesign 的优点：退货处理系统采用符合人体工程学原理设计的分拣工位，符合爱马仕配送公司的批量订单结构特征。

3. 爱马仕配送公司退货流程

爱马仕配送公司退货处理流程主要包括以下 4 个环节。

1）退货的收货

（1）退货的整理，包含从纸箱中取出、验货、重新包装。
（2）退货混装在周转箱中送达库房。
（3）退货周转箱被拆垛，系统自动拆开后放入输送线。
（4）经过系统自动复核，周转箱被存入 Knapp OSR 穿梭系统。

2）混装货物的存储

退货周转箱按照 Knapp OSR 穿梭系统的随机优化存储管理原则被自动放入合适的存储货位。爱马仕配送公司的退货处理系统可以配合订单需求进行快速分拣和发货，提高了退货、收货和发货之间的处理效率。所以，大部分退货只在仓储系统中停留几个小时。

3）订单处理

（1）时效性：爱马仕配送公司的所有订单最迟发货时间不会超过 3 天。
（2）发货方式：可以根据订单的缓急程度采用更加经济的发货方式。
（3）分拣灵活性：Knapp OSR 穿梭系统有多条货架巷道，每条巷道都有 5880 个货位，充足的货位提高了分拣的灵活性。
（4）退货的分拣与新货的分拣同步进行，缓冲了订单结构变化带来的作业冲击。

4）拣货

（1）拣货位设计：退货处理系统采用符合人体工程学原理设计的分拣工位，每个分拣工位包括两层，上面一层停放 2 个存货周转箱，下面一层停放 5 个发货周转箱，其中一个货位可以灵活地定义到适合工人的位置，使工人方便拣货。
（2）拣货信息确认：拣货人员可以通过中央触摸屏接收拣货信息，也可以要求系统显示商品照片，以便对照和确认应该拣取的货物，还可以通过扫描确认，并重新为商品贴标签，以利于下一步的处理。
（3）系统允许从混装的周转箱内拣货。通过采用混装周转箱拣货，提高了存储密度和拣货效率。
（4）特殊的分拣操作如抽检、清除过期存货等，都可以整合到 Knapp OSR 穿梭系统中进行操作。

资料来源：http://www.sohu.com/a/148530853-610732[2023-03-26]

4.3　本章小结

电子商务的本质特征是用户与用户联网相互交流消费信息，用户与生产者联网互动信息交流，进行并完成商品的销售及售后服务。在电子商务环境下，物流企业业务流程呈现很多新的特点，基于信息技术的业务流程、企业间的流程从松散到集成、流程结构从串行到并行和流程控制方式从制度制约到信任。

在电子商务物流作业流程中，核心业务有订单处理、仓储、配送及可能发生的退货流程。订单处理是配送业务的核心，也是保障配送服务质量的根本条件。仓储作业是为了满足供应链上下游的需求。电商仓储作为销售后端，其运营质量直接影响了用户的购物体验。配送作业是物流配送的核心环节。配送部门由业务管理部门统一进行配送调度。退货处理是售后服务中的一项任务，应该尽可能地避免。

习　题

一、判断题

1. 电子商务的本质特征是用户与用户联网相互交流的消费信息，用户与生产者联网互动信息交流，进行并完成商品的销售及售后服务。（　　）
2. 电子商务的整个供应链由生产商、制造商、物流中心和用户组成。（　　）
3. 在电子商务物流作业流程中，核心业务有订单处理、仓储、配送及可能发生的退货流程。（　　）
4. 订单处理是配送业务的核心，也是保障配送服务质量的根本条件。（　　）

二、选择题

1. 下列不属于电子商务的整个供应链组成的是（　　）。
   A. 生产商　　　　B. 制造商　　　　C. 物流中心　　　　D. 用户
2. 在电子商务环境下，物流企业业务流程呈现很多新的特点，下列不属于新特点的是（　　）。
   A. 基于信息技术　　　　　　　　　B. 松散到集成
   C. 流程结构从串行到并行　　　　　D. 流程控制方式从制度制约到信任
3. 在电子商务物流作业流程中，不属于核心业务的是（　　）。
   A. 生产　　　　B. 订单处理　　　　C. 运输　　　　D. 配送
4. （　　）既是配送业务的核心，又是保障配送服务质量的根本条件。
   A. 订单处理　　　　B. 生产　　　　C. 配送　　　　D. 仓储
5. 不属于配送作业优化方案的是（　　）。
   A. 制定运输工具的统一标准　　　　B. 加强物流基础设施配套建设
   C. 效仿国外配送作业做法　　　　　D. 设计合理的统筹规划路线模型系统

三、思考题

1. 请说明电子商务的本质特征，并作出电子商务物流作业流程图。
2. 简要叙述在电子商务环境下，物流企业业务流程呈现的新特点。
3. 请简述物流作业流程的主要形式及主要作业流程。

案例分析

解读英国最大的 B2C 零售商 Ocado 及其物流布局

Ocado 是英国最大的 B2C 零售商，于 2002 年 1 月正式商业运营，除了售卖生鲜，还卖其他食品、玩具和医药产品等。Ocado 的总部位于英国赫特福德郡的哈特菲尔德，2010 年 7 月 21 日在伦敦证券交易所上市。2010 年，Ocado 公司在线销售额实现 8.9 亿美元，2013 年在线销售额达到 7.32 亿英镑（约 12.3 亿美元）。

1. Ocado 冷链仓储物流服务和技术

强大的物流运营中心：仓储全部采用自动化仓库，同时将 Ocado 物流中心选建在高速公路便捷的中转站。所有的客户订单都在运营中心（Central Fulfilment Centre，CFC）处理后出库。

配送方面：Ocado 能够提供单元化装载、精准温控的物流服务，订单准确率达到 99%，配送使用的是其定制的自有冷藏型奔驰卡车。在次日送达客户的订单占 95%，其中 95% 的订单能准时甚至提前完成配送。

物流技术方面：物流中心作业选择标准化的盛具、流水线作业。同时分别在供应链各个环节采用多种机器人技术，2022 年，Ocado 开始研发能打包货物和自动配送的新机器人系统，以降低对人工的依赖。

2. Ocado 供应链模式

Ocado 采用了扁平化供应链，85% 的入库商品直接由供应商配送到 CFC，然后直接根据订单配送到客户家里。在英国哈特菲尔德拥有 295000 平方英尺（1 平方英尺≈0.09 平方米）的 CFC，85% 的入库商品直接由供应商配送至该 CFC，15% 的入库商品由维特罗斯超市的 RDC 配送。Ocado 的供应链模式和传统模式的对比如图 4-7 所示。

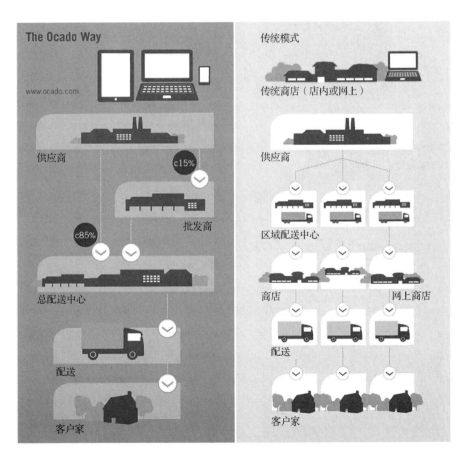

图 4-7　Ocado 的供应链模式和传统模式的对比

3. Ocado 的创新

（1）前瞻性的创新思维，推出未来冰箱设计。

Ocado 具有前瞻性的创新思维，认为未来的冰箱可能演变成真正的智能冰箱，能够提供预测全自动购物信息（购买需求的把握），并能够打通与 Ocado 网站的大数据信息。也就是说，未来的冰箱能够扫描冰箱货架储存的食物信息，并让 Ocado 实现精准营销。

（2）Ocado 能够实现单元化装载、精准温控的物流服务。

这是 Ocado 非常自豪的物流服务，Ocado 的车辆存放单独的箱体，能够满足不同生鲜食品的要求放入不同的箱体，并根据客户的要求，以某个特定的温度送到客户手中。

（3）Ocado 物流中心的 AutoStore "机器人"服务。

为实现高效的自动化作业，Ocado 启动自动存储解决方案，其中包括 AutoStore 提供的 31 个机器人。该方案不仅能够进行空间优化，还能高速处理数据。机器人作业如图 4-8 所示。

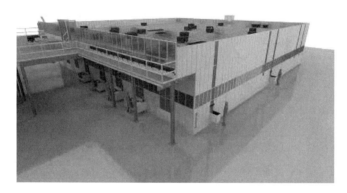

图 4-8 机器人作业

（4）Ocado 的配送全部使用奔驰车。

无论是干线运输还是末端配送的车辆，Ocado 都选择奔驰车配送，末端配送的车辆内部设有货架，有效地利用了配载空间。

思考：

1. 总结 Ocado 成功的原因。
2. 思考 Ocado 的成功对我国电商企业的借鉴之处。

应用篇

第 5 章 电子商务运营与推广

【学习目标】
1. 理解电子商务运营的概念、内容和模式。
2. 理解电子商务运营的管理内容与推广的方式。

【学习重点】
1. 电子商务运营的模式。
2. 电子商务运营的新业态。
3. 电子商务运营与推广。

【能力目标】
1. 掌握电子商务新业态的发展情况。
2. 能够运用网络营销方法为企业做产品或网站推广。

导入案例

苏宁,转型之殇

2021年6月,在电商企业紧张备战618之际,苏宁却接连遭遇重要股东减持、股价跌停、股票停牌、债券延期兑付等连锁反应。经历股价跌停后,苏宁易购发布公告,于6月16日开市起临时停牌,并筹划股份转让事项。

1990年,苏宁以空调经销业务起家,随着电商市场逐渐新生,苏宁也开启了转型之路。创建线上商城、推广母婴品牌、入局视频行业、开便利店、自营物流,对比任何互联网、电商巨头的布局轨迹,苏宁均印上了自己的脚印,但脚印却不够深刻。

中国连锁经营协会发布的中国便利店报告显示,2017年,中国便利店行业增速约23%,增速远超前几年。苏宁没有放过这个当时"流行"的业态,以苏宁小店为载体,拓展便利店业务。2018年,苏宁小店曾频繁出现在媒体视野中,彼时苏宁小店相关负责人曾向北京商报记者表示,苏宁小店将成为增量流量入口,改善电器购买频次低的情况。

苏宁将流量与苏宁小店绑定,这一业务也被寄予厚望。公开资料显示,苏宁小店数量曾经超过一万家。不过,大量铺店却让苏宁小店负债累累。苏宁易购曾发布公告称,苏宁小店2018年1—7月营收1.43亿元,亏损2.96亿元,债务6.53亿元。苏宁易购也意识到,由于苏宁小店处于业务发展初期,经营规模快速增长,给未来收益预测及风险的预测带来较大难度。除此以外,苏宁多以收购、并购的方式来开疆拓土,如收购家乐福中国、万达百货,拓展电器以外的零售百货版图。从自有资源来看,苏宁的零售业务有了"轮船框架",需要有更强有力的引擎来驱动大船行驶。

在2021年,苏宁看准了"轻模式",宣布由"零售商"全面升级为"零售服务商"的发展战略。2021年第一季度,苏宁零售云店开店600家。自营与加盟、线上与线下、零售与服务,如何实现业务点线面联动,苏宁仍然面临考验。

传统线下渠道导致企业销售费用居高不下,引入国资似乎代表着市场化主体不敢尝试接苏宁的大盘。而国资属性或许也难以解决苏宁存在的根本问题。苏宁想要摆脱资金危机,必须提升线下渠道的销售效能。在门店管理上,苏宁要发挥自己跨品牌展示的优势,按照用户的消费层次来打造消费场景。另外,苏宁要利用互联网的高效传播特点,增强单店与用户的互动,增加线下的体验活动,并将活动通过互联网平台进行广泛传播,增强门店与用户的消费黏性。

北京京商流通战略研究院院长赖阳指出,苏宁的转型战略有一定的前瞻性,商业运营中需不断试错,但投资速度过快、试错成本过高。如果苏宁能将一种模式探索清晰后,再去探索新的零售业态,或许不会遇到今天的问题。未来苏宁要放慢发展节奏,研究现有各业态的发展规律、增长模式、发展方向等细节问题。其次,要提高运营效率,提升运营管理水平,管理水平跟不上,将会不断消耗企业资源,增加经营压力。

在新一轮的信息技术革命中,以大数据、互联网、人工智能为代表的数字技术正深刻融入经济社会的各个领域,对传统零售企业造成强烈的冲击。随着数字经济进入发展成熟期,加速数字经济与实体经济的深度融合成为大势所趋。数字经济与传统零售的融合催生了电子商务新业态的诞生,电子商务的运营与推广也正面临着新的挑战。

资料来源:https://baijiahao.baidu.com/s?id=17027408177761223865&wfr=spider&for=pc[2023-04-04]

本章将主要介绍电子商务运营的概念,以及电子商务新业态的发展情况。

5.1 电子商务运营概述

5.1.1 电子商务运营的概念

电子商务运营（Electronic Commerce Operation，ECO）最初定义为电子商务平台，像企业网站、论坛、博客、微博、商铺、网络直销店等的建设，以及各搜索产品优化推广，电子商务平台维护重建、扩展，网络产品研发及盈利。从后台优化服务于市场，到创建执行服务市场和创造市场。

现在的电子商务运营就是搭建电子商务平台，设计完备的电子商务解决方案优化产品，再通过电子商务平台推广，同时建立服务团队支撑整个电子商务平台的运作。电子商务运营主要包括电子商务平台建设和维护、品牌策略、视觉营销、品牌塑造及推广方案。电子商务运营也是随着电子商务的发展逐渐产生的，是一种全新的网络营销方式。在电子商务市场争夺日益激烈的今天，这种营销方式越来越被企业看重。鉴于很多传统企业对电子商务的不熟悉和运营经验的不充分，电子商务运营企业也发展为新兴企业。

5.1.2 电子商务运营的内容

电子商务运营与企业运营有很多相似之处，例如在制订运营方案之前，需要对行业和市场进行大量的调研，确定产品或品牌的目标客户群，通过对相关数据进行整理分析，策划运营方案，进行产品的管理控制。同时，电子商务运营与企业运营存在差异，两者运营的对象不同，企业运营注重与产品生产和服务密切相关的各项管理工作；电子商务运营的对象是根据企业需要开发设计或选择入驻的电商平台的所有附属推广产品，运营内容更多地体现在制定运营战略和实施运营策略等方面。

1. 市场调研与市场分析

推广运营策略的制定需要以对市场、品牌和客户进行深入细致的调研与分析为前提。在电子商务运营前，应对行业和相关的数据进行调研，了解该行业的市场环境，结合市场对产品的属性、价格做进一步分析，以确定精细运营的策略。针对目标客户群，细化分析客户的需求，从爱好、年龄、地域和购买意愿等方面进一步细分。除此之外，还需考虑竞争对手销售的产品和服务，在服务特色上的创新能否提升运营效果等。

2. 电子商务运营平台的建设

电子商务运营平台是协调和整合信息流、货物流、资金流有序、关联、高效流动的重要场所，企业通过该平台为在线销售商、配送服务商、支付服务商和消费者提供电子商务电子交易服务，平台网站的运营是电子商务运营的基础。电子商务运营平台的建设不仅包含建设平台的信息门户、完成功能性网站的设计、实现网络页面的规划，还包括后期平台内容提升，信息内容的修改等内容。最终该平台应具备广告宣传、在线展会、虚拟展会、咨询洽谈、网上订购、网上支付、电子账户、服务传递、意见征询、交易管理等功能。

3. 电子商务运营方案的策划

电子商务运营中最重要的部分就是制订运营方案，也是狭义电子商务运营的内容，其包含的内容主要针对营销和广告投放的部分。现有的推广形式各异，每种方式都会对运营效果有不同的影响。一般方案的策划流程如下：首先制订活动策划方案，然后针对策划的活动选择营销工具加以应用，以更好地实施活动策划的内容。在社会化营销方面，可通过建立店铺与客户活动的独立网站或者采取微博营销等方式，实现产品的建设和维护。此外，通过搜索引擎营销、搜索引擎优化提升店铺的点击率和转化率，实现定期的站外推广，在运营过程中根据资源利益最大化的广告投放计划和效果跟踪回馈，调整营销工具的应用。

4. 产品维护改进

产品维护改进工作除了包括产品本身不断优化升级，还包括对客户服务的响应和优化，对客户所购买产品的维护工作。通过对客户的客服服务，收集对现有产品和服务的意见，并针对客户的问题提出更好的解决方案，包括制定和改变产品政策、进行良好的产品包装、改进产品的使用体验等。

5. 效果数据分析

效果数据分析是指将网站划分为阶段性数据分析并整理，指导可持续性运营策略的工作。运营团队根据客户习惯来调整网站运营方向，对网络媒介的每个细节进行分析，提高网站对客户的黏性，提高网站的吸引力和关注度。可以通过分析页面访问记录和在线调查问卷的形式获取更多的客户体验，从而调整网络介质的传播方式及表现形式，如系统功能改进、美工设计变动调整、改版等。以数据分析来指导运营可以有的放矢地抓住核心，最终提升运营效果。

5.1.3 电子商务运营的模式

电子商务运营的模式就是在电子商务的运营中逐渐形成的参与者的组合，以及商品在这些参与者之间流动的方式、机制和规则。根据参与主体和方式的不同，一般电子商务运营模式分为 B2B 模式、B2C 模式、B2M 模式、C2C 模式、B2G 模式、B2E 模式、C2B 模式、O2O 模式、C2M 模式等。

1. B2B 模式

B2B（Business to Business）是指企业与企业之间的电子商务。B2B 模式是电子商务应用最重要的和最受企业重视的一种模式，在电子商务的交易额中占比最大。企业可以在网上对每笔交易寻找最佳的合作伙伴，完成从订购到结算的全部交易行为，包括订货、签约、接收发票，以及使用电子资金转移、信用证、银行托收等方式进行付款，以及在商贸过程中发生的其他事务，如索赔、商品发送管理和运输跟踪等。

B2B 模式的交易对象相对固定，不像普通消费者发生的交易行为那样比较随意，而企业交易的对象一般比较固定，这种固定体现了企业的专一性，也体现了企业之间交易要求内在的稳定性；企业之间的交易一般涉及金额较大，不允许有闪失，在交易过程中需要多方参与和认证，交易过程十分复杂但严格和规范，同时注重法律的有效性；交易对象广泛，交易的物品几乎可以是任何一种物品。

阿里巴巴1688、百纳网、中国制造网、敦煌网等采用B2B模式。

B2B的案例——阿里巴巴1688

阿里巴巴1688是全球最大的B2B电子商务平台，是B2B模式的典型代表。阿里巴巴由马云和18位创业者于1999年创建，总部设在我国杭州，在我国40多座城市开设销售中心，通过各种渠道进行产品的推广和销售，并在美国硅谷、英国伦敦等地设立海外分支机构。阿里巴巴的企业使命是"让天下没有难做的生意"，通过建立一个完善的电子商务产业生态链，成为一家由中国人创办的世界级的百年公司。作为行业的领头羊和开拓者，阿里巴巴一直致力于建立完善的电子商务生态化，在行业标准方面，其倡导建立开放的平台架构，并推动行业标准走向成熟。为了打造完善的生态化网络，阿里巴巴与其他电子商务网站、中小企业网站、个人网站、IT企业和电信运营商等建立了广泛的合作关系，与信用、认证、支付、物流等商务服务紧密集成，共同推动电子商务生态系统的发展。阿里巴巴主要有三个网上交易市场，一是国际交易市场，用于服务国内外的进出口贸易；二是中国交易市场，主要是国内的商品批发和贸易；三是日本交易市场，促进日本国内贸易和国际贸易。此外，阿里巴巴还在国际交易市场上设有一个全球批发交易平台，为规模较小、需要小批量货物快速付运的用户提供服务。

阿里巴巴起初提供网络经济服务，随着业务的发展，相继推出了"中国供应商"和"诚信通"服务。"中国供应商"是针对等级较高的会员付费服务（年费4万元～12万元），会员可以获得域名、网店等阿里巴巴提供的一系列服务。阿里巴巴为"中国供应商"提供大量的人力、物力，在全国招募成立了1000多人的直销队伍来获取会员，并投入大量的资金进行营销推广。同时，阿里巴巴组织各种行业的外贸展会，对"中国供应商"进行宣传，并在阿里巴巴国际站点上进行重点推广。"诚信通"根据会员等级进行付费，缴纳会费后，阿里巴巴提供信用认证等基本服务。"中国供应商"和"诚信通"主要通过对会员进行不同等级的划分，提供不同等级的信用认证，这些信用认证和等级能够帮助卖家获取用户的信任。同时，一旦买家采信后与会员达成了交易，阿里巴巴就可获得相应比例的报酬。在该交易过程中，阿里巴巴充当了传统市场中的经纪人角色。不同的是，阿里巴巴充分利用了互联网与生俱来的优势，并进行了创新。随着阿里巴巴的不断发展，其核心业务和产品也在不断扩展。商务搜索是阿里巴巴新的业务方向。搜索技术与电子商务业务的结合产生了更多新的盈利点，比如行业垂直搜索、竞价排名、搜索推送等。

资料来源：http://wenku.baidu.com/link?url=qcEgDX5K2lKIG3p0I6585y780W4LiGHsozsRBAgLXRCo53C5NaSPccOhnmHtdULiEIh3k-p6XacjUvylUNOPiGJGhOxW2v3cxg39lMb1nXu[2023-07-26]

2. B2C模式

B2C（Business to Customer）是指企业与消费者之间的电子商务。B2C模式是消费者利用Internet直接参与经济活动的模式，类似于商业电子化的零售商务。在Internet上有许多类型的虚拟商店和虚拟企业，提供与商品销售有关的服务。通过网上商店买卖的商品可以是实体化的，如书籍、鲜花、服装、食品、汽车、电视等；也可以是数字化的，如新闻、音乐、电影、数据库、软件及各类基于知识的商品；还可以是各类服务，如安排旅游、在线医疗诊断和远程教育等。

B2C 模式的特点：①用户数量大，所采用的商务、身份认证、信息安全等方面的技术和管理方法必须方便、简洁、成本低廉、易大面积推广；②安全技术应能确认用户，避免冒名顶替和非法操作；③经常会出现"一次性"用户，即不注册、不连续使用，只是在方便的时候使用一下 B2C 服务；④网络上传输的信息可能涉及个人机密，例如账号和操作金额；⑤商务活动涉及的支付或转账金额较低（小额支付）。

B2C 案例——京东商城

京东是我国的综合网络零售商，是我国电子商务领域受消费者欢迎和具有影响力的电子商务网站之一。京东零售已完成电脑数码、手机、家电、消费品、服饰、居家、美妆、运动户外、奢侈品、钟表、生鲜、生活服务、工业品等全品类覆盖。截至 2022 年 6 月 30 日，云仓生态平台合作云仓的数量已超过 1700 个。

京东官方数据显示，自 2021 年 11 月 1 日零时至 11 日零时，京东"双十一"的总交易额为 3491 亿元，与 2020 年 2715 亿元的战绩相比，增长约 28.58%。2022 年"双十一"，京东未公布具体商品交易总额，但表示"超越了行业增速，创造了新的纪录"。

资料来源：https://baike.baidu.com/item/%E4%BA%AC%E4%B8%9C%E5%95%86%E5%9F%8E/9012836?fr=aladdin [2023-03-26]

3. B2M 模式

B2M（Business to Marketing）是指面向市场营销的电子商务企业（电子商务公司或电子商务是其重要营销渠道的公司）。B2M 模式以用户需求为核心建立的营销型站点，并通过线上和线下渠道对站点进行广泛推广和规范化的导购管理，使得站点成为企业的重要营销渠道。

B2M 网络营销托管服务商通过分析、研究企业产品及服务特性，实施企业网络营销的托管，精准、高效地运用网络营销提高企业的销售额。B2M 网络营销托管服务内容有网站运营托管、搜索引擎广告托管、B2B 营销托管、B2C 网店经营代售、博客营销、社区营销、软文广告、搜索引擎优化、视频营销、群营销、邮件营销、网络活动策划及网络营销培训等，为企业实施网络营销提供全方位的托管服务。

B2M 案例——京东慧采

传统 B2M 模式存在一定的局限性。行业专家表示，平台收集并反馈给制造商的信息，实际上只是用户需求的"最大公约数"，并不能真正满足每一个企业用户在"公约数"之外的个性化需求，难以做到从商品到服务的专属客制。

一位企业采购负责人告诉记者，受业务影响，公司对于设备的存储空间、接口规格以及电池耐受性有较高的要求，特别是接口方面，由于需求比较小众，市场上很难找到能满足全部需求的商品。因此，迫切需求能够与厂商建立起直连通道，采购定制化产品。

京东联合联想打造的B2M客制化系统平台将打破以上局面。据了解，通过B2M客制化系统平台，京东和联想将实现数据的无缝对齐与匹配耦合，企业用户可在京东智能采购平台提交客制化需求，而系统平台会自动对需求进行智能化拆解，将相应的产品参数直接反馈至联想生产系统进行生产，将相应的服务数据反馈至与京东和联想的服务体系匹配的标准化售后服务，最终通过京东PSI平台完成履约。

京东集团副总裁、企业业务事业部总裁宋春正表示，京东与联想作为国内商用市场的领跑者，携手打造的B2M客制化系统不仅能够为企业用户带来敏捷高效的商用定制服务，而且改变了传统企业市场供应链逻辑，真正意义上实现"先有需求再有货"的拉式供应链。联想集团副总裁、中国区商用业务总经理刘征认为，拉式供应链不仅可以使联想快速响应用户需求、精准切入商用市场，还能大大降低联想的库存与周转成本，实现联想、京东以及企业用户的多方共赢。

资料来源：https://baijiahao.baidu.com/s?id=1653710735560792271&wfr=spider&for=pc [2023-07-31]

4. C2C 模式

C2C（Customer to Customer）是指消费者之间的电子商务。在网上出现比较多的C2C模式是消费者之间的二手货拍卖。随着各种技术的进步，网上支付形式的变化和电子货币的推广和使用，参与电子商务的人越来越多，C2C发展迅速。

C2C模式的特点：①可为买卖双方进行网上交易提供信息交流平台；②为买卖双方进行网上交易提供一系列配套服务；③用户多，且身份复杂；④商品信息多，且商品质量参差不齐；⑤交易次数多，但每次交易的成交额都较小。

C2C 案例——淘宝网

淘宝网由阿里巴巴集团投资，于2003年5月10日创立。淘宝网是国内最受欢迎的网购零售平台之一，拥有近5亿的注册用户数，有超过6000万的固定访客每天登录淘宝，同时每天的在线商品数超过8亿件，平均每分钟售出4.8万件。随着淘宝网规模的扩大和用户的增加，淘宝也从单一的C2C网络集市变成了包括C2C、团购、分销、拍卖等电子商务模式在内的综合性零售商圈。阿里巴巴集团于2011年6月宣布，将原来的淘宝一分为三，成立了以C2C业务为主的淘宝网、以B2C业务为主的淘宝商城、以购物搜索为主的一淘网。

2018年8月8日，淘宝网进军混合现实（MR）购物领域，在2018年造物节上推出产品——淘宝买啊。

2019年12月12日，《汇桔网·2019胡润品牌榜》发布，淘宝网以3000亿元品牌价值排名第4。

2020年1月，《2020年全球最具价值500强报告》发布，淘宝网排名第37。

2021年10月12日消息，淘宝在"双十一"前发布的10.4.10版本中正式上线"长辈模式"。

2022年1月，淘宝直播发布2022年度激励计划，支持中腰部及新达人的成长。

资料来源：https://baike.baidu.com/item/%E6%B7%98%E5%AE%9D%E7%BD%91/112187?fr=aladdin [2023-07-31]

5. B2G 模式

B2G（Business to Government）是指企业与政府管理部门之间的电子商务，如电子通关、电子报税等。一个提供 B2G 模式服务的网站可以提供单一地方的业务，为一级或多级政府（城市、州或省、国家等）定位应用程序和税款格式；提供填好的表格和付款渠道；更新企业的信息；请求回答特定的问题；等等。B2G 模式包括电子采购服务，商家可以了解代理处的购买需求并做出对代理处请求提议的回应。B2G 模式还支持虚拟工作间，商家和代理处可以通过共享一个公共的网站协调签约工程的工作，协调在线会议，回顾计划并跟进后续的发展。B2G 模式还包括在线应用软件和数据库设计的租赁，为政府机关所使用。

6. B2E 模式

B2E（Business to Employee）是指企业内部的电子商务，即通过企业的内部网对企业内部的信息流进行处理与交换。B2E 模式是 B2B 模式的基础，比外部电子商务容易实现。B2E 模式可以实现商务操作及工作流的自动化处理，增强重要系统和关键数据的存取能力，实现共享经验，共同解决用户问题，同时保持组织间的联系。

7. C2B 模式

C2B 模式是一种新型的模式，其概念比较泛化，形式也比较多样化。常见的 C2B 模式有聚合需求形式（反向团购、预售），要约形式（逆向拍卖，用户出价，商家选择是否接受），服务认领形式（企业发布所需服务，个人认领，类似威客），商家认购形式（个人提供作品、服务，等待企业认领），植入形式（软文），等等。电商的 C2B 模式主要使用聚合需求形式和要约形式，同时个性化定制是"用户驱动企业生产"的一种"定制化"模式，商家可以根据用户的具体需求进行规模采购或生产，商家有商品后，利用各种市场手段将商品推销出去。

C2B 模式以消费者为中心，消费者当家作主。从消费者的角度看，C2B 产品具有以下特征：①相同生产厂家的相同型号的产品在任意终端渠道购买的价格一致，渠道不掌握定价权（消费者平等）；②C2B 产品价格组成结构合理（拒绝暴利）；③渠道透明（O2O 模式拒绝山寨）；④供应链透明（品牌共享）。

案例 5-5

海尔定制化流程

电子商务定制 C2B 案例——海尔

海尔集团是一家全球领先的美好生活解决方案服务商。在持续创业创新过程中，海尔集团始终坚持"人的价值第一"的发展主线，建设衣食住行康养医教等物联网生态圈，为全球用户定制个性化的智慧生活。

海尔打造 C2B+用户需求 DIY 模式。C2B 模式是以聚合用户需求为导向的反向电商模式。以销定产，在零库存的情况下，先销售再进行高效的供应链组织，或者说供应链的组织已经完成，需要根据销售的情况安排生产。C2B 预售同时针对用户加入个性化 DIY 元素，利用在海尔商城设立的"立刻设计我的家"和"专业设计师"平台实现用户的个性化创意。

阿里巴巴集团曾鸣此前表示，未来的市场一定是用户驱动的市场，C2B 模式将会是主流，其意义是商品的客户化，并通过互联网将长尾聚集起来，通过柔性化供应链和物流，实现低成本、高质量，真正为消费者解决问题，实现规模化定制。

资料来源：https://baike.baidu.com/item/%E6%B5%B7%E5%B0%94/281?fr=aladdin [2023-03-26]

8. O2O 模式

O2O（Online To Offline，线上到线下）的原理是把服务的供需双方或服务方的前台放到网络上，使用户可以在手机或其他终端上便捷地按照自己的价格、位置、时间等诉求查看服务方的线下服务；并可以人性化地解决用户的核心需求，获得满意服务。该模式是比较前沿的模式，其原因是能满足用户的消费结算体验。越来越多的用户在网络平台上购物，但是他们会担心产品或服务与预期有较大差距，因此诞生了 O2O 模式，使用户可以在线上预订，在线下进行交易。

O2O 模式要确保交易达成，网上支付、线下兑现，有一套交易兑现的保障机制。通过独立的第三方、特定 POS 机等，确认服务交易完成。对用户来说，O2O 模式是把用户的线下需求通过线上的方式快速地筛选出来，降低人们的消费成本和消费风险。对商家来说，O2O 模式是满足中小商家对自身产品和服务的可量化的推广需求，实现高的投资回报率，降低对线下黄金地段的依赖。相比于其他模式，O2O 模式更省钱，解决了推广效果量化的难题，让低成本推广乃至零成本推广成为可能；更高效，可以加快商品流转、减少服务资源闲置和浪费，有效提高传统商业的运营效率；更合理，可以降低企业与用户的沟通成本，并按照不同产品（服务）对应的不同群体实行差异化定向营销；更便捷，方便用户及时、便捷地搜索优惠券和折扣券进行消费。

O2O 模式的三个成功案例

1. 苏宁云商："门店到商圈+双线同价"的 O2O 模式

所属行业：店商+平台电商+零售服务商。

苏宁的 O2O 模式是以互联网零售为主体的"一体两翼"的互联网转型路径。苏宁利用自己的线下门店及线上平台，实现了全产品、全渠道的线上线下同价，打破了实体零售在转型发展中与自身电商渠道互搏的现状。采用 O2O 模式，苏宁实体店不再是只有销售功能的门店，而是一个集展示、体验、物流、售后服务、休闲社交、市场推广于一体的新型门店——云店，店内开通免费 Wi-Fi、实行全产品的电子价签、布设多媒体的电子货架，利用互联网、物联网技术收集分析各种消费行为，推进实体零售进入大数据时代。

截至 2019 年年底，苏宁零售云门店全国突破 4000 家。3.0 模式提高了供应链、组织、运营、打法、服务、金融等能力，对零售云门店进行全面的数字化赋能，线下打造县镇市场的高效率门店、线上接入苏宁易购全场景全品类，实现全渠道下沉。

2. 京东："大数据+商品+服务"的 O2O 模式

所属行业：综合自营+平台电商。

京东与 15 余座城市的上万家便利店合作，布局京东小店 O2O 模式，京东提供数据支持，便利店作为末端实现落地；京东与獐子岛集团股份有限公司（以下简称獐子岛公司）拓展生鲜 O2O 模式，为獐子岛公司开放端口,獐子岛公司提供高效的生鲜供应链体系。另外,京东还与服装、鞋帽、箱包、家居家装等品牌专卖连锁店达成优势整合,扩充产品线,渠道全面下沉,各连锁门店借助京东精准营销最终实现"零库存"。

3. 万达:"线下商场+百万腾电商"的O2O模式

所属行业:商业地产。

万达联合百度、腾讯,共同出资成立万达电子商务公司。万达、百度、腾讯将在打通账号与会员体系、打造支付与互联网金融产品、建立通用积分联盟、大数据融合、Wi-Fi共享、产品整合、流量引入等方面进行深度合作,联手打造线上线下一体化的账号及会员体系;探索创新互联网金融产品;建立通用积分联盟及平台。同时,万达、百度、腾讯三方建立大数据联盟,实现优势资源大数据融合。

资料来源:https://mp.weixin.qq.com/s?__biz=MjM5OTUwODYyMQ==&mid=400608125&idx=1&sn=9924711869186995b5ed5f1d362111e8&scene=1&srcid=0526F8VayY8qcFibPqPCyl8s&pass_ticket=q4%2B7kWLH8TYg1v9iPVGBco8dsAqRbrHMGn10LKv3SvnudierAU4WRCXrE8eVpdxn#rd [2023-03-31]

9. C2M模式

C2M(Consumer to Manufacturers)模式是指生产厂家(Manufacturers)直接对消费者(Consumers)提供自己生产的产品或服务的一种商业模式,其特点是产品流通环节减少至一对一,销售成本降低,从而保障了产品品质和售后服务质量。C2M模式以大数据中心和云计算等互联网技术为强大的后台支持,捕捉消费者的需求偏好,培养市场感知力,使得生产厂家实现产品的大批量销售和大规模定制,满足消费者和生产厂家的双重需求。

C2M模式是B2M模式的延伸,是B2M模式中不可缺少的后续发展环节,类似于C2C模式,但又存在差异。C2C传统的盈利模式是赚取商品进出价的差价。C2M模式是生产厂家通过网络平台发布产品或者服务,消费者通过支付费用获得自己心仪的产品。

C2M模式分为两种主要模式。一种是个性化定制模式,借助工业化互联网应用将前端设计、中间订单处理、后端生产制造等环节智能化,建立消除生产和消费壁垒的全链条连通模式。该模式适用于家具定制、服装定制等行业,可帮助传统企业实现转型,提高生产运营效率,最终展现新的品牌生产模式。另一种是"平台—工厂"模式。通过平台的大数据对消费者的消费行为和数据进行分析,整合汇总信息后与生产商建立协同关系,优化生产方案,满足消费者个性化、多样化的需求。该模式不仅帮助生产商实现"零库存",而且让利消费者实现规模效益。

C2M模式主要有以下特点。①预约购买,按需生产。C2M模式以消费者需求驱动生产制造,消费者预购多少,工厂生产多少,从而降低了库存风险,解决了库存成本的问题,可以实现真正意义上的零库存。②去中间化。消费者直接对接工厂,消除中间环节,降低了销售成本。③消费者参与生产。个性化的定制使消费者间接参与产品的研发设计,不仅拓展了产品创新的思路,还大大提高了消费者的满意度。

电商"抢"工厂:C2M的战争

拼多多是凭借C2M模式在电商行业中逆势崛起的典型代表。拼多多利用C2M模式,推出拼团购物的消费概念,吸引了大量的消费者,同时帮助生产商实现规模化经济,拼多多聚集了5.852亿年度活跃买家和360多万活跃商户,成为发展最快的电商平台。

2020年9月，被阿里巴巴"雪藏"三年的新制造平台——犀牛智造正式亮相，称为"一号工程"的犀牛智造工厂也在杭州正式投产，这个专门为中小企业服务的数字化、智能化制造平台揭开了神秘面纱，开始了对新制造的探索。阿里巴巴最早对制造业的探索可追溯到2013年。当时，阿里巴巴旗下1688事业部推出了一个连接淘宝卖家与工厂的C2M平台——淘工厂。与犀牛智造工厂一样，淘工厂最初改造的也是中小服装企业。

C2M模式是产业互联网时代新型的生产制造和商业形态。C2M模式基于IT技术，以柔性化、定制化的生产线，将消费者的需求与供应商直连，实现按需生产。

把触角伸向上游的互联网企业还有京东。2019年8月，京东通过旗下的"京东京造"启动C2M个性定制服务，2020年11月25日，京东发布"C2M智能工厂"计划。

C2M给电商平台带来了新的机会。在零售供应链中，电商平台可以扮演更重要的角色，逐渐成为生态圈的领导者。他们通过了解消费者的需求，参与设计、生产、物流、配送等环节供应链的协同和优化，帮助降低库存成本，提高库存周转率，同时帮助提升消费者的体验与忠诚度。一场用数字化技术撬动的"工厂革命"正在萌芽。

资料来源：https://baijiahao.baidu.com/s?id=1687936702282768387&wfr=spider&for=pc [2023-03-31]

5.2 电子商务新业态

5.2.1 直播电商

1. 直播电商概述

1）概念

直播电商是一种新型电子商务营销模式，主要是指关键意见领袖通过视频直播等形式推销产品，直播电商具有内容直播和社交直播双重属性，以有价值的内容吸引流量，与用户互动以增强亲切感、信任感，利于实现销售的目的。

传统电商广告以图文为主，抽象的平面易造成用户审美疲劳，直播的形式更具有互动性、实时反馈性，使用户可以从多维度更加直观、全面地了解商品属性，增强购物体验感；直播形式多样，不受时间和地域限制，运营成本低，集聚效应明显；红人效应使用户赋予商品更多的信任感，在直播过程中，商品通常被赋予折扣优惠力度，"高性价比""限量"的商品加快缩短用户决策过程和比价环节，红人效应也间接增强了用户黏性。

2）关键名词解释

（1）关键意见领袖（Key Opinion Leader，KOL）是营销学中的概念，通常被定义为拥有更多、更准确的产品信息，且为相关群体所接受或信任，并对该群体的购买行为有较大影响力的人。

（2）多频道网络（Multi-Channel Network，MCN）最初源于YouTube平台，是专注运作网红经济的机构，帮助内容生产者专注内容创作，提供专业化的服务以提升其知名度，打造规模化、组织化的竞争优势。

（3）一段时期内成交总额（Gross Merchandise Volume，GMV）是衡量平台竞争力（市场占有率）的核心指标。

（4）私域流量：品牌或个人的自有可利用的流量，通常指通过微信群、公众号、快手、抖音等个人账号积淀的流量。与公域流量相对应，公域流量是指微博、淘宝等大型的流量池。

直播电商发展历程

直播电商有数十年的发展历程，在 2019 年呈爆发式增长，据有关资料统计，我国 80%的用户在社交平台上观看过网络直播，其中电商直播的比率逐步攀升。

2007 年，YouTube 推出 YouTube partners，很多人开始建立自己的频道，通过制作优质的视频吸引用户，获得流量变现。

2016 年，淘宝直播、快手直播、蘑菇街直播、京东直播平台纷纷上线，率先探索"电商+直播"模式。

2017—2018 年，抖音上线直播功能，开放购物车功能；快手与淘宝合作，开启与 MCN 工作计划；蘑菇街整合商家供应链问题。

2019 年，腾讯、拼多多、小红书加入直播大军，促使明星、名人等高流量人群加入直播行列，各平台推出精益化服务，直播品类不断拓宽，行业向平台化、产业化发展。

2020 年，直播电商百花齐放。用户关注度不断提升，直播电商几乎成为所有电商和社交平台的标配。

2021 年至今：抖音、快手接力引领直播电商市场持续扩张，进入全民直播时代，电商直播获得爆发式增长，产业链逐渐完善。

资料来源：https://www.sohu.com/a/373188833_580874
https://www.163.com/dy/article/HEB6NA2B0552SV13.html [2023-07-31]

2. 直播电商模式

直播电商由"直播"+"电商"构成，电商是基础，直播是手段，根据商品的不同属性、商家的经济实力等分类，主流直播电商模式分为两种，一种是红人直播模式，另一种是店铺直播模式。

红人直播模式：红人是指在某领域有专业积淀，有一定的号召力和影响力，在直播方面有一定经验，带货能力较强的人。"红人主播"+明星模式近年来较为流行，明星走进红人直播间，助力品牌方的宣传，为大众所喜爱，在享受购物的同时，能与自己喜爱的明星进行交流互动。红人带货能力和明星流量结合，可贡献大量的商品交易总额。

店铺直播模式：主要由店内工作人员对商品进行逐一介绍的直播。由于工作人员对商品较为熟悉，因此可提供相对专业的介绍。针对食品有试吃直播、服装有试穿直播、美妆护肤有试用直播等，多为店铺私域流量用户。

根据产品及直播人员的特殊属性，直播电商还有产地直播、海外代购直播等形式。在各种模式下，主播都是核心角色，在直播电商中占据重要位置。

案例 5-9

直播电商平台

直播电商平台主要分为两种,一种是以淘宝、京东、拼多多、蘑菇街为主的电子商务平台,另一种是以快手、抖音为主的视频直播平台,两种平台之间合作共赢,促进了行业的发展。

1. 淘宝直播平台

淘宝是最早开展线上直播的电子商务平台。2016 年 3 月,淘宝开始探索直播,试运营;2016 年 5 月,淘宝正式推出淘宝直播平台,以红人、明星为主;2017 年,素人主播开始在淘宝直播中崛起;2018 年"双十二"期间,7 万多场淘宝直播引导的成交额比 2017 年同期增长了 160%;2019 年年初,淘宝直播独立 App 上线;2019 年"双十一"期间,淘宝直播首次成为"双十一"的主流消费方式,淘宝直播成交近 200 亿元。2016—2019 年,淘宝直播市场规模已达到 5000 亿元。CNNIC 数据显示,2021 年度,淘宝直播的人均观看时长同比增长 25.8%,平台上架货品数同比增长 53.0%,淘宝直播成交件数同比增长 16.6%。

作为直播电商的先行者,淘宝一直致力创新,与其他平台开展合作,从外部渠道获得更多的流量;鼓励明星走进品牌直播间、主播直播间,给予一定首页、弹窗支持;支持明星入驻直播间,提供相关培训服务及早期流量支持;造节运动,积极设立各种节日,如零食节、家装节、数码节、母婴节、新风尚等,举行促销活动;脱贫攻坚直播,启动村播脱贫计划,与全国县域建立长期直播合作,组织专项活动;深入农贸基地、服装基地、批发门店等开展直播。

2. 快手直播平台

快手是国内短视频社交平台,以特有"老铁文化"不断进行业务拓展。2018 年年初,主播通过短视频展示商品,以微信为最终销售渠道;2018 年 6 月,快手推出"快手小店";2018 年 12 月,快手发布"麦田计划",以内容+社交为驱动,打通快手电商和其他生态模式,并且接入淘宝、天猫、有赞等第三方电商平台;2019 年 4 月,启动"福苗计划",通过直播等方式销售贫困地区的地域性农产品;2019 年 6 月,接入拼多多、京东平台;2019 年 8 月,推出首场"靠谱好货节"。快手财报数据显示,截至 2021 年年底,快手平均日活跃用户为 3.08 亿,平均月活跃用户为 5.44 亿。

快手通过短视频和直播的方式导入流量,接入主流电商平台实现流量变现,快手主打"以人为本,去中心化",面向下沉市场用户,营造平民化、去中心化的社区氛围,因信任而实现人带货的电商模式。KOL 与用户建立"老铁"关系,具有较强的黏性;快手将市场聚焦三、四线城市,不断下沉市场,内容创作者和用户基数很大;去中心化,对内容较少进行人工干预,给予相对公平机会,以低门槛、机会均等吸引用户。

3. 抖音直播平台

抖音以内容为主要流量分发,基于内容质量、创作者用户量、用户兴趣进行流量分配,因流量集中分发,电商及品牌广告引流效果好,广告收入为主要盈利模块。2018 年 3 月,抖音上线购物车功能,支持跳转到淘宝平台;2018 年 4 月,抖音接入电商广告系统"鲁班";2019 年 1 月,抖音推出好物联盟,接入放心购商城;2019 年 4 月,抖音公布与京东、考拉等电商平台合作,支持红人带货。抖音以短视频、直播带货为主,素人主播焕发巨大活力。

抖音直播以内容种草为核心,聚焦年轻人个性潮流的生活态度,KOL 种草效果明显,多引流淘宝完成交易,逐渐形成"抖音出圈,淘宝拔草"的闭环。抖音用户中,女性占比较大,她们热爱时尚、追求潮流炫酷、有一定经济基础且消费能力强,尤其对美妆、配饰、服装、零食等产品的关注度较高,与直播电商品类契合度高。但是由于抖音流量是基于内容和算法分发的,因此头部网红流量分散,私域流量难以建立。

资料来源:http://www.woshipm.com/tag/%E7%9B%B4%E6%92%AD%E7%94%B5%E5%95%86[2023-04-02]

3. 直播电商的痛点问题

直播电商发展势头较好，对传统电商造成一定的冲击，但也存在如下痛点问题。

（1）头部效应突显。头部主播的人设、流量都难以复制，小型企业议价能力弱，利用新人直播效应无法及时显现，造成内容形式单一。

（2）主播欠缺专业性。部分主播在选品、销售、互动等技能方面有所欠缺，行业缺乏专业型人才。

（3）用户黏性不足。除了头部主播，多数主播未与用户产生长久稳定的信任关系。

（4）售后问题。商品出现问题，无法明确商家、平台、主播的相关责任。

（5）缺乏监管规范。行业内无明确监管体系及监管标准，商品质量问题、售后服务无法保障。

（6）运营难度大。素人主播往往没有机构与相关团队的支持，个人缺乏运营知识等相关技巧，想要扩大发展规模存在一定的难度。

4. 直播电商的发展趋势

直播电商为电商开启新的消费流量转化渠道，众多电商平台纷纷尝试网络直播营销，主播可以借助直播平台积累的"明星效应""网红效应"进行商业价值转化。随着移动互联网用户碎片化使用趋势的延续以及对多媒体内容消费习惯的深化，未来直播电商市场规模还将继续扩大。

（1）直播产业向多元化、专业化发展。头部平台发展境况较好，企业转型会涌现一批直播电商平台和主播，行业竞争加剧，对主播的专业性要求提高，优胜劣汰更加明显。

（2）市场空间扩大深度下沉，如淘宝直播在一、二线城市最受欢迎，五、六线城市的核心用户占比更高，观看淘宝直播时长越长用户忠诚度越高，随着市场空间扩大，深度下沉，将进一步获得流量增长。

（3）直播电商内容化。随着行业规模的扩大，行业竞争加剧，优质内容将成为主播和平台吸引流量和稳定客源的必要工具。

视野拓展

中国邮政速递物流牵手抖音电商

2022年9月19日，中国邮政速递物流与抖音电商在北京签署"山货上头条"助农项目合作框架协议。双方宣布，将进一步整合、利用多项资源，在强化商家物流保障、搭建邮政电商直播间、联合举办助农专项活动等方面展开深入合作，共同助力品质山货产销对接、高效出村进城，共同助力乡村产业发展和农户增收。

2022年5月以来，中国邮政速递物流先后参与抖音电商"山货上头条"项目在贵州、湖北、广西、四川、重庆、云南等省（自治区、直辖市）的落地运营。双方通过快递和云仓补贴，帮助商家降低物流履约成本；优化揽签时长、超长单占比等指标，整体提升订单履约质量。5—8月，"山货上头条"项目通过中国邮政速递物流累计发件2100余万件，同比增长超过240%。

未来，双方将进一步深化合作关系，拓宽合作范围，丰富业务场景。通过优化区域物流基础建设、举办专项助农活动、推进邮政电商直播间建设、开展农产品货源转介等方式,进一步共建乡村振兴助农新模式;并在快递下乡进村、仓网服务、逆向物流等方面展开合作,不断满足商家和消费者日益增长的服务需求,助力乡村经济发展。

资料来源:https://www.ems.com.cn/newsandinformation[2023-04-02]

5.2.2 社交电商

1. 社交电商概述

广义上说,基于社交关系的线上交易行为都算社交电商,如微商、以微信公众号等为KOL的内容电商、拼多多、快手、淘系直播等。社交电商的基础在于社交,是通过社交关系形成信任关系,在信任关系的基础上进行有价值的分享,从而获取平台给予的奖励。

移动社交一直都是移动互联网最大的流量入口。腾讯控股公告数据显示,截至2022年9月30日,微信及WeChat的合并月活跃账户数为13.089亿,同比增长3.7%;小程序日活跃账户数突破6亿,同比增长超30%,其日均使用次数实现更快增长,同比增长超50%。以微信为代表的移动社交平台占据用户大量的时间,并沉淀了用户的熟人关系,依靠网络效应牢牢地抓住了用户,用户使用频次高、黏性强,流量价值极其丰富。随着小程序的兴起,商业功能不断完善,为电商的进入创造了条件。微信生态以通信服务为基础,拥有朋友圈、公众号、小程序等流量触点,同时借助微信支付,打造服务闭环,为电商降低引流成本提供了良好的解决方案。

2. 社交电商优势

社交电商通过社交分享激发用户的非计划性购物需求,通过信任机制快速促成用户购买,提高直播转化效率,激发用户主动分享意愿,降低获客成本。社交电商高效的获客能力,强大的裂变能力吸引了资本的关注,拼多多、蘑菇街等社交电商的上市将社交电商推上风口。我国社交电商市场交易规模逐年上升,2021年达23785.7亿元。

传统电商的核心是商品、供应链,而社交电商更强调以"人"为核心的逻辑,将社交工具与移动应用改装和放大,让"人和商品"连接的机会被充分孕育。社交电商与传统电商优势对比如表5-1所示。

表5-1 社交电商与传统电商优势对比

电商类型	购买过程				特点
传统电商	主动搜索	多渠道查询对比	下单购买	评价	计划性需求,搜索式购买; 基于商品销量及口碑选择; 以购物分享及评价为主,主动传播意愿不强
社交电商	看到他人分享	种草	快速促成用户购买	社群内传播	非计划性需求,发现式购买; 基于信任关系,内容推荐选择; 在价格、佣金驱动下主动传播意愿高

在传统电商模式下,用户在购物前通常有基本的购买目标,然后到电商平台搜索商品,在众多商品中进行选择,长尾商品难以进入用户视线;在社交电商模式下,用户在社

分享和内容的驱动下从注意商品到对商品感兴趣,产生非计划性购买需求,更容易刺激用户产生冲动型消费,在产生购物需求时通常收藏某特定商品,从而提升购买率。

在商品供给极大丰富的情况下,搜索排名对用户选择几乎产生决定性影响。在马太效应下,流量不断向头部商品汇聚,传统电商表现出品牌化升级趋势,中小长尾商户在此过程容易淹没在海量的商品大潮之中。在社交电商模式下,以社交网络为纽带,商品基于用户个体进行传播,每个社交节点均可以成为流量入口并产生交易,呈现"去中心化"的结构特点。通过他人推荐,用户对商品的信任过程会减少对品牌的依赖,产品质量好、性价比高就容易通过口碑进行传播,给予长尾商品更广阔的发展空间。

3. 社交电商模式

按照流量获取方式和运营模式的不同,社交电商可分为拼购类社交电商、会员制社交电商、社区团购及内容类社交电商。2020 年我国社交电商模式对比如表 5-2 所示。

表 5-2　2020 年我国社交电商模式对比

对比项目	拼购类社交电商	会员制社交电商	社区团购	内容类社交电商
概念	聚集两个及两个以上用户,通过拼团减价模式激发用户分享,形成自传播	S2B2C 模式,通过销售提成刺激用户成为分销商,实现"自购省钱,分享赚钱"	社区居民加入社群后,通过微信小程序等平台下单,用户上门自取或团长配送	通过形式多样的内容引导用户购物,实现商品与内容的协同
模式特点	以低价为核心吸引力	分销机制	以团长为基点,降低获客、运营及物流成本	形成"发现—购买—分享"的商业闭环
流量来源	关系链 (熟人社交)	关系链 (熟人社交)	关系链 (熟人社交)	内容链 (泛社交)
目标用户	价格敏感型用户	有分销能力及意愿的人群	家庭用户	容易受 KOL 影响的消费人群
适用商品	普遍适用、单价较低的商品	有一定毛利空间的商品	复购率较高的家庭日用商品	依平台类型而定

其中,拼购类社交电商、会员制社交电商及社区团购以强社交关系下的熟人网络为基础,通过价格优惠、分销奖励等方式引导用户自主传播。内容类社交电商源于弱社交关系下的社交社区,通过优质内容与商品形成协同,吸引用户购买。

1) 拼购类社交电商

拼购类社交电商是聚集两个及两个以上的用户,以社交分享的方式组团,用户组团成功后可以享受更大的优惠,通过低价的方式提升用户参与积极性,让用户自行传播的模式。拼购类平台只需要花费一次引流成本吸引用户主动开团,用户为了尽快达成订单会自主将其分享至自己的社交关系链中,拼团信息在传播的过程中也能吸引其他用户再次开团,传播次数和订单数实现裂变式增长。拼多多是拼购类社交电商的代表。

拼购类社交电商是基于社交关系的团购低价和分享导向型电商。其目标用户是价格敏感型用户，拼购类社交电商以生活用品、服饰等消费频次高、受众广的大众流通性商品为主，大部分商品价格不超过 100 元。低价是拼购类社交电商吸引用户分享传播的关键，而拼购类社交电商能够实现低价有以下 3 方面原因。

（1）通过拼团的方式引导用户进行分享，降低获客成本，并通过游戏的方式提高用户黏性。

（2）拼购类社交电商体现"发现式"购物的特点，平台通过反向推荐算法，将流量汇集到少数爆款产品，通过规模化带动生产成本降低。

（3）平台通过拼团的方式集中大量订单，获取对上游供应链的议价权。同时，入驻平台的商家主要是工厂店，大大缩短了供应链，降低了中间成本。

视野拓展

京东旗下的社交电商平台——京喜上线

2019 年 9 月，京东旗下的社交电商平台京喜全新上线，以"拼购+玩法+内容"新型综合社交零售模式进击下沉市场。京喜是京东以全面升级的拼购业务为核心，基于包括微信、手机 QQ 两大亿级平台在内的六大移动端渠道打造的全域社交电商平台。京喜的特色是工厂直供和产地溯源，通过优质产业带工厂、产源带商家直供的好货，打造区别于京东主站的全新供应链；并且在依托京东在产品、服务、营销等领域的基础优势提供海量拼购好货的同时，继续为用户提供优选的京东主站商品。为了打通配送环节，匹配"千县万镇 24 小时达"等下沉网络战略，京东推出众邮快递。众邮快递主要面向下沉市场，明确定位于电商快递小件市场，将为国内电商平台、微商微店、新型电商、专业市场及散户提供快递服务，服务产品聚焦于 3kg 小件电商包裹，并且提供快递代收货款（COD）业务、货到付款、货物保价等增值业务。2020 年 9 月，众邮快递宣布在华北地区全面起网，覆盖北京、天津、保定、德州等城市，计划整体规划一级网点 560 个以上，满足社会多层次的物流需要。

2）会员制社交电商

会员制社交电商是指在社交的基础上，以 S2B2C 模式连接供应商与用户实现商品流通的商业模式。

会员制社交电商是个体微商的升级版，早期在个体微商模式下，个体店主需要自己完成商品的采购、定价、销售、售后全流程。而在会员制社交电商模式下，店主（B 端）不介入供应链，仅承担获客与用户运营的职责，由分销平台（S）提供标准化的全产业链服务，店主只需利用社交关系进行分享和推荐就可以获得收入。会员制社交电商的优势来自分销裂变带来的获客红利。平台通过有吸引力的晋升及激励机制让店主获益，推动店主进行拉新和商品推广，有效降低了平台的获客成本与维护成本。

3）社区团购

社区团购是真实居住社区内居民团体的一种互联网线上线下购物消费行为，是依托真实社区的一种区域化、小众化、本地化的团购形式，可以以低折扣购买同一种商品。简而言之，它是依托社区和团长社交关系实现生鲜商品流通的新零售模式。

社区团购模式也是 S2B2C 的一种。社区团购平台提供仓储、物流、售后支持，由社区团长（社区拼团也可以叫作"社区新零售"，一般是宝妈或社区便利店店主）负责社区运营，主要包括社群运营、订单收集、商品推广及货物分发。社区居民加入社区团购后，通过微信小程序或App下单，社区团购平台将商品统一配送团长处，团长完成"最后一公里"配送或者用户上门自提。最小存货单位基本维持在100以内，主要运营阵地在二、三线城市，并且不断下沉。团长每天都会发拼购信息，货品从生鲜、蔬菜、水果到日常用品，基本涵盖了生活中所需的方方面面。

社区拼购平台主打"爆款+预售+团购"的轻资产重运营路线，以微信自有的流量池为运营中心，通过调动社会闲置资源的方式，利用线下的熟人关系网，达成"最后一公里"配送的近景零售。在科技与场景的驱动下，直播带货、末端社区综合服务体商业形态，将更加高效地连通线上与线下、生产与消费，进一步展示快递新形态的性价比。未来的快递网络不只有传统的同城、异地、国际等业务形态，还会形成以快递为核心、多种物流方式组合的综合物流供应链和以末端为核心、多种商业渠道组合的综合商贸供应链。

案例 5-10

2022年社区团购发展现状：逐渐回归零售本质

2022年，曾经红极一时的社区团购每次出现在人前，撤城、收缩、关停都成了关键词。3月，曾经社区团购的明星玩家橙心优选、十荟团相继被曝出全线关停，彻底退出了竞争的舞台。紧接着在6月，京东拆散了京喜事业群，将京喜拼拼并入京东零售，京喜拼拼进一步收缩业务线，大面积关停了多个城市的业务。巅峰时期，京喜拼拼覆盖的省份超过20个，最后业务收缩仅剩下郑州、北京两地。而还在牌桌上的"老三团"独苗兴盛优选也没能撑住，8月，兴盛优选开始了大范围撤城，陆续撤出山西、江苏、浙江、河北和安徽五省，两个多月后又关停了河南、山东、四川、重庆这四个省（直辖市）的业务，仅保留湖南、湖北、广东等少量优势省份，维持区域经营。在兴盛优选节节败退后，社区团购"老三团"退出了历史舞台，由美团优选、多多买菜、淘菜菜组成的"新三团"市场格局确定了下来。

"新三团"的市场规模悬殊，社区团购市场基本呈现美团优选和多多买菜的"两军对峙"的局面。根据国金证券研究数据，截至2022年上半年，美团优选的社区团购市场份额达到38%，仅次于多多买菜的45%。而在行业寒冬之下，2022年4月，美团优选接连关仓，关闭了甘肃、青海、宁夏、新疆、北京的业务。

当热度退去后，冷静下来的从业者们，基于自身的优势和需求，探索起了社区团购的新形态。在社区团购竞争早期阶段，为了抢占市场，资金雄厚的巨头们采取投资扩规模的打法，进行大规模的拓城扩张，价格战打得轰轰烈烈，亏损成为所有企业的结局。直到监管的板斧落下，告别无休止的价格战后，社区团购的市场格局初定下来了，元气大伤的幸存者们也重新审视起了这门新业务。事实上，社区团购最终做的还是零售生意，实际上就是一个比实体超市省钱、比传统电商高效的大超市，比拼的是供应链建设的能力。

回归零售本质，美团优选、多多买菜等基于自身优势，探索起社区团购新的可能性。其中，美团优选在2022年10月进行品牌升级，宣布其品类定位将从"社区团购"转向"明日达超市"，进一步贴合美团的大零售布局。一般来说，社区团购主打的是生鲜品类，升级为超市后，意味着美团优选的SKU拓展至全品类，可以通过标准化的产品覆盖更多人群，提升商品流通效率。

相关数据显示，美团优选全国大部分地区SKU已经做到了1500个，而同类业态平均数是1000个，并且美团优选试图将SKU做到3000个。根据最新财报数据，美团优选升级后的品牌已经覆盖接近3000个市区。

拼多多本身就是靠农产品起家，多多买菜则是背靠拼多多的农产品源头直采的能力，得以大量供应低价农产品。2021年，拼多多设立了"百亿农研"专项，加大对农业的科技投入，向消费者推广了多种通过最新农业科技培养出来的农产品。

另外，入局最晚的淘菜菜从一开始就没有选择价格战，而是将重点放在消费者价值上，追求更好的服务体验。目前，淘菜菜已经打通了盒马鲜生、大润发、零售通、1688及淘特、阿里数字农业的供应链，连接了淘宝和淘特，从根本上解决了供应链问题。

资料来源：https://baijiahao.baidu.com/s?id=1753604664389327564&wfr=spider&for=pc[2023-04-21]

4）内容类社交电商

内容类社交电商是指通过形式多样的内容引导用户进行购物，实现商品与内容的协同，从而提升电商营销效果的一种电商模式。年轻人正逐渐成为网络购物消费的主力军，为了满足其碎片化、个性化的消费需求，电商和内容产业链逐渐走向融合，通过内容影响用户的决策，引导用户的购物行为。

电商和内容产业链正逐渐走向融合，对于电商平台而言，流量红利将尽，亟须新的流量入口，内容作为介质，在提升电商用户黏性和用户体验上作用明显。

在内容社区平台中，可通过帖子、直播、短视频等丰富的形式吸引用户，部分用户在购买商品后还会将自己的使用情况以内容的形式再次分享到平台上，丰富了平台内容，形成"发现—购买—分享—发现"的完整闭环，有效地提高了用户的黏性与转换率。

4. 社交电商的痛点问题

（1）随着行业逐渐发展趋向成熟，大量玩家进入市场，获客成本迅速增加，拼购类社交电商的低价优势逐渐丧失，依然要面对品牌化转型的过程。

（2）会员制社交电商的分销模式类似于传销模式，有极大的政策风险，平台将向合规化转型，降低分销层级。

（3）拥有分销能力及意愿的B端有限，当平台对这部分人的渗透达到一定程度后，平台的裂变能力将遇到瓶颈，行业的竞争又回归中后端的供应链及服务能力，且商家的毛利率低，平台货币转化率的提升空间有限。

（4）在社区团购模式下，团长和用户的转移成本都不高，对平台并没有太高的忠诚度。

（5）在内容类社交电商模式下，头部效应较为明显，随着大部分流量的接入，内容模式趋于同质化，特色内容亟须形成。

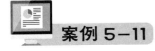

案例 5-11

拼多多拼团模式

拼多多成立于2015年9月，是一家专注于C2B拼团的第三方社交电商平台。用户通过发起和朋友、家人、邻居等的拼团，可以更低的价格拼团购买优质商品。其中，通过沟通分享形成的社交理念，形成了拼多多独特的新社交电商思维。上线未满一年，拼多多的单日成交额突破1000万元，付费用户数突破2000万。拼多多的活跃用户数和交易笔数已经可以与唯品会相提并论，这意味着，拼多多不到10个月的时间走完了老牌电商三四年走的路。

拼多多的拼团模式：每个商品都有单独购买价格和拼团价格，用户选择拼团购买，开团支付成功后获取转发链接，邀请好友参团，参团成员也可以分享该团，邀请更多的人参团，在规定时间内邀请到相应的人数支付购买即拼团成功，等待收货。未达到相应人数则拼团失败，系统会自动退款到付款账户。

拼多多将电商和社交融为一体，为了达成交易必须参与到社交游戏中。

（资料来源：http://www.woshipm.com/pd/401007.html（2022））

5.2.3 生鲜电商

1. 生鲜电商概述

生鲜电商是指通过互联网销售生鲜类产品的电子商务企业。生鲜产品具有易腐烂变质的自然属性，且电商具有虚拟性，决定了生鲜电商的特殊性。生鲜产品对服务质量、安全性、时效性、物流技术和设备要求高，其物流配送点分散。

我国生鲜电商市场发展早期以地域性垂直类生鲜平台为主，随后生鲜电商受到资本方的关注，同时电商巨头纷纷入局，行业快速发展。但由于生鲜电商面临高昂的物流成本及运营成本，部分中小型生鲜电商企业倒闭或被并购。目前，生鲜电商仍处于模式探索和高速发展期，尚未出现成熟的盈利模式，随着前置仓模式持续火热，以及线上线下结合的新零售模式、社区拼团等模式入局，生鲜市场的新一轮发展悄然开始。

案例 5-12

生鲜电商状况

每日优鲜大败北，生鲜电商亏损困境为何难解

2022 年 7 月 28 日，每日优鲜 30 分钟极速达业务关停，意味着其核心业务"前置仓模式"形同虚设。随即，一份 15 分 40 秒的公司内部会议录音在互联网上流传，"每日优鲜称融资未能交割成功，公司宣布解散"的消息引起热议。随着员工讨薪、用户退款、拖欠供应商货款等消息流传，每日优鲜已至"危急存亡之秋"。

每日优鲜之困从输血到造血还有多远

冰冻三尺，非一日之寒。每日优鲜的困局或许早有预兆。企查查 App 显示，每日优鲜成立于 2014 年，是一家专注优质生鲜的特卖网站，共获得 13 轮融资，金额超百亿元。投资机构涉及工银国际、中金资本、Ti-ger Global Management（老虎环球基金）、腾讯投资、联想创投、高盛集团等。目前，腾讯是每日优鲜第二大机构股东，占股 7.9%。

彼时的融资容易，大量的钱被投到补贴大战中，只要讲好"前置仓"这一核心概念，投资人就有耐心等待模式跑通。2019 年，每日优鲜风光无两，创始人徐正甚至高调宣布未来 3 年要做到 GMV（商品交易总额）达 1000 亿元。为了拉新，每日优鲜推出各种半价满减和免费菜品，以跑马圈地的形式成为行业头部玩家。

但是，资本市场是冰冷的。每日优鲜财报显示，2022 年 8 月，每日优鲜亏损总计高达百亿元。2021 年 6 月，每日优鲜正式以 MF 为证券代码在纳斯达克挂牌上市，成为"生鲜电商第一股"，发行价为每股 13 美元。2022 年 4 月，股价跌至 1 美元以下。2022 年 6 月，纳斯达克对其发出退市通知。

成本居高不下前置仓模式还可行吗

前置仓指的是社区附近建立中小型仓储配送中心，从中心向外提供最快30分钟配送到家的一种仓配模式。2015年11月，每日优鲜在北京设立第一个前置仓，并逐步推广全国。为什么要实行前置仓模式？据记者了解，前置仓能够缩短配送时间，满足对生鲜配送有时效性需求的消费者，提高消费体验。但是，前置仓业务相当烧钱，原因是履约成本居高不下。东北证券研报数据显示，前置仓模式的履约费用达10元/单~13元/单，是传统中心仓电商的3倍左右、平台型电商的2倍左右、社区团购的6倍左右。

每日优鲜财报显示，其核心业务前置仓一直处于亏损状态。2018—2020年，每日优鲜履约费用分别为12.39亿元、18.33亿元和15.77亿元，占公司当期营收比例分别为34.9%、30.5%和25.7%。其中，产品交付和仓库运营相关费用占履约费用的比例约六成。

每日优鲜的失败，是否意味着生鲜电商前置仓模式行不通？其实不然。"生鲜电商出现问题不能全怪前置仓模式。"赖阳认为，有些生鲜电商在仓储、物流、冷链设施等方面下了很多功夫，但是在基础采购环节还需加强。假如采购的成本过高，运营起来费用率高于毛利率，会难以盈利。"前置仓的玩法，或许只有内嵌于供应链整体环节中，成为其有机的一部分，管理的成本或许才能降低，做到这一点，要将供应链的管理精细化提升到非常高的程度。"网经社电子商务研究中心特约研究员陈虎东表示。

资料来源：https://baijiahao.baidu.com/s?id=1740780347614331857&wfr=spider&for=pc [2023-07-26]

2. 生鲜电商的商业模式

随着网络零售的日益发展，生鲜电商行业突破传统的生鲜模式，前置仓、店仓一体化、社区拼团、门店到家、冷柜自提等创新模式不断涌现。现阶段，生鲜电商行业多种商业模式并存，竞争越发激烈。与其他电商品类相比，生鲜电商环节复杂，对运输、储存的要求更高。目前尚未出现成熟的盈利模式，各种商业模式各有优劣，行业还在探索发展阶段。总体而言，我国生鲜电商模式主要有两种分类方式：按照产品品类划分和按照经营模式划分。

按照产品品类划分，我国生鲜电商模式可分为综合生鲜电商和垂直生鲜电商两大类，如表5-3所示。

表5-3 我国生鲜电商按照产品品类划分

分类	综合生鲜电商	垂直生鲜电商
模式简介	综合电商平台开设生鲜频道，传统网购的点对点模式，通常采用第三方商家入驻+平台自营	深耕生鲜产品领域，主要分为企业自行采购货物进行销售或者提供线上平台和商家入驻两种模式
产品品类	全品类	多/全品类，向全品类扩充
覆盖范围	离用户越来越近，大部分生鲜电商可覆盖社区周边5公里内的用户	
配送时长	配送效率快速提升，大部分生鲜电商可实现2小时内将生鲜产品配送给用户，部分生鲜电商实现生鲜产品当日或次日送达	
优势	流量丰富，早期培养的用户习惯，品牌优势	更关注细分领域，对供应链的把控能力较强
代表企业	天猫生鲜、京东生鲜	天天果园

按照经营模式划分，我国生鲜电商模式可分为传统生鲜电商模式、"平台+到家"模式、自营前置仓模式、"到店+到家"模式和社区团购模式，如表5-4所示。

表5-4　我国生鲜电商按照经营模式划分

分类	传统生鲜电商模式	"平台+到家"模式	自营前置仓模式	"到店+到家"模式	社区团购模式
模式简介	利用互联网将生鲜产品以自建物流或者第三方物流方式直接配送给用户	通过与线下商超、零售店和便利店等合作,为用户提供到家服务	在离用户最近的地方布局集仓储、分拣、配送于一体的仓储点,缩短配送时间,降低电商配送成本	到店消费+线上购物+即时配送,提供线上线下一体化消费体验	提供产品供应链物流及售后支持,团长负责社群运营,用户在社区自提商品
布局城市	全国布局	以一、二线城市为主	以一、二线城市为主	以一、二线城市为主	二、三、四线城市
覆盖范围	>10公里	1~3公里	1~3公里	1~3公里	0.5~1公里
配送时长	1~2天	1~2小时	1小时内	30分钟	1~2天
优势	因早期培养的用户习惯,获客成本低;具有较强的品牌优势和诚信力	分布在用户周边,满足即时性需求	分布在用户周边,提升配送时效;前置仓模式也可减少产品损耗,降低冷链交付成本	为用户提供线上线下一体化体验;熟食及半成品品类丰富,线下加工制作可有效减少损腐	获客成本低、轻运营模式易规模化扩张
不足	配送时间较长,商品损耗率高;对资金链依赖较强	与线下商家合作,无法把控产品质量	供应链、仓储前期投入较大	模式过重,门店及人力成本增加	平台商品丰富程度受限;缺乏完善的团长管理经验
代表企业	天猫生鲜、京东生鲜、天天果园	京东到家、美团、饿了么	叮咚买菜	盒马鲜生、7 Fresh	源创优品、京喜、淘菜菜

3. 生鲜电商的痛点问题

1) 生鲜电商冷链物流效率低

冷库周转率、冷藏车利用率、货车准时率等指标低,仓储损失率、运输损失率等指标居高不下,从整体上看,冷链物流效率无法跟上生鲜电商快速发展的步伐。目前保鲜、冷藏运输载体及全程物流体系并不完善,不能全程进行良好的支撑,尤其是遇到城市交通拥堵、临时性限行等情况,对即时配送带来较大的考验。生鲜物流企业相对于传统的快递物流企业而言,还存在小、散、弱等现实问题,亟待规模化、集约化、专业化发展。

2) 冷链物流成本居高不下

冷链物流成本居高不下的原因:生鲜产品产地分散,本身具有易腐烂、易损耗的特性,在流通环节对温度要求高,需要全程冷链运输,同时由于标准化程度低,因此损耗成本高;冷链设施不足,基础设施利用率低,冷链物流体系不完善;冷链专业管理和资金投入费用高;用户分散,配送及包装成本高。

3) 生鲜保鲜难,产业链长损耗大

生鲜商品的毛利率很高,但由于产业链太长,包括种植、选品、包装分拣、物流、损耗和营销等环节，因此产品损耗大，利润降低。缩短供应链可以降低损耗，节约成本，以提高渗透率，从而真正获利。

4. 生鲜电商的发展趋势

1) 短链化

更快是生鲜电商冷链物流的方向，而短链是更快的重要"抓手"，未来短链模式创新将会持续深化。一方面冷链链路缩短，中间环节将会减少；另一方面冷链仓配端与用户距离将会更短。

2) 精细化

一方面，随着制冷工艺的完善和冷链设备的创新，冷链物流温区的划分将进一步细化；另一方面，推进冷链物流精细化管理，在温度控制、品质控制、线路优化、人才培养等方面将进一步提升。

3) 高端化

Mob研究院发布的《2022年中国生鲜电商行业洞察报告》显示，①生鲜电商用户中的男女比例从2019年的3∶7转变为2022年的1∶1，且80%以上用户已婚。②生鲜电商用户主要集中于25岁以上的群体，其中35~44岁群体为生鲜电商的"使用大户"，超过半数用户的家庭成员超过三人。这些人群的购买力强，对生活品质要求也高，喜欢选择品质更好、更安全的生鲜食材。③生鲜电商用户的收入主要集中在3千元到1万元，占比超过50%，较高收入群体对生鲜电商偏好更明显。因此，未来生鲜电商要想获得更大的市场份额，产品将会往高端化方向发展。如天猫旗下生鲜平台——喵鲜生在"螃蟹季"推出各地新鲜的螃蟹；京东生鲜也以高端生鲜为主。

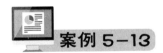

案例 5-13

叮咚买菜、每日优鲜遇寒冬，疫情击垮了生鲜电商吗？

2022年过半，生鲜电商迎来期中考。生鲜电商一边保障着民生的"菜篮子"；一边是长期无法盈利、持续亏损的窘境。好消息是互联网寒潮缓解，局内玩家尚能苟延残喘；坏消息是大环境仍然严峻，市场给出的只有挑战，没有利好。

"撤城"两个字，成了叮咚买菜的标签。叮咚买菜已经停止了天津站的服务，安徽宣城、滁州等地的叮咚买菜站点早在5月31日就公告停止配送服务。站点社群也随之解散，退款、退卡等需求可由消费者自行联系客服解决。此外，在6月14日，广东中山、珠海的叮咚买菜也遭遇了暂停服务，尽管叮咚买菜用"常规优化与调整"加以修饰，背后运营维艰的事实却也不难窥见。

叮咚买菜的老对手每日优鲜，头顶"生鲜前置仓第一股"光环，过得一样不好。截至2022年6月30日，每日优鲜13美元/ADS的发行价跌到0.26美元/ADS。断崖式下跌的它几乎未达到过发行价，4月20日起其股价再也没高过1美元，市值累计蒸发98%以上，目前只有6004.01万元，因此每日优鲜已经连收两份纳斯达克警示函。

此外，还有多家媒体报道称每日优鲜拖欠大量供应商货款，5月27日被北京朝阳区人民法院强制执行532万余元。

有媒体观点认为，前置仓被宣传是解决生鲜电商"最后一公里"的最佳模式，然而现在每日优鲜和叮咚买菜深陷亏损泥淖，危机重重，这意味着前置仓的商业逻辑根本无法成立，甚至投入的大量资金也拖累了生鲜电商。

如今节节败退的每日优鲜和叮咚买菜，共同点是都采用了前置仓模式推动生鲜电商，每个前置仓能够覆盖的距离大约是方圆5km。

电商行业研究员姜鹏许指出，经济上行时，前置仓模式是个有趣的投资噱头。用淘宝与京东做比较，每日优鲜出现前的生鲜电商就像淘宝，主要模式分为商家对接零散消费者（B2C）模式和线上到线下（O2O）模式。

姜鹏许认为，淘宝式玩法的缺点非常明显——时效性差，在天然重视新鲜度的生鲜赛道，消费者很难满足于动辄一周半个月的配送时限，而通过算法匹配仓库建造点，用"城市分选中心+社区前置仓"追逐即买即送目标的每日优鲜与叮咚买菜，就更像是另一家巨头京东，凭着仓储物流体系战斗。更快、更好是生鲜前置仓的标签，也成了它们的枷锁。

盒马鲜生CEO侯毅曾直言，前置仓是个伪命题，客单价上不去、损耗率下不来、毛利率难保障。招商证券在前置仓行业深度报告中也提到，前置仓选择很难盈利，"最后一公里"的配送成本使它变成所有生鲜配送模式中履约成本最高的模式，想要完全跑通模型，乐观预计也还需要几年。

资料改编自：https://www.thepaper.cn/newsDetail_forward_18859991 [2023-07-04]

5.2.4 医药电商

1. 医药电商概述

医药电商是指以医疗机构、医药公司、银行、医药生产商、医药信息服务提供商、第三方机构等盈利为目的的市场经济主体，借助计算机和网络技术（主要是互联网）等现代信息技术，交换医药产品并提供相关服务。中国医药商业协会、前瞻产业研究院整理的资料显示，2005—2009年，以药房网、金象网为代表的首批医药电商亮相；2009—2015年，京东、天猫医药馆、八百方、普天药械交易网获得医药电商A证；医药电商备案、审核、经营范围、价格管理等制度和规范更加明晰，制度和规范促进了药品质量提升、减少了药品流通层级。网售处方药、电子处方流转逐渐放开等一系列政策的规范与完善为医药电商带来巨大机遇；2015—2020年，"互联网+"上升到国家战略地位，医药电商进入快速发展期，医药电商A、B、C证审批取消，准入机制放开，企业进入医药电商的效率提升；2020年至今，参与医药电商的企业除了开拓流通领域市场，还开始尝试延伸到服务环节。在此过程中，实力强劲的平台型医药电商在供应链整合能力、用户体验、场景渗透等方面逐渐显现优势，行业洗牌期来临，格局逐渐成形。

2. 医药电商的商业模式

2019年以来，我国医药电商主要形成了B2C、B2B、O2O三种模式，B2C模式体量稳定在6%左右，规模呈增长趋势；在B2B模式下，西药类产品的需求比率较高，达87.1%，中药材、传统药品和第三方交易等都形成了专属B2B平台；近几年兴起的O2O模式主要通过"引流—转化—消费—反馈"等实现盈利。

1）B2C模式

经营企业直接面对最终消费者。消费者通过企业的平台，可在线比较同一种药品不同厂家的价格，增加选择的种类。

2）B2B 模式

企业通过平台直接面对中小型经销商、连锁骨干型单体药店、诊所等，即现代化的医药分销，完成医疗机构与药企之间的信息对接。

在 B2B 模式下，可以缩短采购商的采购路径，提高采购商的工作效率，简化寻找对口供应商的烦琐步骤，降低采购商的比价工作量。由于平台具有直接性、扁平化、层级少的特点，供应商的优惠政策可直达企业，采购成本大大降低；由于平台具有直接性、针对性，供应商和厂家的服务也将更具体、便捷；由于平台能够及时掌握并更新市场信息，帮助采购商对行情和未来市场的走向进行预判。

3）O2O 模式

依托"互联网+"平台，连接产业链供给侧和需求侧，实现线上线下有机融合的商业模式，将药品实现区域内专业化的即时配送，解决消费者的急需。

在 O2O 模式下，医药电商有四种模式。

（1）医药 B2C+O2O 模式：仅为自己的连锁药店搭建平台，在进货成本、物流配送、医保结算、处方药销售、品牌建设方面占有优势，但需要覆盖面较广的实体店。

（2）自建物流平台 O2O 模式：重资产模式，与线下连锁药店合作，自建物流团队配送药品。此模式发展灵活，物流标准化配送，易提升服务质量，线下合作药店也可节约配送成本。但采取此模式资金压力大，无法把控药品质量，存在法律风险；无法把控要点库存，有下单断货和积压库存的风险。

（3）依托连锁店物流的 O2O 模式：轻资产模式，订单全部由线下连锁店自己配送。此模式节约物流的配送成本，易扩张，能快速完成全国布局，在速度和质量上占有优势；但采取此模式难以把控配送服务质量，药店需要 O2O 平台帮助培训配送员。

（4）全产业链的 O2O 模式：将药企、药店、消费者连通，在价值、品牌建设、配送速度上具有优势；但采取此模式资金压力大，工程量大、扩张慢。

3. 医药电商的发展趋势

（1）线上药品种类更加丰富，能满足用户的各类用药需求。

医药电商的药品种类多为线下药店的 15～25 倍。线上药店不受"店铺"面积限制，且药品种类储备和供应能力均强于线下药店，可选择种类多。

（2）医药电商生态渐明晰，"医+药"闭环正在构建。

线上销售渠道不仅是另一个取药端口，而且能够实现线下求医问药的一整套流程，甚至能够克服线下销售的局限性，提供比线下销售更好的服务。用户对医药电商的期待不只是"买药"，还希望获得更专业的医疗服务。以京东健康、阿里健康、平安好医生等为代表的拥有大规模用户基础、物流体系强大的医药电商已经在下游药品流通和后续服务上具有较强的竞争力，向上延伸产业链进行互联网医院的布局将是一个长期的发展趋势。当该生态构建完成后，以互联网医院为处方入口的医药电商将成功构造互联网医药生态闭环，达成更加智能化、现代化的医疗创新。

（3）用户健康意识提高，需求升级。

随着用户健康意识的增强及在医疗健康方面付费意愿的提升，上医治未病（医术最高明的医生并不是擅长治病的人，而是能够预防疾病的人）的健康管理意识逐渐觉醒，医疗的外延将被含义更广泛的大健康概念包含。患者的重心将从"诊疗"环节前移至"健康管理"环节，在选择药品，尤其是自主选择属性更大的 OTC 药品时，将向更加精细化的方向迈进。

（4）医药电商逐步进入平台转型升级新阶段。

通过电子处方平台对接医院信息系统，药品数据平台转化为订单，支持院内发药、药店自取、送药上门等购药方式，同时解决了网售药对接医保支付问题。

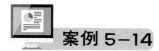

叮当快药

叮当快药是一款基于 O2O 模式的医药健康类互联网产品，是协助药店提供便民服务的第三方信息展示平台。用户通过叮当快药 App 下单，执业药师会提供安全的用药指导，同时药店专业配送人员免费送药上门，核心区域提供 7×24 小时服务，服务区域内 28 分钟免费送到家。当用户习惯网上购物时，唯独医药相关产品无法便捷、快速地通过互联网获取。叮当快药发起药店联盟，填补了市场空白，力求以专业服务抢占市场先机。叮当快药还通过数据分析对用户的健康进行管理，打造"大健康"的服务模式。

2019 年 3 月，"叮当快药"宣布完成 6 亿元的新一轮融资。2020 年 8 月 28 日，叮当快药的首款无人配送车正式在北京海淀区永丰嘉园亮相。同花顺 iFinD 数据显示，截至 2021 年年底，叮当快药覆盖 10 大核心城市，服务区域超过 6000 平方公里，覆盖超过 1 亿人口，服务总人口数量同比增长 73%，服务密度同比增长 52%。截至 2022 年 6 月 30 日，叮当快药在 17 座城市建立 351 家智慧药房，拥有 2800 多名骑手。

资料来源：https://baike.baidu.com/item/%E9%98%BF%E9%87%8C%E5%81%A5%E5%BA%B7%E5%A4%A7%E8%8D%AF%E6%88%BF/24563549?fr=aladdin [2023-04-03]

5.2.5 跨境电商

1. 跨境电商概述

跨境贸易电子商务，简称跨境电商，可以理解为外贸电商，是指分属不同关境的交易主体，通过电子商务的手段将线下进出口贸易中的商品陈列、沟通洽谈和最终交易的环节网络化，并最终经过跨境物流方式递送商品、完成交易的一种国际商业活动。跨境电商包括商品的电子贸易、线上的数据传递、跨境电子资金的支付、电子货运单证和跨境物流等内容。

"一带一路"倡议、"互联网+"等的提出为跨境电子商务的持续发展提供了政策红利，消除了跨境电商贸易和投资壁垒，为沿线各国之间开展贸易创造了良好的合作环境，进一步加强了沿线各国的贸易合作。

2. 跨境电商的有利因素及不利因素

1）有利因素

（1）人均 GDP 水平助力跨境电商发展。

人均 GDP 的迅速发展推动跨境电商行业规模扩张。全国居民人均可支配收入水平不断提高，使得人们对消费的需求越来越旺盛，我国居民开始把目光投向国外种类丰富、时尚潮流、健康安全的商品。

（2）网红经济兴起带动消费升级，引导型消费变革为跨境电商带来新机遇。

近年来，随着年轻消费势力的崛起，电商行业逐渐从传统的综合型平台向内容式的引导型电商转变。"带货"文化兴起的背后是 KOL、热门影视游戏 IP 对年轻用户消费观念和消费方式的重塑。

（3）巨头入局区块链，跨境电商有望迎来新面貌。

区块链技术作为一种防止篡改的分布式记账系统，对物流信息打假作用较大，在理论上可以嵌入跨境电商平台。不同国家的跨境电商、供应商、品牌商的区块链应用水平不同，需打通诸多环节。

（4）中产阶级人数规模不断扩大，商品多样性需求增加。

中产阶级的消费特点表现为愿意购买物优价高的商品，约 1/4 用户的单次跨境消费为 1000~3000 元，消费能力强。随着中产阶级人数的增加，用户对商品品质、品牌，商品多样性需求增加，跨境电商迎来全新的发展机遇。

2）不利因素

（1）政策监管存在困境。

现有法律缺乏对消费者权益的有效保护，跨国交易可能面临法律纷争，如公平交易权保障问题、交易过程的损害赔偿问题和知情权易受侵害等问题。

（2）配套服务不成熟。

跨境电子商务涉及支付、物流、税收、售后、管理等环节，随着我国跨境电商的不断发展，这些环节存在的问题不断突显。比如，在支付方面，第三方平台支付佣金高，跨国交易资金周转率低，支付安全难以保障；在物流方面，国际物流配送时间长，配送成本高，退换货困难，包裹丢失无法确认责任。

（3）跨境电商支付风险重重，互联网信息安全有待解决。

由于跨境电商业务涉及不同国家，而每个国家对跨境支付的态度和监管都略有不同，因此隐含风险较多。由于跨境电商属于新兴产业，还没有对第三方支付的明确法律规定，因此对用户身份的审核受到限制，容易有漏洞，从而产生虚假交易信息，进而产生交易风险。

3. 跨境电商的发展趋势

1）跨境电商企业自建独立站趋势明显

从 2018 年开始，跨境电商领域出现了企业自建独立站，通过独立站的方式把产品及服务卖给用户。这主要是因为平台涌入大量的卖家导致竞争激烈，卖家需寻找新的增长渠道，也是营销自动化升级带来的趋势。

2）品牌化步伐加快我国产品向全球品牌迈进

传统外贸企业加快品牌化建设的步伐，跨境电商平台也倾力打造海外品牌企业。

3）向下拓展

2019 年以来，进口跨境电商纷纷开设线下实体店，网易考拉首家线下实体店"海淘爆品店"在杭州开业；小红书把线上社区搬到线下；丰趣海淘布局覆盖无人便利店、全球精选店、智能无人柜等，突破时间和空间束缚。

4）下沉三线以下城市

跨境电商用户主要在一、二线城市，在农村消费升级和新零售的背景下，电商平台未来将逐步下沉至三、四线城市，行业将在提升用户消费体验等软实力为核心的基础上，进一步提高产品实时性和价格优势。

考拉海购

考拉海购是阿里巴巴旗下以跨境业务为主的会员电商，于2015年1月9日进行公测。2019年9月6日，阿里巴巴集团宣布20亿美元全资收购考拉海购，领投网易云音乐7亿美元融资。2020年8月21日，考拉海购正式宣布战略升级，全面聚焦"会员电商"，销售品类涵盖母婴、美容彩妆、家居生活、营养保健、环球美食、服饰箱包、数码家电等。考拉海购以100%正品、天天低价、30天无忧退货、快捷配送，为用户提供海量的海外商品购买渠道，希望帮助用户"用更少的钱过更好的生活"，助推消费和生活的双重升级。

考拉海购主打自营直采的理念，在美国、德国、意大利等国家和地区设有分公司或办事处，深入产品原产地直采高品质、适合我国市场的商品，从源头杜绝假货，保障商品品质的同时，省去诸多中间环节，直接从原产地运抵国内，在海关和出入境检验检疫机构的监控下，储存在保税区仓库。除此之外，考拉海购还与海关联合开发二维码溯源系统，严格把控产品质量。

作为杭州跨境电商综试区首批试点企业，考拉海购在经营模式、营销方式、诚信自律等方面取得了很多成果，获得由中国质量认证中心认证的《B2C商品类电子商务交易服务认证证书》，认证级别为四颗星，是国内首家获此认证的跨境电商，也是国内获得最高级别认证的跨境电商平台之一。

资料来源：https://baike.baidu.com/item/%E8%80%83%E6%8B%89%E6%B5%B7%E8%B4%AD/16549376?fromtitle=%E7%BD%91%E6%98%93%E8%80%83%E6%8B%89&fromid=22641111&fr=aladdin [2023-04-03]

5.2.6 农村电商

1. 农村电商概述

农村电商又称农村电子商务。农村电商是通过网络平台嫁接各种服务于农村的资源，通过拓展农村信息服务业务、服务领域，成为遍布县、镇、村的"三农"信息服务站。作为农村电商平台的实体终端直接扎根于农村，服务于"三农"，真正使"三农"服务落地，使农民成为平台的最大受益者。

2. 农村电商现状的特点

近年来，随着信息技术的快速发展，在国家乡村振兴战略和相关重大政策、重大项目的推动下，农村电商不断创新。新业态、新模式持续涌现，呈现出许多新特点。

1）东中西部全面发展

近年来，"网红经济"在东北地区迅速崛起，带动了直播电商、网红带货等新业态、新模式发展,并不断与特色产业、精准扶贫、县域经济等创新融合,为区域农产品电商发展提供了新动能。在华东、华中、东北、西北等地区均出现县域网络零售额正增长、零售量负增长的情况,标志着这些地区网络零售的客单价实现较高的增长,居民网络消费水平不断提升。

2)电商瓶颈不断突破

2020年,全国共建成县域电商公共服务中心和物流配送中心2120个,村级电商服务站点13.7万个,物流集中进一步降低了快递成本。全国在基本实现快递网点乡镇全覆盖的基础上,将快递直投到村比例提升至50%以上。2020年用户对生鲜到家的需求急速增长,前置仓、店仓一体化、社区拼团、门店到家、冷柜自提等新型运营模式发展态势良好,冷链物流体系进一步完善,生鲜销量呈现爆发式增长。在2020年9月21日国务院新闻发布会上,国家邮政局宣布通过开展空白乡镇局所补建、快递下乡和建制村通邮三大工程,构建起覆盖城乡、惠及全民的网络体系。从数据来看,快递下乡工程总体上达到了预期效果,基本实现了"村村直接通邮""乡乡有网点"的目标。数据显示,2022年,全国累计建成了990个县级寄递公共配送中心,27.8万个村级快递服务点,全国95%的建制村实现快递服务覆盖。

3)品牌效应持续彰显

数字消费深刻改变了商业模式及消费生态,为农业品牌发展注入了新动能。面对高速增长、潜力无穷的网络市场,依托电商平台加强农业品牌打造与价值提升是促进农业增效、农民增收、农村发展的重要手段。在电商驱动下,运用新媒体的营销,打造了褚橙、阳澄湖大闸蟹、海南火山荔枝、东港草莓、秭归脐橙、湖北小龙虾等一大批知名农产品品牌,创新了品牌营销渠道,提升了农产品的溢价能力。

4)新型电商落地乡间田头

数字技术向"三农"领域逐步渗透、线上线下融合加速发展,推动县域农村电商迭代创新提速。直播电商、网红带货、社区团购、农旅直播等新业态、新模式在县域掀起热潮,手机变成了"新农具",数据变成了"新农资",直播变成了"新农活"。越来越多的农民通过网络直播、短视频平台等开展电商销售,为自家农副产品、文旅产品、原生态风光等"代言",涌现了一批网红新农人。

3. 农村电商存在的问题

2015年,国务院常务会议提出,完善农村及偏远地区宽带电信普遍服务补偿机制,加快发展农村电商,促进快递业发展。此后6年多的时间里,农村电商快速发展,但出现的一些问题也需引起高度重视。

1)电商政策协同性不足

各级政府部门高度重视农村电商,相关部委也从不同角度出台政策措施,大力发展农村电商,但由于各部门横向沟通和配合动力不足,尚未建立围绕促进农村电商发展的部门协调机制,政出多门,资金重复投入,造成人力、财力等资源浪费,降低了政策支持效果。

2)电商产品质量良莠不齐

近年来,随着国家一系列电商产业政策出台以及头部电商企业加快布局县域电商建设,我国农村电商发展势头迅猛,城乡居民充分享受到电商发展带来的数字红利。同时,产品质量等带来的一系列问题逐渐成为当前县域电商发展的突出问题。在下行方面，农村地区市场供应链条长、流通成本高，加之农村消费者辨别能力差、维权意识薄弱，导致农村劣货、假货问题久治不愈，个别头部企业、微商、团购、社交电商为获得错位竞争优势，主打低端商品，以廉价商品和假冒伪劣产品迅速抢占农村市场，产生了"劣币驱良币"的不良影响。在上行方面，普遍存在农产品标准化程度低、地域品牌影响力弱、深加工发展滞后明显等问题，产品形态大多为初级农产品，农民品控能力弱，没有形成农产品标准，农产品品质得不到保障。

3）电商基础设施薄弱

农村电商基础设施薄弱，成为电商发展的最大短板。虽然省、市、县、乡基本实现了互联互通，但信息传输在进村入户环节存在"梗阻"情况，特别是在移动互联网时代，5G覆盖农村仍然任重道远。农村物流体系末端服务能力不足，降低了电商产品的品质，增加了电商产品的物流配送成本，出现农产品"难以出村"、工业品"难以进村"的双重困境。尤其是生鲜农产品电商，还未形成稳定的冷链运输、冷冻仓储、冷链配送体系，因而极大地阻碍了农村电商规模性发展和突破。

4）农业电商专业人才短缺

农村电商人才培养滞后是制约农村电商发展的重要因素。受地理位置、区域经济差异等因素的影响，农村电商人才引进难度大且流失率高，专业人才缺口大，呈现"难培、难引、难留"的现象。农村电商培训内容和方式有待加强，针对农村电商人才的培训形式单一，实践课程少，跟踪辅导少，内容有限且不成体系，没有对产品策划、运营推广、美工设计、数据分析、客户维护、物流仓储等进行系统培训。

5.3 新 零 售

5.3.1 新零售的概念

新零售是个人、企业以互联网为依托，通过运用大数据、人工智能等先进技术手段，对商品的生产、流通与销售过程进行升级改造，进而重塑业态结构与生态圈，并对线上服务、线下体验及现代物流进行深度融合的零售新模式。

5.3.2 新零售的特点

1. 生态性

新零售

新零售的商业生态构建涵盖网上页面、实体店面、支付终端、数据体系、物流平台、营销路径等方面，并嵌入购物、娱乐、阅读、学习等多元化功能，进而推动企业线上服务、线下体验、金融支持、物流支撑四大能力的全面提升，更好地满足消费者对购物过程便利性与舒适性的要求，并由此提高用户的黏性。同时，以自然生态系统思想为指导而构建的商业系统是由主体企业与共生企业群及消费者共同组成的,且表现为一种联系紧密、动态平衡、互为依赖的状态。

2. 无界化

企业通过高效整合线上与线下平台、有形与无形资源,以"全渠道"方式清除各零售渠道间的种种壁垒,模糊经营过程中各个主体的既有界限,打破过去传统经营模式下存在的时空边界、产品边界等现实阻隔,促成人员、资金、信息、技术、商品等的合理、顺畅流动,进而实现整个商业生态链的互联与共享。依托企业的"无界化"零售体系,消费者的购物入口将变得非常分散、灵活、可变与多元,可以在任意时间、地点通过实体店铺、网上商城、电视营销中心、自媒体平台甚至智能家居等渠道,与企业或者其他消费者进行全方位的咨询互动、交流讨论、产品体验、情景模拟以及购买商品和服务。

3. 智慧型

新零售商业模式得以存在和发展的重要基础是消费者对购物过程中个性化、即时化、便利化、互动化、精准化、碎片化等要求的逐渐提高,而满足上述需求在一定程度上需要依赖于"智慧型"购物方式。在产品升级、渠道融合、客户至上的新零售时代,消费者经历的购物过程及所处的购物场景必定具有典型的"智慧型"特征。

4. 体验式

随着我国城镇居民人均可支配收入的不断增长和物质产品的极大丰富,消费者主权充分彰显,消费观念逐渐从价格消费向价值消费进行过渡和转变,购物体验成为决定消费者买单的关键性因素。在现实生活中,消费者对某个品牌的认知和理解更多地源于线下的实地体验或感受,而"体验式"的经营方式就是通过线下实体店面,将产品嵌入所创设的各种真实生活场景,为消费者提供全面、深入了解商品和服务的直接机会,从而触发消费者视觉、听觉、味觉等方面的综合反馈,在提高参与感和获得感的同时,进一步实现线下平台的价值。

 视野拓展

新零售的未来展望

21世纪初期,当传统零售企业未觉察电子商务对整个商业生态圈可能产生的颠覆性作用时,以淘宝、京东等为代表的电子商务平台开始破土而出,电子商务发展到今天,已经占据我国零售市场主导地位,这也印证了比尔·盖茨所说的"人们常常将未来两年可能出现的改变看得过高,但同时又把未来十年可能出现的改变看得过低"。随着新零售模式的逐步落地,线上和线下将从原来的相对独立、相互冲突逐渐转化为互为促进、彼此融合,电子商务的表现形式和商业路径必定会发生根本性的转变。当所有实体零售都具有明显的"电商"基因特征时,传统意义上的"电商"将不复存在,人们经常抱怨的电子商务给实体经济带来的严重冲击也将成为历史。

新零售模式打破了之前线上和线下各自封闭状态,线上线下可以相互融合、取长补短、相互依赖,线上更多地履行交易与支付的职能,线下通常作为筛选与体验的平台,高效的物流将线上线下连接,并与其共同作用形成商业闭环。基于该种模式,消费者既能获得传统线下零售的良好购物体验,又能享受到传统线上电商的低价和便利,各种新兴科技对人们购物全过程的不断渗透将使企业提供的商品与服务融入更多的智慧因子,产生"1+1>2"的实际效果。在新零售模式下,消费者可以任意畅游在智能、高效、快捷、平价、愉悦的购物环境之中,购物体验感大幅度提升,年轻群体对消费升级的强烈意愿也得到较好的满足。

5.3.3 新零售的实施维度

1. 线上维度

线上维度在新零售生态体系中肩负着商家与消费者双方的信息收集、整理、反馈与决策等重要职能,同时承担了支付、交流等渠道功能,是零售数字化改造的主阵地,扮演着优化交易过程的重要角色。企业实施新零售战略的主要目标之一是为消费者提供能够尽可能摆脱特定时间、空间和形式束缚的全新购物方式,实现在不同购买渠道和支付手段下也能获得一致性的价格、服务与权益,进而时刻满足消费者在整个消费过程中的购买、社交、休闲、娱乐等需求,而上述目标的达成主要依赖企业线上经营模式和技术应用的创新。

2. 线下维度

线下是支撑新零售生态体系的基础性平台,扮演着优化体验过程的重要角色,商家围绕提升消费者购物体验的一系列举措大多以其为依托来推进实施。"产品+服务+场景+体验"四位一体的线下平台会为消费者呈现一幅"产品个性化、服务精细化、场景多样化、体验内容化"的全新购物图景。以新零售为代表的未来主流零售模式必定将"人"置于核心与关键位置,针对商品的经营只是表象,基于提供满足消费者需求的商品和服务来经营"人"才是实质,而不断升级的消费需求尤其是消费体验需求主要依靠线下平台。

3. 物流维度

无论是在传统零售业生态构架内还是在新零售生态体系中,物流都是不可或缺的关键组成部分,在各交易主体的购、存、销等业务活动中承担着商品存储与流转的重要职能。从消费者角度看,物流在很大程度上直接影响消费者的购物体验和购物决策。从企业角度看,新零售商业模式要求的线上线下一体化必须以高效、智能、精确、协同、环保的智慧化物流解决方案为支撑,从而达到提高商品配送效率、降低运营成本、减少甚至消灭库存的理想状态。

案例 5-16

快递驿站新玩法——特卖便利店+无人驿站

在南京江宁区,一家名为"松鼠特卖店"的门店正式亮相。这家主打"特卖仓+24 小时便利店+无人驿站"的门店,在取快递的同时还能顺便购买物美价廉的商品,在开业当天就吸引了大量顾客参观和抢购商品。据了解,"松鼠特卖仓"是以"折扣特卖仓+24 小时智能门店"的全新运营模式,聚焦三、四线城市,定位社区家庭采买,以更高的品质、更优的价格、更近的距离为顾客提供更好的购物体验。

它采取"1仓N店"的模式,通过每日输出3~5款爆款特价团购产品,最终将末端门店培育成社区的"网红店"。

数据显示,以尾货、临期商品等为主的中国特卖市场不断扩大,2021年交易规模已突破1.6万亿元,未来还会持续增长。目前,消费者购物观念更加理性化,"好品牌、好品质、高性价比"正在成为主流的消费趋势,尤其是三、四线城市特卖市场潜力很大,便利店市场前景广阔。商务部发布的《关于开展便利店品牌化连锁化三年行动的通知》明确提出,2022年全国品牌连锁化便利店总量达到30万家,连锁便利店24小时营业门店比例(含无人零售店)不低于30%。24小时营业门店无疑将迎来"遍地开花"般的巨大商机。

快递被誉为中国经济的一匹黑马,连续多年高速增长,2021年业务量突破1000亿件,日均快递量超过3亿件,服务人次超6亿,消费者对于随到随取的快递驿站的需求日益旺盛。国家邮政局数据显示,目前国内快递公共服务站数量已突破16万个,未来还将呈现几何倍数增长。同时,在残酷的市场竞争下,快递驿站存在经营模式单一、过度依赖平台补贴等问题,到了必须转型的关键时期。只有引入客流,获得健康稳定的盈利模式,才能实现长久的可持续发展。

正是在这种背景下,"松鼠特卖仓"和"松鼠特卖店"应运而生,采用"仓+店+站"的模式,以仓辐射店,以店反哺仓,仓店良性循环,再搭载快递无人驿站,为便利店引入客流、增加个性化营收以及让消费者随取随买,最终形成一个提供便民服务的智能便利店品牌。

资料来源:https://zhuanlan.zhihu.com/p/528155654 [2023-07-26]

5.3.4 新零售的现存问题

1. 建设门店成本过高

新零售的线下门店大多设立在一线城市的人口密度较大的地区,如社区店、CBD店等,都面临店面租金贵的问题,并且门店多为连锁店,在全国范围内需要有统一的门店标识与装饰,又增加了建设成本。线下门店为给消费者提供多样化的服务,其门店面积较大;为给消费者提供便捷的购物体验,其科技应用水平较高,如人脸识别、电子货架、电子标签、AR体验等高新技术和设备的应用,都增加了店面的建设成本与运营成本。

2. 快递人员零售业务能力较弱

快递从业人员零售业务能力不足,流动性较大,缺乏专业的技能培训,并且快递从业人员每天都有庞大的业务量,缺乏灵活的时间进行销售,由于配送量与绩效考核直接挂钩,因此快递员更加重视包裹配送。据调查,在100个快递员中,只有15%左右的快递员能够和消费者对话交流;快递员与消费者建立熟悉关系的只有5%~8%;而真正能够与消费者建立信任,加上微信的只有2%~5%。

3. 平台提供的产品单一

很多新零售平台提供的产品单一,是因为没有对用户需求进行有效的利用,或者采用"产品+服务"的组合模式,提高用户的黏度。许多新零售的线下门店受店面面积经营方向的限制,商品品类不多,难以提供像线上平台那样丰富多样的产品,而且各个平台都有自己的产品供应商或者合作加盟商,方便管理、溯源,产品渠道与品牌固定化。新零售平台还存在成本问题,单一产品批量大进货成本相对降低。

4. 数据商业化困难

从企业的战略决策上看，很多企业把更多的精力投到广告营销方面，忽略了大数据打造的消费者的全息人像所带来的利益。在数据行业化过程中，数据采集的成本问题、数据的可靠性问题和数据来源问题都将进一步解决，以打通线上与线下数据的结合，构建大数据体系。

从数据采集的实现难度上看，互联网技术对线下门店的智能化改造是一个难点。线上平台的商品交易实际上都是云端的交互过程，不掺杂实体物品的交易流动；线下门店则不同，比如 POS 机和整个结算体系等数据无法同步，将这些大规模的线下门店变成一个在线的体系是对整个系统和架构的一个巨大挑战。

5. 区域扩张复制难

新零售设计的场景主要适用于人口密集的一线城市，而且对选址要求非常高，最好是商住合一的位置。新零售模式能否到社区，能否到其他城市是一个很大的挑战。要复制该模式是比较困难的，一方面是因为需要花很长时间培养互联网人群的使用习惯，另一方面是因为人口密度低的地方，配送成本高，配送效率比较低。

6. 成本和效率的平衡问题

新零售成本控制没有形成绝对的优势，无论是对线下门店的技术化改造（包括店内物流动线创新）还是对 App 的开发，都要投入大量的人力、财力、物力。新零售从整体逻辑上缺乏对成本的控制，长期难以实现商业的本质，即在保证效率的前提下提供物美价廉的商品。

5.3.5 新零售的未来趋势

1. 以数据为核心，消费者全渠道行为可视化

互联网平台掌握和应用的消费者数据，主要集中于线上行为数据，包括电商网站和各类信息、娱乐应用。而随着移动支付的高度普及，消费者的线下行为也是可以被跟踪的，并且通过统一身份与线上行为信息互通。此外，智慧门店中的智能零售硬件可以收集交易以外的软性行为数据，例如店内动线和货架停留时间等。因此，消费者在全渠道的行为都是可以被跟踪和分析的，这将构成数字化零售生态的基础能源。

2. 消费者画像分析，零售渠道精细化

强大的消费者行为数据库为消费者人群细分、精准的偏好分析提供输入，推进基于消费者需求的反向定制。更重要的是，互联网平台成为连接产品与消费者的桥梁，可以智能地将产品匹配给特定细分群体附近的零售终端。小品牌商品不必再受制于无力拓展渠道的痛点，可以更加高效、精准地触达特定人群。同时，线上平台接入数字化的零售终端（包

括接入在线订货和移动支付的数百万传统小店)和经销商,实现商品进销存和物流信息实时在线,提升实体渠道效率。

3. 技术升级,末端市场智慧赋能多元化

技术升级助推新零售不断进步,围绕为消费者带来的体验进行业态升级,不管是新的智慧门店还是新的互动体验,都将与过去完全不同,应用新的技术给消费者带来新的体验将成为常态。随着 5G、人工智能、AR/VR、生物识别、图像识别、机器人等技术更加成熟,新兴技术的应用门槛大幅降低,新技术层出不穷,从设计、原材料采购、商品生产及加工、商品经营到结算等整个供应链生态链条,可以实现技术有效赋能,帮助新零售实现高效的智能化服务。

4. 多元化、共享代收成为末端发展趋势

随着快递行业的发展,快递业务量大、单件快递多次配送问题使得末端配送压力越来越大。消费者安全、便捷、优质服务的多元化收件需求催生了末端快递代收市场。代收服务未来将朝着专业化方向发展,包括服务和运营的专业性,一方面需要建立统一的服务标准形成行业规范,另一方面则使用智能化技术提升代收服务效率。在代收服务内容丰富性上,个性化服务包括冷链生鲜、贵重物品代收、定时配送等。此外,利用代收点的便利性,拓展相关生活的增值服务也将成为潜在的发展机会。

 视野拓展

无人零售

2017 年,新零售的概念横空出世,虽然每个人对它的期望都不尽相同,但无人零售因人工智能、大数据等前沿技术的应用,以及移动支付和配套设施的逐渐完善,被市场和资本寄予厚望。与此同时,无人零售的延伸——无人货架也发展迅猛。但是仅一年多,很多无人零售的企业就因经营不善而倒闭裁员。

早期无人零售的店面能够节约人力、物力,提高效率。然而,对无人店本身来说,前期店面几十个监控设备和后台大量云端部署都是不小的投入。虽然线下的人流成本比线上低很多,但相比传统店面,无人店仅少了收银员的成本,补货、整理、清洁、运营同样需要人工进行。此前无人零售的店面大量倒闭主要是因为货损率高,由于缺少相应的安防设施和人员监控,商品很容易被人拿走。无人店内的智能技术也不算成熟,经常会遇到顾客无法识别、无法结算、无法开门等故障,顾客遇到一次故障就可能不会有再进店的欲望。

同时,人们对无人零售烦琐的注册过程和支付过程感到头疼。例如,一些年纪大的顾客操作起来很困难,很多时候,缺少门店导购会让顾客找不到自己想买的商品,这无疑给顾客带来了不便。无人零售的关键词是"零售",而非"无人"。很多人都把"无人"定义为关键词,所以就误把自动支付、无人值守等作为店面亮点,却忽略了"零售"的真正意义。从资金、技术、人力,到供应链、精细化运营、场景价值打造,所有新兴行业只有由各个环节稳定搭建才能长期发展。对于无人零售行业而言,无论是巨头还是创业企业,都在不同环节遭遇阻碍。

任何技术革新是否能降低成本和增加销售额,这也是业内公司努力的方向。企业应该从各个维度尝试无人化或者高效率零售在各种场景中的应用,同时加入人工智能进行技术沉淀。新零售关键是看企业能否将各种超市场景结合起来,形成一个综合性的人工智能商超,而不是将人工智能作为单一化应用来减少人工成本。

资料改编:https://baijiahao.baidu.com/s?id=1666196448109483600&wfr=spider&for=pc [2023-08-04]

5.4 电子商务网站推广与营销

电子商务网站是指利用信息技术进行商务活动的网站,是电子商务企业进行网络营销、传递企业信息、与用户沟通的重要平台。让用户了解企业的商务网站是电子商务企业的首要任务。因此,电子商务网站本身的推广与营销是企业电子商务战略成功的关键。一般来说,网站的推广计划至少应包含下列主要内容。

(1)确定网站推广的阶段目标。阶段目标包括发布后实现每天独立访问用户数量、与竞争者相比的相对排名、在主要搜索引擎的表现、网站被链接的数量、注册用户数量等。

(2)在网站发布运营的不同阶段采取的网站推广方法。详细列出各个阶段的具体网站推广方法,如登录搜索引擎的名称、网络广告的主要形式和媒体选择、需要投入的费用等。

(3)网站推广策略的控制和效果评价。如阶段推广目标的控制、推广效果评价指标等。对网站推广计划的控制和推广效果评价是为了及时发现网络营销过程中的问题,保证网络营销活动顺利进行。

网络资源的最大优势是快速、便捷、低廉、高效、具有互动性。随着网络用户数量的增长,信息传播面越来越广,传播速度也越来越快,电子商务网站推广与营销需要充分利用这些特点,结合自身情况选择推广与营销的方法。常见的电子商务网站推广与营销方法如下。

1. 搜索引擎推广

搜索引擎推广是指利用搜索引擎、分类目录等具有在线检索信息功能的网络工具进行网站推广的方法。在网络营销中,应该重视搜索引擎的作用。网站正式发布后,应尽快提交到主要的搜索引擎,并关注网站是否被搜索引擎注册或登录,是否在相关关键字搜索时获得比较靠前的位置。

2. 软文营销

软文营销是企业网络营销推广的核心。软文是广告创意的源头,博客营销、论坛营销、微博营销的实质是软文营销,只是发布渠道和软文外在表现形式不同。软文营销投入资金成本低,回报见效快,并且发布的软文信息可以长期在互联网上留存,随查随有。当企业长期投放广告没有软文推广时，会存在品牌口碑缺位，出现广告引入的流量难以成交的问题，此时配合启动软文营销可使整体的网站推广效果事半功倍。

3. KOL 推广

在营销学上，KOL 推广是指由拥有更多、更准确的产品信息，且被相关群体接受或信任，并对该群体的购买行为有较大影响力的人进行的推广。KOL 通常是某行业或领域内的权威人士，在信息传播中，其即使不依赖自身活跃度，也容易被承认和识别。KOL 通过各种媒介向用户提供建议、指导、评论等，其关注者和社交媒体用户也会积极参与 KOL 内容的创建，形成口碑传播及直接购买行为。KOL 涉及体育、电子游戏、时尚、美妆、美食、旅游、汽车、奢侈品等行业。从广义上来说，KOL 包含行业名人、知名博主等人群。

4. 社群营销

社群营销是在网络社区营销及社会化媒体营销基础上发展起来的用户连接及交流更紧密的网络营销方式。社群营销主要通过连接、沟通等方式实现用户价值，营销方式人性化，不仅受用户欢迎，还可能成为继续传播者。借助互联网沟通类工具，把目标用户聚集在一起的社群，比如微信群、QQ 群，通过群内的互动、沟通等挖掘潜在意向用户，最终达成销售的目的。

5. 问答营销

问答营销是互联网技术品牌推广的关键方式，也是用户评价营销的重要环节。许多公司都根据问答营销，让网友认识公司、了解公司产品从而促成购买。常见的问答营销服务平台包括百度问答、360 问答、搜狗问答、知乎、悟空回答、知乎论坛及各领域技术专业的问答网站。

6. 利用传统的媒介推广

在网站推广的过程中，除了应用网络技术，还常运用传统的推广手段，将线上线下的推广结合，获得更好的效果。可以充分利用传统推广工具，如电视、报纸、杂志以及其他传统媒体广告等，在这些工具里面有意地标明网址并强调其重要性。当潜在的用户对产品感兴趣时，促使他们通过网址访问企业的网站，最终达成利用传统媒介推广电子商务网站的目标。

7. 病毒营销

病毒营销是指通过类似病理和计算机病毒的传播方式，即自我复制的病毒式的传播过程，利用已有社交网络提升品牌知名度或者达到其他市场营销的目的。也就是说，通过提供有价值的产品或服务，以及用户的宣传实现营销杠杆的作用。病毒营销已经成为网络营销的独特手段，被越来越多的商家和网站成功应用。

常见的口头传递病毒营销方式是"告诉一个朋友"或"推荐给朋友"，这也是大部分网站使用的方法。将网站的特征、核心等做成"病原体",其必须具有传染性,能够让他人引起兴趣,从而达到网站推广的效果;然后选择准确的目标群体("易感人群"),在适当的时机,通过发布渠道推广网站,IM、QQ、论坛、邮箱、微信朋友圈、微博是常用的渠道。同时,"病原体"上要嵌入代码或网址,通过观察后台数据,可以清晰地看到"病原体"的传播效果,从而进行调整。

8. 事件营销

事件营销是指企业通过策划、组织和利用具有新闻价值、社会影响以及名人效应的人物或事件,吸引媒体、社会团体和用户的兴趣与关注,以提高企业或产品的知名度、美誉度,树立良好的品牌形象,并最终促成产品或服务销售的手段和方式。

事件营销存在两种模式——借力模式和主动模式。借力模式是指将电子商务网站向社会热点电商时代等靠拢,从而实现公众对热点话题的关注,同时实现网站的推广。主动模式是指根据自身电子商务网站的特点和核心,通过新闻等媒体成为社会的关注点,从而推广电子商务网站。

此外,电子商务网站还有很多的推广方法。在推广过程中,对网站推广措施的效果进行跟踪,对网站流量定期进行统计分析,必要时与专业网络顾问机构合作进行网络营销诊断,改进或者取消效果不佳的推广方式,在效果明显的推广策略方面增大投入比重。要根据电子商务网站的自身情况做好大面积的、高效的宣传工作,设计出显眼的、个性的、有独特魅力的推广方式。

5.5 本章小结

电子商务运营就是搭建电子商务平台,设计完备的电子商务解决方案优化产品,再通过电子商务平台将其推广出去,同时建立服务团队支撑整个电子商务平台的运作。电子商务运营主要包括电子商务平台建设和维护、品牌策略、视觉营销、品牌塑造及推广方案。电子商务运营也是随着电子商务的发展逐渐产生的,是一种全新的网络营销方式。在电子商务市场争夺日益激烈的今天,这种营销方式越来越被企业看重。

根据参与主体和方式的不同,电子商务运营模式一般分为B2B模式、B2C模式、B2M模式、C2C模式、B2G模式、B2E模式、C2B模式、O2O模式、C2M模式等。

随着电子商务的发展,电子商务出现了多种新业态,如直播电商、社交电商、生鲜电商、医药电商、跨境电商、农村电商、新零售等。

电子商务网站是电子商务推广的重要途径,网站推广计划是网络营销计划的组成部分,制订网站推广计划本身也是一种网站推广策略。网站推广计划不仅是推广的行动指南,还是检验推广效果是否达到预期目标的衡量标准。

习 题

一、判断题

1. 电子商务运营就是搭建电子商务平台,设计完备的电子商务解决方案优化产品,再通过电子商务平台推广,同时建立服务团队支撑整个电子商务平台的运作。( )

2. 从广义上说,电子商务运营的服务包含电子商务运营平台的美化、视觉 UED 的设计、品牌推广的方案策划和品牌策略的制定等方面。( )

3. B2C 是指消费者之间的电子商务。( )

4. 新零售是在线上零售遭遇天花板、移动支付兴起以及新中产阶级崛起的背景下产生的。( )

5. 病毒营销是指通过类似于病理和计算机病毒的传播方式,即自我复制的病毒式的传播过程,利用已有社交网络提升品牌知名度或者达到其他市场营销目的。( )

二、选择题

1. 下列不属于电子商务运营内容的是( )。
   A. 品牌策略的制定　　　　　　　　B. 开发
   C. 电子商务运营平台的装饰　　　　D. 品牌推广方案的策划

2. 企业与企业之间的电子商务是( )。
   A. B2B　　　　B. B2C　　　　C. B2G　　　　D. B2E

3. 电子通关、电子报税属于( )。
   A. B2B　　　　B. B2C　　　　C. B2G　　　　D. B2E

4. 下列不属于新零售特点的是( )。
   A. 生态性　　　B. 区域化　　　C. 智慧型　　　D. 体验式

5. 下列( )是指利用搜索引擎、分类目录等具有在线检索信息功能的网络工具进行网站推广的方法。
   A. 搜索引擎推广　　　　　　　　　B. 关联网站
   C. 博客推广　　　　　　　　　　　D. 病毒营销

三、思考题

1. 阅读导入案例,思考传统企业做电商失败的最大原因是什么?
2. 简述电子商务运营模式的概念、特点及主要案例。
3. 对比分析社交电商与传统电商,并列举身边 2~3 个社交电商的例子。
4. 列表说明生鲜电商的不同经营模式,并总结生鲜电商发展的痛点问题,提出解决思路。
5. 结合自身专业知识,为农村电商的高质量发展提出建议。

案例分析

阿里巴巴电子商务案例分析

阿里巴巴是马云于1999年一手创立的网上贸易市场平台。2003年5月,阿里巴巴投资1亿元建立个人网上贸易市场平台——淘宝网。2004年10月,阿里巴巴投资成立支付宝公司,面向我国电子商务市场推出基于中介的安全交易服务。阿里巴巴的主要经营产品有工业品、消费品、原材料、商业服务等。

1. 阿里巴巴电子商务网站介绍

阿里巴巴是我国领先的B2B电子商务公司,为全球的买家、卖家搭建高效、可信赖的贸易平台。

阿里巴巴网站的基本功能如下。

(1)会员功能:注册、修改个人信息,申请各类收费服务等。

(2)发布产品功能。

(3)管理交易和订单功能。

(4)顶级商铺旺铺功能。

(5)图片相册功能。

(6)绑定支付宝、设置地址、开通全站账户。

2. 阿里巴巴的运营模式

(1)专做信息流,汇聚大量市场供求信息。信息更新快,信用度高,吸引了很多企业。

(2)采用本土化的网站建设方式,针对不同国家采用不同的语言,简易可读,且具有亲和力。阿里巴巴网站有多种语言,以贴切的形式吸引用户。

(3)网站门槛低,以免费的方式吸引企业登录平台注册用户,成为会员,汇聚商流,活跃市场,源源不断的信息流创造了无限商机。因为注册会员的人或企业越来越多,信息源源不断地更新,流量越来越大,所以阿里巴巴成为全球最大的B2B网站。

(4)阿里巴巴的信用度非常高,吸引了大量企业,以广告的形式运营。阿里巴巴具有难以模仿的特点,吸引了更多用户注册会员。

(5)阿里巴巴的物流体系和配送服务体系越来越完善。

(6)建立各种服务信息点,让用户了解阿里巴巴、信任阿里巴巴。

3. 阿里巴巴的管理模式

(1)阿里巴巴的信息流十分对称、真实,而且非常流畅,反应快,信息更新快。

(2)阿里巴巴的物流功能越来越强,物流正在向全球化、信息化、一体化发展,需求配送、装卸、储存系统完善,但缺乏物流的个性化。

(3)阿里巴巴在保证用户的隐私权、知情权、选择权、确认权、撤销权等方面做得比较完善。

(4)阿里巴巴的诚信度非常高,但仍然存在不足之处,应该尽快建立网上、网下的失信惩戒机制。

4. 阿里巴巴的运作流程

(1)寻找供应商:企业通过在线平台寻找合适的供应商,可以选择国内或国外的供应商,并可以根据不同的产品类别、质量和价格等标准进行筛选。

（2）在线下订单：一旦找到了合适的供应商，企业可以在线下订单，完成交易，包含合同签署、支付、物流等。

（3）仓储和物流：阿里巴巴对其仓储和物流业务进行了自主控制，可以确保商品从供应商发货到最终到达客户手中的质量和安全。

（4）客户服务：阿里巴巴提供在线客户服务，可调查客户满意度，并分析客户反馈，这样可以更好地了解客户需求，提高服务水平。

5. 站点结构图

电子商城交易模块结构图（只是大体结构，标准化结构以官方网站为准）如图 5-1 所示。

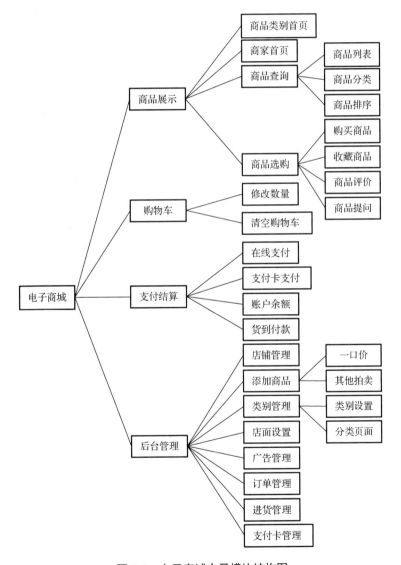

图 5-1　电子商城交易模块结构图

账户管理模块功能结构图（只是大体结构，标准化结构以官方网站为准）如图 5-2 所示。

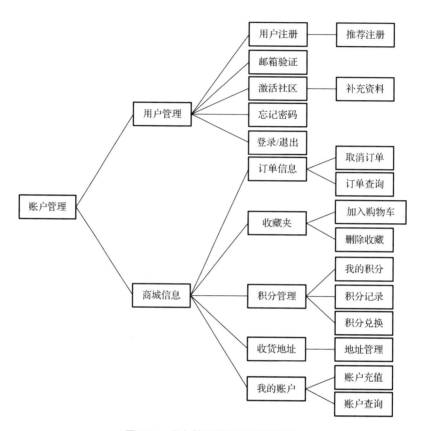

图 5-2 账户管理模块功能结构图

资料来源：https://www.xiexiebang.com/a2/2019051221/59f6a50d1a5a6d0a.html [2023-04-04]

思考：

1. 电子商务网站的建设步骤有哪些？
2. 如何成功运营电子商务网站？
3. 对我国主要电子商务网站进行分析。

第6章
电子商务物流配送与配送中心

【学习目标】
1. 理解配送的概念、分类和特征。
2. 理解配送中心的概念、分类和功能。
3. 理解配送中心的基本作业流程。

【学习重点】
1. 配送中心的功能和基本作业流程。
2. 配送中心规模的确定。

【能力目标】
1. 掌握配送中心的规划要素和规模的确定等基础理论知识。
2. 能够运用配送中心选址方法解决企业的实际问题。

导入案例

百度智慧物流园区管理系统

百度智慧物流园区管理系统是以 AI 为中枢、以大数据为依托、以云计算为基础的 ABC 三位体深度结合的智能物流园区管理系统，能支持不同类型的园区业务，实现人、设备、作业动作、环境、能源管控、安防、金融等全面化、体系化的综合管理。

此系统结合百度算法及 AI 技术、地图服务，整体对外提供相应的服务能力。对于有公正性要求的企业，此系统能结合多种区块链帮助企业完成整体优化，促进园区场院、安防、交通等层面的管理跨越式升级。其方案架构图如图 6-1 所示。

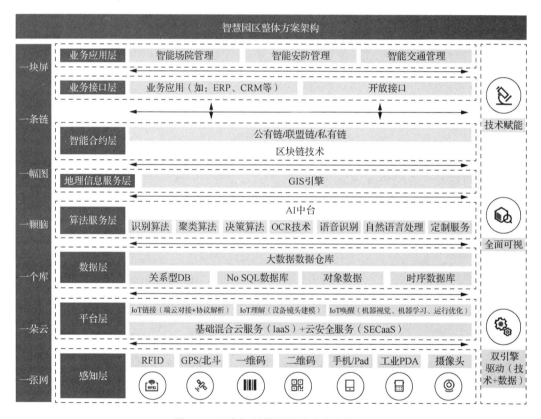

图 6-1 百度智慧园区整体方案架构图

资料来源：https://cloud.baidu.com/product/lpm.html[2023-05-22]

什么是物流配送，配送中心的功能有哪些？本章将介绍配送中心的概念、功能和作业流程等内容。

6.1 配送的概念及分类

6.1.1 配送的概念

《物流术语》(GB/T 18354—2021)对配送的定义为,根据客户要求,对物品进行分类、拣选、集货、包装、组配等作业,并按时送达指定地点的物流活动。

配送是物流活动中一种特殊的、综合的活动形式,它将商流与物流紧密结合,既包含商流活动,也包含物流活动中的若干功能要素,是物流的一个缩影或在某小范围内全部物流活动的体现,也有人称配送是物流活动中的"小物流"。一般的配送集装卸、包装、保管、运输于一体,通过一系列物流活动将货物送达目的地;特殊的配送还要进行流通加工活动,其目的是提供安全、准确、优质的服务和降低物流费用。

6.1.2 配送的分类

经过较长时间的发展,国内外创造出多种形式的配送,以满足不同产品、不同企业、不同流通环境的要求。各种配送形式都有自身的优势,但也有一定的局限性。

1. 按实施配送的节点分类

按实施配送的节点不同,配送分为配送中心配送、仓库配送、商店配送和生产企业配送。

1)配送中心配送

配送中心配送是指配送活动的组织者是配送中心。

配送中心是专门从事货物配送活动的流通企业,经营规模较大,部分配送中心储存量较大,可以储存各种商品;部分配送中心的储存量较小,依靠附近的仓库补充货源。从实施配送较普遍的国家看,配送中心配送是配送的主体形式,占比较大。由于配送中心拥有配套的大规模实施配送的设施,如配送中心建筑、车辆、路线等,一旦建成就很难改变,灵活性与机动性较差,且投资较高。

淘宝的配送模式

淘宝的配送模式是第三方配送模式,每个卖家都有自己常用的快递公司,送货时间不太可控。卖家联系第三方物流公司并将货物交给它,再通过第三方物流公司的供应链系统将货物送达给客户。第三方物流公司的运力、配送点的分布、库存的能力和公司现代化的进程等决定了运输实力以及将货物送达客户手中的时间。对于卖家来说,选择一家信誉良好的第三方物流公司十分重要。首先是要确定物流公司的实力,然后对比物流公司给予的优惠幅度。对于第三物流公司而言,客户的认可和依赖决定了自己的业务量。淘宝网物流运作过程为,买家在淘宝网上找到自己需要的货物下单。卖家根据买家的订单将货物打包好,放到快递公司位于该地区的收发货网点或是快递公司的快递人员上门收取运输货物，快递公司按照客户在订单上留下的信息进行货物的运输，从而形成托运关系。菜鸟网络的模式属于新瓶装老酒，这种模式在国外被称为"第四方物流"。早在1998年美国埃森哲咨询公司就提出，第四方物流为已有物流企业提供规划、咨询、物流信息系统、供应链管理等服务，但第四方物流并不实际承担具体的物流运作活动。

资料来源：http://wenku.baidu.com/link?url=iFD2MzbyohV34J-1SG3fcICirkxn_ePf-5mCXx36sN87jjmRRm2A0eJ3bm43Uz9s7BH7V8tMqlJUs30LEieWkG-7xjD353ep0Y5lLBqHdpO [2023-08-04]

2）仓库配送

仓库配送是以一般仓库为网点进行配送的形式。它可以把仓库完全改造成配送中心，也可以在保持仓库原功能前提下，以仓库原功能为主，增加一部分配送职能。仓库配送的优点是易利用仓库原有资源而不需要大量的投资。

3）商店配送

商店配送的组织者是商业或物资的门市网点，它们主要承担商品的零售，规模一般不大，但经营品种较齐全。除了日常零售业务，还可根据用户的要求将商店经营的品种配齐，或代用户外订、外购一部分本商店平时不经营的商品，与商店经营的商品一起配送给用户。

4）生产企业配送

生产企业配送是指配送的组织者是生产企业，尤其是进行多品种生产的生产企业，可以直接由企业配送，而无须再将产品运到配送中心进行中心配送的一种配送方式。

2. 按配送商品种类及数量分类

按配送商品种类及数量的不同，配送分为少品种、大批量配送，多品种、少批量配送和配套成套配送。

1）少品种、大批量配送

工业企业需求量较大的商品，单独一个品种或多个品种就可达到较大的输送量，实行整车运输，这种商品往往不需要与其他商品搭配，可由专业性很强的配送中心进行配送。其特点是配送工作简单，成本较低。

2）多品种、少批量配送

多品种、少批量配送是指按用户的要求，将所需的各种物品（每种需求量都不大）配备齐全，凑整装车后由配送网点送达用户。这种配送作业水平要求高，配送中心设备要求复杂，配货、送货计划难度大，要有高水平的组织工作保证和配合。

3）配套成套配送

配套成套配送是指按企业生产需要，尤其是装配型企业生产需要，将生产每一台件所需的全部零部件配齐，按生产节奏定时送达生产企业，生产企业随即将此成套零部件送入生产线装配产品。在这种配送方式中，配送企业承担了生产企业大部分的供应工作，使生产企业专注于生产。

3. 按配送时间及数量分类

按配送时间及数量分类，配送分为定时配送、定量配送，定时、定量配送，定时、定路线配送和即时配送。

1）定时配送

定时配送是指按规定时间间隔进行配送，如数天或数小时一次等，每次配送的品种及数量都可按计划执行，也可在配送之前以商定的联络方式（如电话、App、小程序等）通知配送的品种及数量。

2）定量配送

定量配送是指按事先协议规定的数量在一个指定的时间范围内进行配送。这种配送方式数量固定，备货工作较简单，可以根据托盘、集装箱及车辆的装载能力规定配送的定量，能够有效地利用托盘、集装箱等集装方式，也可做到整车配送，配送效率较高。

3）定时、定量配送

定时、定量配送是指按照规定配送时间的配送数量进行配送。这种配送方式兼有定时配送和定量配送的优点，但具有特殊性，计划难度大，适用对象不多，不是一种普遍采用的方式。

4）定时、定路线配送

定时、定路线配送是指在规定的运行路线上制订到达时间表，按运行时间表进行配送，用户可按规定路线、规定时间接货及提出配送要求。

5）即时配送

即时配送是响应用户提出的即刻服务要求并在短时间内送达的配送方式，是一种具有很高灵活性的配送方式。采用这种配送方式的物品品种可以实现保险储备的零库存，即用即时配送代替保险储备。

即时配送的核心特点是具有即时性，能满足用户提出的极速、准时的配送要求。即时配送的目标不仅是快速送达，还要提供更好的服务，由专人专送，保障快件安全送达。即时配送从同城、小件、外卖领域切入，逐步拓展到生鲜、商超配送领域，未来将扩展到更广泛的快递末端领域。

近年来，随着外卖市场的增速逐渐放缓，即时物流企业开始寻求除餐配外的新的业务方向：一方面向非餐饮外卖的商超、生鲜、蛋糕、医药、跑腿等领域拓宽；另一方面不断地拓展城市，切入上游的商流市场。从目前来看，新零售市场的发展甚至包括网购市场的持续增长都对即时物流有非常大的需求。在新零售市场中，即时物流企业能够帮其实现配送时间最小化及配送服务品质最大化；而在网购市场中，持续增大的快递业务量与缺失的劳动力之间的矛盾使得即时物流企业有拓展之地，即补充末端配送的运力。

案例 6-2

一线｜美团外卖与顺丰同城、闪送、UU 跑腿达成合作，共建即时配送网络

2023 年 8 月 28 日，美团外卖宣布继续加强即时配送的合作生态建设，与顺丰同城、闪送、UU 跑腿达成合作。美团外卖将结合自有配送体系，与合作方共同为商家打造更丰富的配送网络，共建合作共赢的即时配送行业生态。

为了满足更好的配送体验，美团外卖将为合作订单提供相关的保障服务。合作将给商家提供更丰富的运力选择，并提升企业的经营效率。在"万物到家"趋势下，此次合作将成为即时配送行业合作共赢的重要探索。美团外卖在声明中表示，将持续与更多行业伙伴携手，共同建设即时配送企业、外卖商家和消费者等多方共赢、繁荣发展的新格局。美团副总裁魏巍表示，即时配送行业从竞争走向竞合已成趋势，未来美团外卖还将联合更多企业在服务流程、从业规范、数据合规等方面共同探索即时配送行业标准，同时也期待与更多行业参与者达成合作。

闪送副总裁杜尚骉称，伴随着同城速递行业的崛起，在即时配送创新场景下，美团外卖与闪送存在着广泛的合作空间，此次双方实现资源共享，致力于推动行业合作共赢，闪送也将发挥服务优势，共同满足即时配送领域衍生出的多元化、个性化的配送需求。

UU跑腿总经理王朝理认为，此番与美团外卖达成合作，将链入更大的流量平台，更好地服务商家。与此同时，UU跑腿将坚持严格的服务标准和多样化的服务能力，与美团外卖携手提供多样化的同城即时生活服务，打造同城生活新生态。

顺丰同城负责人表示，双方的合作无疑会带来更为良好的配送体验。在"万物到家"消费场景下，顺丰同城将深耕各行业定制化解决方案的配送能力、多元运力支撑体系，以及多网融合调度的配送基础设施等优势，与美团外卖共同服务好全品类本地生活商家。

近年来，我国即时配送领域由快速增长逐步进入成熟发展阶段。中国物流与采购联合会研究室副主任杨达卿指出，此次是即时配送行业头部企业的首次广泛互联，美团外卖率先加强与行业生态各方协作，将在行业服务标准、行业良性健康生态共建等方面发挥重要作用。

资料来源：https://new.qq.com/rain/a/20230828A02EEW00 [2023-09-26]

4. 按加工程度不同分类

按加工程度不同分类，配送可分为加工配送和集疏配送。

1）加工配送

加工配送是指配送和流通加工相结合，通过流通加工后进行配送。加工配送的配送节点中设置了流通加工环节，或是将流通加工中心与配送中心建在一起。当社会上的产品不能满足用户需要，或者是用户根据本身的工艺要求，需要使用经过某种初加工的产品时，可以在产品加工后进行分拣、配送再送货到户。流通加工与配送的结合使流通加工更具有针对性，降低了盲目性。配送企业不但可以依靠送货服务、销售经营取得收益，而且可以通过加工增值取得收益。

2）集疏配送

集疏配送是指只改变产品数量组成形态而不改变产品本身的物理、化学性质，与干线运输相配合的一种配送方式。例如，大批量进货后以小批量、多批次发货，零星集货后以一定批量送货等。

5. 按配送的组织形式不同分类

按配送的组织形式不同分类，配送可分为集中配送、共同配送、同城配送、众包配送和分散配送。

1）集中配送

集中配送是指由专门从事配送业务的配送中心对多家用户开展配送。配送中心规模大，专业性很强，可与用户确定固定的配送关系，实行计划配送。集中配送的品种多、数量大，可以同时对同一线路中的多家用户进行配送。集中配送的经济效益明显，是配送的主要形式。

2）共同配送

《物流术语》（GB/T 18354—2021）对共同配送的定义："由多个企业或其他组织整合

多个客户的货物需求后联合组织实施的配送方式。"共同配送有两种情况：一种是由中小型生产企业之间分工合作实行共同配送，另一种是由多个中小型配送中心之间实行共同配送。前者是同一行业或同一地区的中小型生产企业在进行运输数量少、效率低的单独配送的情况下，进行联合共同配送，不仅减少了企业的配送费用，弥补了配送能力薄弱的企业和地区，而且有利于缓和城市交通拥挤，提高配送车辆的利用率。后者是针对某地区的用户因所需物资数量较少、配送车辆利用率低等，多个配送企业将用户所需的物资集中起来，共同制订配送计划，实行共同配送。

3）同城配送

同城配送又称"最后一公里物流""城市轻物流""本地派送"。全国联网的专业物流（快递）公司的业务侧重点不同，"同城配送"提供一座城市内 A 到 B 之间（尤其是市区范围内）的物流配送，追求的是速度高、效率最大化。

同城配送物流服务涵盖配送、仓储、搬运、安装、代收货款、采购物流等，由专门的同城配送物流公司负责，通过资源整合，既可以承接本城市商家的送货业务，又可以承接其他物流公司的上门收货、送货上门的业务。对于"同城配送"的效益，业内人士表示，从表面上看，虽然"送货上门"等业务效益不大，但只要资源整合得好，形成一定的规模后，会产生规模效应。

随着行业竞争的进一步加剧，"送货上门""上门服务"等成为商家的一项重要服务内容。不仅家电、家具等大宗类商品需要"同城配送"服务，其他一些小件商品（包括餐饮、煤气、快件等）也需要。与此同时，随着我国电子商务的深入发展，人们网上购物的数量将会大幅度增大，在一般物流公司无法提供"上门服务"的情况下，"同城配送"成为必不可少的物流"环节"。

案例 6-3

美 团 配 送

美团配送是业界领先的智能物流平台，拥有全球范围内规模最大的实时配送网络，为用户和商家提供任意时间的即时配送、同城配送和跑腿配送服务。

面对多用户纷繁多变的场景，美团配送可以满足用户对物流多元配送的诉求。美团配送有加盟模式与众包模式，在体量与市场占有率上均拥有领先地位。美团研发了一个超大规模的 O2O 的配送调度系统，一方面可清晰了解骑手的状态，另一方面对用户的需求有清晰的统计和预测，也方便调度美团同城配送的运力资源。

据美团公布的数据，2022 年"美团核心本地商业"分部的经营利润达 295 亿元，同比增长 57%。美团即时配送订单量为 177 亿单，餐饮外卖单日订单量峰值突破 6000 万单。除了餐饮外卖，药品、鲜花、日用杂货、品牌化妆品和手机等即时零售需求迅速增长。

资料来源：http://baixiaosheng.net/7383[2023-08-14]

4）众包配送

众包配送是指利用众包模式，将原来由专职配送员完成的配送任务外包给互联网平台上的非特定的网络群体，并给予一定的报酬。众包配送的主要方式是将"全城人"发展为"全城快递人"。利用"顺路"的人送快递，既减少了交通拥堵，又降低了配送成本。常见的众包配送平台如表6-1所示。

表6-1 常见的众包配送平台

企业名称	上线时间	企业特征	技术应用	安全体制
人人快递	2012年6月	国内首家众包物流平台，专营众包同城配送业务	2016年4月，人人快递与菜鸟裹裹达成正式合作，提供在60分钟内送达的同城帮送服务。将众包模式与移动互联网结合，将社会大众发展成"自由快递人"	在平台注册后，自由快递人需要进行一系列操作来证明自身的可靠性，包括基本的实名认证、绑定银行卡、拍照存档等
达达	2014年6月	国内最大的即时物流平台，为O2O模式提供"最后三公里"物流配送服务	通过大数据分析的技术，分析配送起点和终点的距离、角度方向、配送价格、配送时间要求等因素，整合订单配送信息并在平台上统一发布，通过分析周边众包配送员的客户画像数据，将订单推送给合适的配送员	按照要求上传身份证件、健康证，通过平台审核并接受相关法律法规的培训后方可接单
闪送	2014年3月	采用众包O2O模式进行同城速递配送，点对点"专人直送、限时送达"	提供点对点的全程可监控的极速同城直送服务，送达时限为60分钟，配送时效性以分钟为单位进行计算。理念是智能交通与快件配送的分享，更加高效、安全且便捷地将同城急件及私人物品通过专人直接送达	年满18周岁的法定公民可报名。平台将进行评估、审核、面试，并提供规范化的操作培训，培训合格后持证上岗。采取专用的密码制度进行收件和取件，通过该制度可凭借密码查询相关快件信息
点我达	2015年7月	主营同城鲜花、蔬菜、水果等的末端即时配送服务，国内首家实现智能调度、全自动派单的企业	以派单模式为主的运营能力，并单率较高。通过大数据分析技术进行智能派单，并且订单密度越高，并单率越高，总体并单率高达95%。还可借助订单压力检测系统对各区域的订单供需情况进行实时监测，并通过前后端产品展示在线订单及动态调价，引导众包配送员实现配送运力的实时调配	采用"人脸识别技术"（无须自拍），提交审核流程仅需15秒，审核时间约为1秒。骑手只需根据App提示操作，就能通过有源查询实现身份认证，是一种快速、安全的认证模式

续表

企业名称	上线时间	企业特征	技术应用	安全体制
UU跑腿	2015年6月	采取"农村包围城市"战略，实行"双中心运营方式"	双中心城市是指郑州和北京，在不同级别的城市进行差异化的布局，收集不同地区的数据并进行研究、总结。"农村包围城市"的战略也促使其发展初期投入低成本而收获高回报	入驻的跑腿员都要进行身份证认证、现场亲鉴、缴纳保证金，后续需要进行培训，培训内容包括平台的使用方法，与客户见面的礼仪、服务等
美团众包	2015年12月	主营业务主要集中在众包配送，依托美团外卖平台，将外卖餐饮送到客户手中	美团众包主要模式为"抢单+自动派单"。自动派单的规则通常是派送店家附近的单，然后是卖家附近的单，更重要的是路程熟悉单，如果这三个规则都能够满足，则会优先派单。如果接到远单后拒绝或者转给其他人，则会降低派单质量	美团众包需要先在线上培训学习，再办理健康证，此外，接满50单还进行线下培训
蜂鸟众包	2015年10月	蜂鸟众包是饿了么旗下的配送服务App，致力于解决O2O模式"最后三公里"的配送痛点，通过抢单的形式接受饿了么平台商家的订单配送任务	蜂鸟众包是采用骑手抢单和系统派单两种方式。可以选择骑手抢单，也可以直接让系统派单。骑手通过软件获取周边商家的配送单。接单后前往餐厅取餐，并送达订餐客户手中即完成整个配送流程	蜂鸟众包只要购买装备、进行线上培训学习、持有健康证即可

案例6-4

达达众包平台

达达集团是国内知名的本地即时零售和配送平台，旗下有达达快送和京东到家两大核心业务。达达快递通过众包模式，为即时配送中订单的频繁波动合理匹配运力，高效应对全年中各个订单量峰值。截至2023年3月31日，达达快送业务覆盖全国2700多个县区市，日单量峰值超千万单。京东到家是达达集团旗下的本地即时零售平台，旨在让消费者、零售商和品牌商共同受益。依托达达快送的专业配送和零售合作伙伴，京东到家为消费者提供超市便利、生鲜果蔬、医药健康等商品一小时配送到家的极致服务体验。

资料来源：https://m.maigoo.com/brand/74758.html [2023-08-14]

5）分散配送

少量、零星货物或临时要货物的配送业务一般由商业和物资零售网点进行分散配送。

由于商业和物资零售网点具有分布广、数量大、服务面广的特点，因此比较适合开展对近距离、品种繁多、用量小的货物配送。

6.1.3 物流配送的特征

随着电子商务的发展，物流配送具有信息化、自动化、网络化、智能化、柔性化的特征。

1. 信息化

物流配送信息化表现如下：物流信息收集的数据库化和代码化、物流信息处理的电子化和计算机化、信息传递的标准化和实时化、物流信息存储的数字化等。应用较多的信息管理技术有产品识别条形码、企业资源计划系统、管理信息系统、电子数据交换系统、地理信息系统、自动分拣系统、自动导引车、全球定位系统、仓库管理系统等。信息化是一切现代技术和管理手段的基础，只有实现物流配送信息化，才能承担起电子商务时代赋予物流配送业的历史任务。

2. 自动化

自动化配送系统的工作原理是根据配送作业的需要，应用现代电子和信息技术及相应的自动化设备，完成货物的自动辨识、分拣、储存和提取，将直接面对服务对象的集货、配货和送货有机地结合起来。自动化的基础是信息化，自动化的核心是机电一体化，自动化的外在表现是无人化，自动化的效果是省力化，它可以提高物流作业能力、提高劳动生产率、减少物流作业的差错等。我国先进的物流装备和物流技术不断涌现，除了传统的货架、叉车、其他搬运车辆，还有自动化立体仓库、各种物流输送设备、高速分拣机、射频识别（Radio Frequency Indentification，RFID）技术、射频技术、自动导引车等。

3. 网络化

物流领域网络化的基础也是信息化，网络化有两层含义：一是物流配送系统的计算机通信网络，物流配送中心与供应商或制造商的联系，与下游客户的联系要通过计算机网络通信，如配送中心向供应商提交订单这个过程，可使用计算机通信方式，借助增值网上的电子订货系统和电子数据交换系统自动实现，物流配送中心通过计算机网络收集下游客户订货的过程也可以自动完成；二是组织网络化及企业内部网，如20世纪90年代创造的"全球运筹式产销模式"，即按照客户订单组织生产，生产采取分散形式，将一台计算机的所有零部件、元器件、芯片外包给世界各地的制造商进行生产，然后通过全球的物流网络将这些零部件、元器件和芯片发往同一个物流配送中心进行组装，由该物流配送中心将组装的计算机迅速配送给客户。

4. 智能化

物流配送管理智能化是物流科学作业的一部分，可优化现行配送模式，坚持"打破行政区划，按照经济区域进行配送"的原则，综合考虑客户在物流点之间的最短距离及配送中心之间资源的匹配能力,精确计算全局近似最优路径。智能化是物流自动化、信息化的一种高层次应用,在物流自动化的进程中,物流智能化是不可回避的技术难题。专家系统、机器人等相关技术在国际上已经有比较成熟的研究成果,为了提高物流现代化的水平,物流智能化已成为电子商务环境下物流发展的一个新趋势。

5. 柔性化

柔性化是为实现"以客户为中心"理念而在生产领域提出的,但要真正做到柔性化,即真正地根据客户需求的变化来灵活调节生产工艺,需要配套柔性化的物流系统。20 世纪 90 年代,国际生产领域纷纷推出弹性制造系统、计算机集成制造系统、制造资源系统、企业资源计划及供应链管理的概念和技术,其实质是将生产、流通集成,根据需求端的需求组织生产,安排物流活动。因此,柔性化的物流正是适应生产、流通与消费的需求而发展起来的一种物流模式,要求物流配送中心根据消费需求"多品种、小批量、多批次、短周期"的特色,灵活组织和实施物流作业。

6.2 配 送 中 心

6.2.1 配送中心的概念、分类

1. 配送中心的概念

《物流术语》(GB/T 18354—2021)中对配送中心的定义:"具有完善的配送基础设施和信息网络,可便捷地连接对外交通运输网络,并向末端客户提供短距离、小批量、多批次配送服务的专业化配送场所。"配送中心是集多种流通功能(商品分拣、加工、配装、运送等)于一体的物流组织,是利用先进的物流技术和物流设备开展业务活动的大型物流基地。

2. 配送中心的分类

1)按配送中心的拥有者分类

按配送中心的拥有者分类,配送中心分为制造商型配送中心、批发商型配送中心、零售商型配送中心和专业物流配送中心。

(1)制造商型配送中心是以制造商为主体的配送中心。这种配送中心的物品全部是自己生产制造的,以降低流通费用、提高售后服务质量和及时地将预先配齐的成组元器件运送到规定的加工和装配工位。从物品制造到条形码和包装的配合等方面都较易控制,但不具备社会化的要求。

(2)批发商型配送中心是由批发商或代理商成立的,以批发商为主体的配送中心。批发是物品从制造者到消费者手中传统的流通环节,一般按部门或物品类别的不同,把每个制造厂的物品都集中起来,以单一品种或搭配向消费地的零售商进行配送。这种配送中心的物品来自各个制造商,配送中心对物品进行汇总和再销售,而全部进货和出货都是社会配送的,社会化程度高。

（3）零售商型配送中心是由零售商向上整合所成立的，以零售业为主体的配送中心。零售商发展到一定规模后，建立自己的配送中心，为专业物品零售店、超级市场、百货商店、建材商场、粮油食品商店、宾馆等服务，其社会化程度介于制造商型配送中心与批发商型配送中心之间。

（4）专业物流配送中心是以第三方物流企业（包括传统的仓储企业和运输企业）为主体的配送中心。这种配送中心有很强的运输配送能力，地理位置优越，可迅速将货物配送给用户。它为制造商或供应商提供物流服务，而配送中心的货物仍属于制造商或供应商，配送中心只是提供仓储管理和运输配送服务。专业物流配送中心的现代化程度往往较高。

2）按配送中心在供应链中的位置分类

按配送中心在供应链中的位置分类，配送中心可分为供应配送中心和销售配送中心。

（1）供应配送中心。供应配送中心是专门为某个人或某些用户（如联营商店、联合公司）组织供应的配送中心。例如，为大型连锁超市组织供应的配送中心；代替零部件加工厂送货的零部件配送中心，使零部件加工厂对装配厂的供应合理化。

（2）销售配送中心。销售配送中心是以经营销售为目的，以配送为手段的配送中心。销售配送中心大体有三种类型：生产企业将产品直接销售给用户的配送中心，这种类型的配送中心在国外很普遍；流通企业作为本身经营的一种方式，建立配送中心以扩大销售，我国目前拟建设的配送中心大多是这种类型；流通企业和生产企业联合的协作性配送中心。国内外的发展趋势都向以销售配送中心为主的方向发展。

3）按照辐射范围分类

按照辐射范围分类，配送中心可分为城市配送中心和区域配送中心。

（1）城市配送中心。城市配送中心是以城市范围为配送范围的配送中心。由于城市范围一般处于汽车运输的经济里程，这种配送中心可使用汽车直接配送到最终用户。因此，这种配送中心往往与零售经营结合，由于运输距离短、反应能力强，因而从事多品种、少批量、多用户的配送较有优势。

（2）区域配送中心。区域配送中心是以较强的辐射能力和库存储备，向省（州）际、全国乃至国际范围的用户配送的配送中心。这种配送中心的配送规模较大，用户规模、配送批量也较大，往往是配送给下一级的城市配送中心，也配送给营业所、商店、批发商和企业用户，虽然从事零星配送，但不是主体形式。

4）按配送中心发挥功能的不同分类

按配送中心发挥功能的不同分类，配送中心分为储存型配送中心、流通型配送中心和加工型配送中心。

（1）储存型配送中心。储存型配送中心有较强的储存和保管功能，可以调节市场供求。例如，美国赫马克配送中心的储存区可储存16.3万个托盘。我国建设的配送中心大多为储存型配送中心，库存量较大。

（2）流通型配送中心。流通型配送中心是基本没有长期储存功能，仅以暂存或随进随出方式进行配货、送货的配送中心。这种配送中心的运作模式是，大量的货物整进并按一定批量零出，进货时，采用大型分货机直接进入分货机传输带，分送到各用户货位或直接分送到配送车辆上，货物在配送中心仅做少许停滞。

（3）加工型配送中心。加工型配送中心是从事流通加工功能的配送中心。加工型配送中心以加工产品为主,在配送作业流程中,储存作业和加工作业居主导地位。由于流通加工多为单品种、大批量产品的加工作业,并且是按照用户的要求安排的,因此对于加工型配送中心来说,进货量比较大,但分类、分拣工作量不大。通常,加工好的产品可以直接运到按用户划定的货物区,并且进行包装和配货。

5) 按配送货物的属性分类

按配送货物的属性分类,配送中心可以分为食品配送中心、日用品配送中心、医药品配送中心、化妆品配送中心、家电产品配送中心、电子(3C)产品配送中心、书籍产品配送中心、服饰产品配送中心、汽车零部件配送中心以及生鲜配送中心等。

配送的产品不同,配送中心的规划方向不同。例如,生鲜配送中心主要处理蔬菜、水果与鱼肉等,属于低温型配送中心。低温型配送中心是由冷冻库、冷藏库、鱼虾包装处理场、肉品包装处理场、蔬菜包装处理场及进出货暂存区等组成的。在书籍产品配送中心,由于书籍有新版及补书的特性,一般80%的新书不上架,直接理货配送到书店,剩下的20%新书在配送中心等待客户订货;服饰产品配送中心具有淡旺季及流行性等特性,并且高级的服饰必须使用衣架悬挂,其配送中心的规划也具有特殊性。

6.2.2 配送中心的功能

配送中心是专业从事货物配送活动的物流场所和经济组织,是集加工、理货、送货等流通功能于一体的物流节点。具体地说,配送中心有如下几种功能。

1. 采购功能

配送中心只有采购需要供应的商品,才能及时、准确地为用户(生产企业或商业企业)供应物资。配送中心应根据市场的供求变化情况,制订并及时调整统一的、周全的采购计划,并由专门的人员与部门组织实施。

2. 储存功能

配送中心的服务对象是生产企业和商业网点(如连锁超市、超级市场等)。配送中心需要按照用户的要求及时将配装好的货物送达用户手中,满足生产和消费的需要。因此,通过开展货物配送活动,配送中心能把各种工业品和农产品直接送达用户手中,客观上可以起到生产和消费的媒介作用;同时,配送中心通过集货和存储货物,起到平衡供求的作用,可有效地解决季节性货物的产需衔接问题。为了顺利、有序地完成向用户配送商品(货物)的任务,更好地发挥保障生产和消费需要的作用,配送中心通常要兴建现代化的仓库并配备一定数量的仓储设备,存储一定数量的商品。某些区域性的大型配送中心和开展代理交货配送业务的配送中心,不但在配送货物的过程中储存货物,而且存储的货物数量更大、品种更多。

3. 配组功能

由于每个用户对商品的品种、规格、型号、数量、质量、送达时间和地点等要求不同,因此配送中心需要按用户的要求对商品进行分拣和配组。配送中心的配组功能是其与传统仓储企业的明显区别之一,也是配送中心的重要特征。配组功能是配送中心工作的核心。

4. 分拣功能

作为物流节点的配送中心，其服务对象（即用户）是企业（国外配送中心的服务对象少则几十家，多则数百家）。这些企业之间的差别很大，不仅性质不同，而且经营规模大相径庭。因此，订货和进货时，不同的用户会对货物的种类、规格、数量提出不同的要求。针对这种情况，为了有效地进行配送，即同时向不同的用户配送多种货物，配送中心必须采取适当的方式对组织进来的货物进行拣选，并且按照配送计划分装和配装货物。在商品流通实践中，配送中心除了具有储存货物功能，还具有分拣货物的功能，可以发挥分拣中心的作用。

5. 分装功能

随着经济的发展，物流由过去的少品种、大批量进入多品种、少批量或多批次、少批量的时代。从配送中心的角度来看，采用大批量进货可降低进货价格和进货费用。但用户企业往往为了降低库存、加速资金周转、减少资金占用而采用少批量进货的方式。为了满足用户的要求，即少批量、多批次进货，配送中心需要进行分装。

6. 集散功能

在物流系统中，配送中心凭借特殊的地位及拥有的先进设施和设备，能够将分散在各个生产企业的产品（货物）集中到一起，然后通过分拣、配货、配装等环节向多个用户进行配送。同时，配送中心可以做到把各个用户所需的多种货物有效地组合（或配装）在一起，形成经济、合理的货载批量，实现高效率、低成本的商品流通。有人把配送中心在流通实践中表现出来的（货物）集散功能称为"配货、分散"功能。另外，为配送中心选址时也需充分考虑其集散功能，一般选择商品流通发达、交通较为便利的中心城市或地区，以便充分发挥配送中心作为货物或商品集散地的功能。如京东分布在华北、华东、华南、西南、华中、东北的六大物流中心覆盖了全国各大城市，并在西安、杭州等城市设立了二级库房，京东消费及产业发展研究院数据显示，截至2022年，京东在全国布局运营包括"亚洲一号"大型智能物流园区在内的仓库超过1500个，管理的仓储总面积（含云仓）超过3000万平方米。

7. 加工功能

为了扩大经营范围和提高配送水平，国内许多配送中心都配备了加工设备，形成了一定的加工能力。这些配送中心能够按照用户提出的要求，根据合理配送商品的原则，将组织进来的货物加工成一定的规格、尺寸和形状。这些加工功能是现代配送中心服务功能的具体体现。

加工货物是一些配送中心的重要活动。配送中心具备加工能力，可以积极开展加工业务，既方便了用户，省去了烦琐劳动，又有利于提高物质资源的利用率和配送效率。此外，对于配送活动本身来说，客观上起着强化整体功能的作用。为了扩大经营范围和提高配送水平，配送中心应该添置必要的机器设备，以便满足用户，特别是生产企业对物料的不同要求，形成了一定的加工能力。

8. 信息处理功能

配送中心拥有十分完善的信息处理系统，能有效地为整个流通过程的控制、决策和运转提供依据。无论是在集货、储存、拣选、流通加工、分拣、配送等一系列物流环节的控制，还是在物流管理和费用、成本、结算方面，都可实现信息共享。配送中心与销售企业直接建立信息交流，可及时得到销售企业的信息，有利于合理组织货源，控制最佳库存。配送中心还可以将销售和库存信息及时反馈给制造商，以指导安排商品的生产计划。配送中心是整个流通过程的信息中枢。

6.2.3 配送中心的规划设计

1. 配送中心的规划要素

配送中心的规划要素是影响配送中心系统规划的基础数据和背景资料，主要包括如下几个方面。

配送中心功能区域划分与动线设计

- C（Customer）：配送的对象或客户。
- I（Item）：配送货品的种类。
- Q（Quantity）：货品的配送数量或库存量。
- R（Route）：物流通路。
- S（Service）：物流服务水平。
- T（Time）：物流的交货周期。
- C（Cost）：配送货品的价值或建造预算。

1）配送的对象或客户（C）

配送中心的服务对象或客户不同，配送中心的订单形态和出货形态就会有很大不同。例如，为生产线提供准时配送服务的配送中心和为分销商提供服务的配送中心在分拣作业的计划、订单传输方式、配送过程的组织方面有很大的区别；同是销售领域的配送中心，面向批发商的配送和面向零售商的配送，其出货量和出货形态也有很大不同。

2）配送货品的种类（I）

在配送中心处理的货品品项数差异非常大，多则上万种，如书籍货品、医药及汽车零部件等配送中心；少则数百种甚至数十种，如制造商型的配送中心。品项数不同，配送的复杂性与难度有所不同。例如，处理货品品项数为一万种的配送中心与处理货品品项数为一千种的配送中心是完全不同的，其货品存放的储位安排也完全不同。

另外，配送中心处理的货品种类不同，其特性也完全不同。例如，比较常见的配送货品有食品、日用品、药品、家电产品、服饰、化妆品、汽车零部件及书籍等，它们具有不同的物品特性，配送中心的厂房及物流设备的选择也完全不同。

3）货品的配送数量或库存量（Q）

Q 包含两个方面的含义：一是配送中心的出货数量；二是配送中心的库存量。

货品的出货数量和随时间变化的趋势直接影响配送中心的作业能力和设备配置。例如，季节性波动、节日的高峰等问题都会引起出货量的变动。

配送中心的库存量和库存周期将影响配送中心的面积和空间的需求，应对库存量和库存周期进行详细的分析。一般进口型配送中心因为进口船期的问题,需拥有较长供应的库存量(约 2 个月以上);流通型的配送中心完全不需要考虑库存量,但需要注意分货的空间及效率。

4)物流通路(R)

物流通路与配送中心的规划有很大关系。常见的物流通路模式如下。

(1)工厂→配送中心→经销商→零售商→用户。

(2)工厂→经销商→配送中心→零售商→用户。

(3)工厂→配送中心→零售商→用户。

(4)工厂→配送中心→用户。

因此,在规划配送中心之前,需要了解物流通路的类型,根据配送中心在物流通路中的位置和上下游用户的特点进行规划。

5)物流服务水平(S)

一般企业建设配送中心的目的是提高企业物流服务水平,但物流服务水平与物流成本成正比,也就是物流服务水平越高,其成本越高。但是站在用户的角度,总是希望以最低的成本得到最佳的服务。所以,物流的服务水平应该是合理物流成本下的服务品质,也就是物流成本比竞争对手低,而物流服务水平比竞争对手高一些。

物流服务水平的主要指标包括订货交货周期、货品缺货率和增值服务能力等。应该针对用户的需求,制定合理的服务水平。

6)物流的交货周期(T)

所谓物流的交货周期是指从用户下订单开始,到订单处理、库存检查、理货、流通加工、装车及货车配送到达用户的这一段时间。物流的交货周期依厂商的服务水平而不同,可分为 2 小时、12 小时、24 小时、2 天、3 天、1 星期送达等。在相同情况下,物流的交货周期越短其成本越高。

在物流服务品质中,物流的交货周期非常重要,因为交货周期太长或交货不准时都会严重影响零售商的业务,所以交货周期是评估物流业者的重要项目。

7)配送货品的价值或建造预算(C)

配送中心进行规划时,除了考虑以上基本要素,还应预估配送货品价值和建造预算。

首先,配送货品的价值与物流成本有密切的关系。因为在物流的成本计算中,往往会计算物流成本占比。如果货品的单价高而其物流成本占比较低,则用户有能力负担;如果货品的单价低而其物流成本占比较高,则用户难以接受。

另外,配送中心的建造预算也会直接影响配送中心的规模和自动化水准。没有足够的建设投资,所有理想的规划都是无法实现的。

2. 配送中心规模的确定

配送中心的总体设计是在物流系统设计的基础上进行的。由于配送中心具有收货验货、库存保管、拣选、分拣、流通加工、信息处理以及采购组织等功能,因此配送中心的总体设计要先确定总体的规模。在进行总体设计时,要根据业务量、业务性质、内容、作业要求确定总体规模。

1）预测物流量

物流量预测是根据历年业务经营的大量原始数据的分析，以及企业发展的规划和目标进行的预测。确定配送中心的功能时，要考虑货品的库存周转率、最大库存水平。通常以备齐货品的品种为前提，根据货品数量进行 ABC 分析，做到 A 类货品备齐率为 100%，B 类货品备齐率为 95%，C 类货品备齐率为 90%，以此确定配送中心的平均储存量和最大储存量。

2）确定单位面积的作业量定额

根据相应的规范和实践经验，可确定单位面积的作业量定额，从而确定各项物流活动所需的作业场所面积。例如，储存型仓库比流通型仓库的保管效率高，即使使用叉车托盘作业，储存型仓库的通道面积占仓库面积的 30%以下，而流通型仓库的通道面积占仓库面积的 50%。同时，应避免因一味地追求储存效率高而造成配送理货作业区堵塞、作业混杂等现象，以致无法达到配送中心周转快、出货迅速的目标。配送中心各类型作业区的单位面积作业量定额见表 6-2。

表 6-2 配送中心各类型作业区的单位面积作业量定额

作业区名称	单位面积作业量（t/m^2）
收货验货作业区	0.2～0.3
分拣作业区	0.2～0.3
储存保管作业区	0.7～0.9
配送理货作业区	0.2～0.3

3）确定配送中心的占地面积

一般来说，辅助生产建筑的面积占配送中心建筑面积的 5%～8%；另外，办公、生活用地面积约占配送中心建筑面积的 5%。再考虑作业区的占地面积，配送中心总的建筑面积便可大体确定。根据城市规划部门对建筑覆盖率和建筑容积率的规定，可估算出配送中心的占地面积。

3. 配送中心选址规划

确定配送中心建筑规模后，就应确定配送中心的地址。配送中心的选址应符合城市规划和商品储存安全的要求，适应商品的合理流向，交通便利，具有良好的运输条件、区域环境和地形、地质条件，具备给水、排水、供电、道路、通信等基础设施。特别是大型配送中心，应具备大型集装箱运输车辆进出的条件，包括附近的桥梁和道路。配送中心一般选在环状公路与干线公路或者铁路的交会点附近，尽量靠近铁路货运站、港口及公共卡车终点站等运输地点，同时也应靠近运输业者的办公地点，并充分考虑商品运输的区域化、合理化。此外，还应分析服务对象，如连锁超市的门店分布状况和对将来布局的预测，以及配送区域范围。往往先初定若干个候选地点，再采用数值分析法和重心法等方法寻求配送成本最低的地点。

配送中心选址流程如下。

（1）收集整理历史资料。根据物流系统的现状，制订物流系统的基本计划，确定需要了解的基本条件，确定配送中心的规模。

（2）地址筛选。地址筛选要考虑因素包括地形、地价、费用、配送路线、设施现状的分析及需求预测。

一般通过成本计算，也就是将运输费用、物流设施费用模型化，根据约束条件及目标函数建立数学公式，从中寻求费用最小的方案。采用这种选择方法寻求最优的选址解时，需要对业务量和生产成本进行正确的分析和判断。

（3）定量分析。针对不同情况选用不同的模型进行计算，得出结果。例如，如果是为多个配送中心进行选址，可采用重心法、层次分析法、遗传算法等；如果是为单一配送中心进行选址，可采用重心法等。

（4）复查。分析地理位置、交通环境、有关法律等对计算结果的影响程度，分别赋予它们一定的权重，采用加权法对计算结果进行复查。

（5）确定选址结果。采用加权法复查通过后，计算结果可作为最终的计算结果，并根据计算结果评估市场的适应性、购置土地调价、服务质量、总费用、商流、物流功能等。

4. 配送中心选址方法

1）定性分析法

定性分析法是根据选址的影响因素和原则，依靠电商快递领域的专家或管理人员丰富的经验、知识和综合分析能力，确定配送中心具体位置的选址方法。常用的定性分析方法有德尔菲法和权重因素分析法。

2）定量分析法

定量分析法是指依靠数学模型对收集、整理的相应数据进行定量的计算，确定配送中心具体位置的选址方法。常用的定量分析方法有数值分析法、重心法、交叉中值模型法、盈亏平衡分析法、线性规划法、基于聚类方法与重心法结合的选址方法、K-means 聚类法、穷举法等。下面介绍数值分析法、重心法和 K-means 聚类法。

（1）数值分析法。

数值分析法是利用费用函数求出由配送中心至用户的配送成本最小地点的方法。该方法假设配送中心的坐标设置在点 (x_0, y_0) 处，n 个用户坐标已知，分别设置在点 (x_i, y_i) 处，利用距离公式求出配送中心到用户 i 的距离 d_i。已知用户对快递的需求量为 w_i，单位距离的配送费用为 a_i，则总配送费用函数 $C_T = \sum_{i=1}^{n} a_i w_i d_i$，该函数的值最小时得到的 (x_0^k, y_0^k) 为最优选址坐标。

求解该坐标通常采用迭代法，操作步骤如下：①根据重心公式求出初始解 $(x_0^{(0)}, y_0^{(0)})$；②求出 $(x_0^{(0)}, y_0^{(0)})$ 对应的运输总费用 $C_T^{(0)}$；③将 $(x_0^{(0)}, y_0^{(0)})$ 代入迭代公式，得到改进后的配送中心坐标 $(x_0^{(1)}, y_0^{(1)})$；④求出 $(x_0^{(1)}, y_0^{(1)})$ 对应的运输总费用 $C_T^{(1)}$；⑤比较 $C_T^{(0)}$ 与 $C_T^{(1)}$，若 $C_T^{(1)} < C_T^{(0)}$，则返回步骤③，将 $(x_0^{(1)}, y_0^{(1)})$ 代入迭代公式，求出改进后的 $(x_0^{(2)}, y_0^{(2)})$；若 $C_T^{(1)} \geq C_T^{(0)}$，则说明初始解 $(x_0^{(0)}, y_0^{(0)})$ 就是最优解。反复迭代，直至 $C_T^{(k+1)} \geq C_T^{(k)}$，此时得到的 $(x_0^{(k)}, y_0^{(k)})$ 就是配送中心最优选址坐标。

（2）重心法。

重心法不是参照数值分析法进行计算的，而是使用简单的实验器具求得地址位置的方法。其具体操作方法如下：①在平板上放一幅缩尺地图，并画出 $A, B, \cdots, N$ 所在地点，在各点上分别穿一个孔；②用一定长度的细绳分别拴上一个小锤，每个小锤的质量比例按用户需要换算求得；③把拴有 A，B，…，N 重锤的线，分别穿过步骤①中的对应孔，然后在平板上把各线段集中起来打一个小结；④用手掌把绳结托起，让它们自由落体，反复实验，把落下点比较稳定处作为合适的选址点。

但是，重心法对于用地的现实性和候选位置点均缺乏全面考虑。例如，最适当的选址点可能是车站、公园等，就是不能实现的解。此时，可以将其最近处作为可以实现的选址点，也可以在其附近选定几个现实的候补场址，再把各候补选址点代入前述的数值分析法，在分析成本的同时进行求解。

（3）K-means 聚类法。

K-means 聚类法是一种迭代求解的聚类分析算法，其计算步骤是随机选取 K 个对象作为初始的聚类中心，然后计算每个对象与各种子聚类中心之间的距离，把每个对象分配给离它最近的聚类中心。聚类中心以及分配给它们的对象代表一个聚类。每分配一个样本，聚类的聚类中心都会根据聚类中现有的对象重新计算。这个过程将不断重复，直到满足某个终止条件。终止条件可以是没有（或最小数目）对象被重新分配给不同的聚类，没有（或最小数目）聚类中心再发生变化，误差平方和局部最小。

K-means 聚类法适用于处理庞大的样本数据，但不同的初始值会导致聚类结果不同，且不适合发现非凸形状的类、不同密度或体积差别很大的类。

视野拓展

电子商务背景下的选址-路径问题

区别于传统配送大批量、少批次的特点，电子商务背景下的配送是小批量、多批次的，且配送地点、数量、方向、频率均具有不确定性，由于规模小、个性化强，因此成本上升。在进行配送中心选址时，不能只考虑与配送中心直接相关的因素，在电子商务背景下，应将配送中心选址与配送活动相结合，综合优化选址和配送路径，运用系统的概念使选址结果更加合理。选址-路径问题能够同时解决设施选址和车辆路径问题，使物流系统总成本最低。

选址路径问题可以表述如下：给定与实际问题相符的一系列客户点和一系列潜在的设施点，在这些潜在的设施点中确定出一系列设施位置，同时确定一套从各个设施点到各个客户点的运输路线，保证确定的配送路径和设施位置能够解决问题。

选址路径问题精确算法可以分为四类，即直接树搜索法、混合整数规划法、动态规划法和非线性规划法。由于精确算法仅适用于求解小规模选址路径问题，对节点数目有严格的限制，因此，随着研究对象的增加，考虑实际问题的复杂性，多考虑采用启发式算法求解。

选址路径问题启发式求解通常采用以下四种方法：①先进行运输线路优化，再进行选址分配；②先进行选址分配，再进行运输线路优化；③循环路线改进交换优化方法；④节约方法和插入方法。

由于计算复杂，因此大多数学者趋向于将选址路径问题分解为配送中心选址子问题和配送路径优化子问题并求解，逐步向最优解逼近。首先确定选址路径范围，根据组合优化模型或者多准则决策模型确定配送中心的空间位置，再根据服务期最短或者其他判定准则，将所有客户指派到相应的配送中心，根据指派结果，不断调整配送中心选址决策至最优解；基于选址和服务分派结果建立配送网络，根据最小值配送费用原则，不断调整服务分派结果至最优解。

常见的选址-路径问题模型及算法分类如图 6-2 所示。

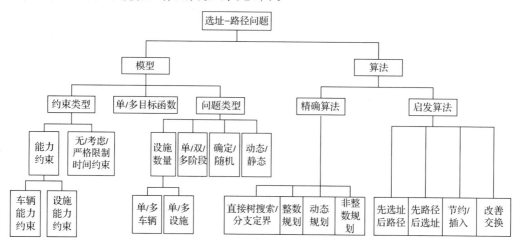

图 6-2 常见的选址-路径问题模型及算法分类

6.2.4 配送中心的作业流程

配送中心的作业流程如图 6-3 所示。这些作业项目之间衔接紧密、环环相扣，整个过程既包括实体物流，又包括信息流。

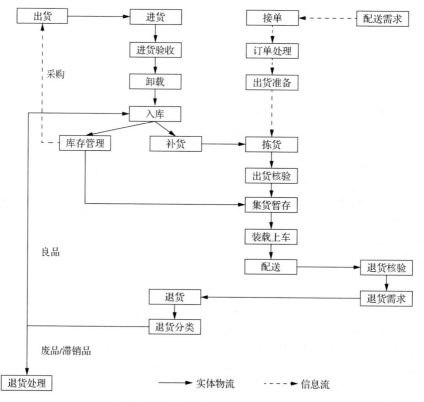

图 6-3 配送中心的作业流程

（1）配送作业活动以客户订单发出的订货信息为驱动源。在配送活动开始前，配送中心根据订单信息，对客户的分布、所定商品的名称、商品特性和订货数量、送货频率和要求等资料进行汇总和分析，以确定配送货物种类、规格、数量和配送的时间，最后由调度部门发出配送信息，配送中心还将进行批号管理、盘存处理、内驳处理和库存的优化等工作，更有效地管理仓库。

（2）备货也称进货，是配送的准备工作和基础工作，包括筹集货源、订货或购货、集货及相关的质量检查、结算、交接等。由于配送可以集中不同客户的需求进行一定规模的备货，即通过集中采购扩大进货批量，从而降低商品交易价格，同时降低运输成本等。

（3）配送中的储存有储备及暂存两种形态。配送储备是按一定时期的配送经营要求，形成对配送的资源保证。配送储备的储备数量较大，储备结构较完善，视货源及到货情况，可以有计划地确定周转储备及保险储备结构和数量。配送的储备保证有时可以在配送中心附近单独设库解决。配送暂存是指在具体进行配送时，按分拣配货要求，在理货场地进行少量的储存准备。

（4）在配送作业中，配送加工功能要求属于增值服务，虽不具有普遍性，但通常是具有重要作用的功能要素。有些加工作业属于初级加工活动，如按照客户的要求，对一些原材料进行套裁；有些加工作业属于辅助加工，如对产品进行简单组装、给产品贴签或套袋等；有些加工作业属于深加工，如食品类配送中心的加工通常是深加工。

（5）分拣是将物品按品种、出入库的顺序分门别类堆放的作业。

（6）配货是用拣选设备和运输装置，将存放的物品按客户的要求分拣出来，配备齐全并送入指定发货地点。

配货作业有两种基本方式：一是摘取方式（拣选方式），是在配送中心分别为每个客户拣选货物，此方式的特点是配送中心每种货物的位置是固定的，对于货物类型多、数量少的情况，这种配货方式便于管理和实现现代化；二是播种方式（分货方式），是将同一种货物从配送中心集中搬运到发货场地，然后根据各客户对该货物的需求量进行二次分配，就像播种一样，这种配货方式适用于货物易集中移动且对同一种货物需求较大的情况。

分拣和配送是配送成功的一项重要支持工作，它是完善送货、支持送货的准备性工作，是不同配送企业送货时进行竞争和提高自身经济效益的必然延伸。也可以说，分拣和配送是送货向高级形式发展的必然要求。

（7）当单个客户的货物数量不能达到车辆的有效载运负荷时，存在集中不同客户的配送货物进行搭配装载，以充分利用运能和运力的问题。配装与一般送货的不同之处在于，通过配装可以大大提高送货水平、降低送货成本。所以，配装是具有现代特点的功能要素，也是现代配送与传统送货的重要区别。

（8）送货作业是将货物装车并进行实际配送。送货通常是一种短距离、小批量、高频率的运输形式，一般使用汽车和其他小型车辆作为运输工具。完成这些作业需要事先规划配送区域或配送路线，由配送路线选用的顺序决定货物装车顺序，并在货物配送途中进行商品跟踪，控制配送途中意外状况及制订送货后文件的处理方法。

（9）结算作业是实现配送的重要保证。客户在送货单上签字确认或交给第一承运人并签字后，可根据送货单制作应收账单，并将其转入会计部门作为收款凭据。

案例 6-5

沃尔玛配送中心的运作流程

沃尔玛配送中心配送的基本流程如下：供应商将商品送到配送中心，经核对采购计划、进行商品检验等程序分别存放到货架的不同位置。商店提交订货计划后，计算机中的信息管理系统立即查出所需商品的存放位置并打印有商店代号的标签。整包装的商品直接由货架送到传送带上，零散的商品由工作人员取出后送到传送带上。站在传送带的上方可以看到各种商品从四面八方汇集到一起，就像是一条商品的"河流"，经传感器识别标签后自动分送到不同商店的汽车装卸口。一般情况下，配送中心在商店订货的当天可以将商品送出。

资料来源：http://wenku.baidu.com/link?url=wsKNBkQdhg3h1rbXukUCS6z9u8obWK9_4XpjvsVACS4-K4D6Lai4gHUYsQ3799eeO7wmnPwedzGAAdbySdg-WlHx2Lhzd6GxLBj9SuB1rP7. [2023-07-26]

6.3 本章小结

配送是根据客户要求，对物品进行分类、拣选、集货、包装、组配等作业，并按时送达指定地点的物流活动。随着电子商务的发展，物流配送具有信息化、自动化、网络化、智能化、柔性化的特征。

配送中心是集多种流通功能（商品分拣、加工、配装、运送等）于一体的物流组织，是利用先进的物流技术和物流设备开展业务活动的大型物流基地。其功能包括采购功能、储存功能、配组功能、分拣功能、分装功能、集散功能、加工功能和信息处理功能。配送中心的规划要素包括配送的对象或客户（C）、配送货品的种类（I）、货品的配送数量或库存量（Q）、物流通路（R）、物流服务水平（S）、物流的交货周期（T）和配送货品的价值或建造预算（C）。

配送中心选址方法包括定性分析法和定量分析法。其中，定性分析法包括德尔菲法和权重因素法；定量分析法包括数值分析法、重心法、交叉中值模型法、盈亏平衡分析法、线性规划法、基于聚类方法与重心法结合的选址方法、K-means 聚类法、穷举法等。

习 题

一、判断题

1. 配送是根据用户要求，对物品进行拣选、加工、包装、分割、组配等作业，并按时送达指定地点的物流活动。（   ）

2. 根据商品种类及数量的不同分类，配送分为配送中心配送、仓库配送和商店配送。（   ）

3. 随着电子商务的发展，物流配送具有信息化、自动化、网络化、智能化、柔性化的特征。（　　）
4. 根据辐射范围分类，配送中心分为城市配送中心和区域配送中心。（　　）

二、选择题

1. 根据组织形式的不同分类，下列不属于配送的是（　　）。
   A. 集中配送　　　B. 第三方配送　　　C. 共同配送　　　D. 分散配送
2. 下列（　　）是指适应经济全球化与市场一体化的要求，充分运用信息化手段和现代化方式，对物流配送做出快速反应，对资源进行快速整合。
   A. 信息化　　　B. 自动化　　　C. 网络化　　　D. 智能化
3. 配送作业的具体内容包括"三流"，不包括（　　）。
   A. 实物流　　　B. 信息流　　　C. 资金流　　　D. 网络流
4. 下列不属于配送中心功能的是（　　）。
   A. 采购　　　B. 存储　　　C. 信息处理　　　D. 可持续

三、思考题

1. 请总结当前即时配送的发展现状，并思考其未来的发展趋势。
2. 请简述信息技术是如何应用在常见的众包配送平台上的。
3. 请简述电子商务下的快递物流配送特征。
4. 请结合具体案例，简述配送中心的功能。
5. 请简述配送中心的规划设计过程。

案例分析

"亚洲一号"——京东物流的高端武器

1. "亚洲一号"的基础数据

位于上海嘉定的京东的"亚洲一号"上海物流中心，作为亚洲范围内 B2C 行业建筑规模最大、自动化程度最高的现代化物流中心之一，完美调度了自动化立体仓库、输送线、分拣机、提升机等自动化设备，极大地支撑和推动了京东大平台的物流运营。"亚洲一号"分为两期，规划的建筑面积为 20 万平方米，其中投入运行的一期定位为中件商品仓库，建筑面积约为 10 万平方米。运营支撑能力如下：普通客户订单处理能力为每日 10 万单；库容量方面，最大可支持 10 万中件 SKU，可支持约 430 万件商品存储需求。"亚洲一号"分为 4 个区域：立体仓库区、多层阁楼拣货区、生产作业区和出货分拣区。

（1）立体仓库区：高度 24m，利用自动存取系统，实现了自动化高密度的储存能力和高速的拣货能力。

（2）多层阁楼拣货区：采用各种现代化设备，实现了自动补货、快速拣货、多重复核手段、多层阁楼自动输送能力，以及京东巨量 SKU 的高密度存储及快速准确拣货和输送能力。

（3）生产作业区：京东的生产作业区采用京东自主开发的任务分配系统和自动化的输送设备，实现了所有生产工位任务分配的自动化和合理化，保证所有生产岗位满负荷运转，避免出现任务分配不均的情况，极大地提高了劳动效率。

（4）出货分拣区：采用自动化的输送系统和水平较高的分拣系统，分拣处理能力超过20000件/小时，分拣准确率高达 99.99%，彻底解决了原先人工分拣效率差和分拣准确率低的问题。

2. "亚洲一号"的运营流程

（1）入库：系统提前预约、收货月台动态分配、全自动缠膜流水线（1条）对托盘货物进行裹膜；入库验收完成后，货物通过提升机、入库输送线等设备到达指定的上架区域，减少了人工搬运操作，提高了入库效率。入库流程如图6-4所示。

图6-4　入库流程

（2）上架：立体仓库区堆垛机全自动上架补货（堆垛机的运行速度为180m/min）、多层阁楼拣货区提升机垂直输送搬运。

（3）存储：立体仓库进行高密度存储（约53000托盘货位），立体仓库的吞吐能力为600托盘/小时，具有4层阁楼货架海量拣选位（支持10万以上SKU）。"亚洲一号"的立体仓库在补货、移库等在库作业流程中发挥了巨大作用。立体仓库与阁楼之间的补货、移库基本全部通过自动化设备完成，大大提升了补货、移库的作业效率。

（4）拣选：立体仓库输送线采用在线拆零拣选、立体仓库拣选区货到人补货、分区拣选避免无效行走、订单动态波次拣选提升批量拣选效率。全面实现分区作业、混编作业、一扫领取等功能。

（5）SKU容器管理：基于容器/托盘的流向管理策略，建立多模式、完整的容器任务管理机制，扫描容器/托盘可知道任务的流向，而不再依靠人工指派任务，建立空托盘、空周转箱等容器管理机制。

（6）出库流程：京东的出库流程包括九大环节，特别是在订单任务派送上全部由系统内部驱动，实现高效、均衡的派单计划。出库流程如图6-5所示。

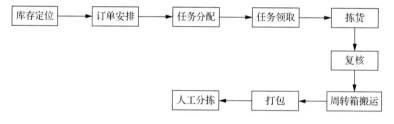

图6-5　出库流程

（7）输送：全长6.5km、最高速度为2m/s的输送线遍布全场，分区分合流、动态平均分配确保流量均衡，输送能力为15000包/小时。

（8）复核包装：货到人、系统自动匹配订单、工位台、一件一包裹减少合流等待。

（9）分拣：采用全球最精准、高效、节能环保的交叉皮带分拣系统，分拣速度高达2.2m/s，具有约20000件/小时的中件包裹的处理能力，分拣准确率99.99%，135个滑道直接完成站点细分，动力滚筒滑槽降低破损，从而提升客户体验。

3. 智能设备，未来电商物流智能化发展趋势

1）京东使用的智能设备

在全球电商物流中心，当货到人的技术面临海量订单的处理时，智能设备将发挥极致的效果。使用货到人技术的有：美国亚马逊Kiva物流中心机器人系统货到人的模式，欧洲AutoStore物流中心机器人货到人模式，京东"亚洲一号"物流中心货到人模式。

2）未来以京东为代表的电商物流的智能化发展趋势

与京东内部技术负责人交流的信息显示，京东的"亚洲一号"将推进智能设备的应用。具体实施涉及如下几方面。

（1）智能穿戴设备应用到物流中心：提升作业效率。

（2）大数据云计算在物流中心的应用：在拣选路线、库存健康、室内定位、决策支持上实现更多优化。

资料来源：https://mp.weixin.qq.com/s?__biz=MjM5MjU3OTI0MA==&mid=402012956&idx=3&sn=fabd2a3a112f6aad267487c9891ed6a4&scene=1&srcid=03126Z6hW6Xt7QnOSkSKlhmF&pass_ticket=n1TaOG0tdLLjacszaYtoiTOMFRW6YAFgoAzBNp2GbOR3TvDgzpAckzPnjBEv2Pvy#rd[2023-08-04]

思考：
1. 简述京东物流配送概况。
2. 简述京东的物流配送中心概况。

为什么 UPS 能够成为世界级物流巨头？

从活的鲨鱼到重要的文件，快递公司每年需要运送数十亿件货品，全年无休地通过海、陆、空三位一体的运输体系，将物品送往世界各地。经过一个多世纪的发展，有家快递公司将全球快递产业带入高科技的领域。让我们来了解全球物流巨头——美国联合包裹运送服务公司（United Parcel Service，UPS）。

1. UPS 是世界最大的快递包裹公司

UPS 每年处理将近 40 亿件货品，全球设有 1800 个转运中心，并拥有一条大型铁路和 270 多架货机组成的机队，还拥有 9.5 万辆陆运货车。依托庞大的运输团队，UPS 能够在全球 200 多个国家和地区开展业务。但是这家物流企业的核心是位于美国肯塔基州的路易维尔转运中心，也称 UPS 世界港。UPS 世界港是世界最大的物流转运中心：营运面积为 37 万平方米，相当于 80 个美式橄榄球场地，拥有 44 个航站近机位，仅营业场地内的传送带就有 1.9 万个，总长为 150km，货物移动速度高于 5m/s。UPS 世界港共有 9000 名雇员，转运中心的核心建设是一条信息高速公路，这里每小时处理超过 5000 万笔交易信息。UPS 世界港集中处理来自当地转运中心的所有货物，堪称世界最先进的货物分拣设施。

2. UPS 世界港里的规模

UPS 世界港占地 240 公顷（2.4 平方千米），巨大的转运中心直接与机场接驳。UPS 世界港的核心建筑是 4 层楼高的处理中心，建有多条数公里长的传送带，处理中心连接 44 个货运站的 3 大货机收发侧翼，每 4 小时轮转一次，能供 100 架货机进行装卸工作。工厂拥有规模惊人的作业量，UPS 世界港每天处理超过 100 万件货物，最高纪录是在 24 小时内处理 250 万件货物。

3. 快递包裹的入库和分拣

这个庞大的分拣系统源于各个当地转运中心。以目标货物为例，美国东部某城市的 UPS 快递员下午 6 点完成最后的收件工作，将货件送往当地转运中心，经过扫描后，货件的信息被输入 UPS 计算机系统。在当地转运中心，分拣员根据货品的送达地和急迫性对数千件快件进行分门别类。若将隔夜快递（隔夜快递为今天发次日达）件混入 3 天送达件将会造成严重的问题；误打邮政编码也将无法准确地送达急件。为了避免分拣过程中出现的问题，系统工程师提出了解决方案，此方案被称为智能标签的计算机分类程序。用来识别货件信息的 UPS 智能条码也被作为进入核心分拨区的明细资料，这个标签内含有质量、紧急程度和邮政编码等信息。这个条码还带有分类的隐藏资料，第一个条码代表个别货物的识别码，第二个条码显示送达地区的邮政编码，更为重要的是显示所有资料信息的二维码内藏有 93 个字元码的信息，包括标准运送资料和详细递送路线等信息。

4. 完成收件第一步

在所有当地 UPS 转运中心，是以货件尺寸进行初始分类的，UPS 运输的每个货件都分为以下三类：小件货是低于 4.5kg，23cm×30cm 的信封或者纸盒；包裹是低于 20kg 的立体纸盒；特殊件包括笨重的或者形状不规则的货件。了解先进快递系统的最佳方式是及时跟踪货件，当地转运中心的任务之一便是对送往 UPS 世界港的所有货品进行分类，转运中心只有迅速读取所有货件的资料，才能以正确的路线递送。

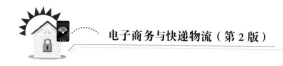

货品在当地转运中心分类后，通过 UPS 运送系统的两种路线送出，当地快件将以公路运输或者短途空运配送，数量大的外地或者国际快件都会以空运的形式送达 UPS 世界港。

5. 货机队高效安全地降落

由于普通的雷达监视不够精准，反应也不够迅速，因此 UPS 引入了新型的飞机定位科技以解决该问题。UPS 采用世界上最先进的监视系统科技——广播式自动相关监视（Automatic Dependant Surveillance Broadcast，ADSB）技术。ADSB 技术的创新在于它的工作原理，雷达站从地面发出信号，ADSB 从飞机上主动发送飞机位置、高度和航速的数据信号。航空管理员从雷达屏幕上获取所有货机信息，其他货机也能获取信号，这对飞行安全提供了很大保障，避免发生撞机事件。

6. 快件进入 UPS 世界港处理中心

UPS 货机降落在 UPS 世界港机场后，地面上已有数十架货机等待装卸货物，地面保障人员必须高效率完成这些工作。飞行员只有数分钟的时间操控飞机滑进航展侧翼，地面引导员和飞行员通力协作以保证任务高效、安全地完成。地面引导员指引货机进入卸货区，所有其他团队成员立即将货柜卸载到世界港的巨大传送带中。从高空俯瞰 UPS 世界港就像一个规模庞大的机场航站楼，跑道后方有 A、B、C 三个侧翼，能够同时供 44 架货机进行装卸任务。由于隔夜快递有巨大的需求，因此基本都是在晚上最忙碌的时候开展起重作业，工作的重心落到货运地勤人员的身上。

7. 拉动一吨货柜的秘密

UPS 通过试误法找到解决方案，引入创新性的滚珠轴承地板。这种特制的滚珠轴承地板的表面安装成排的钢珠滚珠轴承和塑胶皮滚轮，轴承用两个螺栓装在地面上，可以随意地旋转滚动，即使是重型的货柜也能移动自如，这个巧妙的设计成为地勤工作人员完成任务的不二法门，一个人就能搬动重达一吨的货柜。

8. 小件货物的快速分拨的诀窍

在滚珠轴承地板的帮助下，货柜进入机场侧翼的内部，员工们把货柜锁在侧翼 200 个卸货站中的一个。为了卸下货柜里的所有货件，员工们通常两人一组工作。卸货员负责让新来的所有货件进入 UPS 世界港的传送系统，员工们必须对所有货物进行分类。三种尺寸的货物都要送入不同的传送带系统，每个系统都只能处理专属货件的尺寸和质量。小件最容易处理，只需放在侧翼传送带上即可。包裹稍微麻烦一点儿，为了跟踪每个包裹的进度，读取完整的包裹信息，工程师研发了一种机器，称为尺寸称重扫描（Dimensioning Weighing Scanning，DWS），它集测量尺寸、称重和扫描于一体。包裹被送上传送带，通过 DWS 设备时，内置的磅秤会在几秒内准确称重，摄像机和激光仪测量包裹的高度和宽度，最后由 DWS 的扫描仪读取包裹的邮政编码。这组数据被送入中央处理器，服务器快速进行计算。服务器也是整个 UPS 数据港的核心区域，它对通过的总货量进行计算，确认所有包裹的输送路线，其结果也是避免传送带造成堵塞、系统超重和包裹之间的碰撞。种类繁多的特殊件处理考验着这个超级转运中心，采用不同的路线传输物品需要更多的人工介入处理。

9. 快递处理标准包裹

最重可达 45kg 的立体纸箱包裹采用不同的分类方式，这些形状各异的中型货件是 UPS 配送量最大的货物，它们得在处理中心低楼层进行全自动化处理。数千米长的传送带上设有数十架摄像机和条形码读取器，不同的是，此处传送带上安装了滑块式分拣机，这些分拣机协助货件通过处理中心。滑块式分拣机通过传送带上的滑块，让货件保持安全距离并成排前进。如果传送带上的货件移动，就可能对系统产生破坏性影响。为了避免出现危险的移动，有专门的摄像机处理在传送带上占据的空间距离，判定要用多个滑块推开货件，当传送带抵达连接处时，滑块开始滑动，把货件推向正确的方向。这个巧妙的设计节省了很多人力成本，还能有效地避免人工失误。

10. UPS 高效节能完成"最后一公里"

每辆 UPS 货车出发前，UPS 的工程师都会检查卫星和货车的无线通信，并设计最佳配送路线，这个功能都被集成在信息传送收集器（Delivery Information Acquisition Device，DIAD）上。DIAD 通过无线连接进入线路和中央定位资料库，这种手持设备能为配送驾驶人提供重要的信息，能够及时提醒货物配送的优先性和路线的变动。内置的卫星定位系统能帮助驾驶人行驶在正确的道路上，及时将货件送达。在货车驾驶人出发前，DIAD 装置提前储存配送路线，DIAD 与地图软件系统连接，能够及时解决驾驶人碰到的任何路线问题。强大的大数据系统也为这套系统提供了节省时间和节省油耗的解决方案：不左转。一般情况下，UPS 的货车不会左转行驶，以保障 UPS 以最高效的方式进行配送。

资料来源：http://www.56products.com/Technology/2015-5-20/DFHKKA9DCIHJB1E565.html [2023-08-04]

思考：
1. 总结 UPS 成为世界物流巨头的原因。
2. 总结该案例对我国物流发展的借鉴意义。

第 7 章
快递物流仓储管理与库存控制

【学习目标】
1. 理解仓储管理的概念和作用。
2. 理解库存的定义和作用。

【学习重点】
库存控制方法。

【能力目标】
能够利用库存控制方法解决企业实际问题。

重磅！2023仓储数智化7大趋势

2023年，受行业内部整合、劳动力短缺与仓库空间不足等因素的影响，物流行业将继续面临供应链挑战，而这些挑战，也为仓库运营管理者提供了应对和拥抱仓储新趋势的机会。2023年已进入第二个季度，让我们一起紧跟2023年的仓储发展趋势，做好准备应对行业的变化。

自动化趋势稳步向前

近年来，仓储自动化发展已进入稳步增长阶段，并在2023年持续增长。仓储自动化市场增加的主要驱动力之一是零售业和电商行业的繁荣发展，以及由此产生的快速高效订单履约的需求。数据显示，全球在线零售额预计将从2021年的5万亿美元增长到2025年的7万亿美元，凸显了自动化仓储和订单履约的市场需求。

为应对日益增长的市场需求和客户需求，仓储自动化升级势在必行。从传统仓库升级为自动化仓库，不仅有利于吸引和留住客户，还可以助力企业在未来几年实现效益显著增长。目前，最受欢迎的自动化设备包含自动拣选、包装系统、自动移动机器人和自动化仓储系统。

通过数字化和可视化盘活数据

电子商务的激增导致了数据指数级的增长，也导致了仓库面临海量的数据处理问题。随着大数据、人工智能（AI）和机器学习等技术的发展，数字化和可视化技术成为物流公司应对数据挑战的解决方案。

仓库正在逐步利用预测性和规范性分析盘活数据，通过建立业务模型输出优化建议，以数据结果指导业务决策，实现仓库运营效率的提升。比如利用机器学习和AI来分类、评估和提取有用的见解，如预测旺季需求、检测和避免效能瓶颈以及优化组织决策。

未来75%的大公司将应用移动机器人

由于移动机器人的灵活性以及日益丰富的功能，仓库对其的需求迅速增加。移动机器人具有执行各种任务的能力，如拣选、分拣、包装、配料、装运、履约、入库和出库。因此，移动机器人已成为仓库运营的宝贵资产之一。

海柔创新自主研发的箱式仓储机器人系统拥有先进的自动化能力，为客户提供智能、柔性、高效的仓储自动化解决方案，可提升仓库的运营效率和存储密度。采用箱式仓储机器人系统后，客户可实现更高水平的生产力和盈利能力。

高质量仓储管理人才短缺

截至2021年，全球约有163000个仓库，面积超过50000平方英尺。预计到2027年，这一数字将飙升至214000个，表明该行业正在大幅增长。然而，伴随仓库面积的扩张，如果仓库不使用自动化设备，这种扩张将需要数百万的仓库工人。因此，仓库和分销中心运营商正在转向使用自动化设备来管理更大的仓库面积，缓解劳动力短缺等问题。

仓储安全成为重中之重

仓库工人的安全也是仓库管理的重点，随着自动化设备在仓库中的使用越来越多，需要制定新的安全协议来保护工人免受伤害，这些措施包括使用个人防护设备、增加卫生设施。

本章将介绍仓储管理与库存控制的概念、作用等内容。

7.1 物流仓储管理

7.1.1 仓储管理的基本概念

《物流术语》（GB/T 18354—2021）中对仓储的定义如下：利用仓库及相关设施设备进行物品的入库、储存、出库的活动。"仓"也称仓库，是存放物品的建筑物和场地，也可以是房屋建筑、大型容器、洞穴或者特定的场地等，具有存放和保护物品的功能；"储"表示收存以备使用，具有收存、保管、交付使用的意思，当适用有形物品时也称储存。"仓储"是利用仓库存放、储存未即时使用的物品的行为。

仓储管理就是对仓库及仓库内的物资进行的管理，是仓储机构为了充分利用仓储资源提供高效的仓储服务所进行的计划、组织、控制和协调过程。具体来说，仓储管理包括仓储资源的获得、仓储商务管理、仓储流程管理、仓储作业管理、保管管理、安全管理等管理工作及相关的操作。仓储管理的内涵随着其在社会经济领域中的作用不断扩大而变化。仓储系统是企业物流系统中不可缺少的子系统。物流系统的整体目标是以最低成本提供令客户满意的服务，而仓储系统在其中发挥着重要作用。仓储活动能够促进企业提高客户服务水平，增强企业的竞争能力。现代仓储管理从静态管理向动态管理发展，对仓储管理的基础工作提出了更高的要求。

由于现代仓储的作用不仅仅是保管，更多的是作为物资流转中心进行资源调度；仓储管理的重点也不再仅仅着眼于物资保管的安全性，更多地关注运用现代技术（如信息技术、自动化技术）来提高仓储运作的速度和效益，提高现代生产企业的生产自动化程度。因此，自动化立体仓库成为现代仓储的主要发展趋势，并与自动分拣系统和自动导引车并称物流技术现代化的三大标志。

自动化立体仓库由于大量采用大型储货设备如高位货架，以及搬运械具，如托盘、叉车、升降机等进行货物存取和搬运；采用自动传输轨道和信息管理系统进行控制管理，从而实现仓储企业的自动化。

7.1.2 仓储管理的作用

安得智联智能仓储

仓储管理是供应链的转换点，主要负责生产资料的接收、发货及物料的日常保管和养护工作。仓储活动起到连接生产与消费的纽带和桥梁作用，用以克服相互分离又相互联系的采购、销售、储存、运输等环节，解决生产企业之间、实体企业与消费者之间在产品生产和使用过程中的不协调问题，以满足一定时间内社会生产和消费的需要，从而保证社会再生产顺利进行。仓储管理对企业物流活动主要有以下作用。

（1）仓储作为物流的主要功能要素，克服了市场需求与实际生产的数量和时间上的差异。由于产品的生产周期和消费周期难以完全吻合，特别是农产品及季节性生产但具有连续需求特点的产品，因此存储环节的工作及其作用尤为重要。仓储可以克服生产与消费在时间上的矛盾。

（2）仓储管理是保持物资原有使用价值和合理使用物资的重要手段。为了最大限度地保证产品的使用价值、质量不受到损坏，必须提供必要的商品存储环节。因此，当物资处于储存状态时，必须进行科学的管理和必要的养护。

（3）仓储对企业的货物进入市场销售前的质量起到保障作用。企业通过货物的仓储环节对产品的质量进行严格的检验，能够有效地防止假冒产品进入流通环节，既保护了消费者的合法权益，又保护了企业的良好信誉。企业通过仓储来保证产品的质量主要有两个环节：一是在货物入库时进行严格的质量检验，查看货物是否符合仓储要求，严禁不合格产品混入；二是在货物的储存期间内，通过采取一系列的合理措施，使产品不发生物理和化学变化，尽量减少库存货物的损失，最大限度地防止不合格产品进入市场。

（4）仓储对提高企业产品流通的速度，节约企业物流成本有重要的作用。任何企业都会面临仓储设施的配置问题，即使货物在仓库中处于静态的储存状态，无形中也会给企业增加时间和财务成本。在不增加企业时间和财务成本基础上，通过合理的仓储，能够有效地降低运输和生产成本，在一定程度上降低企业的总成本，提高企业产品流通的速度。

（5）仓储能够为产品进入市场流通环节前做好铺垫工作。仓储在产品进入市场流通环节之前，完成产品的整理、包装、质量检验、分拣等一系列程序，可以有效地缩短销售环节的时间，从而提高产品的流动频率。

7.1.3 仓储管理的方法

1. 仓储管理系统

仓储管理系统（Warehouse Management System，WMS）是通过入库业务、出库业务、仓库调拨、库存调拨和虚仓管理等功能，综合运用批次管理、物料对应、库存盘点、质检管理、虚仓管理和即时库存管理等功能的管理系统，能够有效控制并跟踪仓库业务的物流和成本管理全过程，实现完善的企业仓储信息管理。该系统引入条形码管理系统，去掉了手工书写票据和送到机房输入的步骤，解决了库房信息陈旧滞后的问题。将条形码技术与信息技术结合，帮助企业合理、有效地利用仓库空间，以快速、准确、低成本的方式为客户提供最好的服务。

2. 供应商管理用户库存

供应商管理用户库存（Vendor Managed Inventory，VMI）是供应商等上游企业基于下游客户的生产经营、库存信息等，对下游客户的库存进行管理与控制，可以缓解和抑制牛鞭效应，突破传统的条块分割的库存管理模式，且以系统的、集成的管理思想进行库存管理，使供应链系统获得同步化的运作。这种库存管理策略打破了传统的各自为政的库存管理模式，体现了供应链的集成化管理思想，适应市场变化的要求，是一种新的、有代表性的库存管理思想。

3. 联合库存管理

联合库存管理（Jointly Managed Inventory，JMI）是基于物流协调中心的库存管理方法。它能有效改善供应链系统中出现的牛鞭效应，减少不必要的库存，提高供应链的同步化程度，进而优化供应链的整体运作性能。JMI 强调供应链各节点企业共同参与、制订库存管理计划，各节点企业在共同的协议框架下都从相互之间的协调性考虑，供应链各节点之间对需求的预期保持一致，从而消除需求变异放大现象。任何相邻节点企业需求的确定都是供需双方协调的结果。

视野拓展

亚马逊物流上线一站式物流仓储解决方案

2022 年，亚马逊运营中心的亚马逊物流（Fulfillment by Amazon，FBA）仓库上线卫星仓，这是由亚马逊全球物流团队提供的一站式物流仓储解决方案，助力卖家实现从跨境运输、卫星仓储存、智能自动补货到运营中心的全程可视化供应链管理。

卖家预订 FBA 卫星仓服务，可提前通过亚马逊全球物流团队使用海运整箱服务，将库存货物运送到美国的 FBA 卫星仓存储。当卖家的 FBA 仓库有库容且触发自动补货机制后，FBA 卫星仓将在 7~10 个自然日内将卖家的货物补货至 FBA 仓库。

据悉，FBA 卫星仓服务具有无忧仓储、节省费用、操作便捷、智能补货四大优势。具体来看，FBA 卫星仓没有入驻限制和库存限制，享受大批量货件运输、快速补货，缓解了因目的港运营中心的库存限制而面临的入库不及时等尴尬；从 FBA 卫星仓补货到 FBA 仓库的操作费用和补货费用具有竞争力。

此外，一旦库存被运送到 FBA 卫星仓，亚马逊就在自动补货触发后的 7~10 天的交货时间内处理 FBA 仓库的补货；卖家可以随时查看端到端库存状态，无须与多个物流服务商打交道；当适用自动补货的 ASINs 在 FBA 仓库缺货时，在 FBA 卫星仓中的 ASINs 或从 FBA 卫星仓运输到 FBA 仓库途中的 ASINs 可以被搜索到且可被购买。

在操作使用上，卖家可以在亚马逊全球物流订舱平台下单预约 FBA 卫星仓服务。在亚马逊全球物流订舱平台首页上，根据页面显示的选项单击相应的链接，再单击"运送到仓库"链接，就可以访问预订页面。

此外，卖家还可以在卖家平台首页上预约 FBA 卫星仓服务。依次单击卖家平台的库存、库存规划链接，在打开的界面中选择"全球亚马逊物流库存"选项卡，选择卖家要发送到 FBA 卫星仓的 ASINs 对应的复选框。所有集装箱最多可以选择 40 个不同的 ASINs；单击页面左上角的"应用于 X 件选定商品"选项，在下拉菜单中选择"发送到上游仓储"选项即可。

资料来源：https://www.spb.gov.cn/gjyzj/c200007/202205/58caf04c906e409dbe4b0f33031569b6.shtml [2023-08-04]

7.2 库 存 控 制

7.2.1 库存的定义和分类

《物流术语》（GB/T 18354—2021）对库存的定义如下：储存作为今后按预定的目的使用而处于备用或非生产状态的物品（广义的库存还包括处于制造加工状态和运输状态的物品）。

物流管理中定义"库存":一切当前闲置的、用于未来的、有经济价值的资源。其作用如下:防止生产中断,节省订货费用,改善服务质量,防止短缺。库存也带有一定弊端:占用了大量的资金,产生一定的库存成本,掩盖了企业生产经营中存在的问题。

根据在企业中的用途,库存可以分为原材料库存、零部件库存、在制品库存、成品库存和消耗品库存。根据库存物品的状态,库存可以分为静态库存和动态库存。根据经营过程,库存可以分为基本库存、安全库存、在途库存和投机库存。其中,基本库存是指在一个订货周期内满足正常需求的库存;安全库存是指为了防止未来物资供应或需求的不确定性因素(如大量突发性订货、交货期突然改变)而准备的缓冲库存;在途库存是指尚未到达目的地、处于运输状态或等待运输状态而在运输工具中储备的库存;投机库存是指为了避免由物价上涨造成的损失或者为了从商品价格上涨中获利而建立的库存,具有投机性质。

7.2.2 库存的作用

库存的作用如下。

1. 平衡供求关系

库存具有平衡市场供求关系,弥补时间上的差距,进而消除生产者供应与市场消费者需求之间差距的功能。市场上竞争者产品类型、产品价格和国家政策的变化等可能导致企业产品在生产和供应之间出现不协调现象。为了

提高市场竞争力、稳定市场占有率,企业必须有合理数量的库存来避免市场振动。此外,客户订货后,要求收到物资的时间比企业从采购物资、生产加工、到运送产品至客户的时间短,为了弥补时间差距,企业需要预先有一定的库存物资。

2. 创造时间效用

库存具有创造产品时间效用的功能,即能够避免同一种产品在不同时间销售获得不同经济效果的现象。当企业面临产品价格上涨可能造成损失的危机时,投机库存可以有效满足库存的时间效用。从经济核算角度看,库存的时间效用功能更明显。

3. 降低物流成本

库存具有降低物流成本的功能。对于生产企业而言,保持合理的原材料和产品库存,可以消耗或者避免因上游供应商原材料供应不及时需要进行紧急订货而增加的物流成本。

4. 降低运输过程中的不确定性

库存具有降低运输过程中的不确定性的功能。由于企业供应商的所在城市不同,生产企业的厂房或车间也在不同的地点,企业的客户更是分布在世界各地。因此,在运输过程中,会出现由其他特殊的情况导致产品不能及时到达客户手中,而通过设立中转仓库,再利用物流配送功能,企业可以大大降低运输过程中的不确定性。

5. 预防发生意外情况

库存具有预防发生意外情况的功能。企业有时会面临产品运输延误、零售商缺货、自然灾害等意外情况，而合理的库存可以有效地避免出现由供应链断裂导致客户满意度下降的情况。

案例 7-1

SHEIN 用敏捷供应链解决行业库存痛点

2022 年 12 月 9 日，胡润研究院发布《2022 胡润世界 500 强》榜单，其中我国有 4 家公司新上榜，分别为时尚跨境电商希音（SHEIN），价值 2900 亿元；微众银行，价值 2390 亿元；京东科技和通威，价值均 2180 亿元。

作为自营模式的零售商，SHEIN 在家居等其他品类开始探索引入更多品牌，但众所周知，在其核心优势服装品类上，依然主要采取与 ZARA 等相同的自有品牌模式。SHEIN 作为一家快时尚电商平台，依靠敏捷的供应链管理，成功解决了行业库存难题，为消费者提供了更好的购物体验。其成功得益于独特的供应链和库存管理策略。

首先，SHEIN 与供应商之间的合作是敏捷的。在竞争激烈的市场中，SHEIN 不断探索新的供应商和产品，以满足消费者不断变化的需求。同时，SHEIN 尽可能要求供应商提供更为灵活的生产与交货能力，以便更快地响应市场需求。这种合作模式有效地降低了库存成本，同时能够快速调整产品种类和数量。

其次，SHEIN 根据消费者的喜好和市场趋势，快速调整产品的库存情况。在电商领域，没有库存的商品是无法卖出去的，但是过多的库存会造成资金压力。SHEIN 通过实时的销售数据和预测模型，快速判断出哪些商品需要调整库存，并采取相应的措施。例如，对于热销的商品，SHEIN 会及时补货，保证消费者的需求得到及时满足；而对于滞销的商品，会降价清库存，减小库存压力。

最后，SHEIN 利用云计算、大数据和人工智能等技术，对库存和供应链进行精细化管理。例如，SHEIN 根据消费者的搜索和购买行为，实时调整产品的推荐和展示，提高销售量和库存周转率。SHEIN 还建立了智能化的库存管理系统，可以实时监测库存情况和市场变化，为消费者提供更为灵活和高效的供应链服务。

SHEIN 以敏捷的供应链和库存管理策略，成功解决了电商行业库存难题，为消费者提供更好的购物体验。SHEIN 不断创新，不断挑战自我，以更好的产品和服务满足消费者日益增长的需求。未来，SHEIN 将继续发挥优势，为消费者提供更为优质、高效的供应链和库存管理服务。

资料来源：https://baijiahao.baidu.com/s?id=1762149747830643259&wfr=spider&for=pc [2023-08-04]

7.2.3 库存控制方法

1. ABC 分类控制法

ABC 分类控制法（以下简称"ABC 分类法"）是指将全部库存物资按照品种数量及占用资金量划分为 A、B、C 三类，采取有区别、分主次的方法对各类物资进行相应的管理。该方法能够抓住重点，对库存物资进行最有效、最经济的管理。

ABC 分类法如表 7-1 所示。其中，A 类物资品种数仅占库存物资总数权重的 10%~20%，但其占库存资金权重通常为 70%~80%；B 类物资品种数占库存物资总数权重的 20%~25%，其占库存资金权重为 15%~20%；C 类物资品种数占库存物资总数权重的 60%~65%，但其占库存资金权重仅为 5%~10%。

表 7-1　ABC 分类法

物资分类	占库存物资总数权重	占库存资金权重
A 类物资	10%～20%	70%～80%
B 类物资	20%～25%	15%～20%
C 类物资	60%～65%	5%～10%

ABC 分类法是库存管理中常用的分类方法，采用该方法可以压缩总库存量、使库存结构合理化，从而降低管理成本。

A 类物资品种数少但库存资金占比高，是日常管理的重点。控制 A 类物资的主要措施如下。

（1）精确计算每次订货量和再次订货量，严格按照预定的数量、时间组织订货。适当减少每次订购量和保险量，尽量增加订货次数，使实际库存处于较低水平，以节约储存成本。

（2）对库存物资实行定期检查和实地盘点，及时掌握实际库存量、未来需求量和订货点等情况，以保证日常控制工作正常进行。

（3）密切注意市场变动，认真进行市场预测和经济分析，尽可能使订货量符合实际需求，以避免产品积压或缺货。

B 类物资的品种数和库存资金占比均处于中间状态，对库存的控制不必像对 A 类物资那样严格，但也不宜过于宽松，在力所能及的范围内适度地减少 B 类物资的库存，一般可以按大类确定订货数量和储备金额，并注意生产经营中的重要程度和采购难易程度。按照具体情况，B 类物资采用连续检查控制方式或周期检查控制方式。

C 类物资的品种数多但占用库存资金比率低，对其库存控制可以粗略一些，可采用定量订货控制，集中采购，增大订货量，增大两次订货间的时间间隔，相应减少订货次数，在不影响库存控制效果的情况下，减少库存管理工作量。C 类物资大多采取周期检查控制方式。

【例 7-1】　小王是武汉某仓储公司的仓库主管，有员工反映仓库内原材料不足，小王查看仓库库存明细表（表 7-2）并了解到仓库内所有物品均统一进货，发现了仓库管理中存在的问题。请运用所学知识分析该仓库存在的问题。

表 7-2　仓库库存明细表

产品序号	数量/件	单价/元
1	20	20
2	20	10
3	20	10
4	10	680
5	12	100
6	10	20
7	25	20
8	15	10
9	30	5
10	20	10

解：（1）收集数据。按照分析对象和分析内容，收集有关数据。本例中，已有仓库库存明细表。

（2）处理数据。对收集的数据进行加工，并按要求计算每种产品的总价值、资金百分比、累计百分比和累计数量百分比。

（3）制作 ABC 分析表。按照产品序号、数量、单价、总资金、资金百分比、累计百分比、累计数量百分比编制 ABC 分析表，并按照该物品总资金从高到低排序，当总资金相等时，按照物品单价从高到低排序。按照物资所占资金百分比和累计数量百分比进行 A、B、C 分类。ABC 分析表如表 7-3 所示。

从表 7-3 可以看出，应该精确计算产品 4 和产品 5 的订货量，严格按照预定的数量组织订货，减少每次订货量，增加订货次数，及时掌握实际库存量，避免产品积压或缺货；每周检查产品 7 和产品 1 的库存量，并保持一定的安全库存量。按照季度、年度检查产品 6、产品 2、产品 3、产品 10、产品 8 和产品 9 的库存量，增大订货量，增大两次订货间的时间间隔，相应减少订货次数。

表 7-3　ABC 分析表

产品序号	数量/件	单价/元	总资金/元	资金百分比（％）	累计百分比（％）	累计数量百分比（％）	物资分类
4	10	680	6800	68	68	5.5	A 类物资
5	12	100	1200	12	80	13	A 类物资
7	25	20	500	5	85	26.7	B 类物资
1	20	20	400	4	89	37.6	B 类物资
6	100	20	200	2	91	48.5	C 类物资
2	20	10	200	2	93	59.4	C 类物资
3	20	10	200	2	95	64.9	C 类物资
10	20	10	200	2	97	75.8	C 类物资
8	15	10	150	1.5	98.5	83.9	C 类物资
9	30	5	150	1.5	100	100	C 类物资
合计	182		10000	100	100	100	

2. 订货点库存控制法

订货点库存控制法又称订购点法，从定义上来看，是指对于某种物料或产品，受生产或销售的影响库存逐渐减少，当库存量降低到某预先设定的点时，开始发出订货单（采购单或加工单）来补充库存；当库存量降低到安全库存时，发出的订单所订购的物料（产品）恰好到达仓库，以补充前一时期的消耗。此订货的数值点称为订货点。从订货单发出到所订货物收到的时间称为订货提前期（Lead Time，LT）。

订货点库存控制法需要确定订货点和订货量两个参数。它是建立在很多假设的基础上建立的数学模型，假设如下。

（1）订货提前期 t 固定不变，即 t 为常量；

（2）市场供应、装运条件 P 固定不变，即 P 是常量；

（3）每次订货的批量都相等。

运用订货点库存控制法的库存变化如图 7-1 所示。

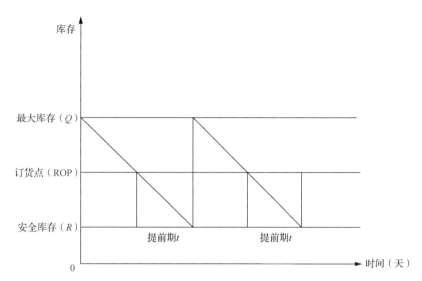

图 7-1　运用订货点库存控制法的库存变化

订货点（ROP）的基本公式为

$$\text{ROP} = at + R \tag{7-1}$$

式中　a——物料的日均需求量；
　　　t——订货提前期；
　　　R——安全库存。

当某项物料的现有库存和已发出的订货之和低于订货点时，需要订新货，以保持足够的库存来支持新的需求。

3. 经济订货批量模型

1）经济订货批量的概念

经济订货批量（Economic Order Quantity，EOQ）模型最早是 1915 年由哈里斯提出的。1934 年威尔逊重新得出哈里斯公式，即经济订货批量公式。经济订货量是采购企业基于自身库存成本最小化并通过数学模型确定的一种最佳采购数量，它是作为追求个体利益最大化的理性采购方法优化订货量问题的一种理想化模型。在越来越强调协调与合作的供应链管理环境下，这种理想化的最优订货模型难以得到应用。该模型其实是在一种供方与需方对立的模式下提出来的，一方所得即另一方所失，不易实现自身利益的最大化。因此，供应链中的上下游企业应该着眼于长远利益，本着相互合作与协调以实现整体库存成本最优的共同目标，制定相应的最优订货策略。

2）经济订货批量的假设

EOQ 模型是建立在很多假设的基础上的，主要假设包括如下内容。

（1）已知外部对库存系统的需求率，且为常量。年需求量用 D 表示，单位时间需求率用 d 表示，由于需求率均匀，因此 D 与 d 值相等。

（2）一次订货量无最大、最小限制。

（3）采购、运输均无折扣。
（4）订货提前期已知且为常量。
（5）订货费与订货批量无关。
（6）年维持库存费用是库存量的线性函数。
（7）不允许缺货。
（8）补充率无限大，全部订货一次交付。
（9）采用固定量系统。

经济订货批量假设下的库存量变化如图 7-2 所示。

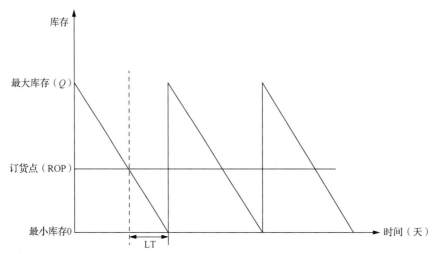

图 7-2　经济订货批量假设下的库存量变化

从图 7-2 中可以看出，系统的最大库存量为 Q，最小库存量为 0，不存在缺货。库存量随着单位时间需求率 d 下降。当库存量降到订货点（ROP）时，按固定订货量（此处为最大库存 Q）发出订货。经过一个固定的订货提前期，刚好库存量为 0 时，新的订货 Q 到达，库存量立即达到 Q。

假设：年库存总成本为 CT；年维持库存费用为 CH；年订货费用为 CR；年购买费用为 CP；最佳订货批量或称经济订货批量为 Q^*；库存商品的年需求量为 D；单位维持库存费为 H；单位商品、单位价值商品的存储成本为 h，$h=H/C$；商品单位价格为 P；单位订货费为 S；每年的订货次数为 n；订货周期为 t；从订货到商品到达的平均时间为 L，或称订货前置期。

则年库存总成本

$$CT = CH + CR + CP \tag{7-2}$$

年维持库存费用（CH）随订货批量的增大而增加，是 Q 的线性函数，可以表示为平均库存量（$Q/2$）与单位库存维持费用（H）之积。

年订货费用（CR）与 Q 的变化成反比，随着 Q 的增大而减少。一次订货费用为 S，年需求量为 D，则

$$CR = \frac{SD}{Q} \tag{7-3}$$

年购买费用（CP）为商品单位价格 P 与库存商品的年需求量 D 之积，则

$$CT = H(Q/2) + R(D/Q) + PD \tag{7-4}$$

根据数学中的导数理论，对式（7-4）Q 求导，并令一阶导数为 0，求得的订货批量为使总库存成本最低的最佳订货量。即

经济订货批量 Q^*：

$$Q^* = \text{EOQ} = \sqrt{\frac{2DS}{H}} \tag{7-5}$$

每年订货次数 n：

$$n = \sqrt{\frac{DH}{2S}} \tag{7-6}$$

订货周期 t：

$$t = \frac{1}{n} = \sqrt{\frac{2S}{DH}} \tag{7-7}$$

通过观察经济订货批量公式（7-5）得出经济订货批量与商品的单位库存维持费用成反比，与商品的单位订货费用成正比。对于单位库存维持费用较高的商品（价格高的商品），经济订货批量较小，可降低商品的储存成本；相反，对于单位库存维持费用较低的商品（价格低的商品），并且库存维持费用相对订货费用较低的商品，经济订货批量较大，以减少订货次数，降低订货成本。

4. 关键因素分析法

关键因素分析法，又称 CVA 管理法，它将货物分为最高优先级、较高优先级、中等优先级、较低优先级四个不同等级，对不同等级的货物赋予不同的允许缺货程度，以弥补 ABC 分类法对 B、C 类货物不够重视的缺陷。

CVA 管理法的基本思想是把存货按照关键性分成 3～5 类，例如：

（1）最高优先级是指经营活动的关键性物资，不允许缺货。

（2）较高优先级是指经营活动中的基础性物资，允许偶尔缺货。

（3）中等优先级大多属于经营活动中比较重要的物资，允许合理范围内的缺货。

（4）较低优先级是指经营活动中需用但可替代的物资，允许缺货。

CVA 管理法与 ABC 分类法相比具有更强的目的性。CVA 管理法和 ABC 分析法结合使用，可以达到分清主次、抓住关键环节的目的。

丰智云链：数字供应链标品

丰智云链是顺丰科技针对当前存在的结算管理、仓储管理、路径优化、运输管理、订单管理方面的业务痛点，自主研发的供应链管理系统套件。其涵盖订单、运输、仓储、结算四大核心业务版块；通过高效

链接，实现物流运输、仓储可视化管理；通过无缝对接，打通上下游，实现智能高效供应链。

丰智云链的 WMS 仓储管理系统中，支持 B2C、B2B、逆向物流等多种仓储业务模式，为客户提供全方位、多层级、灵活配置的仓储系统管理方案，主要能够实现以下功能。

（1）入库管理功能：数据对接、入库质检、预约到货、上架库位规划、收货扫描、按箱/托收货。

（2）库内管理功能：移库、属性转移、盘点、补货管理、库存调整、逆向物流、库存冻结、库存交易日志。

（3）出库管理功能：订单下发、复核装箱、波次管理、码托称重、拣货管理、出库交接。

资料来源：https://www.sf-laas.com/white-paper-preview/39100[2023-05-22]

7.3 本章小结

仓储管理就是对仓库及仓库内的物资进行的管理，是仓储机构为了充分利用仓储资源提供高效的仓储服务所进行的计划、组织、控制和协调过程。具体来说，仓储管理包括获得仓储资源、仓储商务管理、仓储流程管理、仓储作业管理、保管管理、安全管理等管理工作及相关操作。仓储管理是供应链的转换点，主要负责生产资料的接收、发货及物料的日常保管和养护工作。仓储活动起到连接生产与消费的纽带和桥梁作用。

物流管理中的库存是指一切当前闲置的、用于未来的、有经济价值的资源。库存可以平衡供求关系、创造时间效用、降低物流成本、降低运输过程中的不确定性和预防发生意外情况。

库存控制方法有三种：ABC 分类控制法、订货点库存控制法和经济订货批量模型。

习 题

一、判断题

1. 仓库具有存储放、保护和配送物品的功能。（ ）

2. 仓储管理就是仓储机构为了充分利用仓储资源提供高效的仓储服务所进行的计划、组织、控制和协调过程。（ ）

3. 库存管理是以库存为目的的方法、手段、技术及操作过程的总称，对企业库存量（包括原材料、零部件、半成品及产品等）进行合理规划、合理协调和合理控制。（ ）

4. ABC 分类法就是将全部库存物资按照品种数量及其占用资金量划分为 A、B、C 三类，采取有区别、分主次的方法对各类物资进行相应管理。（ ）

二、选择题

1. 仓储管理是供应链的转换点，主要负责生产资料的接收、发货及物料的日常保管和（ ）工作。

A. 购买　　　　　B. 养护　　　　　C. 配送　　　　　D. 存储

2. 根据在企业中的用途，库存可以分为原材料库存、零部件库存、在制品库存、成品库存和（　　）。
   A. 危险品库存　　　B. 投机性库存　　　C. 消耗品库存　　　D. 在途库存
3. ABC 分类法中，A 类物资占用企业库存资金权重为（　　）。
   A. 70%～80%　　　B. 60%～70%　　　C. 50%～60%　　　D. 40%～50%

三、思考题

1. 简述仓储管理的主要内容。
2. 简述仓储活动对企业物流活动的作用。
3. A 公司每年以单价 10 元购入某种产品 8000 件。每次订货费用为 30 元，资金年利率为 12%，单位维持库存费按库存货物价值的 18% 计算。若每次订货提前期都是 2 周，试求经济订货批量、最低年总成本、年订货次数和订货点。
4. 一家企业为了对现有库存商品进行有效的控制和管理，计划按年耗用金额将库存商品分为 A、B、C 三类，并按商品数量占比 20%、30% 和 50% 分别确定 A、B、C 类物品，建立库存管理系统。有关 10 种商品的库存资料如表 7-4 所示。试用 ABC 分类法将 10 种商品分为 A、B、C 三类。

表 7-4　商品的库存资料

商品编号	单价/元	需求量/件	商品编号	单价/元	需求量/件
A	5	40000	F	5	250000
B	8	190000	G	6	15000
C	7	4000	H	4	80000
D	4	100000	I	5	10000
E	9	2000	J	7	5000

发网——仓储物流配送企业

发网是上海发网供应链管理有限公司的旗下品牌。发网从 2006 年开始提供电商物流的运营管理，根据电商商家的类目和需求，在仓储物流环节为客户提供一站式服务，包括商品入库、质检、储存、分拣、打包、配单、指派、出库、退换货等服务。

发网以 IT 系统为核心，自主研发订单管理系统、仓储管理系统、运输管理系统、营销活动管理平台以实现企业供应链的系统集成及数据交换。发网依托仓网体系、智能的配网体系、供应链金融体系为企业提供综合物流服务。发网仓储物流的工厂在全国有五大区设立了仓储发货仓库，并设立区域配送中心大仓及前置仓。发网仓储物流的服务效率高，从下订单开始到用户手中一般为 12～48 小时。

2019 年 11 月 11 日，发网物流全国仓库总发单为 1781 万单，占全网包裹总量的 1.07%。2020 年 2 月 10 日，发网物流推出"无忧接仓"专项物流服务。截至 2022 年 11 月，发网在全国共有 500 座仓库，社区团购业务的仓库占发网总仓库数超过 45%。

● 仓配一体化流程：项目对接、仓库服务、配送服务和售后服务。
● 电商仓配服务：仓储+配送+系统，一站式电商仓配服务。
● 供应链金融：盘活库存，解决资金问题；动态质押，不影响库存运转。

- 跨境电商：提供企业及商品备案服务、报关报检服务、仓储配送管理和物流系统服务。
- 商流服务：基于全国的仓储网络，可实现就近入仓、发货及发网与各类渠道的深度合作。为入仓客户提供 OTT 电视、线下、社交电商、社区电商等新兴渠道的选择及商流对接服务。
- 云仓：发网云仓秉承共建共赢，公平开放的发展理念，通过布局覆盖全国的仓储网络，整合优势资源为国内外知名品牌提供供应链一体化解决方案。建立从销售、项目管理、客服服务、系统支持到运营管控的精细化服务体系，以提升消费体验。
- 物流云：致力于打造基于商业智能大数据分析的智能物流云平台，以平台信息技术为支撑，整合仓储、运输、配送等资源，驱动业务撮合、流程跟踪、透明监控，为商家提供全渠道供应链管理与仓配一体化解决方案。

资料来源：https://baike.baidu.com/item/%E5%8F%91%E7%BD%91/1591548?fr=aladdin [2023-08-04]

新零售下的库存管理——富润系统

自动补货系统：富润系统设置了库存状况的实时查询，可以直接查询每家店铺具体商品的库存情况（店铺库存、实际库存、可用库存），同时汇总所有门店的销售数据，结合各个仓库的数据，依据补货逻辑，自动为各个门店补货。

精准数据统计：富润系统设置了商品销售的实时监测，可统计过去 7 天和一个月每家店铺商品的具体销售数据，为提前准备库存商品做好数据预测。

多维度仓库管理：包括库存同/变价调拨、组装切割单、单据明细表、库存综合报表等在内的几十个维度的库存管理，对商品状态、商品分类、商品权限等都有相关管理，满足商家个性化操作的同时，也提高了管理效率。

资料来源：https://www.sohu.com/a/143410387_419896 [2023-08-04]

2023 仓储物流行业发展趋势及市场现状分析

目前我国仓储物流的生命周期处于成长阶段，产品竞争力强，市场需求巨大，随着我国工业和经济的发展，仓储业的当代化要求也在持续攀升。从全国范围来看，物流仓储主要分为人工仓储、机械化仓储、自动化仓储、集成自动化仓储、智能自动化仓储五个阶段。现阶段我国仓储正处在自动化和集成自动化阶段，随着信息技能的发展，将联合工业互联网的技能向智能自动化升级。

1. 企业数量结构分析

从企业数量来看，截至 2022 年年末，仓储物流行业企业数量达 6.2 万家，从 2010 年的 1.67 万家增长至 2022 年的 6.2 万家，企业数量增速放缓，行业发展进入新阶段。

近年来，随着中国物流业整体快速发展，仓储企业规模不断扩大，国有大型企业虽仍是仓储业的主体，但中小型民营企业及外资企业的加入，给仓储业注入了新的活力。国有仓储企业数量虽然占仓储业总数量的 27%，但资产规模占比 64% 以上；民营企业数量虽然占 59%，但资产规模仅占 22%；外资企业数量占 4.3%，资产规模占到 8.6%。仓储业转型升级取得初步成效，低温仓储、电商仓储、医药仓储等专业仓储创新发展，仓库建设与租赁保持高速增长，自助仓储进入快速成长期，担保存货管理由快速增长逐步进入调整规范阶段。仓储企业数量增加、规模扩大，仓储业技术水平不断提高，仓储增值服务得到了发展，整个仓储行业进入良性发展轨道，且出现一些新的服务方式和经营业态。各地商务部门不同程度地加强了仓储业的管理与指导，仓储业的产业规模继续扩大，行业运行平稳。

2. 人员规模状况分析

近年来我国仓储业发展迅猛，随着网络购物、网上支付、移动电子商户的数量急剧增加，越来越多的人开始大举进军仓储业，仓储业的从业人数已达 200.56 万余人。

3. 行业资产规模分析

近几年受到宏观经济下行，各行业投资收紧或延后等影响，仓储业固定投资放缓。此外，由于仓储业投资连续十几年（2006—2018 年）大幅增长，业内投资转向库内功能完善、末端节点建设、信息化、智慧化等方面，在一定程度上放缓了仓储业投资。行业对外公布的数据（2013—2018 年）显示，年均增长率为 14.6%。2019 年和 2020 年增长率约为 8%，2020 年仓储业总资产为 3.7 万亿元。2022 年总资产规模达 4.4 万亿元，同比增长 8.4%。

资料来源：https://www.chinairn.com/ [2023-07-26]

思考：

1. 简述发网的物流仓储特点。
2. 分析仓储管理对新零售的重要性。
3. 请查阅相关资料，思考电商发展对我国仓储物流造成了哪些影响，未来仓储物流还有哪些新发展机遇？

第 8 章 快递物流分拣作业

【学习目标】
1. 理解分拣作业的概念、分类、流程和合理化原则。
2. 理解分拣作业的方式和环节。

【学习重点】
1. 分拣作业的方式和环节。
2. 分拣设备的种类及工作流程。

【能力目标】
掌握分拣设备的种类及工作流程。

第 8 章　快递物流分拣作业

导入案例

京东青龙系统核心——预分拣系统

京东对用户进行大数据分析,能够预测核心城市各地区主流单品的销量需求,提前在各个地区物流分站预先发货,客户下单后会在2小时左右收到货物,远远超出了原来的211限时达、次日达等服务。这需要用户大数据+青龙系统+O2O的运营体系的有效支撑。

在京东青龙系统中实现快速配送的核心是预分拣系统。预分拣系统根据收货地址等信息将订单预先分配到正确的站点,在分拣现场,分拣员依据分拣结果将包裹发往指定站点,由站点负责配送。所以预分拣结果的准确性对配送系统至关重要。青龙系统在预分拣过程中采用了深度神经网络、机器学习、搜索引擎技术、地图区域划分、信息抽取与知识挖掘等技术,并利用大数据对地址库、关键字库、特殊配置库、地图库等数据进行分析,使订单能够实现自动分拣,且保证7×24小时的服务,能够满足各类型订单的接入,提供稳定准确的预分拣接口。青龙系统服务于京东自营和开放平台。

资料来源:搜狐网 https://www.sohu.com/a/126164383_608776 [2023-04-04]

8.1　分拣作业概述

8.1.1　分拣作业的概念

分拣是完善送货、支持送货的准备工作,是不同配送企业送货时提高自身经济效益的必然延伸。分拣作业是根据用户的订货要求或配送中心的送货计划,尽可能迅速、准确地将商品从储位拣取出来,并按一定的方式进行分类、集中等待送货的作业过程。分拣是将商品按品种、出入库顺序分门别类堆放的作业。合理规划与管理分拣作业,对提高配送中心的作业效率和降低整个配送中心的作业成本有事半功倍的效果。

8.1.2　分拣作业的分类

1. 按单拣选(摘果式拣选)

按单拣选是指分拣人员按照每一份订单所列商品及数量,将商品从储存区域或分拣区域拣取出来,再集中放在一起的拣货方式。因为按单拣选类似于在果园摘果,所以形象地称为摘果式拣选。按单拣选的具体实施方法:分拣人员手持订单巡回于各个储存点,按订单要求完成配货。按单拣选原理如图8-1所示。

按单拣选具有以下特点。

(1)方法简单,作业前置时间短。

(2)作业人员责任明确,易于安排人员。

(3)拣货后不用进行分类作业,适用于配送批量大的订单处理。

(4)商品品种较多时,拣货行走路径加长,拣取效率较低。

(5)拣货区域大时,搬运系统较复杂。

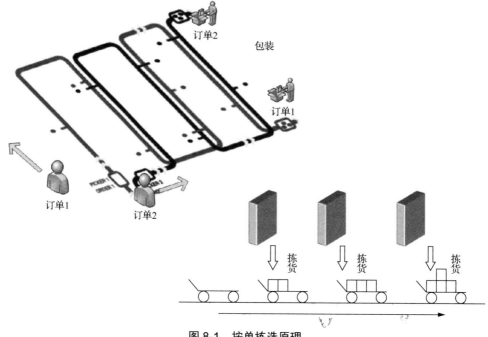

图 8-1　按单拣选原理

按单拣选适合订单数量差异较大、订单数量变化频繁、商品差异较大的场合，如化妆品、家具、电器、百货、高级服饰等。按单拣选适用的领域归纳如下。

（1）用户不稳定，波动较大。
（2）用户需求差异较大、种类较多。
（3）用户配送时间要求不同。
（4）新建配送中心的初期，拣选配送工艺可作为过渡方法。
（5）直接面向基本用户进行配送的电子商务。

2．批量拣选（播种式拣选）

批量拣选是指将多张订单集合成一批，按照商品种类和数量加总后进行一次性拣货，然后依据不同订单进行分类的拣货方式。批量拣选的具体实施方法：分货人员从储存点集中取出用户共同需要的某种货物，巡回于各用户的货位之间，按每个用户的需要量分放后，集中取出共同需要的第二种货物，如此反复，直至用户需要的所有货物都分放完毕。由于这种方法类似于播种，因此又称播种式拣选。批量拣选原理如图 8-2 所示。

批量拣选具有以下特点。

（1）可以缩短拣取货物时的行走时间，增大单位时间的拣货量。
（2）由于需要在订单累积到一定数量时做一次性处理，因此，会有停滞时间。

批量拣选适合订单变化较小、订单数量稳定的配送中心和外形较规则、固定的商品出货。需进行流通加工的商品也先采用批量拣选，再批量进行加工，最终进行分类配送，这样有利于提高拣货及加工效率。批量拣选适用的领域归纳如下。

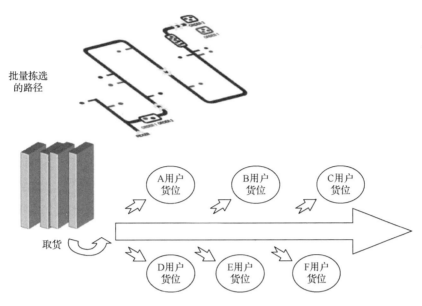

图 8-2 批量拣选原理

(1) 用户稳定且用户较多，可建立稳定的分货线。
(2) 用户的需求共性强、差异小，种类有限。
(3) 用户对配送时间的要求不高。
(4) 商业连锁、服务业连锁、大型企业内部供应配送。

3. 其他分类

（1）复合拣选

复合拣选是指为克服按单拣选和批量拣选的缺点，配送中心采取将按单拣选和批量拣选组合起来的复合拣选。复合分拣的原理是根据订单的品种、数量及出库频率，对不同的订单分别采取不同的拣货方式。

（2）整合按单拣选

整合按单拣选主要应用在一天中每个订单只有一种品项的场合，为了提高配送效率，将某一地区的订单整合成一张分拣单，进行一次分拣后，集中捆包出库，属于按单拣选的一种变形形式。

表 8-1 所示为不同拣选方式的适用场合归类。

表 8-1 不同拣选方式的适用场合归类

拣选方式	适用场合
按单拣选	适合多品种、小批量订单的场合
批量拣选	适合少品种批量出货且订单的重复订购率较高的场合
复合拣选	订单密集且订单量大的场合
整合按单拣选	一天中每个订单只有一种品项的场合

自动分拣利器，快递分拣效率飙升

近年来，随着我国电子商务的快速发展，对自动分拣设备需求增幅最大的是邮政快递行业。随着科技的日新月异，路辉物流设备开始结合自身特点，采用技术含量高的分拣系统帮助快递、电商公司提高分拣配送效率。

传统的人工分拣速度非常低，10个人1小时能分拣2000件，而自动分拣设备1小时可以分拣6000件，可以满足快递公司的收件、派件和分拣的需求，使用自动分拣设备20个人的工作仅需3人就可以完成。利用自动化的快速分拣技术取代大量的人工分拣，不仅降低了人力成本，还提高了分拣作业的效率与准确率。

未使用自动分拣设备现场的分拣、扫码动作均人工完成，由于工作人员的精力有限，经过长时间的重复工作后很难保证精力集中，因此车间时常发生漏检和误检的现象。应用自动分拣系统的分拣中心的分拣准确率达99.9%，不仅降低了工作人员的劳动强度，还降低了错分率。

资料来源：搜狐 https://www.sohu.com/a/428420714_100199245?scm=1019.e000a.v1.0&spm=smpc.csrpage.news-list.1.1617352516430nbXBRoJ [2023-08-14]

8.1.3 分拣作业的流程

电子商务的分拣作业流程可以描述为分拣人员依据现有的客户订单信息，以一定的分拣优化方法，如品项分配策略和订单分拣策略形成配货单，再结合配货单的配货信息，按照某种规则进行分拣。如根据需求定义出货的顺序，储存位置分区区号、配送设备的序号，客户优先顺序或者先来先出货等，对待配货货物进行分拣、重新组配、整理，待审核人审核完成后转移到指定的发货区，等待物流专车配送。电子商务分拣作业流程图如图8-3所示。

客户订单是客户根据自身对商品的需求，通过网上的交易平台或者信息系统发出购买请求而形成的购买信息单据。

品项分配和订单分拣是分拣业务流程的核心操作。品项分配作为一个影响订单分拣的先决条件，直接影响着订单分拣的效率。在实际操作中，订单分拣的效率对整个作业中心的分拣作业效率影响很大。与其他作业相比，订单分拣是消耗人力最多、资金成本和时间成本最高的作业，订单分拣作业的资源成本约占配送中心总体的3/5，订单分拣的时间成本约占配送中心总体的2/5。

配货单是分拣系统依据品项分配和订单分拣策略对订单集合进行处理后选择的最佳配货方案。相关作业人员收到配货单后，只要根据配货单的信息将货品配送到货物审核区即可。

审核区是指拣选人员根据配货单对打包好的货品进行审核的区域。货品通过中转车或者其他设备被发送到审核区，审核人员核对完成所有的配货单及其对应的客户订单信息后，货品将被发往发货区。

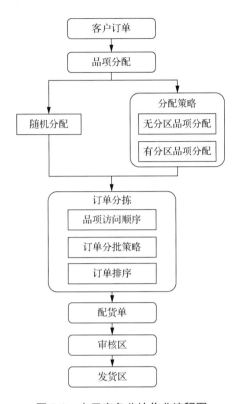

图 8-3 电子商务分拣作业流程图

分拣、配货、审核完成后,由配送专车将货品发往下一级配送中心或者客户指定的收货地点。

8.1.4 分拣作业的合理化原则

分拣作业的合理化原则如下。

1. 存放时应考虑易出库和分拣

在分拣作业进行之前,需要了解和记忆各种货物的存放位置,存放时将出入库频繁的货物放在距离出口较近的地方,这样可以缩短取货时间。

2. 提高保管效率,充分利用存储空间

在实际操作中,不能充分利用存储空间的情况比较常见,除了采用立体化储存,还可通过减小通道所占用的空间,以及采用一些专门的保管和搬运设备提高保管效率。

3. 减少分拣错误

在分拣作业中,误发货往往会带来极大的浪费,应加以避免。为了解决这一问题,除了实现机械化和自动化,还要求分拣人员尽可能减少目视及取物操作上的错误。因此,要加强在作业指示和货物放置方面的研究。

4. 作业应力求平衡化，避免忙闲不均的现象

必须重视收货入库、接受订单后出库等作业和卡车装卸作业时刻表的调整。通常从卡车卸货到入库前的暂存及出库与卡车装载之间的理货作业是不能均衡调节作业的重要因素，也应合理安排其他作业，避免忙闲不均导致人力资源的浪费。

5. 事务处理和作业环节协调配合

调整物流和信息流以缩短两方面的作业等待时间。通常在物流作业前要进行信息处理，如发货时先根据发货通知将货物取出，在出库区进行理货作业，填写出库单，事务工作完成后，配送车辆的驾驶人根据出库单来提货，以避免车辆等待时间过长。

6. 分拣作业和配送路线的顺序一致

向配送车辆装货时必须考虑配送顺序，在出库区理货时需要考虑装载方便。在进行分拣作业时也应依据该原则，保证分拣作业和配送路线的顺序一致。

7. 缩短配送车辆等运输设备的滞留时间

尽量使作业均衡，事务处理和作业环节协调配合对缩减车辆等待时间是必要的；缩短卡车的装卸作业的时间，应尽可能采用单元化集装系统，有效地应用各种托盘进行装卸作业。

8.2 分拣作业方式与环节

8.2.1 分拣作业方式

1. 人工分拣

分拣作业由人完成，人、货架、集货设备（如货箱、托盘等）配合完成配货作业，实施时，人一次巡回或分段巡回于各货架之间，按各订单的需求拣货，直至配齐。

人工分拣是仓储物流拣选方式中成本最低的分拣方式，其优点是仓储运营中心不需要进行无线网络设置，没有硬件成本，在拣选任务增加、需要提高拣选能力时，不受硬件设备的限制，可以随时增加拣选作业人员；其最大缺点是仓储系统中货位上物品的种类和数量与实际货位上物品的种类和数量不同步，即完成商品拣选作业后，仓储系统显示的商品数据信息无法实时更新，只有在完成全部拣选作业并进行拣选复核后，该数据信息才更新。所有盘点工作必须在没有拣选作业且没有等待拣选复核的商品的情况下进行，使整个仓储运营中心面临仓储区域存在实物信息与系统记录信息不吻合的风险。

同时，因为整个拣选作业是在没有信息系统支持的情况下进行的，所有的分拣作业都无法被记录和追溯，所以无法保障分拣作业的质量，也无法实现分拣作业的精细化管理。此外，因为分拣作业完全依靠作业人员在货架间行走寻找订单商品，所以需要拣选人员对整个拣选作业区的货位设计和位置比较熟悉，否则分拣作业效率较低。

2. 机械化分拣

1）人工+推车分拣

人工+推车分拣是指分拣作业人员乘车辆或台车一次巡回或分段巡回于货架之间，为一个用户或多个用户拣选，直到配齐货物。此方式与人工拣选基本相同；区别为借助半机械化手推车作业。

2）传动输送带分拣

传动输送带分拣是指分拣作业人员只在附近几个货位进行拣选作业，传动输送带不停地运转，或分拣作业人员按指令将货物取出放在传动输送带上，或者放入传动输送带上的容器中。传动输送带运转到末端时卸下货物，放在分好的货位上待装车发货。

3）拣选机械分拣

拣选机械分拣是指自动分拣机、叉车和分拣台车在一般高层货架间进行拣选，或者在高层重力式货架一端进行拣选。

3. 智能化分拣

1）掌上电脑拣选

个人数字处理（Personal Digital Assistant，PDA）又称掌上电脑。掌上电脑拣选是指作业人员使用 PDA 完成拣选作业，是当前应用广泛的拣选方式。该方式的优点是通过 PDA 实现了拣选作业与 WMS 的实时通信，确保了仓储货位的商品与系统中的库存信息同步，所有的分拣作业都可以被记录和追溯，便于对分拣作业进行分析和管理。应用此分拣方式，需要无线网络覆盖整个分拣作业区，同时 WMS 要开发专门的分拣模块配合 PDA 使用。由于所有仓储信息的数据同步，因此可以随时开展货物盘点工作，出现异常（如拣货时发现商品丢失、商品破损等）时可以及时记录和处理。

PDA 拣选要求扫描商品条形码进行复核，有的 WMS 还需要扫描货位进行复核，类似举措大大提高了仓储质量与拣选质量。与人工分拣一样，该拣选方式同样要求分拣作业人员熟悉仓储拣选区的货位位置。如果临时增加拣选作业量，只需要增加分拣作业人员和 PDA，就可以实现产能的提升。

2）RFID 拣选

RFID 拣选通常与 PDA 拣选配合使用，通过 RFID 技术节省扫描货位和扫描商品的复核时间，比较适用于高层货架情况下的叉车拣选作业。通常 RFID 拣选有设置货位 RFID 标签和设置商品 RFID 标签两种方式，在实际应用中多采用前者。在拣选作业时，通过 RFID 技术读取货位标签后，在 PDA 上确认拣选作业内容。该方式通常在商品种类不多（低于 1 万种）、拣选次数较低、储存批量较大的情况下应用，其最大优点是通过 RFID 技术省去了 PDA 拣选中扫描条形码的复核工作。

3）穿梭车货到人拣选

穿梭车是当前主流的货到人拣选系统，使用穿梭车系统与输送系统将被拣选商品自动送到分拣作业人员面前。该方式的优点是消除了拣选作业中最耗费时间的行走和寻找商品的工作，分拣作业人员只需不停地对运送到面前的存储容器中的商品进行分拣作业即可。但是该方式的设备投资较大，同时柔性比较小。

穿梭车货到人拣选方式按照存储单元体积的不同，分为周转箱型和托盘型。周转箱型通常用于处理超大量商品种类的储存，拣选品类多，但每种商品被拣选的总体积较小。托盘型通常在两种极端情况下应用：储存商品种类较少且每种商品数量巨大，或储存商品种类多且每种商品拣选作业较少。前者如一些生产厂家的仓库，比如盒装牛奶制造商的仓库；后者如特殊行业的模具仓库。在仓储物流运营中心应用该拣选方式，需要认真设计方案，以规避风险。

4）无人化分拣

（1）自动导引车分拣。作为无人化分拣的重要技术支撑，Kiva机器人创造性地发明了一种全新无人化拣选方式：使用自动导引车搬运货架到拣选作业人员面前，辅助完成拣选作业。该拣选方式与穿梭车货到人拣选相比，不仅能提升拣选效率，其储存能力和拣选产能还可按照近似线性的方式提升，只要增加货架就可以提高储存能力，只要增加自动导引车就可以提高拣选产能。自动导引车分拣系统如图8-4所示。

图8-4 自动导引车分拣系统

目前，自动导引车分拣成为国内最受关注的拣选方式，多家企业正着手开发无人化分拣的核心技术。其中，无人化分拣系统中涉及的关键技术包括任务调度技术、路径动态规划技术、邻域智慧通信技术、高速稳定控制技术和快速启停及卸载技术。在该拣选方式中，最重要的技术不是自动导引车本身，而是驱动和调度自动导引车的后台车辆管理软件，即如何在几万平方米的库房内同时调度上千辆自动导引车完成拣选作业。

（2）机器人分拣。完成分拣中心的无人化操作需要多种机器人配合。例如，堆垛机可根据计算机指令在立体货架之间的巷道沿水平和垂直方向行走，采用货叉将货格上的货物取出或存入；穿梭车围绕在立体仓库周围，全自动运行，与运输线和堆垛机对接，输送货物；自动导引车在计算机和无线局域网络的控制下，经磁、激光等导向装置引导沿程序设定的路径完成作业；空中悬挂小车由铝合金轨道、车组、道岔、滑导取电装置、升降装置及电子控制单元等组成，可在不同车间、厂区内运行，以快速、高效地实现物品的抓取、运输、存放等。

货物分好区域后，分拣工作人员站在出货口的位置，手动将货物放到机器人的托盘上，机器人也会提前"排好队"，依次完成装货。货物在出发前会经过红外线扫描，机器人调度系统识别出该货物面单上条形码的站点信息后，根据信息对货物进行分拣。无人化分拣平台的地上张贴二维码，机器人识别二维码信息，调度系统根据信息进行路径规划，到达指定位置后，机器人进行货物分拣作业。

得牛灯光辅助分拣系统

得牛灯光辅助分拣系统是苏州得牛软件技术有限公司凭借强大的研发能力和市场经验积累,自主研发而成。得牛灯光辅助分拣系统由灯光分拣系统、传输系统、得牛WMS、装车运输系统四部分组成。

得牛WMS定位于满足医药、电子配件、图书、电商、五金等典型物流配送中心的仓库管理需求,并符合药品流通行业GSP管理规范等行业标准的仓储信息系统。

在拣货过程中,使用得牛灯光辅助分拣系统可同时分拣多个客户的订单,实现了多人、多单、多区、零整分流协同作业,拣货人员按区拣货,分工明确,整个拣货过程有条不紊、简单高效。

(1) 通过波次订单合并,拣货总路径大幅度缩短,拣货、复核效率成倍提高。
(2) 波次出库大大降低了作业人员的作业难度,降低了出错的概率。
(3) 大幅度提高仓库作业面积的利用率,与订单类别拣货相比,作业场地面积减少一半。
(4) 硬件配置简单,自动化程度高,分拣过程高效。

资料来源:http://www.deiniusoft.com [2023-08-14]

8.2.2 分拣作业环节

1) 发货计划

发货计划是根据客户的订单编制而成的。订单是指客户根据用货需求向配送中心发出的订货信息。配送中心接到订货信息后,需要对订单的资料进行确认,且进行存货查询和单据处理,并根据客户的送货要求制订发货日程和发货计划。

2) 确定拣货方式

拣货通常有按单分拣、批量分拣及复合分拣三种方式。

按单分拣是指分拣人员、分拣工具巡回于商品的储存场所,按照客户订单要求,从经过的货位或者货架上挑选出所需的商品。

批量分拣是指分拣人员同时分拣多个订单,在仓库中走一趟就可完成多个订单的分拣任务。

复合分拣是指将按单分拣和批量分拣组合起来的拣选方式,该方式根据订单的品种、数量及出库频率,确定哪些订单适用于按单分拣,哪些订单适用于批量分拣,分别采取不同的拣货方式。

3) 输出拣货单

拣货单是配送中心将客户订单信息经过计算机进行拣货信息处理后,生成并打印的单据。在拣货单上应标明储位,并按储位顺序来排列货物编号,拣货人员据此拣货可以缩短拣货路径,提高拣货作业效率。拣货单样式如图8-5所示。

4) 确定拣货路线及分派拣货人员

配送中心根据拣货单罗列的商品编码、储位编号等信息,能够明确商品位置,从而确定合理的拣货路线,安排拣货人员进行拣货作业。

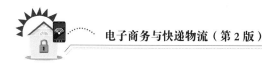

拣货单号码:				拣货时间:				
				拣货人员:				
客户名称:				审核人员:				
				出货日期: 年 月 日				
序号	储位号码	商品名称	商品编码	包装单位			拣取数量	备注
				整托盘	箱	单件		
日期:								

图 8-5　拣货单样式

5）拣取商品

拣取商品的过程可以由人工或机械辅助作业或自动化设备完成。

6）分类集中

由于拣取方式不同，因此拣取的商品可能还需按订单类别进行分类集中，拣选作业至此结束。分类完成的每一批订单的商品经过检验、包装等作业后出货。

8.3　分拣设备的种类及分拣识别系统的工作流程

货物分拣包括货物的拣选、输送、分类、混合与合流。分拣设备是物流系统货物输送过程中的重要设备。在大型物流配送系统中，仅仅依靠人工分拣很难完成大规模的分拣工作，为了提高分拣效率和准确率、提高服务水平、节省劳力和工作时间，自动分拣设备得到广泛应用。

在自动分拣系统中，分拣的主要过程是货物通过输送设备按顺序进入识别区域，经过识别后进入分拣系统。分拣系统根据识别信息对物品进行分类，并把分拣后的货物送到指定位置。

8.3.1　分拣设备的种类

分拣设备种类繁多，在实际应用中应根据需要进行选择。常用的分拣设备有以下几种。

1）带式分拣设备

带式分拣设备（图 8-6）主要为带式分拣机，带式分拣机包括平带式分拣机和斜带式分拣机。平带式分拣机只有一整条运输带，且在每个对应的格口设置一个挡板推包装置，具有价格低、结构简单、工作噪声低等特点，通常用于包裹、印刷品和邮袋等的分拣。斜带式分拣机的工作原理是物品随着倾斜带运行，到分流位置时，倾倒盘倾斜打开，使物品滑离主输送线从而实现分流作业。

图 8-6　带式分拣设备

2）链式分拣设备

链式分拣设备主要为翻盘式分拣机（图 8-7）。翻盘式分拣机是由一系列托盘组成的，托盘为铰接式结构，可以向左或向右倾斜。当装载商品的托盘到一定位置时倾斜，商品落入旁边的滑道，为减小商品倾倒时的冲击力，有的分拣机能控制商品以抛物线方式来倾倒商品。翻盘式分拣机不限制分拣商品的形状和尺寸，但以不超出托盘为限。对于比较长的商品可以跨越两个托盘放置，倾倒时两个托盘同时倾斜。翻盘式分拣机常采用环状连续输送方式，其占地面积较小，且采用水平循环，使用时可以分成数段，每段都设一个分拣信号输入装置，以便商品输入，而分拣的商品在同一滑道排出，可提高分拣能力。

图 8-7　翻盘式分拣机

3）交叉带分拣设备

交叉带分拣设备主要为交叉带分拣机（图 8-8）。交叉带分拣机的分拣出口多，可左、右两侧分拣。大型交叉带分拣系统一般应用于机场行李分拣和安检系统。交叉带分拣机适用于分拣小件商品，如食品、化妆品、衣物等。环形轨道和供包台是交叉带分拣机的核心部分，轨道下方一般都安装光电来测速，变频器采用 PID 方式控制直线电动机带动小车以恒定的速度运行，当小车到达指定滑槽时，小车里面的 PLC 控制步进电动机正转或者反转，使商品到达左侧滑槽或者右侧滑槽。

图 8-8　交叉带分拣机

交叉带分拣机的供包台主要由扫描台和输送带构成。扫描台进行商品条形码的扫描、重量的检测，读码系统扫描条形码后，给商品配定滑槽，然后由 PLC 控制小车进入滑槽。在这个过程中，读码环节非常重要。它直接关系着包裹正确下包，事关分拣机分拣的准确性。

4）滑块式分拣设备

滑块式分拣设备主要为滑块式分拣机（图 8-9）。滑块式分拣机是一种特殊形式的条板输送机，利用滑块在输送机的滑杆上前后滑动来推移分流货物，从而达到分流目的。根据物品的长度组合不同数量的滑块，滑块式分拣机每分钟可分流 150 次，滑块可推动 100kg 左右的货物。驱动滑块移动的动力一般是电磁力。输送机的表面由金属条板或管子构成，呈竹席状，而在每个条板或管子上都有一枚用硬质材料制成的导向滑块，能沿条板做横向滑动，带动物料的运输。当滑块式分拣机不工作时，滑块停在输送机的侧边，滑块的下部有销子，与条板下导向杆连接，通过计算机控制，当被分拣的货物到达指定道口时，控制器使导向滑块有序地自动向输送机的对面侧滑动，把货物推入分拣道口，货物就被引出主输送机。这种方式是将商品侧向逐渐推出，并不冲击货物，故货物不容易损伤，它的适用范围较广。

图 8-9　滑块式分拣机

因为滑块式分拣机的故障率非常低,所以其在快递行业中应用广泛。滑块式分拣机可以多台交叉重叠使用,以避免单一滑块式分拣机无法满足能力要求。

5)悬挂式分拣设备

悬挂式分拣设备主要为悬挂式分拣机(图8-10)。悬挂式分拣机是用牵引链(或钢丝绳)作牵引的分拣设备。按照有无支线,悬挂式分拣机可分为固定悬挂式分拣机和推式悬挂式分拣机。前者用于分拣、输送货物,只有主输送线路、吊具和牵引链是连接在一起的;后者除了主输送线路,还具备储存支线,具有分拣、储存、输送货物等功能。

图8-10 悬挂式分拣机

(1)固定悬挂式分拣机主要由吊挂小车、输送轨道、驱动装置、张紧装置、编码装置、夹钳等组成。分拣时,货物吊夹在吊挂小车的夹钳中,通过编码装置控制,由夹钳释放机构将货物卸落到指定的搬运小车或分拣滑道上。

(2)推式悬挂式分拣机具有线路布置灵活、允许线路爬升等优点,普遍用于货物分拣和储存业务。

悬挂式分拣机具有悬挂在空中,利用空间进行作业的特点。它适用于分拣箱类、袋类货物,对包装物形状要求不高,分拣货物质量大,但需要专用场地。

6)滚柱式分拣设备

滚柱式分拣设备主要为滚柱式分拣机(图8-11)。滚柱式分拣机是用于对货物进行输送、储存与分路的分拣设备,按处理货物流程的需要,可以布置成水平形式,也可以与提升机联合使用构成立体仓库。

图8-11 滚柱式分拣机

局部滚柱式分拣机中滚柱机的每组滚柱（一般由 3～4 个滚柱组成，与货物宽度或长度相当）均各自具有独立的动力，可以根据货物的存放和分路要求，由计算机控制各组滚柱的转动或停止。在货物输送过程中，在需要积放、分路的位置设置光电传感器进行检测。当货物输送到需分路的位置时，光电传感器发出检测信号，由计算机控制货物下面的滚柱停止转动，并控制推进器开始动作，将货物推入相应的支路，实现货物的分拣。

滚柱式分拣机一般适用于包装良好、底面平整的箱装货物，其分拣能力高，但结构较复杂、价格较高。

8.3.2　分拣识别系统的工作流程

在物流系统中，要高效、正确地进行货物的输送分拣工作；在分拣系统中，通常装有精确的分拣识别系统，根据货物的特点，如质量、形状、尺寸、颜色、条形码、文字数字等，选择相适应的识别传感器。传感器将物品特性信息输入计算机，经过信息处理之后，通知相应的分拣设备进行分拣作业。

案例 8-3

信件/报刊分拣程序

（1）由市政邮局投送的客户/物业项目部信件、报刊、包裹由邮件分拣员统一接收。

（2）信件分拣员应根据信件的地址仔细挑拣信件，避免收取错误信件。

（3）对于接收的信件，分拣员应根据楼层、公司名称区分所有信件；核对信件信息时，应将公司名称和系统记录的信息相对应，会发生以下几种情况。

① 当客户更换承租区域时，要在信封上注明客户最新使用的承租区域。

② 如果客户已退租，查看客户的信件委托书并按上面的电话与客户联系领取信件。如果没有信件委托书，可将信件保留一个月，一个月后将信件退还给邮局。

③ 发现信件上没有公司名称时，按信件上的地址投送。

（4）核对信件后，将客户编号逐一登记在报刊信件登记表上，再投送至相关的信箱。

（5）由市政邮局投送的所有挂号信、包裹等需要客户签收的邮政物品，先由分拣室接收、核对，再投送至客户处签收，要在签收登记表上注明邮政物品编号，并返回分拣室按照客户分别存档。

资料来源：https://wenku.baidu.com/view/66d2d36514791711cd791736.html[2023-08-14]

8.4　本章小结

分拣作业是根据顾客的订货要求或配送中心的送货计划，尽可能迅速、准确地将商品从储存位置拣取出来，并按一定的方式进行分类、集中等待送货的作业过程。分拣作业有按单拣选、批量拣选、复合分拣以及整合按单分拣四种。分拣作业需要遵循合理化原则。

在分拣过程中，分拣方式有人工分拣、机械化分拣及智能化分拣。分拣作业的流程包括六个步骤：发货计划、确定拣货方式、输出拣货单、确定拣货路线及分派拣货人员、拣取商品、分类集中。分拣作业常见的设备有带式分拣设备、链式分拣设备、交叉带分拣设备、滑块式分拣设备、悬挂式分拣设备、滚柱式分拣设备等。

习　　题

一、判断题

1. 分拣作业可以简单划分为按单拣选、批量拣选及其他拣选方式。（　　）
2. 分拣作业常见的设备有带式分拣设备、链式分拣设备、交叉带分拣设备、滑块式分拣设备、悬挂式分拣设备、滚柱式分拣设备等。（　　）
3. 在分拣过程中，分拣方式有人工分拣、机械化分拣以及智能化分拣。（　　）

二、选择题

1. 某配送中心中的商品 A 每天平均采购量为 8 箱，平均在库时间为 4 天，该商品每托盘均可放 40 箱，则该商品的储存单位是（　　）。

   A. 单件　　　　　B. 箱　　　　　C. 托盘　　　　　D. 袋

2. 下列不是智能化分拣中用到的技术为（　　）。

   A. RFID 技术　　　　　　　　　B. 自动控制
   C. 环境感知与信息融合技术　　　D. 人工分拣

3. （　　）是安排拣货作业的货物数量、设备及人工使用、投入时间及生产时间。每一拣货作业计划，详细规定每一拣货环节在某一时期内应完成的拣货任务和按日历进度安排的拣货进度。

   A. 拣货作业方式　B. 拣货作业策略　C. 拣货作业路径　D. 拣货作业计划

三、思考题

1. 简述分拣作业的概念及分类，并画出电子商务分拣作业流程图。
2. 简述分拣作业需要遵循的原则。
3. 简述分拣作业中涉及的分拣方式。
4. 请结合身边案例，叙述无人化分拣的优势。
5. 请列表对比总结分拣作业常用的分拣设备。

新来物流中心自动拣货系统分析

卷烟商业配送中心从全国卷烟工业企业购入卷烟，再向行政区划内持有卷烟销售许可证的零售商户销售卷烟，以件为单位进货，以条为单位配送出库，是十分典型的流通加工型配送中心。面对当前国内卷烟配送趋于多规格、小批量，配送卷烟的种类、数量和经营户急剧增加的发展状况，传统的人工分拣方式已经不能满足市场需要。因此，各地卷烟配送中心纷纷采用先进的信息管理系统和物流设备，以全新的作业流程替代传统的物流运作模式，大幅度提高了作业效率和客户服务水平。

新来物流中心平均每天都要满足 2000 个客户的需求，完成 1500 件烟的分拣配送量。该物流中心成品烟存储量为 5000 大箱。每天的条烟分拣量都大于 10000 箱，分拣工人约 70 人，分两班作业。每天上午接受零售商户的订单，经过信息系统处理，下午两点开始分拣作业，然后按照配送线路装车，第二天早上配送到户。

物流中心的概况如下。

- 库存量：标准库存量 5000 大箱（25000 件）；以托盘承载，20 件/托盘。
- 库量：400 件/车，20 分钟/车。
- 卷烟种类：约 140 种，每天配送卷烟种类约 100 种。
- 订单处理量：2000 个用户/天，日配送流量 1500 件/天。
- 发货：自有配送车辆 30 辆，依维柯和金杯车各 15 辆，3~6 辆车同时发货。
- 工作时间：发货 3 小时（8:00—11:00），分拣 6 小时（14:00—20:00）。

经过多年的努力，新来物流中心开发出能迅速处理多品种、少批量的出货需求，提供高质量服务的三个拣货系统。

1. 托盘出库自动拣货系统

从自动仓库出库的货物，经可同时处理两个托盘货物的复台式转栈台，输送至卸栈工作站，然后由作业人员分拣所需数量的货物箱并放在输送带上。此时，卸栈工作站旁边的显示器会显示该商品的应拣取的箱数、目前完成的箱数、起初存在的箱数和拣取完后剩余的箱数。

2. 货箱自动拣货系统

以储存货箱的重力式货架为中心，由一台自动补充货箱的补货车和两台自动拣取货箱的装置构成。货物的补充、分拣完全实现自动化，即由计算机发出指令通知自动仓库调出需求货箱至卸栈工作站，经输送机输送到补货车自动补货，货物补充至重力式货架上，再根据需要拣货。

3. 单件拣货系统

单件拣货系统也是以储存货箱的重力式货架为主的，但此重力式货架较小，每一货格均配备自动显示装置。该系统采用人工分拣的作业方式，分拣后的物品自动地经过内侧的输送机，投入停在适当位置的容器内，等待出货。

通过三个拣货系统的协力配合，新来物流中心提高了出货的工作效率，降低了分拣的出错率，提高了客户服务水平。

资料来源：https://libcon.bupt.edu.cn/https/77726476706e69737468656265737421e7f24f97327e6a51770c9ce29b5a2e/view/7cb952acd8ef5ef7ba0d4a7302768e9951e76ed8.html（2022）?fr=search&isbtn=2 [2023-08-14]

试分析：

1. 新来物流中心的拣选系统架构。
2. 新来物流中心可采用哪些拣选方式？说明理由。

第 9 章 电子商务与快递物流信息技术

【学习目标】
1. 理解物流信息技术的概念、分类与作用。
2. 掌握大数据、区块链和人工智能技术的概念与应用。
3. 掌握信息识别技术的概念与应用。
4. 掌握 Wi-Fi 和蓝牙技术的概念。
5. 掌握自动导引车、自动化立体仓库、物流机器人和无人机的概念与应用。
6. 掌握全球定位系统和地理信息系统的概念和应用。

【学习重点】
1. 大数据、区块链和人工智能技术的概念与在快递物流的应用。
2. 信息识别技术的概念和应用。
3. 自动导引车、自动化立体仓库、物流机器人和无人机的概念与应用。
4. 全球定位系统和地理信息系统的概念和应用。

【能力目标】
1. 了解物流信息技术对物流行业发展的作用。
2. 初步具备将 5G 应用于电商物流行业的能力。

导入案例

中国邮政上线智能场院管理，处理中心数字化迈出新步伐

2022年10月1日，虽然正值国庆假日，中国邮政智能场院系统上线的脚步却并没有停歇，由集团公司寄递事业部和中邮信科联合组成的项目组成员仍然坚守岗位。截至10月底，项目组先后发布上线情况通报18期，召开全网复盘会15次，参会人数超3000人；建立问题清单销号机制，累计解决生产一线的问题79项，确保了上线工作的顺利推进。目前，全网90个省际中心智能场院系统均已顺利投入运行。

智能场院系统上线前后发生了如下变化。

1. 全流程实现了无纸化

智能场院系统上线前，各处理中心全程使用纸质单据进行交接，派车手续复杂，驾驶员凭纸质派车单执行运输任务，确定垛口，进行解车、封车操作。实际承运车辆不进行核验，经常出现与计划派车不一致的现象。

智能场院系统上线后，全程交接实现了无纸化，保证了运输作业管理"三一致"，即运输任务、所派车辆、驾驶员三者之间系统与实际保持一致。驾驶员出车前必须通过App进行车辆核验，否则无法执行任务。

2. 车辆进出实现了无感化

智能场院系统上线前，门卫需要与接发调度部门联动配合，人工审核车辆，效率低。实际进场车辆顺序与调度计划顺序经常发生不一致，装车作业车辆有时未进行封车作业就出场。

智能场院系统上线后，车辆进出场院通过信息系统实现无感化管理，保障了场院管理"三有序"，即有序安排车辆进出场，有序安排车辆在场内指定位置停车，有序安排车辆上垛、离垛。车辆上垛、离垛通过App指令引导，实现驾驶员无感化进出场、无感化场内驳车。

3. 垛口分配实现了智能化

智能场院系统上线前，接发室不能掌握现场垛口情况，需要与现场接发员线下沟通，效率低。接发室要逐一通知驾驶员垛口信息，耗费时间。垛口也由接发室工作人员按经验进行人工分配，经常出现垛口与车辆车型不匹配的情况。

智能场院系统上线后，当车辆距离处理中心5公里（可根据各场地实际情况设定）时，系统便根据待运任务、重量和邮路等信息自动为任务车辆分配装卸垛口，到第一顺位时，系统识别到任务车辆，自动为其抬杆，保证了装卸车型、作业人员、处理工艺的"三匹配"，即实现了装卸车型与垛口的精准匹配、装卸方案与处理工艺的有效匹配、作业人员排班与接发车数量的匹配。

4. 资源管理实现了高效化

智能场院系统上线前，接发室需要与现场接发员线下沟通，时间长、效率低，接发室在安排车辆上垛、离垛时需电话通知驾驶员，耗费时间，影响换车效率。

智能场院系统上线后，通过"司机帮"App即时推送上垛、离垛指令给驾驶员，保证了相互沟通、监控管理、现场调度的"三高效"运转，即实现了与车辆驾驶员的高效沟通、垛口状态及车辆等候进度的实时高效监控、场院资源的高效管理。

5. 现场管理实现了信息化

智能场院系统上线前，驾驶员到达接发室，由接发室工作人员标注告知上垛垛口并随时联系驾驶员进行上垛、离垛操作。接发室工作人员无法全面掌握生产现场的实际情况，需要反复通过对讲机了解、沟通，沟通效率和管理效果都比较差。同时，还需对接发车辆纸质单据进行整理存档，工作繁杂。

智能场院系统上线后，接发室工作人员大部分工作任务由智能场院系统完成，实现"三减少"，即减少了接发室工作人员记录封车工作，接发室工作人员的纸质档案打印、管理工作，接发室的人员数量。

数字技术是中国邮政提升核心竞争力、实现高质量发展的"制胜之器"。寄递业务已经从脚力、畜力、动力时代迈入算力时代，谁掌握数字化工具，谁就拥有核心竞争力。正如党的二十大报告所提到的，要"推动战略性新兴产业融合集群发展，构建新一代信息技术、人工智能、生物技术、新能源、新材料、高端装备、绿色环保等一批新的增长引擎"。

资料来源：http://www.chinapost.com.cn/html1/report/22113/21-1.htm [2023-08-14]

物流信息技术有哪些？它们在物流企业的经营管理中起到什么作用？本章将介绍物流信息技术，如信息识别技术、智能物流技术等。

9.1 概　　述

9.1.1 物流信息技术的概念和分类

《物流术语》（GB/T 18354—2021）对物流信息技术的定义是，以计算机和现代通信技术为主要手段实现对物流各环节中信息的获取、处理、传递和利用等功能的技术总称。一般认为，物流信息技术包括两个方面，即物流硬技术和物流软技术。物流硬技术是指物流设备、装备和技术手段。传统的物流硬技术主要是指材料（集装、包装材料等）、机械（运输机械、装卸机械、包装机械等）、设施（仓库、车站、码头、机场等）。典型的现代物流技术手段和装备（又称现代物流技术）包括计算机、因特网、信息数据库技术、条码技术、语言技术，以及电子数据交换、射频识别、全球定位系统、地理信息系统、自动数据采集、电子订货系统、增值网、电子货币转账、自动存取系统手持终端、集成电路卡等。物流软技术是指为组织实现高效率的物流所需的计划、分析、评价等方面的技术和管理方法等。

9.1.2 物流信息技术的作用

1. 电子商务物流信息技术是提高现代物流效率的重要条件

现代物流的优势之一是能大大简化物流的业务流程，提高物流的作业效率。在现代物流过程中，一方面，人们可以通过先进的科学技术，对现代物流活动进行模拟、决策和控制，从而使物流作业活动选择最佳的方法和作业程序，降低货物的库存量，提高物流的作业效率；另一方面，应用物流信息技术可以提高物流作业的水平、质量和效率。

2. 电子商务物流信息技术是降低现代物流费用的重要因素

先进、合理的现代物流信息技术可以有效地使物流资源得到合理运用，也可以有效地减少物流作业过程中的货物损失，进而有效地提高现代物流的效率，降低现代物流的费用。

3. 电子商务物流信息技术可以提高客户的满意度

应用电子商务物流信息技术可以提高客户的满意度，拉近与客户的关系。应用物流信息技术、建立快速反应可以使企业及时根据客户的需要，将货物保质保量、迅速、准确地送到客户指定的地点。

此外，合理地应用电子商务物流信息技术还有利于实现物流的系统化和标准化，有利于企业开拓市场，扩大经营规模，增加收益。

案例 9-1

海尔信息化建设的演进过程

建立企业资源计划系统是海尔实现高度信息化的第一步。在成功实施企业资源计划系统的基础上，海尔建立了供应商关系管理（Supplier Relationship Management，SRM）系统、B2B（订单互动、库存协调）系统、扫描系统（收发货、投入产出、仓库管理、电子标签）、定价支持（定价方案的审批）系统、模具生命周期管理系统、新品网上流转（新品开发各个环节的控制）系统等，并与企业资源计划系统连接起来。这样，用户的信息可同步转化为企业内部的信息，实现以信息替代库存，零资金占用。海尔通过搭建电子商务采购平台，实现了全球供应商网上查询、网上接收订单、网上查询库存、网上支付等功能，使供应商足不出户就可以完成一系列的业务操作。随着全球化信息网络和市场的形成，海尔物流开始着眼于全球供应链资源网络。在物流产业化阶段，海尔通过研究使用信息集成化一流的物流执行系统（Logistics Execution System，LES），成功搭建起第三方物流运作管理的系统架构，实现全国 42 个配送中心的订单管理、条码扫描、全球定位系统运输管理、仓储管理。通过实时取数、透明跟踪、条形码扫描、成本管理和决策支持，实现对多仓库、多客户、跨地域管理，通过复杂的仓位控制、安全存量设置、自动补货警示等先进技术，搭建起高效的第三方物流操作平台。海尔在自己物流实践和优化业务流程之上，吸取先进仓储管理系统的经验，利用计算机及网络技术开发出针对市场需求的物流执行软件——海尔物流执行系统。菜鸟网络的模式在国外被称为"第四方物流"，最早于 1998 年由埃森哲咨询公司提出，第四方物流为物流企业提供规划、咨询、物流信息系统、供应链管理等服务。第四方物流不实际承担具体的物流运作活动。

资料来源：http://wenku.baidu.com/link?url=kPVVwrcpsu0jR_pup1ri2iYQs13XD-440HG7ZlTw0qW-V43VzRfr_GSshLUawjCt1pUi2sD3vQdp_fCvDl4vjpX4T9AVFZeyugM013h8ZGW [2023-08-14]

9.2 信息融合技术

快递物流作为交叉融合行业，与新时代的前沿技术关联紧密。随着信息技术和网络的蓬勃发展，分析新时代背景下快递物流行业交叉融合的发展与应用，探索前沿技术与快递物流交叉融合的应用场景，可以促进快递物流行业的发展与时俱进。

9.2.1 大数据技术

1. 大数据的概念

大数据是指涉及的资料量规模大到无法通过主流软件工具，在合理时间内达到撷取、管理、处理，并整理成为帮助企业经营决策更积极目的的资讯。

狭义的大数据是指当前的技术环境、能力难以处理的一种数据集。目前，宏观上没有一种对大数据可量化的内涵理解。大多研究机构和学者对大数据的定义普遍以数据规模及处理数据的方式进行定义。

大数据技术是指从各种类型的数据中快速获得有价值信息的能力。其适用于大数据的技术场景包括大规模并行处理数据库、数据挖掘电网、分布式文件系统、分布式数据库、云计算平台、互联网和可扩展的存储系统。

2. 大数据在物流上的应用

大数据对物流行业的显著影响是横向流程延伸，纵向流程压缩简化。从供需平衡角度出发，大数据为供方（物流企业）提供最多利润，为需方提供最佳服务。

1）数据整合，掌握企业运作信息

在信息化时代，网购呈现一种不断增长的趋势，网购规模的增大给网购之后的物流带来了沉重的负担，对各节点的信息需求也越来越多。每个环节产生的数据都是海量的，过去传统的数据收集、分析处理方式不能满足物流企业对每个节点的信息需求，因此需要通过大数据把信息对接起来，收集每个节点的数据并整合每个节点的数据，通过物流数据分析、处理转化为有价值的信息，进行物流可视化，从而掌握物流企业的整体运作情况。

2）分析数据，帮助物流企业做出正确的决策

通过对市场数据的收集、分析处理，物流企业可以了解具体的业务运作情况，能够清楚地判断哪些业务带来的利润高、增长速度较快等，把主要精力放在真正能够给企业带来高额利润的业务上，避免无端的浪费。同时，通过对数据的实时掌控，物流企业还可以随时调整业务，确保每个业务都可以带来盈利，从而实现高效的运营。

3）分析客户，提高客户黏性

网购需求的急剧膨胀，使得客户越来越重视物流服务的体验，希望物流企业提供最好的服务，甚至掌控物流业务运作过程中商品配送的所有信息。这就需要物流企业以数据中心为支撑，通过对数据进行挖掘和分析，合理运用分析成果，为客户提供更好的物流体验，进一步巩固与客户之间的关系，提高客户的黏性。

4）数据"加工"从而实现数据"增值"

在物流企业运营的所有环节中，只有小部分结构化数据是可以直接分析利用的，绝大部分非结构化数据只有转化为结构化数据才能储存分析。这就造成了不是所有的数据都是准确、有效的，很多数据都是延迟、无效甚至错误的。物流企业的数据中心必须对这些数据进行"加工"，从而筛选出有价值的信息，实现数据的"增值"。

案例 9-2

空间大数据在京东物流中的应用

京东作为我国最大的自营式电商企业，拥有完整覆盖采购、售卖到配送、客服等环节的全电商流程。在京东的仓储、运输和配送环节中，每天都产生数以亿万计的空间数据。在仓储、运输和配送等环节，地

理信息系统（Geographic Information System，GIS）技术发挥了至关重要的作用，成为京东智慧物流建设的重要技术基础。随着京东物流业务的发展，原有的经验和行业知识不能完全跟上业务发展的需要，需要结合深度学习的大数据技术、GIS 技术和人工智能技术，在保证配送时效、服务质量的前提下，进一步提高配送业务的科学性、精确性和系统性，实现精细化管理的目标。

1. 货物分拣

面对每天数以百万计的订单，根据用户的收货地址高效地进行订单货物的分拣，快速精准地将订单商品发送到库房、中转仓和配送站是京东实现持续不断地提供一流配送服务的前提。在货物分拣方面，京东在物流运营过程中积累的海量订单数据发挥了至关重要的作用。京东积累了超过十亿条的地址数据，并利用这些数据建立了完善的地址库。基于此，京东建立了一套精准完善的预分拣系统，利用 GIS 技术，根据配送站点的覆盖范围，京东将配送区域进行了划分。利用这套系统，管理人员可以可视化地根据配送站点的数量和规模变化进行配送范围的调整。通过反向地理编码技术，预分拣系统可以直接将用户下单地址转化为经纬度坐标，并通过比较下单地址和配送站配送区域，直接将订单分配到用户所属的配送站点。随着配送大数据的不断丰富，京东不断完善配送范围估算模型，使越来越多的用户能够享受包括"211 限时达"和"京准达"在内的高质量京东购物配送体验。

2. 配送路线优化

配送环节作为整个京东物流体系的重要组成部分，是京东物流中的重要环节。为了保证京东物流配送环节的高效性与准确性，京东建立了完善的物流配送网络，尤其在大件商品的配送中发挥了极为关键的作用。不同于小件商品的配送，京东大件商品配送成本高，并且涉及预约、验货、安装等环节，利用技术手段有效降低大件商品的配送成本，提升用户体验是亟待探索的一个重要课题。利用 GIS 技术，大件商品调度系统根据用户送货地址计算出每一个订单的行驶里程和所需运输时间，并对所有的待配送大件商品订单运输的时间成本进行测算，在保证商品按照用户约定的时间范围内送达的前提下，给出最合理的大件商品配送线路。随着道路通行数据和交通数据的不断累积，利用机器学习技术，系统对于每一条线路在不同时刻通行时间的计算和预测越发精准，使得京东大件商品的配送成本不断降低，履约效率不断提升。

3. 订单实时跟踪

为了能给京东用户提供最佳配送体验，京东物流针对每一个订单提供了完善、详尽的订单跟踪信息。除了常见的文字跟踪信息，京东还在业界率先提供了基于地图的可视化物流跟踪系统，该系统的核心就是 GIS 技术。京东的每一台物流配送车辆都安装了卫星定位设备，通过全球定位系统，每秒都有上千台传站车辆和上万台快递车辆将其实时位置数据传送回数据中心。为了实现每秒上万条坐标数据的存储、读取和查询，京东建立了分布式文件存储系统，通过对数据进行包括过滤、验证和抽稀等处理，推送给前台进行订单轨迹展示，供用户查询。

4. 基于地理位置的用户画像

通过多年的运营，京东为上千万的用户提供了优质的购物体验，积累了亿万级的用户购物数据，而其中的每一条购物数据都包含位置信息。通过对这些购物位置大数据进行处理和分析，京东构建了业界最为完整、最富有价值的用户画像数据。通过分析这些精准的用户画像数据，京东不仅可以对单个用户的购物习惯和商品购买喜好进行分析，而且可以利用这些数据携带的位置信息，对这些数据进行小区、街道级别的分析，从而建立起多个区域级别的用户画像数据。这些用户画像数据对库房商品的备货、线下促销选址提供了有力的决策支持。特别的，依据基于大数据的位置用户画像数据，京东推出了一系列特色服务，如一小时极速配送服务，通过分析特定区域用户对于特定商品的购买爱好，京东提前将特定商品直接投放到目标用户附近的配送站点，使得用户在下单后一个小时内就可以收到配送的商品，极大地提升了用户的购物体验。

从物流运输到货物分拣，从站点配送到用户画像，空间大数据的相关研究和应用涵盖了物流行业的全部链条，满足了物流企业各个环节的发展需求。地理信息技术，以其对位置数据处理的高效性和空间分析的多样性，在处理与地理位置相关的空间数据方面具有得天独厚的优势。利用地理信息技术和手段进行企业空间大数据的分析和可视化，可以优化物流各个环节，必将有力地提升物流运输效率，降低物流管理成本，极大地促进企业智慧物流的建设和发展。

资料来源：韩璐懿, 2017. 空间大数据在物流中的发展与应用："大数据与智慧物流"连载之七[J]. 物流技术与应用（10）:107-109.

9.2.2 区块链技术

1. 区块链的概念

区块链是一种按照时间顺序将数据区块以顺序相连的方式组成的一种链式数据结构，并以密码学方式保证的不可篡改和不可伪造的分布式账本。区块链技术是利用块链式数据结构验证与存储数据、利用分布式节点共识算法生成和更新数据、利用密码学的方式保证数据传输和访问的安全性、利用由自动化脚本代码组成的智能合约编程和操作数据的一种分布式基础架构与计算方式。区块链技术作为一种去中心化、去信任的分布式共享数据库技术，其特点包括去中心化、合约执行自动化、可追溯性和透明化等。

1）去中心化

在传统的中心化网络中，如果一个中心节点受到攻击，整个系统就有可能遭到破坏；而在区块链技术中，去中心化的网络采用分布式记录、分布式存储和点对点通信，任意节点的权利和义务都是相等的，所有节点共同维护系统中的数据块。去中心化在一定程度上避免了被个人或机构操纵，无论哪个节点遭受攻击或停止工作，都不会影响整个系统的运行。

2）合约执行自动化

一般的传统合约需要双方签署合同后执行，还需要法律的保护等，传统合约一旦出现问题，就需要多个机构介入仲裁。而基于区块链技术的合约，由完全无须第三方信任的代码构建，让用户参与合约的构建过程。此种情况下的智能合约可让很多不同类型的程序和操作得以自动化进行，最明显的体现是支付环节和付款时的步骤操作。智能合约自动化的应用已经出现在日常生活中，如信用卡代扣、水电气代扣业务，只要相应的银行卡上余额足够，到期就会自动扣款。从本质上来说，智能合约就是一个能够以计算机指令的方式实现传统合约的自动化处理程序。

3）可追溯性

简单来说，区块链是一个分散的数据库，而存储数据的就是一个个节点，将数据分散在网络链接的计算机上，不受中心化服务器控制。因为有无数个节点，所以区块链的数据存储方式是不可篡改的，区块链中的数据也容易被跟踪。由于日常生活中产生的任何数据都能被区块链所记录，并具备唯一性，因此信息也可以被查询追溯，方便机构部门进行管理。

4）透明化

基于区块链的信息系统，除了被加密的用户私人信息不可访问，区块链的数据对所有人开放，任何用户都可以通过相关数据接口访问区块链的任何数据信息。整个系统的数据信息高度透明，可以实现区块链技术的透明化。

2. 区块链在物流中的应用

防篡改架构和完整的透明度使区块链成为处理供应链方式的完美工具。由于物流链通常跨越多个步骤和数百个地理位置，因此越来越难以跟踪整个链条中的事件、验证正在运输的货物并迅速对不可预见的情况作出反应。此外，由于缺乏透明度，调查沿线发生的非法活动变得困难。区块链具有解决上述所有问题的潜力。作为一个透明的公共分类账，它将为客户和审计人员提供简单而有效的工具，用于跟踪产品在到达最终目的地之前的整个过程。

1）保障货物安全

对于物流行业而言，我国传统物流行业依然存在效率低、错领、信息泄露、物流业务链条长导致资源没有充分被利用等问题，而依靠区块链技术，能够真实可靠地记录和传递资金流、物流、信息流。物流行业利用区块链基础平台，可优化资源利用率、压缩中间环节、提升行业整体效率。

区块链是一种分布式多节点的数据库，在多个节点保存数据的副本，每个区块都包含详细信息，如卖方、买方、价格、合约条款以及其他相关信息，通过双方以及多方独有的签名进行全网的验证，若全网加密记录一致，则数据有效，并且上传到整个网络，达到信息共享和绝对安全，进而决定了物流的规模与效益。

将货物的运输流程清晰地记录到区块链上，通过区块链记录货物从发出到接收过程中的所有步骤，确保了信息的可追溯性，从而避免丢失包裹、错误认领事件的发生。对于快件签收情况，只需查询区块链即可，杜绝了快递员通过伪造签名来冒领包裹等问题，也促进了物流实名制的落实，并且企业可以通过区块链掌握产品的物流方向，防止窜货，利于打假，保证线下各级经销商的利益。

2）运输路线和日程安排

将区块链用于集装箱的智能化运输是在大型物流运输领域应用区块链技术的实例。把集装箱信息储存在数据库里，区块链的储存解决方案会自主决定集装箱的运输路线和日程安排。智能集装箱可对以往的运输经验进行分析，不断更新路线和日程设计，使效率不断提高。对于收货人来说，不但能全程跟踪货物从离港至到达目的港的物流信息，而且能随时修改优化货物运输的日程安排。

在运输距离更长、运输时间更长的国际物流运输中，物流网络结构更繁杂，涉及部门众多，导致物流效率不容易提高。为了解决这一问题，相关部门使用区块链技术，将多个组织链条关联起来，收到的信息将在第一时间被区块链所记录，并向客户、海关、银行展示，可提高供应链信息的透明度、物流信息的可信度，并实现无纸化办公，帮助海关部门实施全面管理，提高物流效率。

3）物流中小微企业融资

区块链技术可以帮助物流供应链上的中小微企业解决融资难的问题。近年来，我国物流供应链行业处于持续、快速的发展阶段，一批具备较强供应链管理能力的物流企业迅速崛起。然而，物流供应链上的大多企业是中小微企业，供应链金融机构无法获得足够的真实数据，无法分析评估得出综合的信用贷款额度；企业的信用等级评级普遍较低，很多企业没有得到信用评级，难以获得银行或金融机构的融资贷款服务。

在物流行业应用区块链技术，使得物流商品具备资产化的特征，有助于解决上述问题。区块链技术可以将信息化的商品价值化、资产化，主要是因为区块链技术所记载的资产不可更改、不可伪造。区块链技术固定了商品的唯一所有权，可以使得所有物流链条中的商品可追溯、可证伪、不可篡改，实现物流商品的资产化。区块链基础平台可使资金有效、快速地接入物流行业，从而改善中小微企业的营商环境。

4）物流行业信息共享

区块链就像一个无法更改的、去中心化的加密账本，可以为物流企业之间实现信息共享、互相协同、互相监督提供支持。基于区块链技术和区块链联盟，所有企业都将待解决的难题、业务规则等上传到平台，统一公共服务标准，简化行业信息结构，同时保证平台信息不被篡改、随时可回溯，保证商业机密和上下游企业的可信度，为整个公共服务体系提供强有力的支撑。

同时，物流行业所有环节的详细信息（如卖方、买方、价格、合约条款以及其他相关信息）都通过双方以及多方独有的签名进行全网验证，并且上传到整个网络，达到信息共享和绝对安全，从而实现信息交互、物流的规模与效益。系统中的每个人都可记账，不但使整个系统获得了极大的安全性，而且保障了账本记录的公开透明，去除了人工信息、纸质信息的流程，大大降低了物流成本，提高了生态效率。

5）实时跟踪货物信息

全球航运业涉及多家商船和多个海关监管货运通道。运输过程涉及多个利益方，他们之间交互通信大多通过数据和纸质文件进行，极大地降低了跟踪货物来源和货物在物流中状态的效率。区块链通过把单据所必需的细节储存在不可篡改的链上，允许利益相关方查询货物的进度，了解货物的位置，以此代替大量的纸质文件的交互，在一定程度上统一了多方利益者的沟通方式。

货物的运输流程被清晰地记录到链上，从装载、运输到取件整个流程清晰可见，区块链可以优化资源利用、压缩中间环节、提升整体效率，从而大幅度提升物流行业的服务水准。

案例 9-3

顺丰旗下区块链溯源平台——丰溯

顺丰区块链聚焦物流和供应链行业，基于顺丰生态发展和战略布局，实现区块链技术在多个领域的应用落地，逐步构筑起了自主可控的区块链产品，赋能客户和合作伙伴，共建区块链可信价值网络。在溯源领域，顺丰打造了自有的区块链溯源平台——丰溯，通过 SaaS 模式或者定制化方式为客户提供商品追溯服务，同时可为客户提供营销功能，提升客户消费体验，为农副食品、冷链生鲜等企业客户提供关键流通节点的溯源信息服务。

传统代理经销模式下的酒水行业，因销售渠道级别繁多，物流成本高，时效长且难以跟踪，同时价值高的品类还会遭遇渠道串货、黄牛抢货、假货频出等问题。其众多难点与问题可以概括为以下三点：假货串货严重，难以跟踪；流通成本高，效率低；信息化程度低，销售无法监控。

为了解决以上痛点，顺丰科技提供丰溯区块链酒水溯源系统方案。具体实现过程如下。

一是实现一瓶一码防窜货。丰溯已实现酒水一瓶一码，给每瓶酒附上防拆溯源码，提升商品在流通中的窜货成本和难度，为酒水生产企业或主要酒水渠道商提供安全、可靠的管理手段。

二是实现酒水商品的信息透明可追溯。通过溯源码，将酒水的全程信息进行记录、同步、核验、分析，保证数据的一致性、完整性、准确性，解决不同环节的信息孤岛问题，实现酒水信息的透明可追溯，提升消费者对商品的信任。

三是确保记录信息不可篡改。采集的酒水溯源数据通过对接顺丰区块链存证平台，实现数据实时上链存证。基于区块链技术，运用其防篡改、可溯源的特性，结合密码学技术、隐私保护机制，实时固化电子数据，从而确保数据高效、安全、不可篡改。

四是助力监管部门有效监管。监管部门可以对酒水溯源信息进行监督，发现问题时，可以通过丰溯平台快速定位问题，实现酒水来源可跟踪，酒水去向可追溯，能以最可靠快速的方式跟踪酒水商品的安全，保障消费者的合法权益。

丰溯商品溯源系统结合酒水仓储、配送的实际业务场景，对商品实现"管理过程信息化、物流数字化、查询便捷化、源头可溯化"，避免酒水在仓储和配送过程中存在窜货的情况。在整个过程中，通过数据采集将各环节数据（包括酒水基础信息、出入库信息、物流信息等），与防伪溯源码进行关联，形成完整的溯源信息链。丰溯酒水溯源案例架构图如图9-1所示。

● **酒水溯源案例**

通过丰溯，打通生产、物流与销售环节，实现产品防伪追随及串货追查功能。

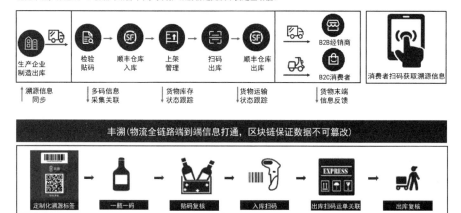

图9-1 丰溯酒水溯源案例架构图

资料来源：http://news.sohu.com/a/622482704_398084[2023-08-14]

9.2.3 人工智能技术

1. 人工智能的概念

人工智能作为计算机学科的一个重要分支，由麦卡锡于1956年在达特茅斯学术研讨会上正式提出。美国斯坦福大学人工智能研究中心的尼尔逊认为，人工智能是关于知识的学科，怎样表示知识以及怎样获得知识并使用知识的学科。美国麻省理工学院的温斯顿认为，人工智能是研究如何使计算机去做过去只有人才能做的智能的工作。除此之外，还有很多关于人工智能的定义，至今尚未统一，但都反映了人工智能学科的基本思想和基本内容，由此可以将人工智能概括为研究人类智能活动的规律，构造具有一定智能行为的人工系统。

2. 人工智能技术在物流中的应用

1）计算机视觉

计算机视觉在物流领域应用广泛。无人仓库、无人配送车、无人机和视频识别系统等高科技物流设备和技术可以提高物流作业的质量和效率。

AS_RS+
AMR+AI
应用

（1）无人仓库、无人配送车和无人机。计算机视觉可以实时处理图像。计算机视觉用在自动化设备的视觉系统上，可以辨别目标对象、躲避障碍物、探寻路径等。

（2）智能仓库管理。具有摄像技术支持和学习能力的算法在仓储物流管理的优化中起着重要的支持和帮助作用。在仓库的一排排货架之间，机器人视频识别系统可以拍摄货架中的所有储存物资，然后利用 AI 智能识别系统识别产品类别、产品编号、库存量、储存位置等。视频识别系统还可以识别库存物资的质量状况，例如包装是否受损、是否有其他需要记录的质量缺陷等。

（3）智能物流运输控制。工厂和车间里的摄像头将拍摄的连续运行的图像传送到中央控制室。人工智能技术可以通过对摄像头传回的图像进行实时分析，将整理好的数据和信息反馈给控制中心的物流运输控制系统。物流运输控制系统通过自动检测之后，就会告诉用户哪些地方还有停车位或者停车位上是否有障碍物，因此优化了物流运输中的物资吞吐量，避免了堵车风险，能够在最短的时间内完成更多货车的装卸。

（4）人脸识别。计算机的人脸自动识别技术可以完成刷脸支付；也可以安全快捷地进行身份认证、快递签收；还可以采集驾驶员面部信息，判定和抓取驾驶员不良驾驶行为及状态，进行疲劳驾驶预警；企业使用人脸识别系统之后，可以辨识企业内部人员，省去钥匙和应答器等装备。

视野拓展

菜鸟物流科技展示 AR 眼镜，可辅助拣货、理货

在 2021 年全球智慧物流峰会上，菜鸟物流科技展区发布了重量级黑科技产品——CAINIAO LEMO GLASS 信息视窗智能眼镜。通过该智能眼镜，用户可以体验全球首个可以真正投入使用的视窗拣选方案。这款智能眼镜主要用于仓库的拣选环节，拣货员戴上智能眼镜就相当于为眼睛装上了导航，通过实时定位将拣货次序和路径告知拣货员，可以极大地提高"人到货"的拣选效率。

资料来源：https://baijiahao.baidu.com/s?id=17022415716071113806[2023-08-14]

2）语音识别

语音识别技术在物流企业中的应用主要体现在智能语音客服方面，采用语音指令可以提高物流系统的控制效率，从而减小物流客服的压力。

（1）智能语音客服。物流智能语音客服系统能有效提升客服效率，提供全天 24 小时不间断服务，大幅度降低一线客服的工作强度，有效降低企业人力成本。智能语音客服系统还可以收集语音信息，进行自主学习优化，提升服务质量。

（2）高噪声下的语音识别。语音识别能够识别每个人独特的声音，支持所有人类的语言，将工人的声音与周边的噪声区分开来，如叉车声、货盘掉落的声音，分散和冷藏库的噪声，混杂的对话声。语音识别对最大限度地提高员工工作效率和准确性至关重要。

（3）语音指令。语音识别技术可以将库存管理系统发出的指令文件转化为语音指令，通过移动装置指示工作人员，与工作人员直接对话，告知其具体的取货位置、取货数量、是否补货等。与射频识别技术相比，语音识别拣货环节速度提高了35%。当工作完成后会生成工作日志，保存到系统。因此，通过语音指令实现自动化库存操作，可以提高仓储速度，解放工作人员的双手和双眼，有利于实时跟踪货物信息。

3）自然语言

自然语言在物流领域中的应用有问答机器人、用户情感分析和货物关键信息提取等。

快仓智能箱式吸盘机器人

（1）问答机器人。

在传统物流领域中，每天都有大量的用户进行咨询、查询订单、请求售后服务等，采用人工客服的方式需要投入较高的成本，但劳动力弹性较低。采用自然语言处理技术可以分析客户对话的意图，抽取关键信息，也可以根据用户历史的问答信息、用户的个人信息和购买记录信息等解答用户的问题，从而提高用户的体验感和问题的处理效率，还可以节省企业成本。

（2）用户情感分析。

物流企业向大量用户提供服务，而用户对物流服务的满意度评价是物流企业关注的指标。依靠人工很难及时对海量的用户反馈信息做出正确的统计，但可以采用自然语言处理技术对物流相关评论进行情感分析、归类，进而评估物流企业的服务质量，如配送的及时性、对工作人员的服务满意度等。若发现物流服务中存在问题，应及时做出调整，以提高物流企业的服务质量。

（3）货物关键信息提取。

货物的标签包含货物名称、种类、质量等信息，易碎品、防潮、防晒、摆放方向等都是物流作业非常重视的信息，物流工作人员对货物进行合理的分类，进而为货物安排合理的存放位置和环境，制订相应的物流计划。

3. 人工智能集成技术在物流中的应用

物流是融合运输业、仓储业、货代业和信息业的复合型服务产业，作为国民经济的重要组成部分，将受到人工智能技术的深刻影响。同时，物流行业的人工智能应用将促进人工智能技术的发展。在物流中的应用将逐渐体现人工智能的技术优势，无人仓、无人车、无人机等基于人工智能机器的应用将进一步提升整个行业的发展效能，推动我国物流行业实现"跨越式"发展。

人工智能技术在物流中的应用不是单独的某一项技术，而是多项技术的集成，如动态库存管理、自动化仓储、智能物流调度和多式联运智能平台等。

1）动态库存管理

传统库存使用纸本管理，在一定程度上依赖于经验丰富的员工，但对物料库龄、库位存放位置、出入库时间等缺乏实时、可靠的管理。在库存管理中应用人工智能技术，可以分析历史库存信息和出入库数据，动态调整库存量，保障企业存货的物流畅通、企业正常生产和客户满意度，从而降低企业的库存量和物流成本，提高企业的库存服务质量。库存管理系统结合人工智能技术、可视化定位导引技术、强大的生产数据运算能力，构建出高效智能、实时可靠的仓储管理系统。

2）自动化仓储

智能化仓库中多采用机器人技术，如搬运机器人、分拣机器人和货架穿梭车等。机器人之间有条不紊的作业配合大大提升了仓储作业的搬运速度、拣选精度及存储的密度。智能化仓库是人工智能提升物流行业运转效能的最佳体现。比如，在苏宁仓库管理中，200台仓库机器人载运着近万个移动式货架，穿梭在1000平方米的仓库里，进行商品的拣选工作。根据数据统计可知，使用机器人进行仓库小件商品的拣选，准确率超过99.99%，拣选效率是人工拣选的3倍以上。

3）智能物流调度

由于现代化的物流运输要求越来越高，如减少配送时间和里程，提高配送效率，增加车辆利用率，降低配送成本，因此配送路径优化是物流企业配送优化的重要环节。最短路径和最快路径是不同的，最短路径可能由于突发状况（如严重堵车）导致运输时间增多，需要实时调整路线，因此可以借助路径优化等智能算法获得最优路径。

在配送方面，处于热点研发的智能物流车，未来将使物流配送更为高效。首先，智能物流车接收订单信息，仓库会根据订单的内容进行自动配货，通过传送带传送到相应的智能物流车上；然后，智能物流车会根据货物信息分析运送地点，自动计算整台车货物送完的最优路线，驾驶人不需要进行运输路线规划，直接开启导航出发即可。智能物流车的装备与普通运输车辆有所不同，智能物流车后车厢配备全自动装运系统，后车门与装载商品的货架做成一体，装货时，后车门和货架可以一同卸载，装载完毕后一同上车，可以解决传统人力装运时耗时耗力的问题。

4）多式联运智能平台

多式联运智能平台为物流服务商提供全面的信息化服务，通过公铁联运、公水联运、水铁联运等多种运输方式搭配，提供配套的客户管理、订单管理、结算管理等业务模式，使各环节既能独立作业又能协调作业，提供完整端到端的配套服务。如太原铁路局与百度云合作率先实现集铁路、公路、航空三位于一体的智慧多式联运。太原铁路局依托铁路网络和实体物流园区，充分利用百度云在云计算、大数据、物联网、人工智能等领域的技术优势，构建了"物流+互联网+大数据"的一体化产业生态平台，为上、中、下游企业提供集中服务，提升集约化管理水平；为物流组织、市场营销、经营管理提供智能化大数据分析决策支持；为线上、线下物流的运输、仓储配送、商品交易、金融服务、物流诚信等业务提供一站式、全方位服务，形成覆盖线上、线下的物流生态系统，积极服务经济社会发展。

案例 9-4

ChatGPT 在物流产业中的应用

ChatGPT 是由 OpenAI 开发的，OpenAI 是一家致力于确保人工智能造福全人类的科技研究公司。ChatGPT 是一种全新聊天机器人模型，它能够通过学习和理解人类的语言来进行对话，还能根据聊天的上下文进行互动，并协助人类完成一系列任务。它能够回答后续问题、承认错误、质疑不正确的假设，还能拒绝不适当的请求。ChatGPT 在物流领域的功能与应用途径如下。

1. 更快地发现并准确提供需要的信息

（1）按需提供从世界上任何港口出发的航空公司/海运公司时间表，包括客运/货运航班、散杂货船、集装箱运输公司等信息。

（2）提供任何国家的海关信息、关税、税收、法规，以及在不同国家之间的比较，帮助寻找最佳方案。

（3）提供任何国家的设施、港口、集装箱、起重设备等的基础设施详细信息和规范，只要信息可在公共领域获得。

（4）提供任何产品的安全数据表。

2. 提高物流风险评估和管理水平

（1）根据最新新闻报道或历史天气报告选择运输路线，以避免潜在冲突或已知的恶劣天气模式。

（2）根据其证书、索赔、延误、事故、船只/飞机的历史记录等来选择承运人。

（3）根据供应商的财政实力、历史业绩、基础设施等确定从哪个供应商处采购。

（4）尽职调查，确保不与受制裁的个人或公司进行交易。

（5）处理危险货物的信息。

3. 人力资源管理

（1）人才获取不仅基于应聘者在面试中的表现，还基于其社交媒体帖子、公共互动、非强化技能或人才等。

（2）通过 ChatGPT 提供的资源，在供应链的各个方面进行培训，以留住和发展人才。

（3）根据季节性和历史需求，将员工安置在不同地点，以管理资源。

（4）对实习生或学生进行物流方面的教育。

4. SaaS（软件即服务）

（1）使用 ChatGPT 创建软件，根据业务需要设计和规划内容。例如，一家做航空货运的公司可能只需要航空运输、航空公司的信息。

（2）业务绩效分析，帮助发现需要改进的薄弱领域。

ChatGPT 技术一定会极大地推动聊天机器人技术迭代升级，推动智能搜索水平，提升聊天机器人对话的流程性，提高物流聊天机器人与客户对话的智能化水平。

未来，将 ChatGPT 技术应用于物流供应链聊天机器人开发，最关键的影响之一是客户与公司的互动。机器人具有广泛的前端和后端通信的能力，从而促进任务协调，进而改善整体业务的运营。一些实时影响包括以下内容。

① 客户订单处理。例如，订单接收、订单处理、订单确认、跟踪订单进度、更新订单信息、使需求与供应保持一致，处理退货和退款请求等。

② 仓库管理。例如，跟踪库存、根据要求安排交付、跟踪订单信息、更新仓库位置。

③ 车队信息。例如，了解运输中车辆的整体维护、闲置或故障，采取必要的措施以防车辆故障。

资料来源：https://mp.weixin.qq.com/s?__biz=MzA5MzUyMDgwNw==&mid=2649747571&idx=2&sn=426f165340c546eee720d251cf3b1f07&chksm=8847c6bbbf304fadf1dfd510c080bd93c04b7050fdb66c4122829d6c274e9e45e5cf9d5e0199&scene=27[2023-08-14]

9.3 信息识别技术

9.3.1 射频识别技术

射频识别（RFID）技术是 20 世纪 90 年代兴起的自动识别技术，是一项利用射频信号通过空间耦合（交变磁场或电磁场）实现无接触信息传递，并通过所传递的信息达到识别目的的技术。

射频识别技术的优点是不局限于视线，识别距离比光学系统长。基于该技术的射频识别卡具有读写能力，可携带大量数据，不易被伪造，安全性较高，且具有智能化，如日常使用的公交射频读卡器和射频卡。

1. 射频识别系统的构成

射频识别系统一般由信号发射机、信号接收机、编程器、天线等构成。

1）信号发射机

在射频识别系统中，由于应用目的不同，信号发射机有不同的存在形式，最典型的形式是标签。标签一般是带有线圈、天线、存储器与控制系统的低电集成电路，它相当于条形码技术中的条形码符号，用于储存需要识别传输的信息。但与条形码不同的是，标签能够在自动或在外力的作用下，把储存的信息发射出去。

2）信号接收机

在射频识别系统中，信号接收机一般叫作阅读器。RFID 阅读器的基本功能是提供与标签进行数据传输的途径。标签中除了存储需要传输的信息，还必须含有一定的附加信息，如错误校验信息等。阅读器把识别数据信息和附加信息按照一定的结构编制在一起，并按照特定的顺序向外发送。

3）编程器

编程器是向标签写入数据的装置。一般来说，编程器写入数据是离线完成的，也就是预先在标签中写入数据，在应用时直接将标签粘在被标记的项目上。也有一些射频识别应用系统在线完成写入数据，尤其是在生产环境中作为交互式便携数据文件来处理时。

4）天线

天线是标签与阅读器之间传输数据的发射、接收装置，任何 RFID 阅读器至少应包含一个天线来发射和接收射频信号。在实际应用中，除了系统功率，天线的形状和相对位置也会影响数据的发射和接收。

RFID 基本模型图如图 9-2 所示。

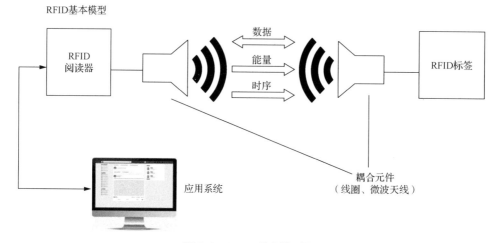

图 9-2　RFID 基本模型图

2. RFID 技术的应用

1）门禁安保

RFID 技术在门禁安保中的应用较常见。为了保证人员的安全性，许多场所都采用工作证、出入证、小区门卡等形式识别人员身份，进而完成安全管理和收取费用等活动。使用射频卡可以简化出入手续、提高工作效率、实现安全保护。只要佩戴了被封装成身份识别（ID）卡大小的射频卡，在进出口配备一台阅读器，人员出入时就可自动识别身份，遇到非法闯入的情况，系统会自动报警。

2）高速公路自动收费及交通管理

高速公路自动收费系统是 RFID 技术的成功应用之一。我国高速公路发展很快，区域经济发展的前提是交通条件便利。RFID 技术在高速公路自动收费中的应用可以充分体现其优势。车辆高速通过收费站时，自动完成缴费，避免了拥堵，提高了通行费的计算效率。

3）射频卡收费

一般来说，现金交易不方便且不安全；磁卡、IC 卡在一些恶劣的环境中容易损坏，使用受到限制。射频卡具有不易磨损、不怕静电等特点，使用方便、快捷，也可以同时识别多张卡，并行收费。因此，射频卡的应用越来越受到重视。

4）生产线自动化

在生产流水线上应用 RFID 技术可以实现自动控制、监视，既可以提高生产效率，又可以改进生产方式、节约成本。

5）仓储管理

采用 RFID 技术对仓库货物配送、入库、出库、移库、库存盘点等作业环节的数据进行自动化采集，保证物流与供应链管理的所有环节的数据输入速度和准确，确保及时、准确地掌握库存和在途的真实数据，合理保持和控制库存。

通过物资上的 RFID 电子标签，可以实现对物资的快速自动识别，准确、随时获得产品的相关信息，例如物资种类、供货商、供货时间、有效期、库存量等。应用 RFID 技术可以实现物资在所有工作环节进行实时监控，极大地提高了自动化程度，大幅度降低了差错率，显著提高了物流仓储管理的透明度和效率。RFID 技术在物流仓储上的应用使得仓储管理更加高效、准确、科学。

 **案例 9-5**

新一代识别技术获突破，精准射频识别技术让供应链用上"菜鸟芯片"

菜鸟物流科技 IoT（物联网）产品再获新成果。记者获悉，由菜鸟主导的精准射频识别（RFID）技术电子标签芯片出货量已超 1 亿片，位居物流企业首位。出货量达到上述量级，距离菜鸟对外公布该技术不到 2 年的时间。业内人士认为，物联网是供应链数智化升级的关键路径，菜鸟能够在较短时间内取得上述成果，既预示着菜鸟在技术上得到了更充分的沉淀，也反映出市场对菜鸟 RFID 产品的认可。

作为继条形码、二维码之后的第三代识别技术，RFID 技术被视为是 21 世纪最具发展潜力的信息技术之一，一般被用于供应链的商品流通中的货物盘点、出入库交接，以及全链路追踪。此前，因为技术突破有限，识别准确率不高，RFID 技术一直未能大规模投入实际应用。2021 年 4 月，菜鸟主导的 RFID 技术曝光。当时媒体报道称，通过优化芯片、读写器及其背后的一整套识别算法，菜鸟将 RFID 技术的识别准确率大幅提升，达到全球领先。这一关键技术的突破，使得 RFID 技术的大规模商业应用成为可能。

据菜鸟物流科技 IoT 业务总经理徐明介绍，如今，菜鸟 RFID 技术最优识别准确率已进一步提升至 99.9%。菜鸟 RFID 技术突破的关键在于标签和读写器。菜鸟基于芯片研发的定制化标签，使 RFID 在识别灵敏度上大幅提升，尤其是很好地解决了在含金属和液体等场景下的识别准确率难以提升的问题。RFID 技术取得突破后，菜鸟快速建立了产品和解决方案，例如鞋服供应链解决方案、食品供应链解决方案、周转器解决方案等。目前，菜鸟 RFID 技术已广泛应用于服饰、食品、物流等行业，相关能力获得了客户验证和认可。

"物联网正在加速向各行业渗透，菜鸟 RFID 技术的大规模应用，有望大幅推动供应链和物流领域的数字化升级。"徐明举例介绍称，服饰品牌的 SKU 数以千计，商家不仅面临促销季而且有库存压力，这为 RFID 技术提供了天然的应用场景。通过部署 RFID 技术的解决方案，商家可以实现从辅料工厂到仓库到门店的端到端供应链数字化，带来明显的提效和降本，并推动数据支撑下的运营和业务决策。以往盘点一个服装门店往往需要员工花费 2～3 天时间，而使用 RFID 技术手持机可以在不到半小时内快速完成存货盘点，极大地提高了盘点效率，降低了差错率。此外，通过 RFID 技术，消费者还可以自助结账，提升消费体验。

除了提升盘点效率与准确率，RFID 技术也有效改善了品牌商家供应链管理水平。此前，因为有大量液体以及金属包装，RFID 读取识别难度高，RFID 技术在食品行业推广不力。通过内置在纸箱的菜鸟 RFID 标签，货物在供应链上下游哪个环节、停留多少时间、有没有串货均一清二楚，品牌可以根据数据实时采集、提取、分析，进行动态决策，通过 RFID 带来的全链路可视化，驱动业务增长。

菜鸟物流副总裁、物流科技事业部总经理丁宏伟博士表示，在数实融合的背景下，物流行业正加速奔向数字化、自动化、智能化。菜鸟 RFID 技术芯片出货量超 1 亿片，既得益于菜鸟物流科技深耕物联网，积累了一定优势，同时也是市场发展的必然结果。RFID 技术有着广泛的应用场景，对于实现供应链数字化具有重要作用。目前，RFID 技术的市场应用依然处在起步阶段。菜鸟物流科技将持续打磨核心技术，增强产品与方案的优势，助力更多行业转型升级。

资料来源：https://new.qq.com/rain/a/20230404A04E9L00[2023-07-26]

9.3.2 条形码技术

条形码是将宽度不相等的多个黑条和空白，按照一定的编码规则排列，用以表达一组信息的图形标识符。常见的条形码是由反射率相差很大的黑条（简称条）和空白（简称空）排成的平行线图案。条形码可以标识商品的生产地、制造厂家，商品的名称、类别、生产日期，图书的分类号，邮件的起止地点等信息，因此条形码在商品流通、图书管理、邮政管理、银行系统等领域得到了广泛应用。

1. 条形码技术的特点

（1）可靠性高。条形码的读取准确率远远超过人工记录，平均每 15000 个字符才出现一个错误。

（2）效率高。条形码的读取速度很快，每秒可读取 40 个字符。

（3）成本低。与其他自动化识别技术相比，条形码技术仅仅需要一张小贴纸和构造简单的光学扫描仪，成本低廉。

（4）易制作。编写条形码很简单，制作也仅仅需要印刷，因而被称为"可印刷的计算机语言"。

（5）易操作。条形码识别设备的构造简单，使用方便。

（6）灵活实用。条形码符号可以手工键盘输入，也可以与有关设备组成识别系统实现自动化识别，还可以与其他控制设备结合实现整个系统的自动化管理。

（7）自由度大。条形码识别装置与其标签相对位置的自由度要比光学字符识别大得多。条形码通常只在一维方向上表达信息，而且同一条形码表示的信息完全相同且连续。这样，即使标签有部分缺失，也可以通过正常部分输入正确的信息。

2. 条形码的分类

常用的条形码有 EAN 条形码、UPC 条形码、Code39 条形码、库德巴条形码等。其中，最常使用的是 EAN 条形码。

1）EAN 条形码

EAN 条形码也称通用商品条形码，由国际物品编码协会制定，它是国际上使用最广泛的一种商品条形码。EAN 条形码分为 EAN-13（标准版）条形码和 EAN-8（缩短版）条形码两种，如图 9-3 所示。日常购买的商品包装上的条形码一般都是 EAN-13 码。

（1）前缀码 P1~P3。P1~P3 是国际物品编码协会分配给其成员的标志代码，即国家或地区代码，如我国的前缀码为 690、691、692。

（2）厂商代码 M1~M4。厂商代码由 4 位阿拉伯数字组成。我国的厂商代码主要由中国物品编码中心分配。

（3）商品代码 I1~I5。商品代码由 5 位阿拉伯数字构成，用以标志具体的商品项目。

（4）校验码 C。校验码由 1 位阿拉伯数字组成，用来校验编码的正误，以提高条形码的可靠性，其数值由前面 12 位数字计算得出。

（a）EAN-13 条形码

（b）EAN-8 条形码

图 9-3　EAN-13 条形码和 EAN-8 条形码

2）UPC 条形码

UPC 条形码（统一产品代码）是一种长度固定、连续的条形码，它主要应用于美国与加拿大，有 UPC-A、UPC-B、UPC-C、UPC-D 和 UPC-E 五种版本。其中，UPC-A 应用于通用商品，UPC-E 是商品短码，如图 9-4 所示。

（a）UPC-A 条形码　　　　（b）UPC-E 条形码

图 9-4　UPC-A 条形码和 UPC-E 条形码

UPC-A 条形码是完整的商品条形码，是定长码，支持的字符集为 0～9 数字，只能表示 12 位数字（1 位系统符，5 位制造商代码，5 位产品代码，1 位校验码）。UPC-A 条形码的构成如表 9-1 所示。

表 9-1　UPC-A 条形码的构成

项目	左侧空白	起止符	系统符	左侧数据	中间符	右侧数据	校验码	终止符	右侧空白
位数			1 位	5 位		5 位	1 位		

3）Code39 条形码

Code39 条形码（图 9-5）采用字母、数字和其他字符来表示，具有全 ASCII 码的特性，可将 128 个字符全部编码，同时具有自检功能。条形码的长度可变，通常用*符号作为起始/终止符，每个字符都由 5 条 4 空组成。

图 9-5　Code39 条形码

4）库德巴条形码

库德巴条形码（图 9-6）可用数字 0～9 和$、+、-符号，以及只能用作起始/终止符的 A、B、C、D 四个字符表示，其长度可变，没有校验位，为非连续型条形码，每个字符都由 4 条 3 空组成。

图 9-6　库德巴条形码

3. 条形码识别设备

近年来，企业普遍认识到条形码技术给企业管理带来了巨大效益，纷纷使用条形码识别系统。常见的条形码识别设备有以下几种。

1）手持式条形码扫描器

手持式条形码扫描器（图 9-7）是 1987 年推出的技术产品，外形与超市收银员使用的条形码扫描器一样。绝大多数手持式条形码扫描器采用可接触图像传感器技术，光学分辨率为200dpi，有黑白、灰度、彩色等类型，其中彩色类型一般为18位彩色。也有部分高档产品采用电荷耦合元件作为感光器件，可实现24位真彩色，扫描效果较好。

2）小滚筒式条形码扫描器

小滚筒式条形码扫描器（图9-8）将条形码扫描器的镜头固定，通过移动要扫描的物件进行扫描。该扫描器在扫描时与打印机一样，需要让被扫描的物件穿过机器。因此，被扫描的物件不可以太厚或体积过大。该扫描器的最大优点是体积很小，但使用起来有很多局限性，如只能扫描薄的纸张、扫描范围有限等。

3）平台式条形码扫描器

平台式条形码扫描器（图9-9）又称平板式条形码扫描器、台式扫描枪。市面上大部分条形码扫描器都属于平台式条形码扫描器。该扫描器的优点是使用方便，只需把扫描器的上盖打开，无论是书本、报纸、杂志还是照片底片，都可以放上去扫描，而且扫描出来的效果是所有常见扫描器中最好的。平台式条形码扫描器的光学分辨率为300～8000dpi，色彩为24～48位，扫描幅面为A4或者A3。

图9-7　手持式条形码扫描器　　图9-8　小滚筒式条形码扫描器　　图9-9　平台式条形码扫描器

其他常见的扫描器还有大幅面扫描器、笔式扫描器、条形码扫描器、底片扫描器、实物扫描器，以及主要用于印刷排版领域的滚筒式扫描器等。

4. 条形码识别系统构成与工作原理

为了识别条形码所代表的信息，需要一套条形码识别系统（图9-10），它由条形码扫描器、放大整形电路、译码接口电路和计算机系统等组成。

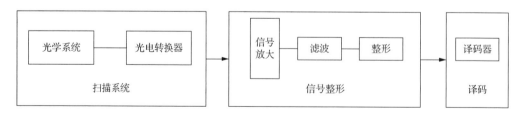

图9-10　条形码识别系统

由于不同颜色的物体，其反射的可见光的波长不同，白色物体能反射各种波长的可见光,黑色物体能吸收各种波长的可见光。因此,当条形码扫描器光源发出的光经光阑及凸透镜 1 后,照射到黑白相间的条形码上时,反射光经凸透镜 2 聚焦后,照射到光电转换器上,于是光电转换器接收到与白空和黑条相应的强弱不同的反射光信号,并转换成相应的电信号输出到放大整形电路,整形电路把模拟信号转化成数字电信号,再经译码接口电路译成数字字符信息,如图 9-11 所示。

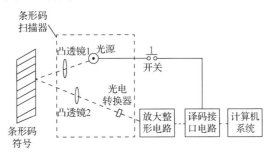

图 9-11 条形码工作原理

白空、黑条的宽度不同,相应的电信号持续时间也不同。但是,由光电转换器输出的与条形码的条和空相应的电信号约为 10mV,不能直接使用,要先将光电转换器输出的电信号经过放大器放大,放大后的电信号仍然是一个模拟信号,为了避免由条形码中的疵点和污点产生错误信号,在放大电路后增加一个整形电路,把模拟信号转换成数字信号,以便计算机系统准确判读。

整形电路的脉冲数字信号经译码器译成数字、字符信息。它通过识别起始、终止字符判别条形码符号的码制及扫描方向;通过测量脉冲数字电信号 0、1 的数目判别条和空的数目;通过测量 0、1 信号持续的时间判别条和空的宽度,得到被辨读的条形码符号的条和空的数目及相应的宽度和码制,根据码制对应的编码规则,可将条形码符号转换成相应的数字、字符信息,通过接口电路输送到计算机系统进行数据的处理与管理,便完成了条形码辨读的全过程。

5. 条形码技术的应用

由于条形码技术具有便捷、高效的优势,因此应用非常广泛。在电子商务物流领域,条形码技术的应用主要有以下几个方面。

1)条形码技术的基本应用

(1)生产线上的跟踪和管理。产品一上生产线,企业便可通过条形码技术对其进行跟踪和管理。为实现生产线上的跟踪和管理,首先需要在生产任务单上粘贴条形码标签,作为其标志;当产品处于不同的生产环节时,扫描任务单上的条形码,可随时更改数据库中的产品状态;当产品下线包装时,打印并粘贴产品对应的客户信息条形码,完成对产品生产各工序和整个过程的跟踪。

(2)产品标签管理。当产品下线时,制造商打印产品标签,并粘贴在产品包装的明显位置,使其作为跟踪产品流转的重要标志。

(3)入库管理。当产品进入仓库时,管理员需要识读产品上的条形码标签,录入产品的储存信息,并将产品的特性信息及储存信息一同存入数据库,建立产品档案。

(4)库存管理。在库存管理中,条形码主要用于存货盘点和出库备货。当产品进入仓库后，管理员首先利用手持式条形码扫描器扫描产品条形码，收集、盘点产品信息；然后将收集的信息通过计算机进行集中处理；最后形成盘点报告。

（5）出库管理。当产品出库时，管理员可通过扫描产品上的条形码，对出库产品的信息进行确认，同时更改其库存状态。

（6）产品配送。在产品配送前，管理员要先将配送产品的资料和客户订单资料下载到移动条形码终端中；然后根据订单情况，挑选货物并验证其条形码标签，以保证配送的准确性。

2）条形码技术在储运中的应用

条形码技术在储运中的应用主要是对产品的入库、在库、出库管理和运输环节的跟踪管理。

在产品入库、出库过程中，企业能够利用产品上的条形码信息简化办理货物保管时的手续。在向货主交付产品时，企业可以利用条形码识读设备扫描货票和取货人持有的取货凭证中的条形码来验证产品的正确性和取货人的身份，有效地简化了取货程序，提高了货物交付速度，改善了货物运输的服务形象。

对一些特殊产品，如需要保温、保险、限时运输的产品，企业可以通过条形码技术实现对整个运输环节的跟踪管理，利用条形码记录产品的温度、出场时间等信息，及时了解产品现状，调整运输方案，保证运输的有效性。

3）条形码技术在供应链管理中的应用

利用条形码技术，可以构建对企业的物流信息实施采集跟踪的管理信息系统。通过对生产制造业的物流跟踪，满足企业在物料准备、生产制作、仓储运输、市场销售、售后服务、质量控制等方面的信息管理需求。

4）条形码技术在配送中的应用

在传统的配送中心运作和管理中，产品物流信息主要以表单、账簿的形式表现，不能及时地反映产品的进出及库存情况。同时，由于整个作业过程都是手工管理，出错率高，易出现账货不符、产品货位不清、货物配送错误等现象，这些都会增大产品的损失，并且使作业管理经常处于混乱之中，使得配送中心的经营成本居高不下。

一般而言，降低配送中心经营成本可通过两条途径实现，即降低产品的库存量和减少产品的损失。要做到这两点，配送中心一方面要进行物流跟踪和库存控制，另一方面要降低作业的出错率。在这种情况下，配送中心作业流程操作的每一步都要准确、及时，并且具备可跟踪性。应用条形码技术，配送中心可以实现高效、准确的管理。

案例 9-6

海尔集团条形码和射频技术支持下的"五个按单"

海尔集团信息化的提前推广使网络共享解决了基础设施的瓶颈，也为条形码和射频技术在物流的各个环节、各个部门的数据采集和普遍应用做好了准备。海尔集团结合世界上先进的母本，设计了一套完整、科学的编码规则，使人、产品、设备、工位、仓位均有规范统一的编码。

海尔集团应用最为广泛的条形码主要有 7 种：托盘条形码、物料条形码、仓位条形码、成品条形码、工位条形码、操作人员条形码及设备条形码。托盘条形码由 6 位阿拉伯数字组成，具有唯一性。物料条形码相当于物资标签，每个容器外部都有一张物料条形码，包含物料号、物料描述、批号、供应商及送货数量等信息。仓位条形码相当于一个三维坐标，用来标识海尔青岛物流中心每个仓位的具体位置，如 01-09-03，其中 01 代表第 1 巷道，09 代表第 9 列，03 代表第 3 层。成品条形码主要用来标记出厂成品，应用于整个成品下线、仓储及配送。成品条形码共计 20 位，包括产品大类、版本号、流通特征、生产特征、序列号等信息。工位条形码是海尔集团将所有的生产线统一编码，使产品可追溯到生产线的生产工艺与质量。操作人员条形码是海尔集团所有员工的编码，操作人员条形码与其他条形码结合能够及时追溯到责任，也是海尔集团进行工资分配的依据。设备条形码是海尔集团内所有设备的编码，为设备全面管理提供依据。条形码和射频技术在海尔集团的广泛采用，使海尔集团的"五个按单"——按单采购、按单分拣、按单配送、按单核算、按单计酬成为可能。

资料来源：http://wenku.baidu.com/link?url=kPVVwrcpsu0jR_pup1ri2iYQs13XD-440HG7ZlTw0qW-V43VzRfr_GSshLUawjCt1pUi2sD3vQdp_fCvDl4vjpX4T9AVFZeyugM013h8ZGW [2023-08-14]

9.3.3 二维码技术

1. 二维码的概念

二维码是一种条码技术，其最早产生于日本，是指在平面一定尺寸的矩形空间内分布具有一定规律的黑白像素点，通过黑白像素点的位置分布来记录所要储存的数据信息，黑白像素点构成的矩形符号和下方的文字说明及二维码号共同组成完整的二维码符。二维码利用黑白像素点与计算机内部的 0、1 二进制相对应，并通过不同的空间分布表示信息，通过对应的二维码扫描设备读取，获得储存的信息。二维码能够在水平和竖直两个方向同时表达信息，单位空间内信息储存利用率相对于一维码有了跨越性的提高。二维码和一维码的对比如表 9-2 所示。

表 9-2 二维码和一维码的对比

特征	二维码	一维码
识读方位	360°，二维方向	水平方向
存储能力	高	低
抗干扰能力	强	弱
纠错能力	高	无
特点	存储量大，纠错能力及全方位识读能力强	信息录入快，操作简单，完全依赖计算机技术

2. 二维码技术的特点

（1）存储信息容量大：最多可包含 1000 多个字节，或 500 多个汉字，比一维码信息容量大数十倍。

（2）表示多种信息：能够把文字、图片、音频、视频等多种信息进行编码并储存在二维码中。

（3）具有较强的纠错能力：如果二维码受到撕毁、污损等，只要受损面积没有超过二维码面积的一半，就能通过相关的纠错算法，提取正确的二维码信息。

（4）误码率极低：低于 0.00001%。

（5）支持加密算法，如基于 DES（对称加密算法）和 RSA（非对称加密算法）的混合加密算法广泛应用于车票等二维码，从而避免二维码使用者信息泄露。与一维码相比，二维码具有更强的保密性和防伪性。

（6）使用成本极低，只需对 PC 二维码软件产生的二维码进行打印或者直接发送到使用者手机上，并且易制作、持久耐用。

（7）二维码图像的尺寸、形状等在遵循一定规则的条件下可以改变。

（8）读取二维码信息的设备多样，除了专用二维码读取设备，还可使用装有具有摄像功能的手机或者计算机的摄像头并配合相应的软件。

3. 二维码的分类

二维码可以分为行排式二维码和矩阵式二维码。行排式二维码由多行一维码堆叠而成，但与一维码的排列规则不完全相同；矩阵式二维码是由深色方块与浅色方块组成的矩阵，通常呈正方形，在矩阵中深色方块和浅色方块分别表示二进制中的 1 和 0。

1）行排式二维码

行排式二维码又称堆积式或层排式二维码。其形态类似于一维码，编码原理与一维码的编码原理类似。它在编码设计、识读方式、校验原理等方面与一维码具有相同或类似的特点，甚至可以用相同的设备扫描识读，只是识读和译码算法与一维码不同。由于行排式二维码的容量更大，因此校验功能更强，但通常不具有纠错能力。行排式二维码中具有代表性的有 Code49 码和 PDF417 码。

（1）Code49 码。Code49 码（图 9-12）是 1987 年 Intermec 公司推出的行排式二维码，可编码全部 128 个 ASCII 字符。Code49 码的符号高度可变，最低的 2 层符号可以容纳 9 个字母型字符或 15 个数字字符，最高的 8 层符号可以容纳 49 个字母型字符或者 81 个数字字符。Code49 码只有校验码，不具有纠错能力。Laserlight 公司推出的 Code16K 码与 Code49 码非常相似，编码范围有所扩大，可以编码 128 个 ASCII 字符和 128 个扩展 ASCII 字符；同时提高了对数字字符的编码能力，最高的 8 层符号最多可容纳 1541 个数字字符。

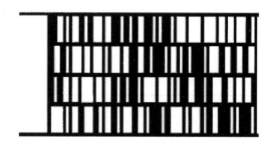

图 9-12 Code49 码

（2）PDF417 码。PDF417 码（图 9-13）是 1990 年由王寅君发明的。PDF 全称是 Portable Data File，即便携式数据文件。因为组成条形码的每一个字符都由 4 个条和 4 个空共 17 个模块构成，所以称为 PDF417 条码。PDF417 码在个人证件上有广泛应用。

PDF417 码可编码全部 ASCII 字符及扩展字符，并可编码 8 位二进制数据，最多可有

80 多万种解释；层数为 3~90，一个符号最多可编码 1850 个文本字符，2710 个数字字符或者 1108 个字节。PDF417 码可进行字符自校验，可选安全等级，具有纠错能力。

图 9-13　PDF417 码

2）矩阵式二维码

矩阵式二维码以矩阵的形式组成，每一个模块的长度与宽度相同，模块与整个符号通常都以正方形的形态出现。矩阵式二维码是一种图形符号自动识别处理码制，通常都具有纠错能力。具有代表性的矩阵式二维码有 DataMatrix 码、CodeOne 码、QuickResponse 码、汉信码。

（1）DataMatrix 码。DataMatrix 码（简称 DM 码，图 9-14）是最早使用的二维码之一，1988 年 5 月由美国国际资料公司的 Dennis Priddy 和 Robert S.Cymbalski 发明。DM 码可编码标准 ASCII 字符和扩展 ASCII 字符集中的 256 个字符，最大数据容量为 2335 个文本字符或 2116 个数字字符或 1556 个字节。

（2）CodeOne 码。CodeOne 码（图 9-15）是 1992 年由 Intermec 公司的 Ted Williams 发明的矩阵式二维码，是最早作为国际标准公开的二维码。CodeOne 码可编码标准 ASCII 字符和扩展 ASCII 字符集中的 256 个字符，共有 10 种版本和 14 种尺寸，最大可表示 2218 个文本字符、3550 个数字字符或者 1478 个字节。

图 9-14　DataMatrix 码

图 9-15　CodeOne 码

（3）QuickResponse 码。QuickResponse 码（简称 QR 码，图 9-16）是 1994 年 9 月由日本 Denso 公司研制的一种矩阵式二维码符号。QR 码是最早可以对汉字进行编码的二维码，也是应用较广泛的二维码。QR 码有 40 个版本，有 4 个纠错能力不同的纠错等级，除了可以编码 ASCII 字符、数字和 8 位字节，还可以编码中国和日本文字，同时具有扩展解释能力；最多可以编码 4296 个文本，7089 个数字，2953 个字节或 1817 个中国汉字或日文字符。QR 码在快速识别和解码上拥有优势，并且编码范围大。

（4）汉信码。汉信码（图 9-17）是 2005 年由中国物品编码中心牵头开发完成的矩阵式二维码。汉信码最大的优势是汉字的编码，可编码 GB 18030—2022《信息技术中文编码字符集》中的所有汉字，并具有扩展能力。汉信码有 84 个版本，有 4 个纠错能力不同的纠错等级，最多可编码 4350 个文本字符，7928 个数字字符，3262 个字节或者 2174 个常用汉字。

图 9-16　QuickResponse 码

图 9-17　汉信码

9.3.4　电子数据交换技术

1. 电子数据交换的概念

电子数据交换（Electronic Data Interchange，EDI）是 20 世纪 80 年代发展起来的一种电子化贸易工具，它是计算机、通信和现代管理技术相结合的产物。国际标准化组织将 EDI 描述为"将贸易（商业）或行政事务处理按照一个公认的标准变成结构化的事务处理或信息数据格式，从计算机到计算机的电子传输"。国际电信联盟将 EDI 定义为"从计算机到计算机之间的结构化的事务数据互换"。

由于使用 EDI 可以减少甚至消除贸易过程中的纸面文件，因此 EDI 又被通俗地称为"无纸贸易"。EDI 的应用并不局限于贸易领域，还广泛应用于其他领域。EDI 就是供应商、零售商、制造商和客户等在其各自的应用系统之间，通过公共 EDI 网络，自动交换和处理商业单证的过程。

EDI 将贸易、运输、保险、银行和海关等行业信息，采用一种国际公认的标准格式，通过计算机通信网络在各有关部门、公司与企业之间进行数据交换与处理，并完成以贸易为中心的全部业务过程。EDI 不是用户之间进行简单的数据交换，而是用户按照国际通用的消息格式发送信息，接收方也需要按国际统一规定的语法规则，对消息进行处理，并引起其他相关系统的 EDI 综合处理。整个过程都是自动完成的，无须人工干预，减少了数据传输中可能会出现的差错，提高了工作效率。

2. 物流 EDI 系统

物流 EDI 是指货主、承运业主以及其他相关的单位之间，通过 EDI 系统进行物流数据交换，并以此为基础实施物流作业活动的方法。

1）物流 EDI 系统的参与单位

（1）发送货物业主（如生产厂家、批发商、零售商等）。

（2）承运业主（如独立的物流承运企业等）。

（3）实际运送货物的企业（铁路、航空、公路等运输企业）。

（4）协助单位（政府有关部门、金融企业等）。

（5）其他物流相关单位。

2）物流 EDI 系统的组成

（1）用户接口模块。业务管理人员可用用户接口模块进行输入、查询、统计、中断、打印等操作，及时了解市场变化，调整策略。

（2）内部接口模块。这是 EDI 系统和本单位内部其他信息及数据库的接口，一份来自系统外部的 EDI 报文，经过 EDI 系统处理之后，大部分相关内容都需要经内部接口模块送往其他信息系统，或只有查询其他信息系统后才能给对方 EDI 报文以确认的答复。

（3）报文处理模块。报文处理模块有如下两个功能。

① 接收来自用户接口模块和内部接口模块的命令和信息，按照 EDI 标准生成订单、发票等 EDI 报文和单证，经格式转换模块处理之后，由通信模块经 EDI 网络发给其他 EDI 用户。

② 自动处理由其他 EDI 系统发来的报文。在处理过程中要与本单位的信息系统相连，获取必要信息并给其他 EDI 系统答复，同时将有关信息发送给本单位的其他信息系统。

如因特殊情况不能满足对方的要求，经双方 EDI 系统多次交涉后不能妥善解决的，则把该类事件提交到用户接口模块，由人工干预决策。

（4）格式转换模块。所有的 EDI 单证都必须转换成标准的交换格式，转换过程包括语法上的压缩、嵌套，代码的替换以及必要的 EDI 语法控制字符。在格式转换过程中要进行语法检查，对于有语法错误的 EDI 报文应拒收并通知对方重发。

（5）通信模块。通信模块是 EDI 系统与 EDI 通信网络的接口。其具备执行呼叫、自动重发、合法性和完整性检查、出错警报、自动应答、通信记录、报文拼装和拆卸等功能。

（6）其他功能。除了上述 5 个基本模块，EDI 系统还具有如下功能。

① 命名和寻址功能。EDI 的终端用户在共享的名字中必须是唯一可标识的。命名和寻址功能包括通信和鉴别两个方面。

② 安全功能。EDI 的安全功能应包含在上述所有模块中。它包括以下内容：

a. 终端用户以及所有 EDI 参与方之间的相互验证；

b. 数据完整性；

c. EDI 参与方之间的电子（数字）签名；

d. 否定 EDI 操作活动的可能性；

e. 密钥管理。

③ 语义数据管理功能。完整语义单元（CSU）是由多个信息单元（IU）组成的。CSU 和 IU 的管理服务功能包括如下内容：

a. IU 应该是可标识和可区分的；

b. IU 必须支持可靠的全局参考；

c. 应能够存取指明 IU 属性的内容；

d. 应能够跟踪和对 IU 定位；

e. 为终端用户提供方便和始终如一的访问方式。

3）EDI 在企业物流系统的应用流程

物流企业采用 EDI 系统后，通过计算机网络接收来自用户的 EDI 方式的订货单，企业的 EDI 系统随即检查订货单是否符合要求和工厂是否接受订货，然后向用户发送确认信息。

企业的 EDI 系统根据订货单的要求检查库存，根据需要向相关的零部件和配套设备厂商发出 EDI 订货单；向铁路、航空、海运等部门预订车辆、舱位和集装箱；以 EDI 方式与保险公司和海关联系，申请保险手续和办理出口手续；向用户开 EDI 发票；与银行以 EDI 方式结算账目等。从订货、库存检查与零部件订货，到办理相关手续及签发发货票等全部都由计算机自动完成，既快速又准确。

3. EDI 的分类

1）根据系统功能分类

根据系统功能分类，EDI 可分为以下 4 类。

（1）订货信息系统。订货信息系统又称贸易数据互换系统，是最基本、最知名的 EDI 系统。使用电子数据文件传输订单、发货票和通知。

（2）电子金融汇兑系统。电子金融汇兑系统，即在银行和其他组织之间实行电子费用汇兑。电子金融汇兑系统最显著的改进是与订货信息系统形成一个自动化水平更高的金融汇兑系统。

（3）交互式应答系统。交互式应答系统可应用在旅行社或航空公司作为机票预订系统。此系统先查询到达某一目的地的航班，如航班的时间、票价等信息，然后根据旅客的要求确定航班，打印机票。

（4）带有图形资料自动传输的 EDI。最常见的带有图形资料自动传输的 EDI 是计算机辅助设计图形的自动传输。

2）根据不同发展特点和运作层次分类

根据不同发展特点和运作层次分类，EDI 可分为以下 4 类。

（1）封闭式 EDI。

由于不同行业、不同地区实施 EDI 采用的标准和协议的内容是不同的，因此存在大量不同结构的 EDI 系统。各个系统之间采纳的标准和传输协议不同，彼此之间相对处于封闭状态，这种形式的 EDI 称为封闭式 EDI。

（2）开放式 EDI。

ISO/ICE/JTC/EDI 特别工作组 SWG EDI 提出了开放式 EDI 的概念，即"使用公共的、非专用的标准，以跨时域、跨商域、跨现行技术系统和数据类型的交互操作性为目的的自治参与方之间的电子数据交换"。开放式 EDI 保证了 EDI 参与方对实际使用 EDI 的目标和含义有一个共同的理解，以减少甚至消除对专用协议的需求，使得任何一个参与方不需要事先安排就能与其他参与方进行 EDI 业务。

（3）交互式 EDI。

由于用户对反应时间的要求越来越高，因此出现了交互式 EDI。交互式 EDI 是指在两个计算机系统之间连续不断地以询问和应答的形式，经过预定义和结构化的自动数据交换达到对不同信息的自动实时反应。交互式 EDI 可以使得用户等待应答的时间只有 1s 甚至更短。

（4）以因特网为基础的 EDI。

以因特网为基础的 EDI 始于 1995 年 8 月。当时劳伦斯利弗莫尔国家实验室开始实验用电子邮件的方式在因特网上传输 EDI 交易信息。EDI 交易信息经过加密压缩后作为电子邮件的附件在网上传输。许多种格式的文件之所以可以作为附件随电子邮件传输，是因为它们使用了一种称作 MIME 格式的传输协议。因特网的标准（RFC 1767）将 MIME 格式定义为传输 EDI 报文的格式。EDIFACT（国际性 EDI 通用标准）也制定了相应的标准。

沃尔玛实现 EDI 自动化传输 开启零售新模式

为了实现与其交易伙伴间业务数据的自动化传输，沃尔玛摒弃了传统的纸质单据方式，使用了 EDI 方式。像大多数的零售行业客户一样，沃尔玛也采用了 AS2 传输协议，同时又涉及 X12 标准业务报文的交互。

关于 AS2 传输部分，在沃尔玛提供的实施资料文档中有对 EDIINT AS2 的描述。EDIINT 的英文全称是 EDI over the Internet，中文含义是"基于互联网的 EDI"。如今，互联网广泛应用于全球范围，为 AS2 在全球范围内的各行各业的广泛应用奠定了基础。

建立 AS2 连接的双方都需要保持 AS2 连接 24 小时全天正常运行。无论是与沃尔玛还是与其他交易伙伴合作，企业都需要保证 EDI 系统能随时接收到交易伙伴通过 AS2 传送的消息。

除了 AS2 传输，还有关键的部分——EDI 报文的传输和处理。沃尔玛通过 EDI 方式与交易伙伴传输的业务报文有 4 种，分别是 850（订单/Purchase Order）、810（发票/Invoice）、864（发票错误信息/Text Message for Invoice Errors）和 997（功能性确认/Acknowledgement）。

关于测试过程，与以往接触到的项目不同，沃尔玛提供供应商自测试门户网站，无须直接联系沃尔玛 EDI 技术团队，交易伙伴便可以通过门户网站进行自助式的测试。这种方式很大程度上减少了沃尔玛的人力、时间等企业资源的投入，显著降低了 EDI 项目成本。但是，给一些技术薄弱的供应商带来了巨大的挑战，他们不得不求助于当地的 EDI 服务提供商。

测试过程需要进行连通性测试、报文结构检查以及业务测试，沃尔玛也提供了其技术团队的电话、邮件等联系方式，及时协助交易伙伴处理测试过程中遇到的问题。每种业务报文的测试约花费 2 周时间，对于测试时间超过 6 周的交易伙伴，沃尔玛可能会重新评估企业的 EDI 实现能力，甚至会影响业务合作关系的发展。所以，在与沃尔玛进行测试或是 EDI 项目实施期间，要注意管控项目进展，及时调整工作安排等，促进项目顺利且快速完成，以免逾期对商业合作造成负面影响。

顺利完成测试后，就要将 EDI 切换至生产环境，进入试运行阶段。其间，会结合实际业务往来的需要有针对性地对出现的问题或是存在的不足进行调整和完善，直至完全符合实际业务需要。

资料来源：https://zhuanlan.zhihu.com/p/113866401[2023-08-02]

9.3.5 指纹识别技术

1. 指纹识别技术的原理

每个人的皮肤（包括指纹在内）纹路的图案、断点和交叉点各不相同，呈现唯一性且终生不变。据此，通过将指纹和预先保存的指纹数据进行比较，就可以验证其真实身份，这就是指纹识别技术。

指纹识别主要根据人体指纹的纹路、细节特征等信息对操作者或被操作者进行身份鉴定，得益于现代电子集成制造技术和快速、可靠的算法研究。指纹识别已经开始走入我们的日常生活，成为生物检测学中研究较深入、应用较广泛、发展较成熟的技术。

2. 指纹识别技术的特征

1）总体特征

总体特征是指用人眼直接就可观察到的特征，包括纹形、模式区、核心点、三角点和纹数等。

（1）纹形：指纹专家在长期实践的基础上，根据脊线的走向与分布情况将指纹分为三大类——环形（又称斗形）、弓形、螺旋形。

（2）模式区：指纹上包括总体特征的区域，从此区域能够分辨出指纹的类型。有的指纹识别算法只使用模式区的数据，有的指纹识别算法则使用完整指纹。

（3）核心点：位于指纹纹路的渐进中心，在读取指纹和比对指纹时作为参考点。许多算法是基于核心点的，即只能处理和识别具有核心点的指纹。

（4）三角点：位于从核心点开始的第一个分叉点或者断点，或者两条纹路汇聚处、孤立点、折转处。三角点提供了指纹纹路的计数追踪的开始之处。

（5）纹数：模式区内指纹纹路的数量。计算指纹的纹路时，一般先连接核心点和三角点，这条连线与指纹纹路相交的数量是指纹的纹数。

2）局部特征

局部特征是指纹上节点的特征，具有某种特征的节点称为细节特征或特征点。两枚指纹经常会具有相同的总体特征，但其细节特征不可能完全相同。指纹纹路不是连续的、平滑笔直的，而是经常出现中断、分叉或转折。将断点、分叉点和转折点等称为"特征点"，特征点提供指纹唯一的确认信息，其中最典型的特征点是终节点和分叉点，其他特征点还包括分歧点、孤立点、环点、短纹等。特征点的参数包括方向（节点可以朝着一定的方向），曲率（描述纹路方向改变的速度），位置（节点的位置通过 xy 坐标来描述，可以是绝对的，也可以是相对于三角点或特征点的）。

3）精细特征

精细特征是指纹特征中的三级特征，是指指纹模板中提取的进一步的精细细节。它们包括脊的所有尺寸属性，如宽度、形状、边缘轮廓、孔隙、断裂、折痕和疤痕。虽然三级特征非常独特，但目前很少应用于指纹自动识别技术，因为三级特征只有在高分辨率（≥700dpi）的指纹图像上才能提取到。

物流企业通过指纹识别终端采集客户的指纹和身份信息，并上传到系统数据库进行注册，从而实现信息共享。物流企业同时通过自身系统对包裹进行收件、运输、投递和跟踪管理，收件和投递时只要采集客户的指纹信息，再与指纹身份信息数据库匹配进行身份确认，就能实现客户信息的自动录入和签收，有效避免收寄危险违禁品和冒领包裹的现象，也大大提高了工作效率。

9.3.6 人脸识别技术

生物特征识别技术所研究的生物特征包括脸、指纹、手掌纹、虹膜、视网膜、声音（语音)、体形、个人习惯(例如敲击键盘的力度和频率、签字)等,相应的识别技术有人脸识别、指纹识别、掌纹识别、虹膜识别、视网膜识别、语音识别(用语音识别可以进行身份识别,也可以进行语音内容的识别,只有前者属于生物特征识别技术)、体形识别、键盘敲击识别、签字识别等。

人脸识别技术是基于人的脸部特征,首先输入人脸图像或者视频流,然后判断其是否存在人脸,如果存在人脸,则进一步给出每个人脸的位置、尺寸和各个主要面部器官的位置信息,并依据这些信息,提取每个人脸中蕴含的身份特征,并将其与已知的人脸进行对比,从而识别每个人脸的身份。广义的人脸识别实际包括构建人脸识别系统的一系列相关技术,包括人脸图像采集、人脸定位、人脸识别预处理、身份确认以及身份查找等;狭义的人脸识别是指通过人脸进行身份确认或者身份查找的技术或系统。

1. 人脸识别技术在物流中的典型应用场景

1)快递签收

电商的发展,使得快递行业呈现出井喷式发展。在实际生活中,快递员需要在较短的时间完成货物的交付、派件,导致物流签收环节存在较多问题。在签收过程中经常出现冒领、误领、签收慢等问题。其中造成误领、冒领的主要原因是传统的物流签收认证存在容易伪造的缺陷,签收过程耗时的主要原因是在签收过程中需要对收货人进行复杂的身份验证,从而花费一定的时间。人脸识别可以提升快递签收的速度与准确性,是一种安全、快捷、便利的身份认证方式。

2)刷脸退货

目前在退货流程中,一般都是用户手动输入物流信息或向快递员提供退货码,造成用户在操作上的不便,以及快递员在管理中易出现混乱的现象。未来可将人脸识别技术用于退货流程中,用户在提交退货申请后,通过刷脸识别自动录入退货信息,快递员取件时进行人脸识别核对退货信息并自动生成物流印单,进而降低用户的退货成本,提高物流管理人员的操作效率。

3)防疲劳驾驶

驾驶人长时间疲劳驾驶是物流货运发生重大事故的主要原因。在货物运输过程中,疲劳驾驶、违规操作的驾驶人,其面部会出现典型的风险特征,如闭眼、打呵欠、分神、频繁低头、玩手机等,通过摄像头的高速图像传感器等设备,可以实时采集驾驶人面部信息,通过智能识别和机器学习,可以判定和抓取驾驶人不良驾驶行为及状态。通过AI框架展开云端检测和实时识别判断,及时输出该运行车辆的运行风险状态,并进行干预。

在分析出运行车辆的风险等级之后,可以根据风险等级,及时触发相应的风险预警和报警,提示驾驶人及平台管理人员。平台安全管理人员及时下发语音警告或电话通知驾驶人,进行多重干预,保障安全。

4)授权操作

在保税仓、重要设备及其他特定区域,只有确认身份后、获得授权才可进行下一步操作。在监控系统的采集端从人脸图像中提取人脸特征,并与监视名单数据库中的目标人人脸特征进行比对,生成阈值。与预设的阈值相符,系统会将结果回传监控计算机,并自动给出声光信号报警,提示安保人员及时处理;同时,系统能实时记录标有目标人人脸位置的现场图像,给出关联信息、阈值和告警时间。例如,仓库的管理人员、出库操作等,需要确认相应的身份后进行操作,采用"刷卡+人脸识别"的双重认证模式是更为安全的授权方式。

2. 人脸识别技术的优势

(1)便捷性。人脸识别是一种成熟的技术,与密码支付相比,人脸支付更加便捷。

(2)自然性。通过观察比较人脸来区分和确认身份。

(3)非强制性。被识别的人脸图像信息可以主动获取而不被被测个体察觉,人脸识别是利用可见光获取人脸图像信息,而不同于指纹识别或者虹膜识别需要利用电子压力传感器采集指纹,这些特殊的采集方式很容易被人察觉,从而带有可被伪装欺骗性。

(4)非接触性。与其他生物识别技术相比,人脸识别是非接触的,用户不需要与设备直接接触。

(5)并发性。在实际应用场景中,人脸识别技术可以对多个人脸进行分拣、判断及识别。

9.3.7 红外体积测量技术

科技在不断发展和进步,生活的各个方面都发生了微妙的变化,在测距领域先后出现了激光测距、雷达测距、超声波测距和红外线测距。由于红外线应用广泛、测量精确度高,不扩散且折射率小,因此红外体积测量受到各个领域的欢迎。

红外体积测量是一种以红外线作为传输介质的测量方式,其技术难度不大、成本比较低、性能良好,使用起来也简单方便,应用广泛。其测量范围为1~5千米。

红外体积测量可以检测物体的长宽高,并计算体积,广泛应用于产品包装、工业涂装、物流分拣、测量产品工件尺寸等,通过发光器与收光器达到测量的目的,省时省力,比传统测量方式更为准确。

1. 红外体积测量技术的原理

红外体积测量技术应用于物流产品包装,是使用三套测量光幕分别测量物体的高度、长度和宽度,并将数据发送到计算机中使用程序来计算物体的体积。在物流行业,也可以通过设定纸箱的高度、长度或体积达到分拣物体的功能。

在扫描过程中,常用的光幕扫描模式有两种,分别为平行直线扫描模式和交叉扫描模式。平行直线扫描模式是常用和简单的扫描模式,发光器连续生成定间距的光线阵列,依次由始至终平行排列,并由收光器对应一一接收。交叉扫描模式在直线扫描光线间交错排列有倾斜光线。第一束倾斜扫描光线于发射器第二通道和收光器第一通道之间建立;第二束倾斜扫描光线于发射器第三通道和收光器第二通道之间建立。依此类推,直到后一束倾斜扫描光线于发射器后通道和收光器终点前一通道之间建立。发射器后通道在发射倾斜光线后再次被激活,发射直线光线至收光器后通道,从而完成整个扫描过程。采用交叉扫描模式可提高光学分辨率,在检测区域中间 1/3 部分的精度高,检测物体尺寸可缩小为直线扫描时的 2/3。

2. 红外体积测量技术的优势

（1）安装过程简单，易与原有输送线无缝集成。能够适应各种环境，自身能够防尘防污，在苛刻的工作环境中都可以使用。在大型分流系统、物流中转站和仓储中，该技术应用广泛。

（2）操作简单易学，功能强大，能够实时传送；同时，可根据用户的需求，提供人工参数的输入界面。

（3）速度快、测量结果准确，全自动化的检测手段保证了工作效率，在精确测量技术的配合下，有效地提高了用户的生产效率并保证了良好的收益。

（4）有些产品采用红外体积测量技术与成熟的操作可被精准测量。比如常见的输送机便采用此种方式，当物品到达测量位置，轮廓便会被快速扫描，从而检测出其体积情况，不受物品质地等客观因素的影响。

（5）通过红外体积测量技术制作出各种设备，应用于不同领域，可满足不同需求的消费者。

9.4 信息通信技术

9.4.1 5G 技术

1. 5G 技术的概念

第五代移动通信技术（5th Generation Mobile Communication Technology，5G）是具有高速率、低时延和大连接特点的新一代宽带移动通信技术。5G 通信设施是实现人机物互联的网络基础设施。

国际电信联盟定义了 5G 的三大类应用场景，即增强移动宽带、超高可靠低时延通信和海量机器类通信。增强移动宽带主要面向移动互联网流量爆炸式增长，为移动互联网用户提供更加极致的应用体验；超高可靠低时延通信主要面向工业控制、远程医疗、自动驾驶等对时延和可靠性具有极高要求的垂直行业应用需求；海量机器类通信主要面向智慧城市、智能家居、环境监测等，以传感和数据采集为目标的应用需求。为满足 5G 多样化的应用场景需求，5G 的关键性能指标更加多元化。国际电信联盟定义了 5G 的八大关键性能指标，其中高速率、低时延、大连接是 5G 最突出的特征，用户体验速率达 1Gbit/s，时延低至 1ms，用户连接能力达 100 万连接/平方千米。

2. 5G 技术的特点

1）高速率

4G 用户一般体验的速度可以做到上传速率 6Mbit/s，下载速率 50Mbit/s，通过载波聚合技术可以达到 150Mbit/s 左右。5G 理论上可以做到每一个基站的速率都为 20Gbit/s，每一个用户的实际速率都接近 1Gbit/s。网络速度的提升为用户带来更好的体验和感受，5G

高速率的特点，能够满足高清视频、虚拟现实等大数据量的传输需求，使得虚拟现实技术等对网络速度要求很高的业务广泛推广和使用。

2）低时延

3G 网络时延约为 100ms，4G 网络时延为 20~80ms，而 5G 网络时延下降到 1~10ms。无论是实现无人驾驶飞机、无人驾驶汽车，还是工业自动化，都是高速度运行，还需要在高速运行中保证及时信息传递和及时反应，这就对时延提出了极高要求。5G 对于时延的最低要求是 1ms，甚至更低。低时延使得 5G 能满足面向车联网、工业控制等垂直行业的极端性能需求，为用户提供毫秒级的端到端时延或保证接近 100%的业务可靠性。

3）泛在网

3G 和 4G 时代使用的是宏基站，其功率、体积大，不能密集部署，导致距离近信号强，距离远信号弱。5G 时代将使用微基站，即小型基站，能覆盖末梢通信，使得任何角落都能连接网络信号。泛在网包括以下两个层面。

一是广泛覆盖：是指人类足迹延伸到的地方，都需要被覆盖。比如，高山、峡谷等。

二是纵深覆盖：是指人们的生活中已有的网络部署，但需要进入更高品质的深度覆盖。比如，信号不好的卫生间、地下车库等狭小深层空间。

4）低功耗

4G 时代定义了 NB-IoT 和 LTE-M 两大蜂窝物联网技术，NB-IoT 和 LTE-M 将继续从 4G R13、4G R14 一路演进到 5G R15、5G R16、5G R17，它们属于未来 5G 海量机器类通信场景，是 5G 万物互联的重要组成部分。5G 要支持大规模物联网应用，就要有功耗的要求。通过广域网络技术降低功耗，能实现让大部分物联网产品一周充一次电，甚至一个月充一次电，可以大大改善用户体验，促进物联网产品的快速普及，让需要长时间使用无线网络的智能家居、智慧城市成为可能。

5）万物互联

在传统通信中，终端是有限的，在 5G 时代，终端不是按人定义的，因为每个人、每个家庭都可能拥有多个终端。先进的 5G 技术具有超大流量，支持百亿甚至千亿数据级的海量传感器接入，可为"万物互联"的实现提供良好的条件。加强对更低能耗、更大规模、更短延时、更高速率的 5G 通信技术的研发，符合物联网的个性化应用需求，可以高质量实现交通运输、自动化等行业的互联网新用例，从而大大加速互联网的普及与落地。

6）重构安全

智能互联网不仅要实现信息传输，还要建立安全、管理、高效、方便的新机制与新体系。5G 通信在各种新技术的加持下，具有更高的安全性，在无人驾驶、智能健康等领域，能够有效地抵挡黑客的攻击，保障各方面的安全。

3. 5G 技术在物流领域的应用

1）物流仓储

应用 5G 技术可以使物流机器人摆脱时延、能耗等问题所带来的限制，以达到更高的工作效率和更低的维护成本。将 5G 技术运用在仓储领域，可以解决海量设备数据的收集、传输与储存有一定难度的问题。此外，通过 5G+AR 拣货的模式，还能进一步提升仓储人员的作业效率,丰富仓储作业模式,进一步推动物流仓储的数字化、无人化和智慧化。

2)物流运输

借助 5G 网络,在高速率、低延时、大容量的优势加持下,自动驾驶车辆的感知能力将得到极大的提升,车路协同、车与人、车与车之间的信息交流也将更加通畅,同时无人机也可以获得更好的规模化控制效果。此外,在一些港口物流场景,5G 技术也能够全面提升港口作业效率,助力智慧港口建设。

3)物流安全

5G+区块链的应用不仅可以使物流信息的传输更加高效、及时,还能拓宽区块链技术在物流安全环节的多元化应用。基于 5G 网络的物流安全防护将更具可操作性、可渗透性,物流行业发展也将更具保障。

视野拓展

5G 智能无人仓成黑科技"顶流"

当仓储作业生产使用传统的 Wi-Fi 技术时,产生了一系列难题。首先是信号干扰和切换问题。例如,大量的自动导引车作业时,容易受到信号干扰而导致通信不稳定和容量受限,移动状态下容易使业务中断,Wi-Fi 网络很难承载大规模、密集的自动化应用。其次是成本和性能问题。智能机器人的控制器硬件种类繁多,本地算力需求变化多样,导致研发投入大、周期长、灵活性不足、硬件升级困难等问题。例如,采用二维码导航或基于激光 SLAM 导航的自动导引车,项目实施和维护难度均很大。最后,Wi-Fi 网络带来了管理和控制挑战。仓库控制系统、仓库管理系统等服务集群通过局域网与仓储智能机器人进行通信的模式,存在系统部署难度大、成本高、实施周期长、硬件资源利用不均衡、远程维护困难的弊端。

京东集团副总裁、京东物流智能供应链平台部负责人王强表示:"物流科技的进步,供应链平台的智能化和数字化程度提升,关键在于技术和平台的解耦。在此过程中,5G 为整套物流体系搭建提供了优质的神经网络,可加速数字化转型进程,让算力上移更可靠,加速终端智能化和平台集约化的实现。" 2019 年 12 月,中国电信与京东物流集团签订战略合作协议,成立联合创新中心,开展 5G 智慧物流应用场景创新研究。双方合作充分发挥了中国电信的 5G 及云网优势、京东物流的智慧物流技术优势,并联合形成了 5G 智慧物流园区解决方案。

5G 智能无人仓项目也取得了一系列成果。2020 年 8 月,京东亦庄三洋园区 5G 定制专网部署完成;2020 年 9 月,中国电信与京东物流共同发布《5G 赋能未来物流-基于 5G 无线专网的物流新基建解决方案》白皮书并成立 5G 智能物流联合创新中心;2020 年 12 月,完成无人仓无线网络的对比测试,从时延、切换、稳定性、可靠性四个维度验证,5G 定制网可以替代原有的 Wi-Fi 专网支持自动导引车、自主移动机器人、立体仓库穿梭车、无人叉车等业务,性能更优;2021 年 3 月,完成三洋园区自动导引车、无人叉车、自主移动机器人、立体仓库穿梭车等应用场景端到端业务测试,仓库控制系统部署在 MEC(多接入边缘计算),实现对智能终端设备的调度控制;2021 年 9 月,完成京东物流"亚洲一号"仓及京威园区生产环境自动导引车应用场景规模部署,同时部署 AMR、AR 远程维修,数字月台/传送带/充电区视频监控及 AI 识别等应用场景,终端数量达到 128 台……

资料来源:https://baijiahao.baidu.com/s?id=1719102911943360966&wfr=spider&for=pc [2023-05-02]

9.4.2 Wi-Fi 技术

1. Wi-Fi 技术概述

Wi-Fi（Wireless-Fidelity，无线保真技术）是一种可以将个人计算机、手持设备（如 PDA、手机）等终端以无线方式互相连接的技术。Wi-Fi 也是 IEEE 802.11b 的别称，是由一个名为无线以太网相容联盟（Wireless Ethernet Compatibility Alliance，WECA）的组织发布的业界术语。它是一种短程无线传输技术，能够在数百公里范围内支持互联网接入的无线电信号。随着科学技术的发展，以及 IEEE 802.11a 及 IEEE 802.11g 等标准的出现，IEEE 802.11 标准已被统称为 Wi-Fi，它可以帮助用户访问电子邮件、Web 和流式媒体，为用户提供无线的宽带互联网访问，也是在家里、办公室或在旅途中快速、便捷上网的途径。Wi-Fi 无线网络是由无线接入点（Wireless Access Points，WAP）和无线网卡组成的无线网络。在开放性区域，通信距离可达 305m；在封闭性区域，通信距离为 76~122m，方便与现有的有线以太网络整合，组网的成本更低。

2. Wi-Fi 的优点

Wi-Fi 广泛用于城市公共接入热点，以及家庭网络和办公网络，有着"无线版本以太网"的美称。其具有以下优点。

（1）无须布线。与传统有线网络相比，Wi-Fi 有着得天独厚的优势，无线则是其中最大的优势，无线使得整个网络不需要考虑整体规划、复杂的布线、距离的测量等工序，而且安装和设置相当简单，非常适合移动办公的应用场景和家庭网络使用。

（2）综合成本低。Wi-Fi 使用的 2.4GHzISM 频段尚属无须许可证即可使用的无线频段，节省了很大的授权成本。厂商或者电信运营商只需在人员密集的地方设置 Wi-Fi AP，再通过高速线路将 AP 接入因特网即可，很大程度上节省了网络布线的成本。根据有关计算，在一家公司规模为 400 人的企业，使用 Wi-Fi 网络节省的联网成本可达 490 美元。因此，Wi-Fi 技术在公共接入服务领域备受瞩目，无线城市的诞生就是一个例证。

（3）覆盖范围广。相比覆盖范围只有 50 英尺左右（约 15m）的蓝牙技术，Wi-Fi 热点的覆盖半径可达 300 英尺（约 90m）。一般写字楼只需几个 AP 就能完全覆盖到。据报道，Vivato 公司新推出了一款交换机，它能把 Wi-Fi 无线网络的通信半径从 100m 扩大到约 6.5km，在无线城市的拓建中可以发挥重要作用。

（4）传输速度较高。当前基于 OFDM 标准的 IEEE802.11a 标准最高速率可达 54Mbit/s，而同时融合了正交频分复用和多进多出技术的 IEEE802.11n 标准，实现了最高速率 300Mbit/s 甚至到 600Mbit/s，同时有效传输距离更长，最关键的是它也支持各项已有标准的后向兼容性能。现在，流行的笔记本式计算机网络技术——迅驰技术就是基于该标准。

（5）稳定性高。IEEE 802.11n 采用智能天线技术，通过多组独立天线组成天线阵列，波速可以随时调整，保证用户接收到稳定的 Wi-Fi 信号，其他电子信号也很难对 Wi-Fi 信号进行干扰，其带宽的自动调整功能也有效地保证了 Wi-Fi 网络在信号较弱或者有强大干扰情况下的稳定性。

（6）健康安全。IEEE 802.11 标准规定的发射功率是不可超过 100mW，实际无线路由的发射功率一般小于 50mW，即在 100m 范围内，若要达到 300m 的通信距离，需要功率为

75~80mW，而且用户在使用 Wi-Fi 无线网络时距离也不会十分接近，所以是相对比较安全的。

作为主流的无线接入技术，会有越来越多的先进技术融入其中，比如多进多出、正交频分复用、智能天线和软件无线电等都开始应用到无线局域网，充分发挥 Wi-Fi 的整体性能。主流标准 IEEE 802.11n 就是采用多进多出技术与正交频分复用技术相结合的技术，使传输速率得到了极大的提高。随着各项无线技术的进一步发展，还会有更多先进的技术将应用到 Wi-Fi 中，Wi-Fi 技术也将具有广阔的发展前景。

仓库 Wi-Fi 应用（室内）

在物流企业中，仓库货场中的室内存储区域面积较大，且存放的货物种类很多。在货物之间的走廊区域，Wi-Fi 信号相对更低。由于不同种类的货物，摆放的高度和占地面积不同，对无线信号的屏蔽、反射效果也会不同。尤其是金属或码放高度较高的货物，都会影响走廊区域的信号覆盖强度和链路质量。波迅 MicroStation 系列智能微基站，采用 IEEE 802.11a/b/g/n/ac 无线协议、2×2 多进多出空间流技术，支持 2.4GHz 和 5GHz 频段，最高数据带宽达 1167Mbit/s，最大输出功率为 500mW，最高接收灵敏度为-100dBm；支持 100+个终端并发接入，兼容各类手持无线终端、无线扫码枪等。通过提高上行/下行通信链路的信号质量，可有效提高 Wi-Fi 信号的覆盖范围，完全能够满足仓库区域的无线信号整体覆盖需求。

MicroStation 系列智能微基站安装简便，可以吊装在横梁、屋顶或者安装在侧面墙壁。

资料来源：http://www.pcpop.com/view/1/1109/1109068.s?r=06174501.html [2023-08-02]

9.4.3 蓝牙技术

1. 蓝牙技术的概念

蓝牙（Bluetooth）是一种无线技术标准，可实现固定设备、移动设备和楼宇个人域网之间的短距离数据交换（使用 2.4GHz~2.485GHz 的 ISM 波段的 UHF 无线电波）。蓝牙技术是由爱立信公司于 1994 年创制的，当时是作为 RS-232 数据线的替代方案。蓝牙可连接多个设备，克服了数据同步的难题。

2. 主要蓝牙技术

蓝牙技术是一种无线数据与语音通信的开放性全球规范，它以低成本的近距离无线连接为基础，为固定与移动设备通信环境创建一个特别连接的短程无线电技术。其实质是建立通用的无线电空中接口及其控制软件的公开标准，使通信和计算机进一步结合，使不同厂家生产的便携式设备在没有电线或电缆相互连接的情况下，在近距离范围内具有互用、互操作的性能。

蓝牙技术的作用是简化小型网络设备（如移动 PC、手机）之间以及设备与因特网之间的通信，免除在无绳电话或移动电话、调制解调器、头套式送/受话器、PDA、计算机、打印机、幻灯机、局域网等之间加装电线、电缆和连接器。此外，蓝牙技术还为数字网络和外设提供通用接口，以组建一个远离固定网络的个人特别连接设备群。

蓝牙的载频选用在全球都可用的 2.45GHz 工业、科学、医学（ISM）频带，其收发信机采用跳频扩谱技术，在 2.45GHz ISM 频带上以 1600 跳/秒的速率跳频。依据各国的具体情况，以 2.45GHz 为中心频率，最多可以得到 79 个 1MHz 带宽的信道。当发射带宽为 1MHz 时，有效数据速率为 721kbit/s，并采用低功率时分复用方式发射，适合 30 英尺（约 9m）范围内的通信。数据包在某个载频上的某个时隙内传递，不同类型的数据（包括链路管理和控制消息）占用不同信道，并通过查询和寻呼过程来同步跳频频率和不同蓝牙设备的时钟。除了采用跳频扩谱的低功率传输，蓝牙还采用鉴权和加密等措施来提高通信的安全性。

蓝牙技术支持点到点和点到多点的连接，可采用无线方式将若干蓝牙设备连成一个微微网，多个微微网又可互联成特殊分散网，形成灵活的多重微微网的拓扑结构，从而实现各类设备之间的快速通信。它能在一个微微网内寻址 8 个设备（互联的设备数量是没有限制的，但在同一时刻只能激活 8 个，其中 1 个为主、7 个为从）。

蓝牙技术涉及一系列软硬件技术、方法和理论，包括无线通信与网络技术，软件工程、软件可靠性理论，协议的正确性验证、形式化描述和一致性与互联测试技术，嵌入式实时操作系统，跨平台开发和用户界面图形化技术，软硬件接口技术（如 RS-232、UART、USB 等），高集成、低功耗芯片技术等。

视野拓展

蓝牙 AoA 定位技术在物流仓储的应用

在经济全球化步伐加快、物流活动日益庞杂的背景下，仓储物流作为货物流通过程的中枢环节，越发成为决定企业发展及产业链竞争力的关键。制造业、电商业、第三方物流等各类型物流在港口码头、仓库的作业场景，通过室内定位技术与 RFID、二维码等结合，使得周转过程中的每一个元素都可以被感知和跟踪，结合不断优化的大数据分析平台进行分析，使企业的物流能力进一步优化和提高。

蓝牙 AoA（Angle of Arrival，到达角）定位技术在仓储物流中发挥的重要作用主要体现在以下几个方面。

（1）货物实时动态有序管理。通过蓝牙 AoA 定位技术对仓储物流众多数量及品种的物资进行实时动态有序管理，实现物资的入库、出库、移动、盘点、查找等流程的智能化管理水平及物资的流转速度，最大限度地避免入库验收时间长、在库盘点乱且数量不准、出库拣货时间长且经常拣错货，以及货物损坏、丢失或过期等索赔问题。基于对每个货物的精准定位，结合计算机视觉，可以快速定位到破损或者滑落滑道的异常货品，以及对于滑道口堵塞、运输不通畅等作业进行预警；同时，对上架作业的布局合理性、拣货的最佳路径结合方面做最优化库房上架管理，并且在流转过程中，可以有效防止货物被分拣到错误的网点或者分拣中心。

（2）车辆设备智能调度与安全管理。针对存储量大、流转量大、占地面积较大的物流仓库、港口码头等，通过蓝牙 AoA 定位技术实现对叉车/拖车的统筹管理，通过智能调度及合理路径规划防止走错位等情况，以此提高叉车/拖车利用效率；通过设置安全距离及电子围栏，最大限度地防止人车碰撞事故发生。蓝牙 AoA 定位技术使得仓库内叉车、地牛、笼车的管理更加简单，可操作性更高。在实际应用方面，比如对叉车作业时，托盘货物的装卸、码垛、短距离运输、车辆的反向寻找、路径规划导航等，以及基于蓝牙 AoA 实时位置精准跟踪可以作用于人车安全、车车安全，从而减少仓内事故。

（3）高效人员管理。基于对人员的实时定位数据，进行人员考勤、工时统计、到岗/离岗等工作状态的管理等。蓝牙 AoA 定位技术可以提升仓库工作人员的实时调度、作业区域管理、安全通道聚集预警的准确率。比如库内常见的复核、拣货操作，可以根据人员和包裹的位置提前做好拣选路径优化，实现货物拣选的成本最优化。同时，不断记录人员的轨迹信息和对货物拣选行为做数据分析，通过无监督学习，持续优化拣货路径推荐结果。通过人员热力的呈现，也能辅助仓储内管理人员更加合理地进行人力布局以及做考勤等业务管理。

（4）载具管理与自动化。对承载货物的可移动货架、托盘、料箱等载具进行定位，通过对载具的有效管理，间接实现对承载货物的有序化管理。另外，自动导引车等自动化设备应用越来越广泛，可通过蓝牙 AoA 定位技术实现自动导引车与载具的高效协作，实现自动化取货等功能，进一步释放自动化设备的价值。

资料来源：https://zhuanlan.zhihu.com/p/412952743[2023-08-02]

9.5 自动跟踪技术

9.5.1 全球定位系统

全球定位系统（Global Positioning System，GPS）是 20 世纪 70 年代由美国国防部建立的新一代空间卫星导航定位系统。GPS 最初是为军方提供精确定位而研制的，具有全天候、高精度和全球覆盖的特点。

1. GPS 的构成

1）空间部分

GPS 的空间部分由 24 颗卫星（21 颗工作卫星和 3 颗有源备份卫星）组成，它们位于距地表 20200km 的上空，均匀分布在 6 个轨道平面内（每个轨道面上均匀分布 4 颗），轨道倾角为 55°。

2）地面控制系统

地面控制系统由监测站、主控制站、地面天线组成。监测站均装配有精密的铯原子钟和能够连续测量到所有可见卫星的接收机。监测站将取得的卫星观测数据，包括电离层和气象数据，经过初步处理后，传送到主控制站。

3）用户设备部分

用户设备部分（GPS 信号接收机）的主要功能是捕获按一定卫星截止角所选择的待测卫星，并跟踪这些卫星的运行情况。接收机捕获到跟踪的卫星信号后，便可测量出接收天线至卫星的伪距离和距离的变化率，解调出卫星轨道参数等数据。

2. GPS 在电子商务物流中的应用

1）车辆定位与跟踪调度

GPS 在配送和运输中常用于车辆定位、跟踪调度和陆地救援，常见形式是车载 GPS。2022 年我国汽车产量达到了 2702.1 万辆，据公安部消息，2022 年全国机动车保有量达 4.17 亿辆，机动车驾驶人 5.02 亿人。我国的车载导航市场有着广阔的发展空间。

2）铁路运输管理

在铁路运输管理方面，GPS 计算机管理信息系统可以通过 GPS 和计算机网络实时收集全路列车、机车、车辆、集装箱及所运货物的动态信息，可以实现列车、货物的跟踪管理。一般来说，使用者只需通过货车的车种、车型、车号，即可从铁路网上找到该货车，还可得知该货车的运行路线、停放位置以及所有车载货物的发货信息。

3）航空运输管理

在航空运输管理方面，GPS 主要用于空中交通管理、精密进场着陆、航路导航和监视。国际民航组织提出，21 世纪将实现未来导航系统，以取代现行航行系统。未来导航系统是一个以卫星技术为基础的航空通信、导航、监视和空中交通管理系统，它利用全球导航卫星系统实现飞机航路、终端和进场导航。

4）水路运输管理

在水路运输管理方面，GPS 主要用于内河及远洋船队最佳航程和安全航线的测定，航向的实时调度、监测，以及水上救援。在我国，GPS 最先用于远洋运输的船舶导航。

9.5.2 北斗卫星导航系统

北斗卫星导航系统是我国自主研发的卫星导航系统。北斗卫星导航系统在物流行业的民用化应用，可优化物流行业流程，提升物流行业整体的服务水平，加速智慧物流建设。京东率先大规模使用北斗卫星导航系统，极大地推动了物流运营进程。

1. 北斗卫星导航系统概述

1）北斗卫星导航系统的概念

北斗卫星导航定位系统是我国着眼于国家安全和经济社会发展的需要，自主建设、独立运行的卫星导航系统，是为全球用户提供全天候、全天时、高精度的定位、导航和授时服务的国家重要空间基础设施。它具备短报文通信能力，并初步具备区域导航、定位和授时能力，定位精度为分米、厘米级别，测速精度为 0.2m/s，授时精度为 10ns。

2）北斗卫星导航系统的特征

北斗卫星导航系统的建设，实现了在区域快速形成服务能力、逐步扩展为全球服务的发展路径，丰富了世界卫星导航事业的发展模式。北斗卫星导航系统主要具有以下三个特点。

（1）北斗卫星导航系统空间段采用三种轨道卫星组成的混合星座，与其他卫星导航系统相比，高轨卫星更多，抗遮挡能力强，尤其低纬度地区的性能特点更为明显。

（2）北斗卫星导航系统提供多个频点的导航信号，能够通过组合使用多频信号等方式提高服务精度。

（3）北斗卫星导航系统创新融合了导航与通信能力，具有实时导航、快速定位、精确授时、位置报告和短报文通信五大功能。

3）北斗卫星导航系统的组成

北斗卫星导航系统由空间段、地面段和用户段三部分组成。空间段由若干个地球静止轨道卫星、倾斜地球同步轨道卫星和中圆地球轨道卫星组成。地面段包括主控站、时间同步/注入站和监测站等若干个地面站,以及星间链路运行管理设施。用户段包括北斗及兼容其他卫星导航系统的芯片、模块、天线等基础产品,以及终端设备、应用系统与应用服务等。

2. 北斗卫星导航系统在物流中的应用

北斗卫星导航系统自提供服务以来,在交通运输、农林渔业、水文监测、气象测报、通信授时、电力调度、救灾减灾、公共安全等领域得到广泛应用,服务于国家重要基础设施,产生了显著的经济效益和社会效益。基于北斗卫星导航系统的导航服务已被电子商务、移动智能终端制造、位置服务等厂商采用,广泛进入我国大众消费、共享经济和民生领域,应用的新模式、新业态、新经济不断涌现,深刻改变着人们的生产和生活方式。在物流行业,北斗卫星导航系统的应用主要有以下几个方面。

1)铁路智能交通

采用北斗卫星导航系统可以有效地提高铁路运输效率,从而为实现传统运输方式的升级与转型提供保障。例如,在铁路智能交通领域,采用北斗卫星导航系统,将极大地缩短车辆运输的间隔时间,从而降低运输成本,提高运输效率。

2)交通管理

在车辆上安装北斗卫星导航系统,有助于优化路径,改善交通拥堵情况,提升道路交通管理水平。如果车辆在行驶的过程中出现交通事故,则可通过安装的北斗卫星导航系统记录发生事故时车辆的行驶速度、行驶位置及行驶时间等信息,从而可以判断车辆是否存在违法行为。

3)航空运输

北斗卫星导航系统具有精准定位、测速等优势,能够实时监测飞机的位置,同时有效地缩短飞机与飞机之间的安全距离,从而提高机场的运营效率。若北斗卫星导航系统和其他系统相结合,则可以为航空运输提供更高的安全保障。

4)海运和水运

海运和水运的船舶都已经安装卫星导航设备,从而使得运输更加安全和高效。在任何天气条件下,北斗卫星导航系统都可以为船舶提供精确的定位。

5)贵重或危险货物运输

贵重或危险货物的运输是现代物流业的新应用。采用北斗卫星导航系统,可以全面、实时地监控贵重或危险货物运输车驾驶人的驾驶状态,如驾驶人是否饮酒或者是否按照规定的路线行驶等,发现危险情况时会立刻报警。

京东率先使用北斗导航系统,推动物流运营进程

京东在利用国家尖端技术实现现代化物流运营方面走在行业前列,成为我国最大的北斗卫星导航系统规模化应用企业。

北斗卫星导航系统（以下简称"北斗系统"）是我国自行研制的全球卫星导航系统，是继美国 GPS、俄罗斯 GLONASS、欧盟 GALILEO 后，全球卫星导航系统国际委员会认定的第四大核心供应商。北斗系统集成了传感、自动化、定位跟踪和数据处理等智能化技术，这一"国之重器"是关系国家安全的重大信息基础设施，是推进我国信息产业升级换代的核心发动机。

经过几年的研发、部署，京东成为国内最大的北斗系统应用部署企业，列装数量位居首位。京东物流在自营干支线、城配线路上全部加载北斗系统的车辆超过 6000 辆，合作伙伴有超过 1500 辆车安装了北斗系统，更有 2 万多名京东配送员配备了带有北斗系统的智能手环设备。

京东将北斗系统与自建物流的大数据优势相结合，通过对车辆速度和路线的实时监控，保障驾驶安全；同时，结合北斗系统的地理位置数据进行深入分析，定制了仓储和站点的位置信息，重置推算出最佳服务线路，实现了物流运营时效提升、运营成本的管控加强、消费者订单的透明跟踪，填补了国内电商订单轨迹的全流程跟踪和展示领域的空白。依托于强大的北斗导航技术，系统可每 30 秒采集一次地理位置信息，每 2 分钟上传一次服务器，消费者可以随时通过手机看到商品配送轨迹和实时位置，大大提升了购物体验。

京东还建立了基于北斗系统的车载自动诊断智能车辆管理系统，实现了车辆报表、驾驶人报表、驾驶人评分报表和事件报表等多套系统的智能数据生成，简便、高效地获取包括瞬时车速、瞬时油耗、转速、发动机信息等数据，再通过系统的智能分析计算，统计车辆的行程数、里程数、耗油量、百公里油耗等指标，实现了对车辆和人员的行车路线、位置及时间、速度、里程和停车点全方位的动态监测，实现管理决策科学化，确保了交易安全，降低了物流成本，提高了物流配送效率，最大限度地节约能源、减少排放量。

京东是我国最早部署和应用北斗技术的企业，早在 2012 年，在我国正式宣布北斗系统试运行启动后，京东率先启动"基于北斗的电子商务云物流信息系统项目"，成为我国第一批应用北斗技术进行车辆管控的企业。2013 年 9 月，京东开始在传站、摆渡、干支线等运输的所有环节的车辆上安装北斗导航设备，不仅包括国家规定的所有重型卡车，还在中型和小型货车上安装了北斗设备。京东早在 2012 年就对自营的中、小件商品实现了订单轨迹功能，2015 年借助北斗系统研发又攻克了第三方配送大件订单轨迹功能，于 2015 年 8 月正式上线，开创了行业先河。

京东生态体系内超过万家传统商贸企业、中小企业、物流企业享受到基于北斗系统的电子商务云物流信息系统应用所带来的全新体验，带来了巨大的间接经济效益。此系统已开放给更多的京东第三方商家，让其以最低的投入快速走上智慧物流的道路。

业内专家表示，作为我国最大的自营式电商，京东在业内率先大规模使用北斗系统，不仅体现了京东对于技术创新的重视，展现了京东技术创新应用的实力，还在北斗项目的应用落地方面起到了行业示范作用，对国家战略项目的推动起到了积极作用。

资料来源：http://www.xinhuanet.com/tech/2017-07/04/c_1121260641.htm [2023-05-02]

9.5.3 地理信息系统

地理信息系统（Geographic Information System，GIS）是 20 世纪 60 年代开始迅速发展起来的地理学研究技术，是多种学科交叉的产物。GIS 是以地理空间数据为基础，采用地理模型分析方法，提供多种空间和动态的地理信息，是一种为地理研究和服务的计算机技术系统。它可以采集、储存、管理、处理、分析和描述整个或部分地球表面与空间和地理分布有关数据的空间信息系统（简而言之，对地球上存在的现象和发生的事件进行成图和分析）。通俗地讲，它是整个地球或部分区域的资源、环境在计算机中的缩影。

1. GIS 的特征

GIS 作为获取、存储、分析和管理地理空间数据的重要工具、技术和学科，近年来得到了广泛关注，并发展迅速。随着信息技术的发展，数字时代的来临，理论上讲，GIS 可以运用于现阶段任何行业，在电子商务物流中的应用尤为成熟。GIS 将地图这种独特的视觉化效果和地理分析功能与一般的数据库操作（如查询和统计分析等）集成在一起。它具有以下三个方面的特征。

（1）具备采集、管理、分析和输出多种地理信息的能力，具有空间性和动态性。

（2）由计算机系统支持进行空间地理数据管理，并由计算机程序模拟常规的或专门的地理分析方法，作用于空间数据，产生有用的信息，完成人类难以完成的任务。

（3）计算机系统的支持是地理信息系统的重要特征，使得地理信息系统能快速、精确、综合地对复杂的地理系统进行空间定位和过程动态分析。电子商务的发展必须依托传统物流，但随着两者的结合，人们对电子商务物流的要求越来越高，供应商、生产商需要全面、准确、动态地掌握散布于全国的各个中转仓库的库存现状，经销商、零售商需要了解各个物流环节的产品流通状况，等等。而这些都存在着不同的地域和空间问题，引入 GIS 能有效解决这些问题。

2. GIS 的应用

1）机构设施的选址

对于供应商、经销商、配送中心和客户而言，需求和供给、服务和销售难免会存在空间分布上的差异。利用 GIS，相关企业可以更科学地选择机构设施的地理位置，决定机构设施的分布密度，客观评价并合理优化现有设施的地理位置，寻找距离最小化和利润最大化之间的平衡点。

2）交通路线的选择

运输和配送是物流的两大功能要素，交通路线的合理性将直接关系到运送成本和运送时间的优化程度。利用 GIS 进行空间管理，企业可以根据几何距离、经验时间、实时路况等准确选择运输和配送的最佳路线。

3）车辆调度

在车辆调度方面，GIS 可以接收 GPS 的数据，使调度人员和货主实时了解运输和配送的状态，以便对货物进行全程跟踪和定位管理，降低车辆的空驶率、空载率，减少交通拥堵，最大限度地实现对物资流通的动态管理。

GIS 可以有效地协调物流运作的多个环节，管理企业信息，促进协同商务发展，有利于打造数字物流企业，提高企业信息化程度，提升企业运作效率和企业形象，更好地维护与客户的关系，更好地满足电子商务物流的发展要求。

顺丰物流信息平台建设

（1）GPS 与 GIS 的结合。

电子系统使车辆等交通工具具有实时定位能力，使货物跟踪和智能化的车辆调度成为可能。顺丰集团将 GPS 与 GIS 融合成电子系统，以实现车辆跟踪管理、货物流向分析、实时货物位置查询、路径选择等功能。

（2）基于因特网的网上物流管理平台。

随着电子商务的发展，客户可以通过互联网获得物流服务，并在网上实时查询物流服务的完成情况。通过创建网上物流管理平台，顺丰集团的物流管理者可以对物流资源进行调度管理，充分发挥 GPS、GIS 的作用。

（3）自动识别技术的应用。

条形码、智能标签等自动识别技术在物流中的应用可以实现对物流信息进行高速准确的采集，及时捕捉作为信息源的物品在出库、入库、运输、分拣、包装等过程中的信息，提高物流作业程序的效率，降低人工成本以及出错率，提高客户服务水平。

（4）网络环境的数据库体系结构和数据仓库的设计。

数据库技术作为物流信息系统的主要支撑技术，决定了整个信息系统的功能和效率。由于物流信息具有空间特性，物流事务处理在空间和时间上具有非同一性，因此顺丰集团的物流信息系统需要一个结构合理的网络数据库体系结构和数据仓库设计，用于支持物流管理者的决策分析等事务处理和各类面向对象的、集成的、随时间变化的数据处理。

资料来源：https://www.sbvv.cn/chachong/20888.html [2023-08-02]

9.6　智能物流技术

9.6.1　自动导引车

全流程自动化仓

1. 自动导引车的概念

自动导引车（Automatic Guided Vehicle，AGV）也称无人搬运车或自动搬运车，是一种现代化的先进物料搬运设备。随着自动化以及计算机集成系统技术、柔性制造系统以及物流业的发展，自动导引车得到了日益广泛的应用。

《物流术语》（GB/T 18354—2021）中对 AGV 的定义为，在车体上装备有电磁学或光学等导引装置、计算机装置、安全保护装置，能够沿设定的路径自动行驶，具有物品移载功能的搬运车辆。AGV 能够自动从一个指定地点将物料移送到另一个指定地点，常采用蓄电池供电，能够自动充电。AGV 采用先进的自动控制系统或计算机控制系统控制，与现场相关设备连成一个完整的功能网络，实现自动运行、自动作业、智能检测等功能，并且具有良好的柔性。

AMR 机器人

仓库、物流公司、农业企业和医疗机构都在寻找新的创新方法来改进企业的运营效率、提高物流速度、确保物流精度和增加安全性。许多人将目光投向自主移动机器人（Autonomous Mobile Robot，AMR）以寻求帮助。

自主移动机器人是一种具有理解能力，并能独立移动的机器人。AMR 不同于其前代产品自动导航车辆，后者依赖于轨道或预定义路线，并且通常需要操作员监督。自动导航车辆可以将材料运送到特定位置，比传送带系统更灵活；但相较于 AMR，其灵活性则要差得多。像传送带一样，自动导航车辆有固定的路线。但相比传送带系统，利用自动导航车辆可以更容易和快速地修改路线。AMR 可以与人协作，提供更大的灵活性，并找到最有效的路线来完成特定任务。

AMR 通过一组复杂的传感器，利用人工智能、机器学习技术来规划路径，以理解环境并在其中导航，不受有线电源的限制。AMR 配备了摄像头和传感器，如果它们在导航时遇到意外障碍，例如掉落的箱子或人群，它们将利用避撞等导航技术来减速、停止或重新规划路线绕过障碍物，然后继续执行任务。

资料来源：https://www.elecfans.com/jiqiren/1867468.html[2023-08-02]

2. 自动导引车的分类

自动导引车可以按照以下分类方式进行分类。

1）按导引方式分类。

按导引方式分类，自动导引车可以分为固定路径导引和自由路径导引。固定路径导引是指在固定的路线上设置导引的信息媒介物，自动导引车通过检测信息媒介物的信息而得到导引，如电磁导引、光学导引、磁带导引。自由路径导引是指自动导引车能根据要求随意改变行驶路线，这种导引方式的原理是在自动导引车上储存作业环境的信息，通过识别车体当前的方位，与环境信息相比对，自主地决定路径的导引方式如超声导引、激光导引和视觉导引等。

2）按控制方式分类。

按控制方式分类，自动导引车可以分为智能型和普通型。智能型自动导引车配备车载计算机，车内储存全部运行路线和相应的控制信息，只要事先设定起始点和要完成的任务，自动导引车就可以自动选择最佳路线完成指定的任务。普通型自动导引车的所有功能、路线和控制方式均由主控计算机进行控制。

3）按移载方式分类。

按移载方式分类，自动导引车可以分为侧叉式移载、前叉式移载、辊筒输送式移载、链条输送式移载、升降台式移载等。

4）按转向方式分类。

按转向方式分类，自动导引车可以分为前轮转向、差速转向和独立多轮转向等。

5）按充电方式分类。

按充电方式分类，自动导引车可以分为交换电池式和自动充电式，自动导引车大多采用自动充电式充电。

6）按用途和结构形式分类。

按用途和结构形式分类，自动导引车可以分为牵引型拖车、托盘载运车、承载车、自动叉车、装配小车和自动堆垛机等。

3. 自动导引车的工作原理

控制台通过计算机网络接收下达的搬运任务，通过无线局域网通信系统实时采集自动导引车的状态信息。根据当前自动导引车的运行情况，将调度命令传递给选定的自动导引车。对行驶中的自动导引车，控制台将通过无线局域网通信系统与自动导引车车载计算机进行信息交换，实现自动导引车之间的避碰调度、工作状态检测、任务调度，使自动导引车完成货物搬运。配合地面移载设备，自动导引车可实现自动移载、加载和交换空托盘。

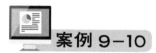

Kiva 移动机器人

半自动化医药配送中心一般采用以车辆为主的搬运设备，如手推车、叉车以及拖车。在 Kiva 自动化系统中，Kiva 移动机器人是唯一的搬运设备，其行走速度可以达到 1.5 m/s。在传统的医药配送中心，一天最多出库 70 万个品规的药品，但是引进 Kiva 自动化系统后，分拣人员不需要来回移动寻找药品，更不必记住每类药品摆放的位置，而是通过信息系统下达指令，由 Kiva 移动机器人快速将需要分拣的货架搬运至分拣人员面前，一天可出库 150 万个品规的药品，大大缩短了药品分拣的时间，提高了订单出库的速度。

Kiva 移动机器人的结构比较简单，包括信息处理系统、顶升系统、搬运系统、定位检测系统、视觉系统和自动充电系统等。每个 Kiva 移动机器人上都装有一个信息处理系统用来接收指令，然后对该指令进行处理，并控制机器人的路径选择、行走方向，以及检测障碍物和判断电池电量。

当 Kiva 移动机器人到达货架的底部时，顶升系统依靠 Kiva 移动机器人上的螺旋升降装置——螺旋升降机将货物举起搬离地面。为了保证 Kiva 移动机器人在搬运的过程中能平稳地搬运货架，顶升系统在升降机旋转的过程中通过控制机器人底下的两个橡胶轮进行反向旋转。

Kiva 移动机器人的前后都装有定位检测系统，运用红外线传感技术快速检测机器人周围的环境，识别是否有障碍物，一旦检测到周围有障碍物就自动停止以免碰撞。为了识别货架的信息和定位，在 Kiva 移动机器人的顶部中央位置和底部中央位置均装有一个摄像头，分别读取可移动货架底部的条形码以及地上的网格视觉记号。Kiva 移动机器人是由电池驱动的，每充一次电，基本可以工作 8 小时，一旦系统检测到电量低，处理系统就自动驱动 Kiva 移动机器人到固定的充电站自动充电，无须人工操作。

资料来源：http://www.tuopan808.com/News/2016-4-13/ IGA45D15KJ4EEKB503[2023-08-14]

9.6.2 自动化立体仓库

1. 自动化立体仓库的概念

自动化立体仓库是由高层货架、巷道堆垛起重机（有轨堆垛机）、出入库输送机系统、自动化控制系统、计算机仓库管理系统及其周边辅助设备组成的，可对集装单元物品实现机械化自动存取和控制作业的仓库。自动化立体仓库运用一流的集成化物流理念，采用先进的控制、总线、通信和信息技术，通过以上设备的协调动作进行出入库作业。

2. 自动化立体仓库的组成

（1）高层货架。高层货架是自动化立体仓库的主体部分，其高度可达 30m 以上，实现密集型存储，为企业有效利用每平方米的仓库空间。另外，货架多采用横梁货架的结构，使得整体更加稳固，可以有效地保证货架的高度延伸，存取速度更高。自动化立体仓库使用的高层货架有两种：焊接式货架和组合式货架。

（2）巷道堆垛起重机（有轨堆垛机）。巷道堆垛起重机主要用于自动存取货物的设备，不需要人工操作，该设备能短时间内存取货物，同时能保证货物安全。

（3）出入库输送系统。巷道堆垛起重机只能在巷道内作业，而货物存储单元在巷道外的出入库需要通过出入库输送系统完成。常见的输送系统有传输带、穿梭车、自动导引车、叉车、拆码垛机器人等，输送系统与巷道堆垛起重机对接，配合堆垛起重机完成货物的搬运、运输等作业。

（4）自动化控制系统。自动化控制系统是整个自动化立体仓库系统设备执行的控制核心，向上连接物流调度系统，接收物料的输送指令；向下连接输送设备实现底层输送设备的驱动、输送物料的检测与识别；完成物料输送及过程控制信息的传递。

（5）计算机仓库管理系统。计算机仓库管理系统用于订单、需求、出入库、货位、不合格品、库存状态等仓储信息的分析和管理。

（6）周边辅助设备。周边辅助设备包括自动识别系统、自动分拣设备等，其作用都是扩充自动化立体仓库的功能，如可以扩充分类、计量、包装、分拣等功能。

图 9-18 所示为自动化立体仓库系统内部结构图。

图 9-18　自动化立体仓库系统内部结构图

3. 自动化立体仓库的优点

（1）节约仓库占地面积，充分利用了仓库的空间。由于自动化立体仓库采用大型仓储货架的拼装、自动化管理技术，便于查找货物，因此建设自动化立体仓库就比传统仓库的占地面积小，但空间利用率大。在发达国家，提高空间的利用率成为系统合理性和先进性的重要考核指标。在提倡节能环保的今天，自动化立体仓库节约占地面积，是未来仓储发展趋势。

（2）自动化管理提高了仓库的管理水平。自动化立体仓库采用计算机对货品信息进行准确无误的信息管理，减少了货物在储存过程中可能会出现的差错，提高了工作效率。同时，立体自动化仓库在入库出库的货品运送中实现了机动化，搬运工作安全可靠，降低了货品的破损率，还通过特殊设计使一些对环境有特殊要求的货品能有很好的保存环境，比如有毒、易爆的货品，减少了工人在搬运货品时可能会受到的伤害。

（3）自动化立体仓库可以形成先进的生产链，提高企业的生产能力。由于自动化立体仓库的存取效率高，因此可以有效地连接仓库外的生产环节，可以在存储中形成自动化的物流系统，继而形成有计划有编排的生产链，使生产能力得到大幅度提升。

自动化立体仓库的发展现状

在人力成本高昂的今天，降低企业的各项成本、实现自动化管理成为企业研究的一个重要战略课题。对于制造业来说，物流成本的比重是相当大的，统计数据显示，物流成本通常占制造成本的50%以上。因此，物料与仓储管理以及成本控制成为影响产品市场竞争力的关键，与企业的效益密不可分。

由于自动化立体仓库的作业效率及自动化的技术水平使得企业物流效率大幅度提升，立体仓库的基本技术也日益成熟，因此越来越多的企业开始采用自动化立体仓库。很多企业不仅建设了大中型的立体仓库，还根据需要建设了很多中小型自动化立体仓库。

9.6.3 物流机器人

随着物流产业的高速发展，机器人技术的应用程度成为决定企业间相互竞争和未来发展的重要衡量因素。机器人技术在物流中的应用主要集中在包装码垛和装卸搬运两个作业环节，随着新型机器人技术的不断涌现，其他物流领域也出现了机器人的应用案例。

1. 机器人技术在包装码垛作业中的应用

企业为了提高自动化程度和保证产品质量，通常需要高速物流线贯穿整个生产和包装过程。机器人技术在包装领域中应用广泛，在食品、烟草和医药等行业的大多数生产线上实现了高度自动化，其包装和生产终端的码垛作业基本实现了机器人作业。机器人作业精度高、柔性好、效率高，克服了传统的机械式包装占地面积大、程序更改复杂、耗电量大的缺点；同时避免了采用人工包装造成的劳动量大、工时多、无法保证包装质量等问题。

国外研发的机器人可用来发现生产线上不易处理的各种产品，并且能基于参数做出相应的抓放动作，能够适应纸箱、袋装、罐装、箱体、瓶装等各种形状的包装成品码垛作业。

2. 机器人技术在装卸搬运中的应用

装卸搬运是物流系统中的基本功能要素，存在于货物运输、储存、包装、流通加工和配送等过程，贯穿于物流作业的始末。搬运机器人可通过安装不同的末端执行器来完成不同形状和状态的工件搬运工作，大大减轻了人类繁重的体力劳动，广泛应用于工厂内部工序间的搬运、制造系统和物流系统连续的运转以及国际化大型港口的集装箱自动搬运，直接提高了物流系统的效率和效益。

搬运机器人提高了物料的搬运能力和装卸效率，大大节约了装卸搬运过程的作业时间。部分发达国家规定了人工搬运的最大限度，超过限度的搬运必须由搬运机器人来完成。随着经济实力的增强，国内对搬运机器人的需求日益扩大。

3. 机器人在物流其他方面的应用

世界各国都在研发机器人，新型机器人不断涌现，并在冷链物流、医药物流及仓储作业中得到应用。在冷链物流方面，德国 KUKA 公司专门为冷冻食品行业的物流开发了一款能在-30℃环境下工作的机器人，开创了机器人技术在冷链物流中应用的先河。另外，在医药物流方面，德国 ROWA 公司研发了"机械手式自动化药房"，该自动化药房由一个机械手进行药盒搬运，实现药品的入库与出库，并且能实现药盒的密集存储和数量管理。

虽然在冷链物流、医药物流及仓储作业中出现了机器人的应用案例，但由于该方面机器人技术尚未成熟，因此暂未形成规模。相信随着机器人技术的进步，新型物流用机器人不断出现，未来机器人会出现在物流的各个作业环节，为物流的快速发展作出贡献。

视野拓展

京东物流智能快递车为上海小区提供无接触配送

2022 年 3 月 28 日，京东物流紧急调运的智能快递车抵达上海浦东新区，为区域内封控小区提供物资运送服务；同时，在浦东新区、杨浦区的部分高校中，智能快递车通过无接触配送方式保障校园生活物资运送。

进入浦东新区后，京东物流智能快递车就以最高的速度投入抗疫物资运送工作，实现无接触配送，满足居民的日常物资需求。据了解，这辆智能快递车每次可载重约 100kg 货物，续驶里程为 80km，可实现全天候运营。在封控期间，智能快递车将根据货物量、社区需求等随时配送。

京东物流智能快递车此次奔赴上海，是继武汉、石家庄、广州、北京、天津、深圳之后，再次助力防疫一线。2020 年初武汉疫情暴发后，京东物流依托 L4 级别自动驾驶技术和北斗卫星导航系统，迅速在武汉投用智能快递车，让无接触配送成为疫情防控期间的一大安全保障。2021 年初，石家庄出现疫情后，京东物流智能快递车率先在街头开跑，用科技为快递和物资配送带来保障。2021 年 6 月初，京东物流智能快递车奔赴广州，服务抗疫保供。同年 10 月，京东物流智能快递车在北京海淀区芙蓉里等封闭社区为居民配送生活物资。值得一提的是，在武汉抗疫期间，智能快递车在武汉往返续驶总里程超过 6800km，运送包裹约 1.3 万件，被国家博物馆收藏。

京东物流始终致力于自动驾驶在物流末端配送的创新与实践,已实现城市社区、商业园区、办公楼宇、公寓住宅、酒店、校园、商超、门店八大场景的覆盖,满足了消费者的多元需求。

资料来源:https://www.jdl.com/news/2085/content00606?type=0 [2023-08-14]

9.6.4 物流无人机

基于配送需求剧增、人力成本飙升、服务场景复杂等多种因素的驱动,加上相关软硬件技术的进步,无人机达到了实用性的基本要求,并共同促成了一个物流创新的"变局"——无人机物流。无人机被认为是解决配送"最后一公里"问题的有效手段。未来,物流无人机将成为现代物流业不可或缺的基础设施,助力物流业实现跨越式发展。

无人机是指利用无线电遥控设备和自备的程序控制装置操纵的不载人飞机。无人机的主要价值是替代人类完成空中作业,并且能够形成空中平台,结合其他部件扩展应用。无人机按应用领域分为军用级及民用级;在民用方面,无人机又分为消费级无人机和工业无人机。消费级无人机主要使用其航拍功能;工业无人机广泛应用于农林植保、电力巡线、边防巡逻、气象监测、森林防火、物流配送等领域。

1. 物流无人机的优势

1)方便高效、超越时空

与地面运输相比,无人机具有方便高效、节约土地资源和基础设施的优点。在交通瘫痪路段、城市的拥堵区域以及一些偏远地区,地面交通无法畅行,导致物品或包裹的投递比正常情况下耗时长或成本高。在这些环境和条件下,无人机运输方式可实现"可达性",物流无人机通过合理利用闲置的低空资源,可以有效减轻地面交通的负担,节约资源和建设成本。

2)成本低、调度灵活

与一般的航空运输和直升机运输相比,无人机运输具有成本低、调度灵活等优势,并能弥补传统的航空运力空白。随着航空货运需求量逐年攀升,持证飞行员的数量和配套资源,以及飞行员和机组成员的人工成本等成为无人机货运发展的制约因素。而无人机货运的成本相对低廉,且因具有无人驾驶的特点而使机场在建设和营运管理方面实现全要素的集约化发展。

3)人机协同

每逢节假日和物流高峰期,人工短缺和服务水平降低的问题便会出现。无人机号称"会飞的机器人",若能在盘点、运输和配送等物流环节合理开发利用,辅以周密部署和科学管理,并与其他作业方式衔接配合,可以节约人力成本,发挥人机协同效应,使企业产生最佳效益。

4)产能协同和运力优化

在科学规划的基础上,综合利用"互联网+无人机/机器人"等技术和方式,能实现产能协同和运力优化。为了处理一些快速交货和连续补货的订单,亚马逊、沃尔玛等企业在建设先进的信息系统、智能仓储系统以及优化业务流程的基础上，规划了智能、高效的无人机城市配送中心（如亚马逊的无人机塔）及"无人机航母"（空中配送基地）等。

作为新技术的应用，无人机送货是对传统方式的有益补充，传统的铁路运输、公路运输、航空运输、管道运输、水运和多式联运，加上无人机的末端配送和支线运输，必将使现代物流的服务能力再上新台阶，其整体的效率、成本和运力也将得到优化和重构。

2. 无人机在物流行业中的应用

1）大载重、中远距离支线无人机运输

大载重、中远距离支线无人机运输送货的直线距离一般在 100~1000km，吨级载重，续航时间达数小时。大载重、中远距离支线无人机运输应用于跨地区的货运（采取固定航线、固定班次，标准化运营管理）、边防哨所、海岛等物资运输以及物流中心之间的货运分拨等。

2）末端无人机配送

末端无人机配送的空中直线距离一般小于 10km（对应地面路程为 20~30km，受具体地形地貌的影响），载重为 5kg~20kg，单程飞行时间在 15~20min（受天气等因素影响）。末端无人机配送主要应用于派送急救物资和医疗用品、派送果蔬等农土特产物品等。

3）无人机仓储管理

无人机仓储管理应用领域包括：大型高架仓库、高架储区的检视和货物盘点，集装箱堆场、散货堆场（如煤堆场、矿石堆场和垃圾堆场）等货栈堆场的物资盘点或检查巡视。

另外，在紧急救援和运输应急物资等方面，无人机也能发挥常规运输工具无法比拟的优势，并能把现场信息第一时间传至指挥中心。

无人机的成功应用必须以准确的市场定位为前提，把握用户需求，在技术维度，科学设计适合的产品，在实用性、经济性和可靠性等方面力争做到最优，并以精细规范的管理作为配套，最终达到用户满意的效果。

 视野拓展

跨越山海的顺丰无人机

顺丰科技全面布局物流无人机领域，建立了无人机大规模商用的研发、实验、生产、运营、销售的标准管理体系，专利 400 余项；深度参与行业标准制定与民航安全能力建设，为 12 个国家超过 14 家当地合作伙伴提供服务，运营范围覆盖丘陵山区、高原山区、城市和海岛等。

（1）城市配送。

无人机的出现解决了城市快递配送人力资源短缺的问题。顺丰公司的无人机可以携带重达 10kg 的货物，在短时间内可以完成低空的飞行任务，将货物送到目的地。无人机的应用提升了城市快递配送效率。无人机可以在飞行高度的优势下，避开交通拥堵，缩减配送时间。

（2）乡村配送。

顺丰无人机助力赣州乡村配送，执行跋山涉水的运输任务，解决偏远山区的运输难题。赣州市无人机飞行空域从最初划设的 480 平方公里，持续拓宽至 1.89 万平方公里，已成为国内批准使用的无人机飞行最大空域之一。

(3）特色经济。

顺丰无人机提供川西松茸全供应链解决方案，助力松茸 24 小时从采摘到餐桌。为了解决雅江松茸运输难，尤其是下山的第一公里运输难题，应用了顺丰无人机。在无人机的支持下，松茸的物流时间大大缩短，劳动效率也得到了大幅度提升。

（4）海岛市场。

顺丰无人机助力舟山群岛快递海上运输，实现配送时效即日达。

（5）行业应用。

顺丰无人机为清洁、植保、安防等行业扩展应用提供高效便捷的解决方案。

顺丰无人机完成三段式航空运输网络中的末端环节，打造、建设和扩展低空运输网络，实现即时运输、极速直达；实现了覆盖平原、高原、海洋等多场景的常态化运营。截至 2022 年，顺丰无人机已安全运行近 43 万架次。

9.6.5 数字孪生

1. 数字孪生的概念

数字孪生是具有数据连接的特定物理实体或过程的数字化表达，该数据连接可以保证物理状态和虚拟状态之间的同速率收敛，并提供物理实体或流程的整个生命周期的集成视图。学术界将其定义为以数字化方式创建物理实体的虚拟实体，借助历史数据、实时数据以及算法模型等，模拟、验证、预测、控制物理实体生命周期全过程的技术手段。

作为一种充分利用模型、数据、智能并集成多学科的技术，数字孪生面向产品生命周期全过程，发挥连接物理世界和信息世界的桥梁和纽带作用，提供更加实时、高效、智能的服务。

2. 数字孪生的特点

1）互操作性

数字孪生中的物理对象和数字空间能够双向映射、动态交互和实时连接，因此数字孪生具备以多样的数字模型映射物理实体的能力，具有能够在不同数字模型之间转换、合并和建立"表达"的等同性。

2）可扩展性

数字孪生技术具备集成、添加和替换数字模型的能力，能够针对多尺度、多物理、多层级的模型内容进行扩展。

3）实时性

数字孪生技术要求数字化，即以一种计算机可识别和处理的方式管理数据从而对随时间轴变化的物理实体进行表征。表征的对象包括外观、状态、属性、内在机理，形成物理实体实时状态的数字虚体映射。

4）保真性

数字孪生的保真性是指描述数字虚体模型和物理实体的接近性。要求数字虚体和物理实体不仅要保持几何结构的高度仿真，在状态、相态和时态上也要仿真。值得一提的是在不同的数字孪生场景下，同一数字虚体的仿真程度可能不同。例如，在工况场景中，可能只要求描述数字虚体的物理性质，并不需要关注物理结构细节。

5）闭环性

数字孪生中的数字虚体，用于描述物理实体的可视化模型和内在机理，以便于对物理实体的状态数据进行监视、分析推理、优化工艺参数和运行参数，实现决策功能，即赋予数字虚体和物理实体一个大脑。因此，数字孪生具有闭环性。

3. 数字孪生在物流中的应用

1）包装器具管理

对于可循环包装的运行轨迹进行全程跟踪和大数据分析，是数字孪生的重要课题之一。目前的技术可以通过扫描快件外包装上的条形码来跟踪包装盒的历史足迹。另外，通过记录使用时长和日常检查来判定该包装能否继续使用。数字孪生可以帮助物流工作人员缩短判断时间，并提供更科学的方案，除此之外，通过汇总历史数据，也有利于发现在运输过程中哪个地方最容易发生事故，从而有针对性地对这几个地方进行改善，精益供应链。

2）数字化跟踪

利用数字孪生技术可以对某些高价值货物的运输过程进行数字化跟踪，全流程记录货物所处的温度、湿度环境以及受冲击/碰撞情况等，从而确定承运方是否按照约定的条件对货物进行了保护。一旦出现货物损坏，也有足够的证据来支持理赔操作。

3）物流网络运作

新一代地理信息系统给数字化物流提供了前所未有的机遇。在宏观设计层面，民用地图的精度达到了前所未有的程度，并且还推出物流专用的货运版地图，显示货运卡车在城市每个区域的限行状况等。这有助于制订更精细的物流规划方案。在微观运作方面，利用数字孪生技术实现对车辆/货物的精确跟踪，也有利于在每日运作中制订更优的决策。

4）分拣中心仓储管理

数字孪生技术以仓库或者分拣中心的 3D 模型为基础，搭载平台收集 IoT 数据、实时库存和运营产生的数据，例如货物的大小、数量、位置、需求等。这些实时信息的映射可以帮助管理者更快、更全面地掌握仓库或者分拣中心当前的运营情况，累积到一定程度后进行仓库运营模拟，就能更为真实地反映调整后的情况，并分析设施管理人员测试和评估布局更改或者引入新设备和新工艺的潜在影响，从而帮助企业作出正确的决策。

 视野拓展

中通基于数字孪生的智慧物流园区应用

截至 2021 年年底，中通快递已完成了总部园区的实景三维模型。根据现有园区各功能区的区位布局和在线传感器，基于园区的三维实景模型开展园区内生产规划、调度运行和维护管理的全过程应用，从而实现园区内人、车、物在精准运行、资源优化和配置服务中的全过程精益化管理。

1. 基于三维实景的可视化仿真管理

通过对中通总部园区进行三维实景模型创建，可以从宏观角度查看基于三维场景下的园区地图，进行生产布局设计、区位规划和资源统筹。同时，通过接入园区内摄像头等传感器，实现了对出入车辆、操作区、生活区、办公区的无死角监控，了解当前区域资源利用情况，分拣区仓库、分拣设备的可利用空间，是否有货件积压或空间空置等情况，从而实现资源的充分利用，提升设备的利用效率。

另外，三维实景模型导航具有高阶属性，比如楼层高度、楼层层数、每层楼层部门分布等。在大型场景、复杂户型的情况下，需更加全面、精细的信息和直观的画面才能快速导航，使用户准确无误地到达目的地。

中通总部园区主要划分为操作区、生活区、办公区。其中，办公区域分布较为零散，主要分布在东西两侧，每栋楼每层楼又分布着不同职能部门，为园区人员和车辆提供导航指引作用。

2. 总部园区空间区位布局优化

总部园区的区域空间是有限的，如何最大程度利用总部园区的空间资源，需要基于在三维实景模型成果的基础上开展量算，从而根据分拣设备的大小、物流车辆的长度、仓库的大小进行设备的布局和规划设计。

准确标识园区内的道路、运转和分拣场地的位置和容量，为货运车辆在运转、分拣时提供调度优化服务，更精细化的节能降耗，全面提升货运效率。

3. 生产区无死角监控

基于三维实景模型、地理信息系统、各类传感器，包括总部园区内建构筑物（如分拣中心、中转站）、机动目标、管线设施等基础信息，全方位汇集呈现于企业系统之上。例如，呈现园区门卫、医疗、道路、车辆、人员等方面数据，园区分拣中心、办公中心等的地标点数据，机动目标实时位置数据等。三维实景模型有利于对园区内的人、车、物的工作活动和资源配置进行合理化分配。

4. 基于三维实景模型的资产管理

随着物流企业规模的不断扩大，企业的资产管理必须提升到通过采用基于地图的动态管理模式上来。现有的很多企业，尤其是规模体量十分庞大的企业，大到厂房、分拣设备，小到计算机、桌椅板凳等固定资产，仅是处于登记阶段，对于设备的流动性等缺乏一个很好的追溯系统。

而基于地图的物流快递企业资产管理是实现三维空间管理的基础，能够为企业对固定资产的利用状态、流转状态、所在位置等方面提供全生命周期的追溯和管理。

5. 基于三维实景模型的园区盲区预警

基于物流园区的三维场景，结合道路实况，为货运车辆在进行运转、分拣时提供盲区预警、安全提醒等功能。全面提升货运安全等级，确保物流车辆在运转、分拣时的安全性，防止因盲区存在导致安全事故发生。

6. 无人机飞行器安全电子围栏

2020年6月，中通快递在上海总部已开展基于无人机的产、学、研一体化创业基地建设，目前已取得了民航颁发的无人机运营许可证，正逐步扩大物流无人机运营许可资质地域范围。那么对于无人机的飞行来说，安全问题一直以来都是备受关注的，也是制约无人机广泛应用的因素之一。

而基于训练场地的三维实景模型，将飞行高度、训练场的建筑物高度、飞行区域范围，通过设置安全电子围栏，确保学员在飞行过程中的飞行和人身安全。

7. 多源数据互联互通

基于三维实景模型的地图可视化呈现开展数字孪生的应用还远远不够，通过业务需求的不断深入了解，中通还将不同平台数据、不同业务数据融会贯通，综合汇集于三维实景模型之上，以全方位掌控园区态势，包括道路信息、物流车辆信息、调度月台数据、分拣设备数据等，集成地理信息、全球导航卫星系统数据、统计数据、园区视频数据的融合，实现互联互通。

9.7 本章小结

物流信息技术是指以计算机和现代通信技术为主要手段实现对物流各环节中信息的获取、处理、传递和利用等功能的技术总称。一般认为，物流信息技术包括物流硬技术和物流软技术。

电子商务物流信息技术是提高现代物流效率的重要条件，是降低现代物流费用的重要因素，还可以提高客户的满意度。

信息融合技术包括大数据技术、区块链技术、人工智能技术。信息识别技术包括射频识别技术、条形码技术、二维码技术、电子数据交换技术、指纹识别技术、人脸识别技术以及红外体积测量技术。信息通信技术包括5G技术、Wi-Fi技术和蓝牙技术。自动跟踪系统包括全球定位系统、北斗卫星导航系统和地理信息系统。智能物流技术包括自动导引车、自动化立体仓库、物流机器人、物流无人机和数字孪生。

习 题

一、判断题

1. 人们日常购买的商品包装上印刷的条形码一般是 EAN-8 码。（   ）
2. Code39 条形码能用字母、数字和其他一些字符表示，具有全 ASCII 码特性，可将 128 个字符全部编码。（   ）
3. EDI 网络传输的数据是用户端格式。（   ）
4. Wi-Fi 是由 AP 和无线网卡组成的无线网络。在开放性区域，通信距离为 76～122m。（   ）
5. 蓝牙是一种无线技术标准，可实现固定设备、移动设备和楼宇个人域网之间的长距离数据交换。（   ）

二、选择题

1. EDI 是标准格式化的数据在（   ）之间的电子传输。
   A. 计算机　　　　　B. 应用系统与个人　　C. 个人　　　　　　D. 企业
2. 指纹识别技术的总体特征不包括（   ）。
   A. 纹形　　　　　　B. 模式区　　　　　　C. 核心点　　　　　D. 分叉点
3. Wi-Fi 的优点是综合成本低、覆盖范围广、传输速度较高、无须布线、健康安全和（   ）。
   A. 稳定性高　　　　B. 辐射较低　　　　　C. 使用便捷　　　　D. 信号较好
4. GPS 由空间部分、（   ）和用户设备部分构成。
   A. 监测站　　　　　B. 地面控制系统　　　C. 主控制站　　　　D. 地面天线
5. 物流无人机的优势不包括（   ）。
   A. 方便高效　　　　B. 调度灵活　　　　　C. 人机协同　　　　D. 载重大

6. 将贸易（商业）或行政事务处理按照一个公认的标准变成结构化的事务处理或信息数据格式从计算机到计算机的电子传输为（　　）。

A. EDI　　　　　　B. 电子订货系统　　　　C. GPS　　　　　　D. GIS

三、思考题

1. 物流信息技术在物流业应用的重要意义是什么？
2. 简述射频技术在仓储管理中的应用场景。
3. GPS 技术主要应用在物流领域中的哪些方面？
4. 简述物流机器人、物流无人机的优势。
5. 在人工智能的背景下，物流行业如何更好、更快地发展？

衡水老白干的智能物流系统建设

河北衡水老白干酒业股份有限公司（以下简称"衡水老白干"）被誉为"华北第一酒"，是中国白酒行业生产骨干企业，拥有 1915 系列、十八酒坊系列、古法系列等众多产品系列，公司优质白酒年生产能力超过 12 万吨。为实现"打造中国白酒一流企业"的目标，衡水老白干持续在品牌、市场、产品、管理等多个维度全面发力。在智能物流系统建设方面，衡水老白干通过与东杰智能科技集团股份有限公司（以下简称"东杰智能"）合作，打造了极具行业影响力的智能物流系统项目，为公司实现持续、健康、稳健的高质量发展提供助力。

对于衡水老白干来说，传统仓储和物流输送环节存在诸多痛点。东杰智能营销中心副总经理侯晋雷基于公司在白酒领域 10 多年的成熟经验，对客户痛点进行了详细分析：一是传统的叉车平库模式和人工点库存的方法，不仅存储量小、占地面积大、盘点工作量大，而且容易出错，总体管理效率非常低下；二是白酒受传统节日和淡旺季影响较大，供应需求具有不均衡性，对应的库存、货品存储能力和运营效率也不同，加大了人工作业难度。

衡水老白干与东杰智能通过对酒厂业务特点、需求与痛点进行详细梳理，打造了包括包装材料自动化立体仓库（以下简称"包材库"）和成品酒自动化立体仓库（以下简称"成品库"）在内的智能物流系统，并通过自动化输送系统与生产车间相连接，实现从包材入库到成品出库整个过程的自动化作业与管理。从该项目的规模来看，成品库占地面积为 5320 平方米，可存储成品酒类 14850 托，每托质量为 1000 千克，共计存储 14850 吨成品酒；包材库占地面积为 6870 平方米，可存放包材类货物 23056 托，每托质量为 1000 千克，共计存储 23056 吨包装原材料。

从系统构成来看，主要包括立体仓库存储系统、物料输送系统、成品输送排箱系统、自动码垛系统、仓库控制/仓库管理软件系统等。各个系统还进行了相互配套，能够更好地满足生产需求。系统可以应对多个品种、多个规格的成品酒类的储存量和转运的发货方式，切实解决包装材料储备量和转运问题，并且实现动态管理和预警量提示。

从软硬件设备层面来看，硬件设备主要包括高速堆垛机、输送机、穿梭车、升降机、货架、码垛机械手、分拣系统等。软件系统主要有仓库管理系统、仓库控制系统、数字孪生系统等。

从流程来看，主要包括以下 4 大流程。

（1）包材入库。包材在仓库管理系统登记完成以后，仓库管理系统自动分配码头（卸车位），仓库搬运工卸车、码盘，托盘与货物信息自动绑定，经托盘输送线送至包材库巷道口，堆垛机根据系统指令完成上架。

（2）包材出库。由企业资源计划系统给制造执行系统下达具体的生产计划，制造执行系统将生产计划分解后发送到仓库管理系统，系统将所需包材的品规、数量、时间等按照要求分拣出库送至产线。

（3）成品入库。白酒经灌装、包装完成后自动装箱进行入库扫描（不合规产品将被剔除），并通过箱式输送线自动输送到机械手排箱线（成品输送排箱系统），机械手自动码垛后由托盘输送线输送到成品库入库口，由堆垛机完成上架入库。

（4）成品出库。系统根据当日订单情况将所需商品从成品库内拣出，输送到系统分配的码头，最终由人工完成装车，整个过程信息流与物流实时对应。

目前衡水老白干智能物流系统项目已经成功运行了三年，从运行效果来看，通过引入自动化设备，不仅很大程度上提升了物流运作效率、厂房空间利用率和盘点准确率；还实现了生产流程的数字化、动态化管理，使包材和成品酒出入库更高效；而且大幅降低了成本，每年节约人力成本约350万元、二次搬运费约200万元、办公费用约30万元，取得良好的经济效益。值得一提的是，基于东杰智能高速堆垛机的优秀性能，加之包材库离生产线本身距离较近，项目去掉了常规包材库与生产车间之间的缓冲区，进一步减少了建筑成本。

衡水老白干设备专员郭磊介绍，项目整体还呈现出以下亮点。

（1）掌握实时库存。系统可以实时掌握库存情况，通过合理保持和控制货物库存，确保货物及时调配，避免因不均衡的酒水市场需求造成库存积压或者不足的情况。

（2）高效利用空间。立体仓库解决了传统平面库存储量小、占地面积大、日常盘点工作量大且盘点容易出错的问题。立体仓库的存储量大，还能实现货物的快速查找和管理，在很大程度上提高了存储效率和准确性。

（3）运营高效化。在生产和转运环节，物料输送系统通过输送线上的各种搬运设备实现产品在立体仓库和各个生产车间之间的自动运输，成品输送排箱系统也实现了从各个生产车间成品下线口到成品库的自动输送，避免了以往人工搬运容易出现的错误和产品损坏问题，提高了生产效率。

（4）保障产品安全。酒类包装大多是玻璃瓶，自动码垛系统能很好地解决酒瓶易碎问题，并且准确地将产品堆到更高的货架，不仅能节省了存储空间，还保证了产品的稳定性和安全性。

（5）全程可追溯。通过仓库管理系统实现包材的数据化管理，在生产过程中对生产线的下线酒类同步进行数据化采集和管理，在目前的立体仓库里，无论包材还是成品酒类，都可以根据对应的物料码进行查找，追溯它的存储位置和生产信息，大大提高了生产数据的准确性和管理效率。

（6）找货更精准快捷。白酒行业产品的包材种类更多，通过自动化的包材库和系统，可以更加快速准确地找到对应的包材并进行输送。

除了以上系统方面的亮点，项目硬件能力也在不断突破。包材库和成品库使用的高速堆垛机，速度高达180m/min，而且通过能量回收的方式更加节能。从理论上计算，每台堆垛机可以节省25%的电能，在实际项目运行中，电能节省17.39%。

行业领军企业的探索，往往是行业整体发展升级的重要参考。对于白酒企业如何打造高效的智能物流系统，实现整个行业的仓储自动化升级发展，郭磊基于衡水老白干的实践和自身的经验提出了诚恳的建议：一是白酒行业要实现物流智能化升级，主要应从工艺流程、效能提升等方面入手，前期一定要做好规划，根据自己的产能和具体需求做出合理规划；二是尽管大型物流集成商施工比较规范，但白酒企业仍然需要建立自己的运营队伍，即便再先进的系统，也需要会用的人才能将其价值发挥到最大；三是从包材到生产到储存，整个生产过程涉及多个部门，因此部门之间的通力合作与协调也非常重要。

从总体来看，衡水老白干酒厂目前实现了包材的自动存储、自动配送，以及成品的自动码垛、自动存储、自动出入库。未来衡水老白干将会进一步提升物流自动化水平；推进自动导引车等自动化装备在生产、工艺等环节的应用，根据生产节拍，实现安全、精准的原辅料投放，实现包材的自动卸车、自动码垛，成品的自动装车等。通过在更多生产环节引入自动化设备,将设备自动化、数字化、智能化路线贯彻到底,最终将衡水老白干建成白酒行业智慧工厂示范标杆。

资料来源:https://mp.weixin.qq.com/s?__biz=MjM5NDU4NzcwMw==&mid=2650534213&idx=1&sn=7e958cc945907e122bfde9b60def57c9&chksm=be8a241d89fdad0bef56cd282a5df53b1a8742d030faaadbe119c834ef0abcee3c986897f30f&scene=58&subscene=0#rd[2023-08-14]

思考:
1. 衡水老白干酒厂智慧物流系统使用了哪些物流信息技术?分别起到了什么作用?
2. 衡水老白干酒厂智慧物流系统还可以采用哪些技术?

第 10 章
智能物流终端快递柜

【学习目标】
1. 理解"最后一公里"配送的概念与现状。
2. 理解智能快递柜的概念。
3. 掌握智能快递柜的功能。
4. 了解国内外智能快递柜的发展情况。
5. 掌握智能快递柜的操作流程。

【学习重点】
1. "最后一公里"配送的概念与现状。
2. 智能快递柜的功能。
3. 国内外智能快递柜的发展情况。
4. 智能快递柜的操作流程。

【能力目标】
1. 掌握"最后一公里"配送的发展现状。
2. 熟悉无人化技术对于解决"最后一公里"配送问题的必要性。

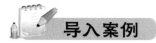

导入案例

智能快递柜——电商快递的下一步

在物流产业中,"最后一公里"配送一直困扰着物流公司。2015年6月,顺丰、申通、中通、韵达、普洛斯五家快递公司投资5亿元联合成立丰巢科技有限公司,旨在研发运营面向所有快递物流公司的24小时智能快递柜,几乎在同一时间,一家主打社区便民服务的O2O公司——"一号柜"宣布获得3000万元A轮融资,智能快递柜的发展开始得到资本的关注与支持并可能为电商快递带来新的产业革命。

数据显示,我国智能快递柜市场规模逐年上涨,从2015年的69亿元上涨至2021年的361亿元,随着我国快递业务量的上涨和免接触配送政策的扶持,我国智能快递柜市场规模会进一步扩大。

在智能快递柜之前,很多物流公司都曾尝试解决"最后一公里"配送出现的问题,但并未获得理想效果,而智能快递柜的出现至少解决了在物流最后环节上的如下三个问题。

第一,24小时工作的快递柜解决了极为普遍的收件方与送件方时间不对称的问题。电商行业的主要客户群体是拥有全职工作的中青年,这类人群的上班时间与快递人员的工作时间重合,因此他们在单位接收大部分的快件后再带回家,或者安排家人在家等候代收,使得网购的便利程度大幅度降低。而通过智能快递柜,收件人可以随时取件,省去了把快件带回家或者委托其他人代收的麻烦。

第二,智能快递柜解决了合作代收点不专业、易出错的问题。快递代收点自出现以来一直面临存货场地不足、快件损坏纠纷,甚至容易遭遇诈骗等问题,这主要是由快递点自身缺乏专业性造成的,而智能快递柜可以通过识别用户身份或快递代码避免这些问题的出现。

第三,智能快递柜的大范围投入使用可以极大地提升快递员的工作效率,为物流公司降低成本。物流公司的数据显示,快递员上门派件的方式与智能快递柜自助派件相比多花费一倍以上的时间,因此快递柜的投入使用相当于为物流公司节省了一半的快递员成本,并且能有效缓解节假日等网购高峰期快递员的工作压力。

资料来源:http://www.199it.com/archives/360236.html[2022-08-14]

智能快递柜为什么能在一定程度上解决"最后一公里"配送难题?本章将介绍智能快递柜的概念、国内外快递柜的发展趋势等内容。

10.1 "最后一公里"配送

10.1.1 "最后一公里"配送概述

1. "最后一公里"配送的含义

"最后一公里"配送是指客户在电子商务平台下单后,购买的物品被运输到配送点后,从这个配送点,通过一定的运输工具,将物品送到客户手中,实现门到门服务的过程。"最后一公里"配送不是物理意义上的一公里路程,而是指从物流配送中心通过运输工具,将物品送至客户手中的过程,由于属于短距离运输,被形象地称为"最后一公里"配送。"最后一公里"配送是整个物流环节的末端环节,也是唯一一个直接与客户面对面接触的环节。

2. "最后一公里"配送的意义

(1)"最后一公里"配送服务是电商面对客户的唯一方式。负责"最后一公里"配送服务的第三方物流无法完成电商或产品的品牌传播和售后服务等工作。由于客户有个性化的需求(如以旧换新的上门服务)都依靠"最后一公里"配送来实现,客户满意度也取决于这个环节的质量和效率。

(2)"最后一公里"配送服务可实现物品的增值效益。服务中积累的数据蕴含着客户端的丰富资源,能够积累基于数据采购、信息管理的极有价值的信息,为前端市场预测提供有力的支撑。"最后一公里"配送使得整个物流由被动转向主动分析客户的信息,挖掘隐藏的价值,为客户提供个性化服务。由于直接与客户接触,企业的形象、价值文化等都能够通过"最后一公里"配送服务进行传播,实现物品的增值效益。

"最后一公里"配送不仅是电子商务企业成败的关键,还是对电商消费者极其重要的一个物流活动。只有做好"最后一公里"配送,电商企业的整个物流过程才称得上通畅,才能使客户满意。

10.1.2 "最后一公里"配送的现状

1. "最后一公里"配送存在的问题

电商物流"最后一公里"配送存在诸多问题,尤其是在"双十一"等电商购物促销季节,"最后一公里"配送难等现象突显,总结起来主要有以下三个方面。

(1)"最后一公里"配送的时效性差。主要表现在快递员不能在约定时间内将包裹送到客户手中,常常出现"二次投递"的现象。一方面,延长了客户的收货时间,降低了客户满意度;另一方面,多次投递降低了快递企业的配送效率,增加了配送成本。

(2)配送质量缺乏有效的控制。主要表现在包裹丢失、损坏方面。一般快递公司对快递员进行计件考核发放工资,快递员希望在单位时间完成尽可能多的投递任务,为了减少"二次投递",快递员经常将包裹放在物业收发室、客户家门口,包裹的安全性得不到保证。另外,为了降低配送成本,"最后一公里"配送的主要工具是电动三轮车,而电动三轮车一般容量较小,快递员为了增大配送量,往往会导致超载、挤压问题,包裹的完整性难以得到保证。

(3)影响城区交通环境。快递末端配送队伍庞杂,末端配送车辆型号多样,三轮车、摩托车等各种车况的运营车辆穿梭在城市和小区道路,导致城区交通环境较为混乱。

2. "最后一公里"配送的解决模式

我国在解决"最后一公里"配送问题方面,除了一般情况下的送货上门,电子商务企业或快递企业还采用与便利店合作、与小区物业合作、建设自提点和配置智能快递柜等方式。

1)与便利店合作模式

与便利店合作模式是指电商企业或快递企业同社区便利店达成合作协议,将商品配送至便利店,再由消费者到指定的便利店进行自提。便利店一般可以提供24小时的自提服务,并支持到店采用刷卡或现金的方式支付货款。在这种合作模式下,便利店的信息系统需要同电商企业或快递企业的信息系统进行对接,以便实现快件的跟踪和追溯。考虑到经营场所和货物的安全性等问题,采用该配送模式的配送会对包裹的尺寸和货物的价值有一定的要求,如上海亚马逊与全家便利店的合作,要求到便利店自提商品的外包装的长度、宽度、高度三边之和不超过 120cm,单个包裹质量不超过 15kg,单个包裹价值总额不超过 2000 元。该配送模式也是日本等发达国家解决城市配送"最后一公里"配送问题时普遍采用的方式。在国内,还出现了电商企业或快递企业与便利店之间的合作,如天猫商城与好德便利店、顺丰与良友便利店的合作。

2)与小区物业合作模式

与小区物业合作模式是指电子商务企业或快递企业同居住社区或写字楼的物业公司合作,将商品配送至物业公司指定地点,业主可到物业指定地点自提,物业也可根据需要上门派件。在这种合作模式下,物业公司只提供快件包裹的暂存服务,对包裹的尺寸和数量没有限制,但是一般不涉及双方更深层次的合作,如信息系统对接、代收货款等。物业公司通常与业主签订一份授权协议,明确双方的权利、责任和义务,避免产生纠纷。

3)自提点建设模式

电商企业或快递企业根据自身业务的需要,在城市区域内按照网络布局规划,建设自提点,并负责自提点的运营。自提点一般有两种模式:一种模式是除了自提业务,自提点还承担了区域配送的功能,该模式下自提点的建设将会充分考虑电商企业或快递企业的业务范围,并将自提点作为物流网络的一部分;另一种模式不具备配送功能,自提点仅面向消费者提供自提业务,这种模式的自提点多在人口密集且业务量较大的区域,以高校居多。由于自提点由电商企业或快递企业管理运营,因此其信息系统与公司的信息系统联网,便于货物的跟踪和追溯。自提点可提供货到付款服务,现金和刷卡两种方式均可。该模式在国内的实践有京东商城在高校设立的自提点、淘宝在高校设立的阿里小邮局等。

4)投放智能快递柜模式

电商企业或快递企业在地铁、商务楼宇、超市里投放智能快递柜,收件人可根据需要将快件的收件地址填写为指定的智能快递柜,并根据系统发送的提货码到智能快递柜自提商品。智能快递柜的配置多以自营物流的电商企业为主,如京东在北京和沈阳的社区都投放了智能快递柜。客户下单时选择"自助式自提"配送方式,所购商品或快件将会被送至指定的智能快递柜,随后快递公司系统会自动发送短消息提示客户取货。取货时,客户仅需输入提货码或直接扫描提货二维码,即可完成身份验证,开柜取货。智能快递柜一般24小时运营,方便客户随时取货。为智能快递柜投放选址时一般考虑客流量、高素质客户群、取件时间及安保等因素。

"最后一公里"配送模式经过许多发达国家和地区多年的尝试与推广,呈现多种形式,以适应不同国家和地区的配送需求。表10-1总结了不同国家和地区的"最后一公里"配送模式的具体实现形式。

表 10-1 不同国家和地区的"最后一公里"配送模式的具体实现形式

名称	城市和国家/地区	实现形式	是否需要人
Bento Box	柏林/德国；里昂/法国	灵活的包裹收集站点，适用于小包裹，组合了自行车或三轮车，用于"最后一公里"配送	否
Boat and bike distribution	阿姆斯特丹/荷兰	DHL 公司建立的通过船和自行车来完成配送，减少汽车的使用量	是
Vert Chez Vous	巴黎/法国	使用组合的电动自行车完成配送的分拨服务	是
Cargohopper	乌特勒支/荷兰	一辆多用途拖车，窄体、太阳能电动车进行"最后一公里"配送	否
Chronocity	斯特拉斯堡/法国	使用电动手推车在城市内进行包裹配送，组合分拨中心和清洁运输工具	否
Dropzones	奥尔堡/丹麦	附近的商店作为提货点，商场延迟关门，减少配送路程	是
B2C pick-up point Kiala	法国主要城市	使用便利店作为取货站点，是送货上门的一种补充	是
Distribution center	德国	使用加油站作为配送和取货的站点	否
Chronopost	巴黎/法国	使用地下停车场和小型的电动车和电动带轮的箱柜	是
Micro-Distribution center	伦敦/英国	在市中心建立以固定运输车辆为微型分拨中心，用三轮车配送商品	是
La Pettie Reine	波尔多/法国	使用城市郊区的分拨中心和电动车完成配送	是
BufferBox	加拿大	为客户提供全天 24 小时服务，当客户在网上购买货物时，可以选择适合自己取货的指定储物柜的地点作为送货地址，客户接到信息后取走自己的商品	否
Mobile Depot	布鲁塞尔/比利时	移动仓库是装配了附属设备，例如装卸装置、贴标和数据输入等的汽车或电动车，还包括电动三轮车，配送包裹	是
Consignity	巴黎/法国	基于自动储物柜网络的新型配送服务，用来为工程师配送零部件	否
Packstation	德国大多城市	德国邮政提供的服务，城市安装的存储柜，为企业和个人提供收集和返还商品，提供 7×24 小时服务	否
ELP	波尔多/法国	带有创新的设计和管理的社区配送站	是
Paketshop	德国一些城市	客户网上订购的商品直接送到 Paketshop，客户到 13000 个 Paketshop 站点办理取走商品、退货或接受客户邮寄的包裹等业务	是
Coles delivery	澳大利亚	在 Coles 的加油站配送点，客户可以取走网上购买的商品	否
Popstation	新加坡	智能储物柜，设在客户下班路上或居住地附近，方便他们取走在网络上购买的商品，提供 7×24 小时的无间断服务	否

美国、德国和日本是如何解决"最后一公里"配送难题的？

在公共交通尚未完善的条件下，"禁电限摩"增大了"最后一公里"出行难度。一些提供"上门服务"的 O2O 企业及快递人员更是受到很大影响。虽然"最后一公里"的出行难题都不易解决，但是各国有各自的解法。

1. 美国：自驾车为主

除非是住在公共交通发达的纽约等大城市，美国人的日常交通方式主要是自驾车，不依赖公共交通或是骑自行车。

美国电动自行车普及率并不高，主要是作为一种休闲工具。联邦法律统一要求，电动自行车最高速度小于 32km/h。只有部分州允许其上路，但作了严格限制，而有的州至今仍禁止电动自行车上路。

2. 德国：公共交通设施完善

德国公共交通不仅准时，还有地铁、轻轨、地区小火车、有轨电车、公共汽车等完善的交通网络。德国的现代化大都市依然保留有轨电车，与公共汽车一起穿梭于城市的街头巷尾。

德国骑电动自行车的大多为 55 岁以上的人，95%的电动自行车最高时速限制在 25km。如果电动自行车速度太快，德国交通管理部门会要求骑车人事先参加考试获取驾照，同时要求所有电动自行车驾驶人购买特定保险。

3. 日本：发展超小型交通工具

日本政府通过发展超小型交通工具，实现节能及低碳化，同时为有小孩的家庭及老年人的交通提供便利。在日本，超小型交通工具还是观光游览车的一部分。为降低安全隐患，日本对发展超小型交通工具有严格的要求，规定了车辆使用范围、安全配套设备及驾驶人必须持有合法驾照等。

低速电动车是日本超小型交通工具的重要组成部分，日本的电动车速度达到 24km/h 就不再有助力。在日本，高速公路左侧会画出一米线作为摩托车专用车道，不与轿车争路。日本摩托车使用年限越长税收越高，骑车者会自行将不符合安全规范的车淘汰。

10.2 智能快递柜概述

智能快递柜是基于物联网的，能够对物品（快件）进行识别、暂存、监控和管理的设备，与 PC 服务器一起构成智能快递投递箱系统。PC 服务器能够对本系统的各个快递投递箱进行统一化管理（如快递投递箱的信息、快件的信息、用户的信息等），并对各种信息进行整合和分析处理。快递员将快件送达指定地点后，只需将其存入快递投递箱，系统就自动为用户发送一条包括取件地址和验证码的短信，用户在自己方便的时间到达该终端前输入验证码即可取出快件。智能快递柜为用户接收快件提供便利的提取时间和地点。

近年来，我国快递企业在仓储布局、干线建设等方面取得了进步，云仓、干线运输网络建设等技术在日常管理中开始应用，并取得了良好的效果。但是快递业务量的激增给快递末端配送带来了持续的挑战，在点、线扩能的同时增加末端配送网络的建设成为各电商、快递企业关注的热点问题，以往的"爆仓"开始向"堵在最后一公里"转化。为解决电商、快递企业"堵在最后一公里"的难题，各方都做了多种尝试，如顺丰的"嘿客"布局，便利店取货等商业模式的涌现，在此背景下，智能快递柜应运而生。

2014年，中国邮政在北京、上海、重庆、南京、杭州、广州、成都等7个试点城市集中建设了4000台智能快件箱，并根据试点情况，再向其他城市逐步推进。中国邮政集团计划利用3年时间，采取多种方式在全国主要城市建设5万台智能快件箱，与同步建设的10万个人工自提点共同组成邮政自提服务网络，完成中国邮政寄递服务终端网络的战略布局。

2014年10月31日，国家邮政局正式发布行业标准《智能快件箱》（YZ/T 0133—2013）。该标准对智能快件箱的总体功能、系统结构、硬件要求、控制系统、操作流程、系统接口、代码、安全要求和环境要求等进行了规范。具体来看，其主要包含两个层面的内容：一部分为技术层面，规定了技术指标和参数；另一部分为业务层面，随着功能的完善和市场的需要而推出相应的标准。

2014年12月，阿里巴巴对外宣布，将在全国建设不少于3万个网点的智能自提包裹柜。至此，在智能化的包裹收取平台建设领域形成了以中国邮政、成都三泰控股、阿里巴巴、深圳丰巢公司四方力量为主，众多公司踊跃参与的竞争格局。

2015年，浙江省政府把智能快递柜（浙江省分公司称其为"E邮站"）建设列入全省十大民生工程之中，提出全年建成3000个以上"E邮站"，并且明确浙江邮政为该建设项目的责任部门和建设单位。经过各地邮政管理局、商务局、发展改革委、经信委和邮政分公司的共同努力和积极争取，浙江省大部分市、县政府都把"E邮站"建设列为2015年为民办实事项目。截至2015年10月底，浙江邮政建成并投入运营的"E邮站"有4000个，包裹投递格口数达22万个，实现了对全省各市、县的初步覆盖。注册使用"E邮站"的社会快递公司共113家，注册快递员达2.6万人。2014年，浙江省"E邮站"累计转投邮件333万件，2015年1—10月累计转投邮件1800万件，7月以来日均转投邮件在8万件以上。

2016年11月，广东省人民政府发布《广东省现代物流业发展规划（2016—2020年）》，支持"网订店取（送）"、智能快件箱（包裹柜）等电子商务物流配送创新模式发展。大力推广应用智能快件箱（包裹柜），新建或改造利用现有资源，组织开展智能快件箱（包裹柜）进社区、进机关、进学校、进商务区专项行动。

2018年1月，国务院办公厅发布《关于推进电子商务与快递物流协同发展的意见》，创新公共服务设施管理方式，明确智能快件箱、快递末端综合服务场所的公共属性，为专业化、公共化、平台化、集约化的快递末端网点提供用地保障等配套政策。同时加强规划协同引领，针对电子商务全渠道、多平台、线上线下融合等特点，科学引导快递物流基础设施建设，构建适应电子商务发展的快递物流服务体系。快递物流相关仓储、分拨、配送等设施用地须符合土地利用总体规划并纳入城乡规划，将智能快件箱、快递末端综合服务场所纳入公共服务设施相关规划。推广智能投递设施，鼓励将推广智能快件箱纳入便民服务、民生工程等项目，加快社区、高等院校、商务中心、地铁站周边等末端节点布局。支持传统信报箱改造，推动邮政普遍服务与快递服务一体化、智能化。

2020年2月19日，交通运输部、国家邮政局、中国邮政集团有限公司发出紧急通知，要求加快推动复工复产、保障邮政快递车辆优先便捷通行、切实保障末端投递、加强一线从业人员防护，更好地支撑疫情防控、物资运转、经济秩序恢复和保障人民群众生产生活需要。通知强调，各地交通运输、邮政管理部门要切实保障末端投递。在设立智能快件箱的管理区域，邮递员、快递员做好进出登记备案、体温检测、佩戴口罩等工作后，应允许其优先将邮件快件通过指定路径直接投递到智能快件箱。

随着国内物流市场发展的日益成熟，对物流服务质量、物流时效性等提出了更高的要求，而解决末端配送难题是提升物流服务质量和物流时效的关键。设置智能快递柜，可以有效解决"最后一公里"配送的难题，普及至小区甚至居民楼的智能快递柜，使得快递配送近乎上门服务，同时解决了快递上门服务可能存在的安全问题。智能快递柜可以使快递员的上门投递和用户的取货行为都更为灵活，既能为用户带来更加便捷的服务，又能提高快递员投递的效率，减少快递企业库存量，同时提高了用户体验、快递企业自身的效率。

10.3 智能快递柜的发展历程

快递自提服务在全球快速发展，欧洲、日本等地区自提服务更加普及，比如欧洲的收寄点、新加坡的第二代自助式邮亭、日本的便利店提货模式等。在英国，旗下拥有多种零售业态的 Tesco 集团靠快递自提模式建立了自己的终端配送网络。与此同时，亚马逊在日本、英国等国家均提供收货自提服务。智能快递柜在国内外越来越普遍。

未来智能快递柜

10.3.1 国外智能快递柜的发展

国外在建设运营智能快递柜方面积累了成功的经验，国外主流商业模式有两类：欧美模式和日本模式。欧美模式投资行为主要以企业为主，而日本模式投资行为以企业与政府共同投资为主；欧美快递柜主要应用于人口集中地，以企业盈利为目标，而日本在 99.1%的新建筑和 85%的旧建筑中都配置了智能快递柜，将智能快递柜作为日本建筑物的标准配置。国外智能快递柜发展基本情况如下。

1. 德国 DHL 智能快递柜

DHL 包裹部以独栋或双拼住宅用户为目标，向用户推出了可定制智能快递柜。智能快递柜配备先进的电磁锁防盗，在尺寸、样式、颜色及安装方式上给予使用者自主选择权。德国政府对其免收增值税，为智能快递柜的推广提供支持。智能快递柜使用向用户收取费用，以 99 欧元起步，也可选择月付 1.99 欧元起步价进行租用。

2. 法国邮政智能快递柜发展情况

2014 年，法国邮政旗下的 GeoPost 快递包裹子公司与法国邮件技术与服务巨头 Neopost 公司合作，在法国及其他欧洲国家和地区建设 3000 个智能快递柜的终端网络。双方共同成立合资公司推动本项目，由 Neopost 公司提供包裹设备、运行软件、安装和维护。而 Packcity 公司（2013 年 11 月，Neopost 与 RelaisCoHs 包裹公司在巴黎开展试运行价值 5000 欧元的智能包裹箱网络，打造了"都市包裹"Packcity 的品牌）负责网络的运营，其中 1000 个智能快递柜归法国邮政 GeoPost 专门使用，其余 2/3 向其他快递公司开放使用，向大型电商企业末端用户提供"点击取件/线上到线下"服务。

根据协议内容，法国邮政未来拥有的 GeoPost/Neopost 法国智能快递柜网络将超过德国 DHL 的 packstation 德国智能包裹站网络。远期合作还将拓展到欧洲其他国家和地区。GeoPost 在法国邮政旗下主营包裹柜业务，智能快递柜将由旗下的 coliposte 和 chronopost 子公司使用，为法国包裹业务品牌服务。在法国境外，另一家子公司 DPD 使用智能快递柜作为投递点的补充替代式服务，尤其是针对电商用户 24 小时可取，非家庭投递到户的服务。智能快递柜还将用于个人用户向销售商或生产商退货服务。截至 2021 年年底，法国邮政子公司 Pickup 运营了 1.6 万个取件点和 500 个智能快递柜，消费者从亚马逊、Zalando、Mango、迪卡侬等 1 万多家电商卖家购买的商品都可以选择智能快递柜取件服务。

3. 丹麦邮政智能快递柜发展情况

与法国同期，2014 年春，丹麦邮政和瑞典 Coop 连锁超市开始协商，在连锁超市通过智能快递柜终端向用户提供自动寄件、取件服务。丹麦邮政的用户去超市购物时可以寄取包裹，而 Coop 连锁公司的客户可以在邻近生活圈的商店中提取网购的物品，是典型的双赢模式。Coop 连锁公司也因这项增值服务与其他同类竞争对手相比形成差异化优势，其管理层希望吸引对自助包裹取件服务有需求的用户在来访的同时增加自身的商品销售，稳固用户忠诚度。2019 年 11 月 25 日，经过数月的试点后，瑞典丹麦联合邮政公司和 SwipBox 决定在丹麦各地推出 2000 个 Nrboks 智能快递柜。

4. InPost 智能快递柜发展情况

InPost 于 2006 年在波兰成立，在全球拥有超过 100 万个自助包裹快递柜，其中 2/3 为在线购物者提供服务，并与 JD Sports、Holland & Barrett、Missguided 和 Lidl 等零售公司合作。InPost 提供全天候（7×24 小时）服务，旨在帮助零售商和承运人在应对包裹量增加挑战时降低成本。2022 年 3 月，InPost Mobile 应用程序用户数达到 930 万名，使其成为波兰第二大电子商务应用程序。该应用程序的使用人数占波兰总人口的 24%。App 允许用户从包裹自提柜站点发货和提货，还提供快速退货、延长取件期限等服务。

5. 美国储物柜发展情况

储物柜（Amazon Locker）在美国和英国都已经进入其便利店的合作网络。例如，顾客可以到附近的 711 便利商店为在亚马逊购买的商品结账，然后从指定的商店的亚马逊储物柜（类似于邮政信箱）中取出包裹。到货后，顾客将收到一封电子邮件通知和一个条形码，前往指定的 711 便利店的亚马逊储物柜（可以说是自动取款机和保险箱的结合）那里扫描条形码，获得一个 PIN 码。输入这个 PIN 码后，可以打开储物柜从而拿到包裹。随着电商需求的爆发，美国邮政和其他快递企业的递送能力受到影响。为了缩小和亚马逊的差距，2021 年，沃尔玛和塔吉特尝试在美国建设使用自有的到家快递服务。表 10-2 展示了亚马逊智能快递柜与美国储物柜对比。

表 10-2 亚马逊智能快递柜与美国储物柜对比

项目	亚马逊智能快递柜	美国储物柜
使用条件	拥有亚马逊账户且仅限在亚马逊网站购买	在 UPS 网站注册账号,进行身份验证,设置支付密码,在任何网站购物时都可以使用
寄存期限	最多可保存 3 天,3 天后未领取的包裹将会退回亚马逊,亚马逊进行全额退款	最多保存 15 天,15 天后未领取的包裹将会退回卖家
其他服务	部分支持美国亚马逊退货业务	支持寄件服务
安装地点	711 便利店、杂货店或连锁药店	便利店、杂货店、药店、交通枢纽、购物中心等

6. 日本智能快递柜发展情况

在日本,智能快递柜是物业提供的服务,一般由物业公司负责购买,运营则由智能快递柜品牌的公司负责。业主缴纳的物业费里包括智能快递柜的管理费(换算成人民币大概是一个月 6 元钱)。交过这笔钱后,就可以无限次免费使用智能快递柜。如果快递超时还未取出,物业就会将快递取出,放在专门的地方代为保管,或帮有需要的业主送到家中。

为了提高配送效率,除了小区里安装智能快递柜,日本的快递公司还在车站以及很多公共场所,比如商场、写字楼里都安装了专供投递用的智能快递柜。如果不希望在家收快递,也可以免费使用这些地方的智能快递柜。

智能快递柜主要是满足电子商务高速蓬勃发展下人们多元化的需求。原先日本大多数自提柜仅能满足小件电商包裹,但是新的智能快递站能够存放高尔夫球袋、行李箱等的大型物品,并且配备纸箱回收系统。日本黑猫宅急便计划多听取附近用户意见,对智能快递站的功能进行扩充,譬如设置冷冻、冷藏柜;抓准用户需求,提供高度便利又舒适的快递体验。黑猫宅急便通过免费会员服务,发信告知货物预定的送达时间。

10.3.2 国内智能快递柜的发展

1. 智能快递柜建设现状

2010 年,作为解决"最后一公里"问题的补充途径,我国智能快递柜开始起步。经过多年的发展,智能快递柜进入快速发展期,我国典型企业自提点建设大多采用了智能快递柜作为自提的工具。数据显示,2017 年我国智能快递柜市场规模突破 100 亿元,2021 年我国智能快递柜市场规模进一步达到 363 亿元。国内智能快递柜出资建设方主要有四类:电子商务企业、快递企业、第三方运营公司和房地产开发商。

(1)电子商务企业。代表企业包括京东智能快递柜、亚马逊、武汉家事易、苏州食行等。

(2)快递企业。代表企业包括中国邮政公司、顺丰、菜鸟等。

(3)第三方运营公司。代表企业包括近邻宝、江苏云柜等。

(4)房地产开发商。代表企业包括万科、绿地。

在投资建设智能快递柜的规格方面,通过社会上主要智能快递柜柜体生产制造厂商进行产品查询,主要生产厂商产品规格如表 10-3 所示。

表 10-3 智能快递柜箱体尺寸

企业名称	箱体尺寸/cm			最小格口尺寸/cm		
	高	宽	深	高	宽	深
丰巢快递柜	210	450	50	8	34	45.4
菜鸟智能柜	216	386	50	12	39	50
近邻宝	210	56（主柜），90（副柜）	55	11	28	41
E 邮站	198	100	50	10.5	44	48
云柜	200	110	55	10	50	55

2. 智能快递柜运营现状

在运营方面，智能快递柜投资建设后，一般秉承"谁建设，谁运营"的思路。

（1）电商企业、快递企业投资建成后以自用为主。目前，仅有中国邮政一家快递企业将智能快递柜资源开放给其他企业使用，例如，韵达快递与浙江省邮政公司杭州市分公司在杭州签署战略合作协议，宣布正式开启 E 邮站项目战略合作，利用遍布杭州的近 900 家 E 邮站，共同解决快件"最后一公里"的投递问题。

（2）第三方运营公司投资建设后凭借其第三方身份，将其智能快递柜开放给所有电商企业和快递企业使用。

（3）房地产开发商投资建成智能快递柜后，一般转为物业运营，物业将智能快递柜开放给所有电商企业和快递企业使用。

在盈利方面，智能快递柜运营企业盈利的基本来源是电商企业和快递企业的使用费，一般不向用户收取额外费用，但是用户超过一定期限不取件，会收取超期不领取的"延时费"。

3. 智能快递柜发展存在的问题

我国智能快递柜在发展过程中，主要存在以下问题。

1）智能快递柜的运营不够成熟，用户服务体验亟须提升

一方面，智能快递柜的尺寸较为固定，受到尺寸的限制，大件快递或者形状不规则的快递无法存入智能快递柜；另一方面，存在部分快递员未经过用户同意，就把快递放入智能快件柜中的现象，大部分智能快递柜具有超时收费的功能，在超过规定快递保管时间后，会根据超出时间进行收费，这侵犯了用户的权益，降低了用户的服务体验。此外，智能快递柜的运行需要能量，如果出现断电问题则无法运行使用，用户无法及时取出包裹，也会导致用户服务满意度较差。

2）智能快递柜的功能仍未完善，安全性需提高

快递员将用户的快递放入智能快递柜后，会将快递柜的位置和取件码等信息发到用户的手机上。用户使用取件码或人脸识别取出快递，系统自动记录取件数据。但因智能快递柜的功能不完善容易产生很多问题，如人脸识别技术尚未成熟，无法区分真人和照片，导致使用用户的照片就可打开相应的柜门，大大地降低了智能快递柜的安全性。智能快递柜的系统也会存在漏洞，用户在输入取件码时，智能快递柜会出现快递所在的柜门没有自动

打开的情况，导致用户取件失败，但其系统却进行了取件数据的记录，这时用户已无法取出快递。还会出现用户取出的快递出现损坏的情况，但却无法进行退货问题等。

3）资源整合不足，使用效率不高

电商企业和快递企业投资建成智能快递柜后，由于存在同业竞争，一般只对本企业开放或者不同类型企业开放，对同一类型企业实行封闭。例如，某电商企业的智能快递柜只针对在本电商平台购物的客户开放使用，不对其他电商平台开放使用。快递企业之间的同业竞争更加明显，仅有第三方运营商和房地产开发商投资开发的智能快递柜会同时开放给所有电商企业和快递企业使用。同行竞争导致同行业之间无法有效地进行资源整合，会出现单个企业智能快递柜空置严重，造成极大的末端资源浪费。

4）盈利模式模糊，增值功能缺乏

智能快递柜盈利方式过少，主要收入方式只有两种，分别为快递柜租用的费用、柜体和屏幕投放的广告收入。但这两种收入不足以支撑智能快递柜的经营。暂时并没有开发增值服务功能，可持续盈利商业模式仍在探索中，还没有公认的多方共赢、可闭环的商业模式，大部分运营公司均处于亏损阶段。

一方面，由于社区居民的工作生活习惯，智能快递柜使用的周转率通常每天不超过一次，这影响了智能快递柜的使用效率，使自身快递柜租用产生的利润有限；另一方面，随着智能手机的使用，智能快递柜投放的广告价格逐渐降低，这大大减少了其广告费用的收益。而智能快递柜投入的总成本较高，因此往往入不敷出。盈利模式模糊的同时，市场监管缺失，无序竞争的状态不仅影响了智能快递柜的健康发展，也使用户获得的服务质量难以保障。

10.4　智能快递柜系统框架

智能快递柜（图 10-1）主要由主柜和副柜构成。主柜是带有 Android 操作系统的触控操作平台，包含主控系统（控制主板、驱动电路、锁控板、电子锁等）、外设（包括触摸屏、一维/二维扫描器、投币器、RFID 读卡器、与监控系统相关的软硬件）。副柜是带有存放快件的格口部分，它位于主柜侧边，锁控板和电子锁用于对副柜格口进行控制。随着投递包裹量的增加，可以增加多个副柜，由一个主柜进行控制。格口柜是可供投递和提取快件的存储单元，每组格口柜由两列格口箱组成，一套快递柜包含多个格口箱。

智能快递柜系统框架（图 10-2）主要由上位机系统、下位机系统和机械系统构成。其中，基于 Android 操作系统的上位机系统主要完成快递员、用户与终端的人机交互，与云端服务系统的数据通信和控制等。上位机系统的具体功能包括快递员投递、用户取件、用户寄件、物流查询、系统设置、语音提示、通过因特网与云端服务系统通信、通过串口与下位机通信和执行控制、快递信息数据库管理。

下位机系统负责采集快递信息（条形码、质量、尺寸）、终端状态信息（温度、烟雾、振动）、控制机械系统执行打开格口和将终端信息实时反馈给上位机系统。

机械系统包括继电器式电子锁和格口机械开关两部分，负责执行来自下位机的控制指令，打开格口箱完成寄存和取件。

第 10 章 智能物流终端快递柜

图 10-1 智能快递柜

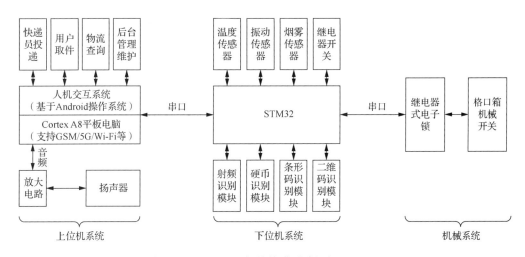

图 10-2 智能快递系统框架

一般来说，智能快递柜系统包含 3 个子系统来完成终端快递的配送服务，如图 10-3 所示，分别是快件存放子系统、短信支撑子系统和收件监控子系统。

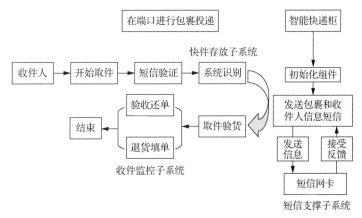

图 10-3 智能快递柜子系统图

1. 快件存放子系统

当快递完成干线运输和分拣作业到达末端配送网点时,快递员会将该网点区域的快件送达该区域的智能快递柜。一般以靠近用户、方便取件为原则,在社区、学校等区域集中设置智能快递柜。

快递员运送该区域的快件到达智能快递柜后,首先需要在智能快递柜的界面上进行身份信息识别和确认,然后快递员需要依次对放入智能快递柜中的快递进行单号扫描,并根据快件尺寸选择合适的格口箱,将快件放入格口箱,关闭格口箱,此时,系统根据对应的格口箱给收件人发送短信。

2. 短信支撑子系统

本着方便收件人窗口期的原则,当快递员扫描快件时,系统会调取扫描的条形码对应的快件包裹信息,从而将包含收件人信息的短信通知收件人,其中主要包含收件人姓名、快递柜格口箱号、验证码及提示的取件期限等信息。

3. 收件监控子系统

在智能快递柜上方安装监控设备,一方面,实时监控智能快递柜的安全与存取件流程,并将实时画面传送至监控中心,以对智能快递柜进行安全监控,预防快递被盗等情况。

另一方面,通过监控管理可以使快递员在智能快递柜的操作上更加规范化,加强快递员的存件操作流程管理。为了解决收件人的验货问题,可以通过视频监控记录收件人从收件到拆包的过程,从而为收件人退货提供有力的证据,解决无人配送中出现的信任问题。具体来说,一般智能快递柜包含以下功能。

1）取件功能

快递员完成投递后,收件人会收到一条短信,短信中包含取件码。收件人在智能快递柜的操作界面输入"取件码"即可取件。

2）投递功能

快递员输入运单号和收件人手机号,并选择合适的格口箱,完成投递后,收件人收到带有取件码的短信。

3）寄存功能

需要短时间存放包裹的用户,可以通过寄存功能寄存包裹,完成寄存后,收件人收到带有取件码的短信。

4）查询功能

投递员或收件人登录智能快件柜 App,通过"查询"功能,进入投递记录界面,查看未取包裹信息,可以修改收件人手机号,也可直接将包裹取回。

10.5 智能快递柜作业流程

10.5.1 智能快递柜信息系统

智能快递柜信息系统由 4 个功能子系统组成,即后台数据库服务器、快递柜终端、管理后台、App 客户端。

1. 后台数据库服务器

后台服务程序主要实现与各地众多智能快递柜子系统进行通信,即时监控各快递柜终端的在线状况、向快递柜终端推送指令和信息、处理来自终端的请求和报告等。它是整个智能快递柜信息系统的核心组成部分之一,负责储存和管理所有的系统数据,包括用户信息、快递信息、柜子状态等。同时,它还提供数据的读取和写入接口,为其他子系统提供数据支持。

2. 快递柜终端

快递柜终端是智能快递柜系统的前端设备,用来实现各项快递业务流程,使用人员主要包含快递员和用户,主要用于与用户进行交互。它通常由多个柜子组成,每个柜子都配备有屏幕、键盘、条形码扫描仪等设备。用户可以通过快递柜终端进行快递的存取、取件码生成、查询柜子状态等操作。智能快递柜分为不同大小的柜门用于寄存不同体积的快件。

3. 管理后台

管理后台是智能快递柜信息系统的管理界面。管理后台提供了一系列管理工具,用于对系统进行配置和监控。管理员可以通过管理后台对智能快递柜进行分组管理、查看智能快递柜的利用率、配置快递员权限等。管理后台还提供了数据报表和日志功能,方便管理员进行数据分析和故障排查。

4. App 客户端

App 客户端是用户使用智能快递柜系统的移动端应用程序。用户可通过扫描二维码下载 App 客户端,实现收件、寄件等功能。App 客户端有短信接口、支付接口等,用户可以方便地进行快递的下单和预约、查看快递状态、生成取件码等操作。同时,App 客户端还提供了用户反馈和评价功能,方便用户与客服人员进行交流和沟通。

10.5.2 智能快递柜操作流程

智能快递柜顺应了当前时代的发展需求,连接了快递公司、收件人、快递员三方之间的关系,解决了快递"最后一公里"的配送难题,让大家的工作和生活更便利、更快捷,在一定程度上缓和了写字楼、学校门口快件积压的现象。在智能快递柜使用过程中,快递员和收件人双方的具体操作流程如下。

1. 操作对象为快递员

（1）当快递员到达终端网点投件时，必须先确认身份信息。

（2）确认身份信息后，开始录入快件信息（快递单号、收件人手机号码）。

（3）选择该快件使用的格口箱尺寸。

（4）确定格口箱尺寸之后，系统自动弹开相应的空闲柜子。

（5）快递员将快件放入格口箱。

（6）系统自动发送信息提示收件人（含网点地址、验证码）。

（7）快递员重复（2）～（5）步骤，直至放入所有快件。

智能快递柜操作流程（快递员）如图10-4所示。

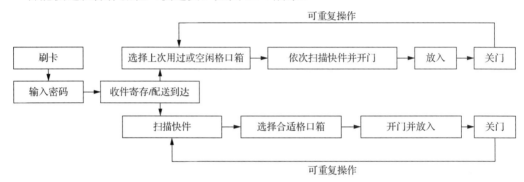

图 10-4　智能快递柜操作流程（快递员）

2. 操作对象为收件人

（1）收件人收到短信之后，在空闲时间到智能快递柜取件。

（2）到达短信指定的智能快递柜，在快递柜终端输入手机号码后 4 位和收到的验证码（收到短信超过 24 小时未取件的，系统将重发验证码给用户，并提示原验证码过期，请输入最新的验证码）。

（3）系统检测无误，弹开相应的格口箱的门。

（4）用户取件，验货，关闭格口箱门。

10.6　本章小结

智能快递柜是基于物联网的，能够对物品（快件）进行识别、暂存、监控和管理的设备，与 PC 服务器一起构成智能快递投递箱系统。

国际上，在欧洲、日本等地自提服务比较普及。国外智能快递柜有着良好的发展，有德国 DHL 智能快递柜，法国邮政智能快递柜，丹麦邮政智能快递柜，波兰 InPost 智能快递柜、美国储物柜和日本智能快递柜等。

2010 年，作为解决"最后一公里"问题的补充途径，我国智能快递柜开始起步。经过多年的发展，智能快递柜进入快速发展期。智能快递柜系统包括快件存放子系统、短信支撑子系统和收件监控子系统。

习 题

一、判断题

1. 国内智能快递柜出资建设方主要有四类：电子商务企业、快递企业、第三方运营公司和房地产开发商。（ ）

2. 基于智能快递系统的末端配送解决方案是以智能快递柜为核心，通过信息技术和快递业务自身特点量身打造，以提供更加智能、便携和更高效率的快递末端配送。（ ）

二、选择题

1. 智能快递柜是基于物联网的，能够将物品（快件）进行（   ）、暂存、监控和管理的设备，与PC服务器一起构成智能快递投递箱系统。

   A. 识别　　　　　　B. 扫描　　　　　　C. 派送　　　　　　D. 封装

2. 一般来说，智能快递柜系统包含快件存放子系统、短信支撑子系统和（   ）。

   A. 快递配送子系统　　B. 收件监控子系统　　C. 发件记录子系统　　D. 送件管理子系统

三、思考题

1. 简述德国DHL智能快递柜Packstation取得成功的主要原因。
2. 对亚马逊智能快递柜与美国储物柜进行列表比较。
3. 简述我国智能快递柜发展过程中主要存在的问题。
4. 简述一般智能快递柜的功能。

近邻宝携手小麦公社打造校园智慧物流升级版

2016年5月10日，随着北京语言大学校园快递服务中心的正式运营，近邻宝与校园综合服务O2O平台小麦公社在北京正式签署战略合作协议，双方在校园物流领域优势互补、全面深化合作。双方在高校的合作门店达到100家，接下来将携手打造更多的校园智慧物流服务中心升级版，提升校园最后100米末端派送效率及客户体验。与此同时，两家企业还将打通流量入口，在"互联网+"背景下探索智慧校园商业的新模式。

1. 开创校园智慧物流新局面

以近邻宝、小麦公社为代表的第三方社会物流机构整合校园优质的网络资源，建立校园物流服务中心，集中为各快递公司开展校园派件业务。其中近邻宝自主研发的智能快递柜，可以承载亿级用户的技术架构，形成了"智能柜+连锁店+服务人员+管理系统+标准化管理"的运营模式。在互联网的推动下，随着近邻宝和小麦公社业务新模式探索和不断完善，校园智慧物流服务模式将进一步升级。

见证双方签约仪式的业内人士指出，校园物流服务中心代表了未来校园末端的主流趋势，符合建设校园智慧物流的总体思路，这种模式解决了校园"最后一公里"的配送问题，杜绝了校外占用公共资源摆摊、扰乱社会秩序的行为，实现真正"门"到"门"服务，从而使末端配送更便利，同时降低了快递企业的派件成本。

2. 第 100 家门店落户北京语言大学

在北京语言大学，近邻宝设置的多组智能快递柜与小麦公社的自提"货架"模式互为补充，相得益彰，整个服务平台忙而不乱。自双方合作以来，先从校园快递入手，通过进行资源深度整合，利用多种科技手段提高大学生取件效率，合作城市遍布北京、上海、武汉等地。截至目前，位于北京语言大学的第 100 家合作门店已正式上线运营。

在近邻宝副总经理邓庆元看来，双方合作是一次强强联手的深度资源整合，根据规划，依托小麦公社现有的高校营业网点，以及近邻宝拥有的校园智慧物流解决方案，双方将共同打造升级版校园快递模式，后期的合作门店也正在加速筹备，力争覆盖各大中心城市的大学校园。

3. 打通校园流量入口

近邻宝不同于传统独立的智能快递柜，它是在校园采取自建营业厅的模式，通过后台"云"与前端"店""人""柜"相结合，形成针对校园快递派送的解决方案。为了保证服务标准化，近邻宝完全采用自营。小麦公社是国内最早进入校园快递领域的服务商，目前已是校园垂直 O2O 领域里覆盖范围最广、实体服务门店覆盖校园最多的企业。对于双方的强强合作，业内给予了普遍关注。小麦公社的校园资源加上近邻宝先进、成熟的物流解决方案，将打造出一个新的校园智慧物流平台，为校园商业探索提供更大的空间。

互联网时代，谁拥有流量谁就会占据市场主导权。双方透露，在快递业务合作的基础上，双方将共同探索校园智慧物流新商业模式。

校园物流是一个重要的流量来源，通过资源整合和服务提升，双方将联合打造一个共同的流量入口。邓庆元表示："今后以快递业务作为基础的流量入口将同时向双方开放，供双方进行商业层面的业务探索与合作。"

业内预测，智能快递柜——校园物流服务中心的技术核心，完全可以成为互联网的下一个入口。将来，智能快递柜可以用大屏幕提供电子货架，用户扫码就可以下单支付；还可以装载冷柜，需要冷链保鲜的商品实现完美配送。智能快递柜就是无人值守的快递网点，再叠加上其他 O2O 功能，未来会是一个很丰富的互联网终端。

资料来源：http://www.zkfc.cn/?list_con/lm/406/id/96.html [2023-08-14]

思考：
1. 智能快递柜能解决什么问题？有什么不足？
2. 你认为智能快递柜的前景如何？
3. 如何促进智能快递柜的发展？

第11章 电子商务与快递物流的发展趋势

【学习目标】
电子商务与快递物流的发展趋势。

【学习重点】
电子商务与快递物流的发展趋势。

【能力目标】
能够结合国家政策背景,整体把握电子商务与快递物流的发展趋势。

导入案例

顺丰仓网：速度更高，成本更低

顺丰领行业之先，开始其仓网建设。据介绍，随着电商规模的不断扩大，电商平台对物流的要求不再局限于简单的快递，而是全供应链的优化。传统的论堆管理货物的仓储已无法适应新时期电商的需求，开始向多仓甚至基于大数据建立的云仓转型，这将逐步晋级成为深度信息化模式的仓网。顺丰、EMS、京东等物流企业都已发力仓网建设。

顺丰仓配事业群产品副总裁涂鸣中在中国(深圳)国际物流与供应链博览会电子商务千人论坛上介绍，自2012年开始，顺丰潜心打造仓网服务底盘。

在仓储方面，顺丰仓配以两周扩建一个仓的进度，在全国迅速完成7个区域配送中心及53个一、二线城市的布仓，每天为入仓客户提供120万的订单处理能力；在运力方面，40架全货机、32条一级陆运干线、16000辆运输车辆，全力保障货物在全国范围内的调拨转运；在技术方面，顺丰仓配通过自主研发物流系统，对物流数据进行智能化分析，让大数据贯穿从入仓到配送、售后的全流程，以驱动智能分单、智能分仓、智能分拣、智能调拨的实现；在人员方面，数百名IT人员24小时值班，对收派能力、运输能力进行实时监控，及时调配资源。

2022年，顺丰为了满足大件的仓配服务，推出大件仓配服务，助力用户实现多场景全渠道、仓配一体化发货需求。具体体来看，在一站式服务方面，大件仓配服务将发挥顺丰仓储、运输、配送网络优势及数智化服务能力，为用户提供到仓铺货补货、仓储规划运营BC端运输正逆向多项配套供应链服务。在前置分仓方面，大件仓配服务具有多功能专业大件仓储资源全国覆盖，可提供大数据仿真测算最优分仓方案，缩短商品与用户距离，减少移动次数，实现最快发货、灵活适配、最优履约等优点。此外，大件仓配服务助力实现线上线下融合、一盘货，满足用户对多库存管理、货主供需匹配、成本管控的需求，全面提升终端用户订单交付效率。

某电商商家告诉记者，企业过去使用单一仓库直接发货给终端用户，虽库存积压少，但单仓发全国的距离长、配送成本高、时效差。该商家与顺丰合作，根据往期的销售数据与顺丰提供的物流数据，对当下各个区域的销售量进行预测后分仓，将商品提前运送到区域配送中心，用户下单后，由最近的区域配送中心就近发货，单票快件时效比之前缩短近30小时，综合物流成本下降20%。

资料来源：https://www.baidu.com/link?url=9VbDlmeVJdiTk-K9RwsEzwQQK50DQ84gqXPxqKSvDoNae EoG5UZPd2xFygPsYOB00ajvOIdbks7tAc685nCPIIkwMheARpE2xuM4szVBUITJQ[2023-08-14]

顺丰为什么要建立仓网，电子商务与快递物流将会朝着什么趋势发展？本章将介绍电子商务与快递物流的发展趋势。

11.1 物流网络化运营

1. 物流网络化运营的概念

物流网络化运营是指通过网络手段和技术进行物流的管理及经营，利用计算机信息技术及关系网络等互联网形式，整合各个成员企业之间的物流组织和设施等资源。建立相对独立的物流运作实体，各个成员企业通过共享物流技术，不但使资源获得规模化的成本优势以及高度专业化的物流效率，还可以有效提高企业的核心竞争力。

2. 物流网络化运营的特点

（1）物流网络化运营的信息化。知识经济时代是全球信息化的时代，信息产业已成为经济增长的主要推动力，信息化也成为物流网络化运营的主要方式和途径。物流企业通过专业的物流信息系统和网络化的信息平台，及时获取信息，并根据信息快速作出反应，从而提高物流效率，为用户查询、了解货物流通提供了渠道。由此可见，信息化是物流网络化运营的主要内容，信息技术的不断发展为物流网络化运营提供了技术支持。

（2）物流网络化运营的多功能化。物流网络化运营使得现代物流企业的服务朝着多元化、多功能化发展，增加了许多增值性的服务，如货运付费、咨询服务、延迟处理等。

（3）物流网络化运营的人性化。物流网络化运营坚持以用户的需求为中心、遵循用户为上的原则。随着电子商务的发展，企业需要根据用户的需求，制定多样化、差异化的用户服务，使物流网络化运营朝着人性化的方向发展。

（4）物流网络化运营的开放性。物流网络化运营是通过网络开展的，在这种运营模式下，整个物流服务开展和运行过程完全地展现在企业、上下游的商家以及用户面前，物流情况不再是仅面向企业内部的，而是完全开放的信息，从而形成公开、透明的物流网络化管理服务。

（5）物流网络化运营的规模化。物流网络化运营将分散的物流网络节点整合成为一个整体，在总体上对其进行有效的把控和掌握，有利于把整个物流体系形成一个有效的体系，进而扩大物流的规模化优势。

11.2 增值服务柔性化

1. 物流增值服务

电子商务物流和传统物流相比，除了提供运输、储存、装卸搬运、包装、流通加工、配送和信息处理等基本功能，还提供了增值服务。随着物流市场竞争的日趋激烈和用户需求的多样化，增值服务将会显得越来越重要。增值服务主要包括以下几方面。

1）提供便利性服务

在提供电子商务的物流服务时，推行一条龙门到门服务，提供完备的操作和作业提示、自动订货、传输信息和转账、物流全过程跟踪等服务。

2）加快反应速度的服务

通过优化电子商务系统的配送中心、物流中心网络，重新设计适合电子商务的流通渠道，以减少物流环节、简化物流过程，提高物流系统的快速反应能力。

3）供应链集成服务

供应链集成服务是"第四方物流"提供的服务，包括市场调查与预测、采购及订单处理、物流咨询、物流方案规划、库存控制决策、贷款回收与决策、物流教育与培训、物流系统设计等。

2. 物流服务柔性化

柔性化源自生产领域，即通过采用计算机控制和管理、加工中心以及加工中心之间的自动向导或传送带，使多品种、小批量生产取得类似大批量生产的效果。柔性生产系统使大规模定制生产成为可能，从而能够满足用户个性化需求。生产的柔性化必然要求作为生产后勤系统的物流服务柔性化，即要求物流系统能提供多品种、小批量、多批次、短周期的物流服务。传统物流系统也能满足这些要求，但成本会因此而成倍甚至几十倍地上升。柔性化物流系统依靠信息技术和自动化技术，能够以用户接受的成本提供这些服务。随着电子商务的发展，定制物流（根据用户的特定要求专门设计的物流）服务模式将逐渐成为主流物流模式，不仅在工业品领域得到应用，还在消费品领域逐步推广。这就导致了依靠大批量运输降低物流成本的传统物流模式将只存在于供应链上游产业，而在供应链的中游和下游的产业中，柔性化物流将成为主导性物流模式。在西方国家，铁路运输的重要性逐年下降而公路运输的重要性不断上升正是这种趋势的体现。

11.3 物流过程精益化

精益物流是源于日本丰田汽车公司的一种物流管理思想，其核心是追求消灭包括库存在内的一切浪费，并围绕此目标发展的一系列具体方法。它是从精益生产的理念中蜕变而来的，是精益思想在物流管理中的应用。

1. 精益物流的内涵

精益物流是运用精益思想对企业物流活动进行管理，其基本原则如下。
（1）从客户的立场，而不是从企业或职能部门的立场来确定什么可以产生价值。
（2）按整个价值流确定供应、生产和配送产品中所有必需的步骤和活动。
（3）创造不间断、不迂回、不等待、不倒流的增值活动流。
（4）及时创造由客户拉动的价值。
（5）不断消除浪费，努力追求完善。

2. 精益物流的目标

精益物流的目标如下：企业在提供满意的客户服务水平的同时，把物流服务过程中的浪费和延迟降到最低程度，不断提高物流服务过程的增值效益。企业物流活动中的浪费现象很多，常见的有不满意的客户服务、无需求造成的积压和多余的库存、实际不需要的流通加工程序、不必要的物料移动、因供应链上游不能按时交货或提供服务而等候、提供客户不需要的服务等，努力消除这些浪费现象是精益物流的重要内容。

案例 11-1

广汽丰田汽车的精益物流

对于物流行业来说，丰田汽车的"零库存"概念是首个将供应链理念运用于汽车制造的企业案例。与我国企业对接和融合后，丰田制造的物流模式又呈现新的变化与特点。

广汽丰田汽车的物流充分运用了丰田生产方式（TPS）的准时化和自动化理念，以实现最佳物流品质、最低物流成本为目标，践行准时化物流和丰田生产方式的持续改善，致力于追求最佳物流模式，特别是借助日本丰田的经验优势，这些理念和目标已深深融入汽车物流运作的每个环节，形成明显的特色。

在零部件物流方面，广汽丰田汽车为满足用户需求，实现市场动向、工厂生产和零部件采购的同期化管理，全面采用同步物流和循环取货的零部件物流模式。同步物流是生产和供应之间的最短链接，快速高效，库存量最小，体现了精益物流的精髓——消除一切浪费。广汽丰田汽车进行项目规划时，将50%以上货量的零部件布局在工厂周边，建立同步物流体系。同步物流的信息由生产线控制系统直接传送，也就是说，他们将周边供应商完全纳入厂内工程系统。可以说，运用最新的理念，进行前瞻性的规划布局是广汽丰田汽车物流成功的起点。

循环取货的特点是高效、准确、灵活，是供应链物流最有效的运输模式，也是我国汽车零部件物流发展的方向。广汽丰田汽车是我国汽车物流业循环取货的先行者，也是其理论和方法的集大成者。其循环取货最大的特色是每个环节融入丰田生产方式的准时化理念，作平准化的物流供应。比如物流中转仓，除了进度吸收，更重要的功能是进行与生产同步的平准化作业，这是一个操作过程，而非单纯的仓储功能。广汽丰田汽车零部件物流的特性如下：从供应物流到生产，再到销售，全部在丰田生产方式的一体化系统下运行，这是其他企业不具备的。

据了解，广汽丰田汽车使用的物流企业是广汽丰田汽车体系的一部分，是由广汽集团、丰田中国及相关企业联合成立的专业物流公司。

"我们物流公司所采用的物流规划系统是广汽丰田生产系统的一个模块，它可以直接从广汽丰田汽车的生产计划、控制和订单采购系统获取信息，从而进行相应的规划工作；同时，物流公司运用和主机厂完全一致的管理和工作方法，从信息传递到具体运作，与主机厂形成了一体化的运营体系。由于许多汽车制造企业与物流企业在管理理念、运作方式等方面存在客观差异，因此它们之间的资源共享和整合较为困难，尚未具备对接方式。"一位广汽丰田汽车的物流企业工作人员说。

资料来源：中国储运 http://www.chinachuyun.com/yuedu/cehua/136883834318597.html[2023-08-24]

11.4 物流社会化

随着市场经济的发展，专业化分工越来越明确，一家生产企业生产某种产品时，除了一些主要部件由自己生产，其他部件大多外购，生产企业与零售商所需的原材料、中间产品、最终产品大部分均由不同的物流中心、批发中心或配送中心提供，以实现少库存量或达到零库存。这种配送中心不仅可以进行集约化物流，在一定半径内实现合理化物流，节约大量的流通费用，而且可以节约大量的社会流动资金，实现资金流的合理化。物流社会化表现在第三方物流的兴起和配送共同化，而这又要求物流规模化。

在产业组织理论中，企业规模经济是指企业在一定范围内，因大规模扩大而减少了生产或经销的单位成本时间而产生的经济状态，即随着企业生产规模的扩大，产品单位成本降低，收益增加，直至达到企业最优规模经济状态。物流企业也是一种企业形式，必然受到规模经济规律的限制。我国流通领域的主要问题可以概括为"小、散、乱、差"，即数量大而规模和实力弱小的企业各自为政，财力、物力、人力分散，难以形成规模优势和群体优势，企业经济效益差。

规模的扩大可以是企业合并，也可以是企业之间的合作与联盟，主要表现在两个方面。一是物流园区的建设。物流园区的建设有利于实现物流企业的专业化和规模化，发挥它们的整体优势和互补优势。二是物流企业的兼并与合作。随着国际贸易的发展，美国和欧洲的一些大型物流企业跨越国境，展开连横合纵式的并购，大力拓展国际物流市场，以争取更大的市场份额。除此之外，还有一种集约化方式是物流企业之间的合作及建立战略联盟。

案例 11-2

京东加盟网络众邮快递开启加盟

2020年3月，京东推出的加盟网络众邮快递正式开放。广东省，福建省泉州市，江苏省苏州市、无锡市、常州市和上海市加盟。其中对加盟有4大条件：独立法人营业执照、独立运营场地、独立运营车辆和专属工作团队。

据其加盟公告可知，众邮快递是一家专注于下沉市场与经济型商业发展的快递公司。依托全国覆盖的配送网络与稳健的末端服务质量，结合国内领先的互联网思维与技术，致力于成为以技术为驱动，国内性能价格比最优的知名快递企业。其产品定位聚焦3kg小件，电商包裹；愿景是成为以技术为驱动，高性能价格比快递领军品牌。

众邮快递于2020年1月16日申请收文，2020年2月29日受理通知书发文，等待实质审查，申请人为北京京东振世信息技术有限公司。

2019年京东物流发起"千县万镇24小时达"时效提升计划，聚焦"最先一公里"物流上行和"最后一公里"配送下沉，截至2019年年底，24小时达已覆盖全国88%的区县。

截至2019年12月31日，京东集团过去12个月的活跃购买用户数环比第三季度同期新增2760万，创下近8个季度以来最大增幅；而京东超过70%的新用户来自低线市场，成为京东加速增长的主要动力之一。据了解，这得益于第三季度末京喜平台（作为京东实施下沉市场战略的重要阵地）上线及"千县万镇24小时达"等下沉市场战略的施行。

为了匹配"千县万镇24小时达"等下沉网络战略，京东必须有一张低成本的快递网络，从众邮快递市场定位来看，其为国内电商平台、微商微店、新型电商、专业市场及散户提供快递服务，主打高性能价格比的服务正好匹配京东下沉战略。

明显可见，京东物流的外部订单增长飞快。为了满足日益增长的外部订单需求及社会多层次的物流需求，仅依靠自营体系可能很难支持。京东拥有中小件、大件、冷链、B2B、跨境、众包（达达）六大物流网络，新起一张快递网络也是京东物流为了满足大量订单增长及社会多层次的物流需求，实现开放战略的一大步。

2019年5月，顺丰推出针对电商件市场的产品——特惠电商件业务，主要面向1000票以上的客户，每票价格为8~10元。随后，京东物流立刻推出相关产品新价格策略，定价比顺丰低5角/票。而在同年6—7月，在全国快递价格洼地义乌，顺丰价格触底到了3kg以内的小件可以3.5元寄全国，抢占了更多电商快递市场份额。面对同行对这块不断扩容蛋糕的争夺，京东怎么可能会无动于衷，因此，推出众邮快递是必然的。

资料来源：https://zhuanlan.zhihu.com/p/112370956.html [2023-08-24]

11.5 物流国际化

物流国际化源自生产、经营方式的国际化和运输与信息科技的大发展。在经济全球化的大背景下，跨国经营和本土生产成为现代经济的主流，国际化采购、国际化生产、国际化销售格局基本形成，使得物流的空间范围国际化。现代科技在物流领域和信息领域的大规模使用，生产了大量高性能的物流设备，出现了大量快捷的信息沟通方式，极大地提高了物流在全球范围内的经营能力，支持了物流国际化。

电子商务的产生和发展对物流国际化提出了新的要求，进一步加快了物流国际化的进程。国际化的电子商务需要国际化的物流支撑，且对物流服务的时间性、准确性都提出了更高的要求，物流国际化将向一个新的层次发展，并将在全球经济活动中占有越来越重要的地位。

我国物流业的国际化发展面临两方面的挑战。一是国内市场的国际化，即外资企业进入国内市场。少数外资企业以各种方式进入国内物流市场，国外物流业大规模的进入已经成为必然，其在资金、技术、管理和运营经验等方面有明显的优势，一些企业本身就是国际标准和规则的制定者，与这些国际上的巨头同台竞技，我国物流业面临的挑战很大。二是物流企业本身的国际化。要实现世界范围的物流目标，物流企业需要有全球性的体系、设施和人员。就我国物流业的现状来说，较缺乏国际网络的延伸，而一些具有国际能力的运输企业一般只从事国际间的干线运输业务，较缺乏在国外的配送终端体系，无法形成完整意义上的国际物流企业。

案例 11-3

圆通国际持续发力日韩国际快递市场

北京时间2021年3月2日17时许，一架满载中国出口货物的圆通航空B737全货机从杭州萧山国际机场起飞，经过两个半小时飞行后抵达韩国首尔仁川国际机场。自此，由圆通国际开通、圆通航空承运，依托"杭州—首尔"全货机专线的国际快递全链路产品双向首发。此条航线也是杭州首条至首尔的货运航线。

当日北京时间18时许，圆通航空另一架B757全货机飞抵东京成田国际机场。此次飞行是圆通国际2020年9月开通的"杭州—东京"全链路国际快递产品"行者急送"再升级后的首飞。所谓再升级，一是飞机型号从 B737 换为 B757，货量从过去满载的 12t 扩大到现在的 25t。二是航班密度增大，由此前一周 5 班次"杭州—东京"的单一航线改为每周二、周五"杭州—东京"航线，每周三、周四、周六"杭州—大阪"航线的交替模式。

圆通国际非执行董事吴伟声在首发仪式现场表示，此次，由圆通国际统筹主导仓储、干线运输、关务、末端配送等主要物流环节，依托圆通航空全货机运输专线，实现端到端跨境直达的日韩全链路国际快递产品同日齐飞，是在以国内大循环为主体，国内国际双循环相互促进的新发展格局下，在亚洲区域经济一体化的趋势下，圆通为中日韩三国贸易经济的稳定发展增添的新力量。

作为圆通国际化的主要平台及业务主体，圆通国际如今已在全球 18 个国家和地区拥有 50 余个海外办事处，运营 2000 余条国际海空航线，业务范围覆盖超过 150 个国家和地区。

资料来源：http://www.chinawuliu.com.cn/zixun/202103/03/542473.shtml [2023-08-24]

案例 11-4

中欧班列介绍

厦门中欧班列前场站首次开行 前场物流产业集聚区加快打造"国际货运枢纽"

2022 年 10 月 24 日上午，随着一声汽笛鸣响，一列厦门中欧班列载运 50 个集装箱货柜的太阳能支架、液晶显示器、服装等中国制造产品，从海沧区马銮湾新城前场站开行前往德国汉堡。据悉，这是厦门中欧班列首次在前场铁路大型货场发出专列，也标志着前场物流产业集聚区打造"国际货运枢纽"加速进行。

落址于厦门马銮湾新城的前场物流产业集聚区，是该市继区域性海、空港之后着力打造的区域性陆港，这里集公路、铁路、水运等多式联运资源于一体，旨在成为厦门未来物流集中、分拨枢纽，并着眼打造成为东南沿海最大的陆路物流枢纽。

前场物流产业集聚区是厦门五大物流产业聚集区之一，其核心园区——前场铁路大型货场与前场物流园区，积极落实"大通道、大物流、多功能、高水平、高质量"发展理念，将着力发挥货运枢纽和多式联运功能。前场物流产业集聚区主要发展多式联运、供应链物流和电商物流等，积极打造中欧班列海铁联运核心枢纽，重点发展采购贸易、物流分拨、供应链金融、区域运营结算总部"四位一体"业务，是"十四五"厦门物流产业支撑城市经济发展和占领区域物流产业高端要素集群的最主要平台，并将与马銮湾新城实现高度的产城融合发展。

此趟厦门中欧班列顺利从马銮湾新城走向世界，得益于厦门市马銮湾新城片区指挥部、市交通运输局、厦门自贸委等单位的通力协作。今后，随着前场物流产业集聚区多式联运监管中心建成，厦门中欧班列将转移至前场铁路大型货场始发，这将进一步助力马銮湾新城做大做强"国家物流新通道"、打造中欧班列海铁联运核心枢纽，并有助于吸引越来越多企业落户扎根马銮湾新城，带动形成产业聚集效应，进一步完善片区产业生态，促进产城深度融合，实现高质量发展。

资料来源：https://baijiahao.baidu.com/s?id=1747623088666792882&wfr=spider&for=pc [2023-08-24]

11.6　物流标准化

标准化是工业生产的基础，也是现代物流合理化的基础。物流标准化是以物流作为一个系统，制定系统内部设施、机械设备、专用工具等各个分系统的标准；制定系统内各个分领域，如装卸、运输等方面的工作标准；以系统为出发点，研究各分系统与分领域中技术标准与工作标准的配合性，统一整个物流系统的标准；研究物流系统与其他相关系统的配合性，进一步谋求物流大系统的标准统一。物流标准化很重要，国际物流界一直都在不断探索标准化技术，并不断出台标准化措施，物流标准化是今后物流发展的重要趋势。但是物流业在我国还处于低水平发展阶段，我国的标准化仍存在一些问题。

（1）我国的现代物流业是在传统行业的基础上发展起来的，由于传统的物流被割裂为很多阶段，而各个阶段不能很好地衔接和协调，加上信息不能共享，因此物流效率不高。

（2）虽然我国建立了物流标识标准体系，并制定了一些重要的国家标准，但这些标准的应用推广仍存在问题。

（3）各种标准之间缺乏有效的衔接。例如，虽然我国对商品包装有初步的国家和行业标准，但在各种运输装备、装卸设施、仓储设施相衔接的物流单元化包装标准方面比较欠缺，这对各种运输工具的装载率、装卸设备的负荷率、仓储设施空间的利用率等的影响较大。

（4）因为物流业缺乏有效的环境管理标准体系，所以我国物流活动对环境造成了很大的污染，形成了巨大的环境成本。

因此，为了改善以上状况，应对激烈的竞争，我国物流业应针对当前物流标准化进程中存在的问题和国际物流标准化的发展方向，尽快制定与国际接轨的现代物流的国家标准，按照"先急后缓，先易后难，成熟先行"的原则，分阶段分步骤制定和完善，逐步形成我国现代物流业的技术标准化体系。

案例 11-5

上海百大配送有限公司的物流配送标准化管理的实践

上海百大配送有限公司是上市公司昆百大控股的云南百大投资有限公司在物流配送业投资的一个全国性配送网络（以下简称上海百大配送），经过近五年的运作，已建成包括上海、北京、南京和昆明四座城市四种商业模式的从事第三方物流末端服务的专业公司，获得了上海创股和北京联办等投资机构的注资，形成了自己的标准化业务和管理流程，实现了整体盈利，为今后的配送网络复制和扩张打下了基础，并开始与阳光网达等中游物流企业进行企业标准对接。

上海百大配送的标准化内容包括：机构设置及管理制度、程序的标准化；业务流程的标准化；业务开发的标准化；客户开发及维护的标准化；数据库建设的标准化（包括数据采集、分析、提供等）；与供应商、银行、终端消费者接口的标准化；属地公司及配送站建设的标准化；等等。

上海百大配送的标准化管理经历了如下三个阶段的探索和实践。

（1）第一阶段：基于 ISO 9002 标准建立并实施的标准化管理。

为配合上海百大配送的战略发展需要，该公司在昆明和上海成立了专业的第三方物流配送公司，经过一年多的运作，积累了一定的经营和管理经验，并确立了在全国范围内成立同类的第三方物流配送公司，形成全国直投网络的战略目标，新公司的建立和运作需要有一套规范化、标准化的管理手册作指导。随着昆明和上海两家公司物流配送业务量的增长，对运作及管理规范化、标准化的需求促使该公司实施标准化管理。

实施标准化管理的过程中，主要采取了以下措施：按照 ISO 9002 建立质量体系；根据公司行政、财务管理需要，按照 ISO 9002 的理念建立行政财务管理体系；将质量管理体系与行政财务管理体系有机融合，形成一套完整的公司管理手册（以下称"管理手册 V1.0"）；在成立的公司逐步实施管理手册 V1.0，并以此指导新公司的建立和运作。

上海百大配送所属的昆明公司在标准建立之初承担了配合设计并实验标准化管理体系及管理手册 V1.0 的任务，标准化管理体系的建立及实施，规范了公司的运作和管理，使公司的业务运作及行政财务进入有序状态，提升了公司的服务质量，增强了竞争力，使该公司成为昆明地区物流配送行业的领头企业。随后，该公司在管理手册 V1.0 的指导下于南京、北京相继成立了第三方物流配送公司。

（2）第二阶段：根据实际运作情况，总结并提炼不同类型物品的物流配送运作过程规范化的标准化管理。

上海百大配送在昆明、上海、南京和北京四座城市分别成立第三方物流末端配送公司，经过几年的运作，尽管四家公司经营重点不同，但单一物品的物流配送业务流程已较成熟，而且同类物品的配送在不同地区、不同公司的业务流程与管理基本一致。上海百大配送在此基础上进行了标准化管理的升级。

上海百大配送综合所属四家物流企业的实际运作经验，总结不同物品、不同服务的业务流程，自下而上地收集各环节、各岗位的操作指导，并按部门及功能模块制定切实可行的管理制度及控制标准，形成了管理手册 V2.0。

建立并实施管理手册 V2.0 后，公司内各部门及功能模块控制点清晰，管理目标明确，减轻了中层管理人员的管理难度；各岗位人员严格按照操作指导及标准工作，为公司提升业务量及增加新的配送服务奠定了基础；各地区公司在开展新业务时，依据管理手册 V2.0 建立同类业务的业务流程、操作指导及管理控制标准，实施业务的开发、运作及管理，大大加快了各公司业务的拓展。

（3）第三阶段：对有共性的不同物品的物流配送运作过程一体化的标准化运作及管理进行探索，并增加对客户和合作者的接口标准化内容。

随着上海百大配送在四座城市的运作日趋成熟，各城市公司在物流配送实际运作中都不同程度地实现了不同物品、不同服务过程的资源共享及综合利用（资源包括人力、信息、基础设施、工作环境、供方、合作者、银行及财务资源等）。因此，上海百大配送总结公司在不同物品物流配送实际运作中的搭载经验，探索及总结公司关联单位、客户和合作者的业务标准化接口，对实际运作经验进行分析，掌握搭载规律，制定运作及管理标准。随着业务种类、合作伙伴和合作方式的不断增加，在管理手册 V1.0 及管理手册 V2.0 的基础上，上海百大配送采用 ISO 9001 及 ISO 9004 标准建立管理体系及标准，形成管理手册 V2.1 及后续同级版本。

资料来源：http://wenda.tianya.cn/question/042ce2cff94b6638 [2023-08-24]

11.7　物流绿色化

随着经济全球一体化的发展，国际竞争将更加激烈和残酷，人们对环境的利用和保护越来越重视。我国物流业要在激烈的全球竞争中占有一席之地，绿色物流将是赢得市场空间和长远可持续发展的必然选择。美国逆向物流协会执行委员会在研究报告中对绿色物流的定义是：绿色物流又称生态型物流，是一种在物流过程中产生的对生态环境影响进行认识并使其最小化的过程。绿色物流的原理是在物流过程中抑制物流对环境造成危害的同时，实现对物流环境的净化，使物流资源得到充分利用。绿色物流具有资源节约、低能量消耗、可循环利用等特点。绿色物流是建立在可持续发展理论、生态经济学理论、生态伦理学理论、外部成本内部化理论以及物流绩效评价理论基础之上的，符合科学发展观要求的科学理念。在人类步入 21 世纪之际，物流的发展必然要求我们从环境保护的角度对物流体系进行改造，形成一种环境共生型的物流管理系统，改变原来经济发展与物流、消费生活与物流之间的单向作用关系，在抑制物流对环境造成危害的同时，形成一种能促进经济和消费生活健康发展的现代物流系统，即向绿色物流转变。现代绿色物流管理强调全局和长远的利益、全方位对环境的关注，体现了企业绿色形象，是一种新的物流管理趋势。

智慧交通绿色物流

苏宁绿色快递站

发展绿色物流，第一，要树立绿色理念，强化绿色管理。消费者的环保意识淡薄，就会成为绿色物流发展的外在阻碍因素。因此，必须加强环境教育，提高消费者的环境保护意识。第二，要科学规划网点布局，优化整合物流流程。第三，要完善废弃物回收利用系统，加强绿色环保。第四，要加强绿色物流理论研究，大力培养物流人才。

顺丰首创行业低碳转型范本 稳步推进"零碳未来"计划

2021 年，在原有丰-box 的基础上，顺丰推出碳中和产品丰多宝（π-box）循环包装箱。丰多宝（π-box）于 2021 年 7 月 1 日起试点投放运营，升级后的循环包装箱采用了更易回收的单一化材料 PP 蜂窝板材，并使用自锁底折叠结构和全箱体魔术粘贴合模式，不使用胶带纸、拉链等易耗材料。截至 2021 年 12 月底，投放丰多宝（π-box）72 万个，实现 280 万次的循环使用。

顺丰完成"丰景计划"2.0 升级，启动对胶带、胶纸、贴纸、封条等 8 大类物料的减量化、标准化、场景化创新开发。在保障品质的前提下，含有再生材料的胶带在 4 个地区陆续投放试点，细分场景下的减量化低黏胶纸也已投放试点逾 1 万卷。此外，公司通过对多种快递场景和用户场景的研究，实现包材适配的精细化改型创新，结合限制过度包装的操作规程，减少原纸使用约 3.4 万吨，减少塑料使用约 6200 吨。

资料来源：https://finance.sina.com.cn/jjxw/2022-04-22/doc-imcwipii5874696.shtml [2023-08-24]

11.8　物流智能化

物流智能化是指利用集成智能化技术，使物流系统能模仿人的智能，具有思维、感知、学习、推理判断和自行解决物流中某些问题的能力。

智能物流利用条形码、射频识别技术、传感器、全球定位系统等先进的物联网技术，通过信息处理和网络通信技术平台广泛应用于物流业运输、仓储、配送、包装、装卸等基本活动环节，从而实现货物运输过程的自动化运作和高效率优化管理，提高物流行业的服务水平，降低物流成本，减少自然资源和社会资源消耗。

物联网为物流业将传统物流技术与智能化系统运作管理相结合提供了一个很好的平台，进而能够更好、更快地实现智能物流的信息化、智能化、自动化、系统化的运作模式。智能物流在功能上要实现"6个正确"，即正确的货物、正确的数量、正确的地点、正确的质量、正确的时间、正确的价格，在技术上要实现物品识别、地点跟踪、物品溯源、物品监控、实时响应。

京东物流黑科技

在智能制造、智慧物流，劳动力成本逐渐上涨，产业转型升级的背景下，用智能机器人代替人工是大势所趋。同时，物流厂商迫切需要高效而精准的设备来代替人工，简化管理流程，提升效率。随着人工智能技术浪潮的推进，物流智能化升级势在必行。

智能化是基于互联网的物流业务流程区别于传统物流业务体系的主要标志。通过物联网技术，可以智能化地获取、传递、处理与利用信息，实现物流业务之间信息的无缝整合、作业即时协作、状态实时沟通，从而有效地提高物流作业的效率和安全性，减少物流作业的差错。

（1）运输业务智能化。通过互联网集成各种运输方式，应用自动获取数据技术（条形码技术、射频识别技术等）、自动跟踪技术（GIS、GPS）、自动数据交换技术、数据管理技术等，进行订单处理、在线数据传递、实时运输路线跟踪、车辆调度管理和货物在途状态控制等一系列运输作业，建立一个高效的运输系统，及时掌握货物信息、道路交通信息、物流设备信息等。在互联网环境下，将附有车辆与物品信息的射频识别电子标签附着于车辆与物品上，利用先进的物流信息技术实时查询车辆与物品的运输状况，借助车辆实时配送、可视化在线调度与管理系统，实现运输作业流程的标准化、运输作业信息的透明化，极大限度地降低货物运输成本，提高货物运输的安全性和智能性。

（2）仓储业务智能化。在互联网环境下，利用信息采集与识别技术、电子数据交换技术、感知货架、自动搬运设备、堆垛机的自动控制和自动仓库管理系统等先进的技术和设备，实时采集产品信息和仓储信息，掌握仓储活动状态，实现实时响应、动态应对。条形码和射频识别的应用为仓储作业全过程提供详细的产品库存数量、位置、时间和货位信息查询，汇总和统计各类库存信息，实现货物验收、入库、定期盘点和出库等仓储环节的自动化及实时监控，提高仓储管理服务水平和工作效率。

（3）配送业务智能化。利用互联网的网络化信息技术、智能化的作业设备及现代化的管理手段，能自动识别跟踪货品，智能实现出入库管理、分类拣货、补货以及产品销售情况分析，解决目前物流仓储配送数据采集不精确、数据利用率不高等问题，精确、快速地实施物流配送业务、控制物流配送流程、支持物流配送决策，降低货品库存积压率，在提高配送效率的同时提高服务品质。

11.9 本章小结

电子商务与快递物流迅速发展，未来的发展趋势包括物流网络化运营、增值服务柔性化、物流过程精益化、物流社会化、物流国际化、物流标准化、物流绿色化和物流智能化。

习 题

一、判断题

1. 知识经济时代，信息产业成为经济增长的主要推动力，信息化成为物流网络化运营的主要方式和途径。（　　）
2. 精益物流的核心是追求消灭包括库存在内的一切浪费，并围绕此目标发展的一系列具体方法。（　　）
3. 精益物流的目标可概括为企业把浪费降到最低程度。（　　）

二、选择题

1. 物流智能化体系的发展主要表现为业务智能化水平的提升、物流增值业务的扩展和（　　）。
   A. 支撑业务的发展　　B. 物流技术的提高　　C. 物流过程精益化　　D. 货物运输的便捷
2. 物流网络化运营的特点包括信息化、网络化、多功能化、（　　）和规模化。
   A. 专业性　　　　　　B. 开放性　　　　　　C. 广泛性　　　　　　D. 动态性
3. 物流增值服务包括提供便利性服务、加快快速反应服务和（　　）。
   A. 供应链集成服务　　B. 综合集成服务　　　C. 系统咨询设计服务　D. 功能型物流服务

三、思考题

1. 简述电子商务物流的增值服务。
2. 简述精益物流的基本原则。
3. 简述我国目前流通领域的主要问题。
4. 简述我国物流业国际化发展面临的挑战。
5. 简述物流作业流程智能化的表现。

案例分析

我国电商物流发展现状

电商消费尤其是实物电商消费都涉及物流配送环节。物流配送分为远距离配送、"最后一公里"配送、即时配送、无人配送等，这些配送方式需要具备整体解决方案的搭建能力以及众多技术的支持。物流科技正朝着精细化的方向发展，智能配送等领域迎来新的投资热潮。

1. A 轮及战略投资居多

根据浙江网经社信息科技公司电商行业电子商务研究中心发布的数据，2019 年电商物流科技行业投融资总额 568.66 亿元，仅次于生活服务电商行业，随着物流数字化进程加快，物流科技领域越来越受投资者的喜爱，具有极其广阔的发展前景。

从投融资轮次来看，天使融资 5 起，A 轮融资 34 起，B 轮融资 5 起，C 轮融资 4 起，D 轮融资 2 起，战略投资 13 起，未透露融资 3 起。融资基本集中于 A 轮、战略投资，其他融资轮次融资数量较少。

2. 网络领域融资金额占比超 40%

《中国电子商务市场竞争及企业竞争策略分析报告》显示，2019 年电商物流科技行业投融资金额 622.67 亿元，其中物流网络 233.2 亿元，占比 41%；第三方快递 145.6 亿元，占比 25.6%；货运 O2O 为 119.55 亿元，占比 21%；同城配送 28.58 亿元，占比 5%；智能物流 7.8 亿元，占比 1.4%；跨境物流 7.4 亿元，占比 1.3%；仓储物流 1.1 亿元，占比 0.2%；智能快递柜 0.22 亿元，占比 0.04%；即时配送 0.2 亿元，占比 0.04%；零担物流 0.7 亿元，占比 0.12%；供应链 20.55 亿元，占比 3.6%；综合物流 2.8 亿元，占比 0.5%。

3. 智能物流或融资数量最多

在融资领域方面，2019 年物流科技融资事件 65 起。其中，智能物流 16 起，同城配送 11 起，第三方快递 7 起，货运 O2O、综合物流均 6 起，仓储物流 5 起，跨境物流 4 起，物流网络 3 起，供应链、智能快递柜均 2 起，即时配送、零担物流、物流包装各 1 起。融资领域主要集中在智能物流、同城配送、第三方快递、货运 O2O 和综合物流等领域，其中，智能物流领域的融资数量遥遥领先，备受关注。

4. 上海地区成为融资第一梯队

在地区分布上，2019 年物流科技融资事件 66 起，上海 31 起，广东 8 起，浙江 7 起，北京 6 起，福建、江苏各 3 起，湖北、四川、天津各 2 起，陕西、湖南各 1 起。2019 年获得融资的大多数的物流科技公司集中在上海，占比近 50%，是融资第一梯队。广州、浙江和北京为第二梯队，这些地区电商环境优越及产业基础雄厚，在国家持续利好的政策下发展迅猛。

5. 融资 TOP10 总金额占比超 2/3

2019 年，中国电商物流科技行业融资 TOP10 融资总金额达 547.2 亿元，在电商物流科技行业融资金额 TOP10 的事件中，货运 O2O 占 3 起，跨境物流和第三方快递占 2 起，就融资轮次来看，其中有 5 起战略投资，说明物流科技已经在朝着更精细的方向发展。

资料来源：前瞻产业研究院《中国电子商务市场竞争及企业竞争策略分析报告》

思考：

1. 我国快递企业的发展有什么特点？
2. 请分析我国电商物流的发展趋势。
3. 请分析我国电商物流迅速发展的原因。

第 12 章 电子商务与快递物流综合实训方案

【学习目标】

理解电子商务与快递物流相关的技术实训操作方法。

【学习重点】

1. 理解电子商务网站的建立与维护技术实训方法。
2. 掌握电子商务与快递物流基础设备实操技能。
3. 了解快递物流综合信息技术实训方法。
4. 了解快递柜信息管理系统开发实训方法。

【能力目标】

综合应用知识与技能，进行电子商务与快递物流系统规划、设计、分析、技术开发及运营管理。

12.1 实训目标

2015年5月13日,国务院办公厅发布的《关于深化高等学校创新创业教育改革的实施意见》提出"强化创新创业实践。各高校要加强专业实验室、虚拟仿真实验室、创业实验室和训练中心建设,促进实验教学平台共享"。实训课程的开展一方面使学生巩固所学的理论知识,指导其学以致用;另一方面可以提高学生的实践能力和创新能力,促进学生全面发展。

为了使各高校的相关专业学生熟悉电子商务与快递物流的理论知识,通晓电商物流的信息技术,掌握电商网站的构建与维护、物流中心拣选、配送路径跟踪及物流信息技术等技术手段,成为创新型电商物流综合应用型人才,设计本实训方案。该实践教学模式以物流信息技术综合实践为手段,以智能快递柜新型设备为基础的校园物流中心为实训基地,通过电商网站下单、仓库拣选、配送、落地配等主要环节的实训操作,熟悉电商物流全过程,掌握相关的信息识别、通信、控制管理和手机应用开发等技术手段,具备电商物流系统设计、分析、技术开发及运营的工作能力。

建设创新型电商物流人才教学实践基地,以培养创新型电商物流人才为目标,以物流信息技术实训教程为手段,依托于教学与实训相结合的课程体系和软硬件资源,旨在提高学生的综合知识水平和专业实践能力,为学生提供实践、演练、创新、创业平台。

通过培训和学习,使学生了解电子商务与快递物流相关的基础知识、模式和流程。具体知识和技术主要包括以下内容。

(1)掌握电子商务网站的建立与维护技术。

(2)基于虚拟现实技术(Virtual Reality,VR)虚拟化电商物流配送中心的实训空间,丰富学生的物流基础认知,掌握物流设备实操技能、配送中心拣选、规划设计等一系列的工作技能。

(3)熟悉电子商务物流过程中所应用的配送路径优化与物流跟踪调度技术。

(4)掌握"互联网+物流"下的信息识别(射频识别、磁卡、条形码、二维码、硬币、指纹)技术、Wi-Fi和蓝牙通信模块技术、智能快递柜控制管理等综合物流信息技术。

(5)通过智能快递柜管理系统实训,掌握通用的Android框架和手机App应用开发技术,以及嵌入式开发原理和应用技术等。

(6)依托于实训基地,综合应用以上知识和技能,进行电子商务与快递物流系统规划、设计、分析、技术开发及运营管理。

12.2 实训方案

以校园物流中心实训基地为依托,实训流程模拟覆盖网购下单、拣选、配送到落地的各个环节。在电子商务与快递物流认知环节,使学生了解电子商务与快递物流的基本理论、业务流程，以及基本模式和技术手段；在电子商务网站实训环节，使学生掌握电子商务网站构建的技术和方法；在 VR 物流中心实训环节，使学生掌握物流实操技能、配送中心流程、物流装备、配送中心安全等一系列的学习任务；在物流配送管理与跟踪技术实训环节，为学生和教师提供了模拟配送和运输环节的实验平台，通过该环节使学生能够直观地了解现代物流配送和运输体系的运作模式和关键技术原理；在物流信息技术实训环节，让学生在实际操作中，了解最新物流信息技术和发展方向、掌握基本嵌入式相关技术原理和实验方法；在智能快递柜信息管理实训环节，使学生掌握快递柜信息管理系统的开发和应用技术。实训基地实训流程如图 12-1 所示。

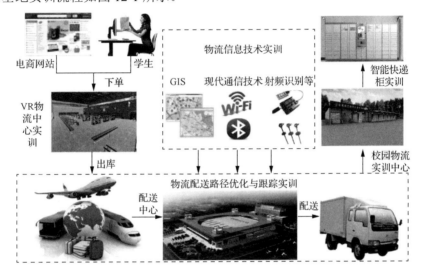

图 12-1　实训基地实训流程

创新型电商物流人才教学实践基地建设依托于丰富的软硬件工具，以满足电商物流工作流程的教学实践需求。实训基地工具如表 12-1 所示。

表 12-1　实训基地工具

工具分类	工具名称	工具说明
软件资源	专业实训教材	全套实训教材，包括《电子商务与快递物流——理论与应用》《电子商务网站开发实训》《物流配送路径优化与物流跟踪实训》《物流信息技术综合实训》《智能快递柜管理系统实训》
	教学电子资源	教学配套视频、扩展知识等二维码素材；教学 PPT 等配套教学资源
	软件系统	电子商务网站系统；物流配送路径优化与物流跟踪系统；智能快递柜管理系统；后台 VR 管理系统
	移动 App	智能快递柜管理移动 App
硬件设备	VR 设备	基于构建的虚拟化物流中心实训空间
	物流信息技术实验箱	物流信息技术综合实训模块配套的物流信息技术实验箱
	智能快递柜	全套智能快递柜设备，用于校园物流实训基地建设，以及智能快递柜管理系统实训教学

12.3 实训内容

根据电子商务与快递物流综合信息技术实训的课程内容设置,构建软硬件兼备的电子商务与快递物流综合信息技术实训平台系统,该系统主要包括电子商务与快递物流认知、电子商务网站实训、VR物流中心实训、物流配送管理与跟踪技术实训、物流信息技术实训、智能快递柜信息管理实训等模块。

1. 电子商务与快递物流认知

基于校园物流实训基地,采取理论教学和实践应用相结合的方式,完成电子商务与快递物流的全业务流程(图12-2),可以使学生了解电子商务与快递物流的基本理论,掌握电子商务环境和快递物流的业务内容,熟悉电子商务物流运作的基本模式、方法和技术。

电子商务与快递物流认知,一方面,以注重案例分析和实践应用为原则,结合大量的国内外电子商务快递物流相关研究成果和知名企业电商物流运作的实际案例,对电子商务与快递物流的理论知识与应用进行了详细的说明,具有较强的实用价值。另一方面,依托以智能快递柜为基础的校园物流实训基地,通过对校园物流中心整体运作流程的介绍,将电子商务与物流的相关知识贯穿其中,使学生能够亲身体验电商物流的作业过程,加深学生对相关知识的理解,提高学生的实践能力。

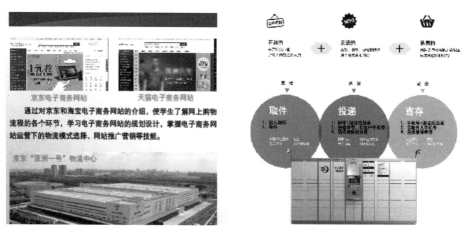

图12-2 电子商务与快递物流的全业务流程

2. 电子商务网站实训

电子商务网站作为整个电子商务与快递物流系统的初始环节,着重体现依托互联网和信息网络技术进行产品、服务及信息交换的过程。电子商务网站实训有助于学生深入了解电子商务网站的构成,学习网站的规划、设计、管理以及维护,并且通过实例熟悉网站的开发环境和开发工具,明确电子商务网站建设的各个环节,掌握整个电子商务网站各个功能模块的开发设计方法。

电子商务网站主要包括前台用户登录模块、前台商品信息查询模块、前台购物车模块、后台商品管理模块、后台订单管理模块以及后台用户管理模块。其中，前台用户登录模块主要包括用户注册及登录。前台商品信息查询模块可根据商品的排行分页和分类进行查询；前台购物车模块包括添加、查看、清空购物车及生成订单的过程；后台商品管理模块包括商品的添加和商品信息的查询；后台订单管理模块是指订单查询、物流查询及订单执行的全过程；后台用户管理模块的功能包括用户查询、添加和删除等。

电子商务网站实训模块不仅包括电子商务网站开发的基础知识介绍，还提供全部的网站实例代码，并结合图书电子商务网站实训案例，使学生可以逐步掌握电子商务网站的开发技能。

3. VR 物流中心实训

VR 物流中心实训模块依托 VR 设备构建虚拟化的实训空间，为教师提供全新的物流教学实验场所，同时为学生提供丰富的物流基础认知，使学生掌握仓库拣选等实操技能、配送中心流程、物流装备等一系列的学习内容。通过身临其境的实训场景，学生可以体验全新的物流实训世界。

VR 物流中心实训包括 VR 新手教学子系统、配送中心认知子系统、配送中心运营实操子系统、配送中心安全子系统等内容，以便教师教学和学生进行配送中心相关知识和技能的实训，帮助学生深入理解知识并掌握应用操作技能。VR 物流操作实训示意图如图 12-3 所示。VR 物流中心实训模块具有以下特色。

（1）沉浸式教学。改变传统机械或静态的教学方法，采用动态沉浸式教学，将学生引入虚拟物流世界中，通过进行交互学习，可以极大地激发学生的学习兴趣，使学生高效地掌握知识。

（2）成本低。将不同的设备整合到虚拟世界中，只需一套实训系统即可实现实训效果，极大地节约了实训空间，通过虚拟化设备进行训练，同时避免了购置工业化物流设备造成的资金消耗。

（3）内容丰富。知识点可涵盖配送中心认知、实操、运营等内容。

（4）实践性强。将现实中危险的，实验成本较高的相关训练搬入虚拟世界，极大地提高了实践教学的可行性，且操作简单实用。

图 12-3　VR 物流操作实训示意图

4. 物流配送管理与跟踪技术实训

物流配送管理与跟踪技术实训是为学生和教师提供模拟配送和运输环节的实验平台。系统通过对物流配送过程中车辆调度和最短路径的有效选择，使得配送更加合理化。在运输过程中使用 GIS 技术、GPS 技术和现代通信技术相结合的方法,完成商品在途运输的定位、跟踪及可视化管理,学生能够直观地了解现代物流配送和运输体系的运作模式和关键技术原理,并且对整个物流配送跟踪系统的效益进行有效评估。

在物流配送和跟踪实训模块学习中,学生不仅可以加深对物流基础知识的理解,还能学习基本运输问题、车辆调度和定位跟踪问题的解决方法。首先,学生可以学习节约法、表上作业法和破圈法等解决运输基本问题的方法;其次,学生可以掌握配送车辆调度问题和路径优化的方法,如 VRP 问题模型、精确求解算法和启发式求解算法;最后,学生可以熟悉 GIS 技术和 GPS 技术在物流跟踪领域的应用。

物流配送管理与跟踪技术(图 12-4)实训模块,以零基础、可操作的实训教学方案,为学生提供实用的物流配送规划指导;以丰富生动的图形展示,最大程度地帮助学生理解教学内容,掌握配送优化调度和跟踪技术;完整、可靠的配送案例程序解读,方便学生进行学习和实操实践;基于实际快递物流配送问题的案例求解,真正实现理论与实践相结合。

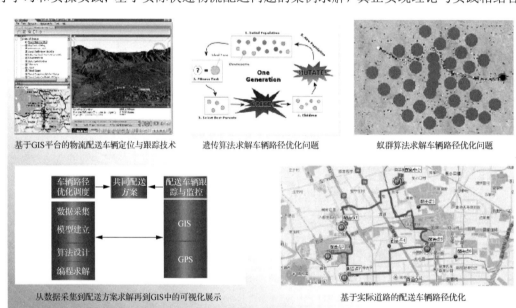

图 12-4 物流配送管理与跟踪技术

5. 物流信息技术实训

物流信息技术实训,依托物流信息技术综合实验平台,开展快递物流行业中常用的网络与通信技术、自动识别技术等现代物流信息技术实训。针对 App、智能快递柜等最新物流技术和设备的出现,物流信息技术综合实验平台主要涵盖电子锁控制技术、硬币识别技术、温湿度检测控制技术、条码识别技术、指纹识别技术、射频识别应用技术、全球移动通信技术、Wi-Fi 通信技术、蓝牙通信技术等,着重介绍各信息技术的原理、电路设计、程序控制以及系统搭建方式等。该部分采用理论与实践相结合的方式进行讲解,各个技术模块可单独进行实验,也可根据设计者需要进行综合设计开发,使学生不仅能够了解各信息技术的工作原理,掌握其使用方法,更重要的是能够在实际应用中选取合适的物流信息技术。

物流信息技术实训让学生在实际操作中了解最新的物流信息技术和发展方向、掌握基本嵌入式相关的技术原理和实验方法、提高学生的综合实践动手能力，以培养适应快速发展的现代物流信息技术需要的合格人才。物流信息技术综合实验平台具有以下特色。

（1）综合性强。运用机械、传感器、逻辑电路、互联网、通信、射频等相关学科技术，将嵌入式开发、互联网、通信和射频技术通过多个实验模块有机结合，达到综合实训的效果。

（2）扩展性强。物流信息技术实验箱（图 12-5）上有多个可供插拔电路板的位置，可以进行实验模块的替换和教学内容的升级，无须重新购买或更换新的实验箱。

（3）层次清晰。按照实验内容由浅入深、由易到难的顺序设计实验，有助于激发学生的学习兴趣。

（4）与实践应用结合紧密。每个实验中都有相应的使用场景介绍，并结合工作实践，展示选型示例。

图 12-5 物流信息技术实验箱

6. 智能快递柜信息管理实训

智能快递柜信息管理实训包括智能快递柜操作实训和开发实训。该实训模块具备基于智能快递柜的软件管理系统，可以实现对智能快递柜操作的管理，包括查询和添加商品，远程控制自提柜开锁，查询设备状态等操作。系统的用户关系管理模块用于添加新用户和用户操作历史的查询；库存管理模块实现对商品的查询和添加；设备状态管理模块主要实现对设备状态的查询与显示；远程控制开锁模块是取件时实现对智能快递柜进行远程开锁的控制；与 Android 应用程序通信相关接口模块的设计主要用来实现手机 App 对智能快递柜的简便操控。通过学习智能快递柜信息管理系统，学生可以掌握智能快递柜信息管理系统的开发和应用技术，并掌握手机 App 应用通用开发技术以及嵌入式开发原理和应用技术。

12.4 本章小结

随着"互联网+"时代的到来,我国电子商务与快递物流业的快速发展,创新型电商物流人才的需求日益增加。本章通过对前面几章所学知识进行总结实践,设计针对不同板块知识的实践活动,通过电子商务与快递物流综合实训,加深同学们对全书内容的理解,同时增强同学们的实践与创新能力,从而满足社会的需求。

参 考 文 献

陈益梅，关井春，2011．电子商务物流[M]．北京：中国水利水电出版社．

高功步，2010．电子商务物流管理与应用[M]．北京：电子工业出版社．

国家邮政局快递职业教材编写委员会，2012．电子商务与快递服务[M]．北京：北京邮电大学出版社．

李创，王丽萍，2016．物流管理[M]．2 版．北京：清华大学出版社．

李俊韬，刘丙午，张伦，等，2013．智能物流系统实务[M]．北京：机械工业出版社．

刘磊，梁娟娟，曾红武，2020．电子商务物流[M]．3 版．北京：电子工业出版社．

罗振华，2003．电子商务物流管理[M]．杭州：浙江大学出版社．

孟泽云，2010．电子商务物流管理[M]．北京：北京师范大学出版社．

屈冠银，2018．电子商务物流管理[M]．4 版，北京：机械工业出版社．

沈珺，丁军，2014．物流管理概论[M]．2 版．北京：北京交通大学出版社．

王靓，2007．电子商务概论[M]．北京：中国轻工业出版社．

王曰芬，丁晟春，2004．电子商务网站设计与管理[M]．2 版．北京：北京大学出版社．

吴健，2013．电子商务物流管理[M]．2 版．北京：清华大学出版社．

于宝琴，2015．电子商务与快递物流服务[M]．北京：中国财富出版社．